Wirtschaftsstruktur und Leistungsbilanz

Philipp Ehmer

Wirtschaftsstruktur und Leistungsbilanz

Eine alternative Erklärung für
die Ungleichgewichte im Euroraum

 Springer Gabler

Philipp Ehmer
Frankfurt, Deutschland

Dissertation an der Universität Witten/Herdecke, 2016

ISBN 978-3-658-16875-9   ISBN 978-3-658-16876-6   (eBook)
DOI 10.1007/978-3-658-16876-6

Die Deutsche Nationalbibliothek verzeichnet diese Publikation in der Deutschen National-
bibliografie; detaillierte bibliografische Daten sind im Internet über http://dnb.d-nb.de abrufbar.

Springer Gabler
© Springer Fachmedien Wiesbaden GmbH 2017

Gedruckt auf säurefreiem und chlorfrei gebleichtem Papier

Springer Gabler ist Teil von Springer Nature
Die eingetragene Gesellschaft ist Springer Fachmedien Wiesbaden GmbH
Die Anschrift der Gesellschaft ist: Abraham-Lincoln-Str. 46, 65189 Wiesbaden, Germany

Mona

Inhaltsverzeichnis

Abkürzungsverzeichnis

Ameco	Annual Macro-Economic Database of the European Commission
AR-Term	Autoregressiver Term
CGER	Consultative Group on Exchange Rate Issues
EBA	External Balance Assessment
F&E	Forschung und Entwicklung
FDI	Foreign Direct Investment
FE	Fixed Effects
FQS	Fehlerquadratsumme
GLS	Generalised Least Squares
GMM	Generalised Method of Moments
GIPSZ	Länderaggregat aus Griechenland, Portugal, Irland, Spanien und Zypern
IV	Instrumental Variable
KMU	Kleine und mittlere Unternehmen
NACE	Nomenclature statistique des Activités économiques dans la Communauté Européenne
NFA	Net Foreign Assets
NIIP	Net International Investment Position
OEF	Oxford Economics Forecasting
OLS	Ordinary Least Squares
RCA	Revealed Comparative Advantage
RE	Random Effects
REER	Real Effective Exchange Rate
SMP	Securities Markets Programme
TARGET	Trans-European Automated Real-time Gross Settlement Express Transfer System

Abbildungsverzeichnis

Tabellenverzeichnis

Anhangsverzeichnis

1 Einleitung

Die Schuldenkrise ist der erste wirkliche Test für die Eurozone. Nie zuvor war der gemeinsame Währungsraum derart vom Austritt eines Mitgliedstaates bedroht. Nie zuvor war auch die Divergenz zwischen den Ländern so groß, etwa bei der Frage des Wirtschaftswachstums oder der Verschuldung. Auch wenn die Hilfsprogramme von EU Kommission, EZB und IWF größtenteils erfolgreich waren und in Irland, Spanien und Portugal inzwischen ausgelaufen sind, besteht für Griechenland nach wie vor das Risiko einer Zahlungsunfähigkeit. Zwar hat sich die Angst vor einer Ansteckung innerhalb des Euroraums verringert, dennoch wären die Folgen eines ungeordneten Ausscheiden Griechenlands unwägbar. Mittlerweile, im Jahr 2016, befindet sich die Schuldenkrise im Euroraum in ihrem siebten Jahr.

Diese Krise ist zum einen aus der Finanzkrise 2008/2009 entstanden. Damals haben Regierungen umfangreiche Konjunkturpakete finanziert, um einen Absturz der Wirtschaft abzufedern. Allein in den eineinhalb Jahren vom dritten Quartal 2008 (Konkurs der Lehman Brothers Holdings Inc.) bis zum ersten Quartal 2010 (vor dem ersten Hilfspaket für Griechenland) wuchs der Schuldenstand in der Eurozone von 67% auf 80% des BIP an.[1] Zum anderen verursachten makroökonomische Ungleichgewichte die Schuldenkrise. Solche Ungleichgewichte bestehen u.a. im Wachstum und in den Leistungsbilanzen der Mitgliedsländer. Während einige Volkswirtschaften im Zuge binnenwirtschaftlicher Booms vor der Finanzkrise Wettbewerbsfähigkeit eingebüßt und Leistungsbilanzdefizite angehäuft haben, verzeichneten andere immer höhere Überschüsse. Mit Defiziten in der Leistungsbilanz geht ein Finanzierungsbedarf einher. Vor allem persistente Defizite können zu einem Trend stetig steigender Verschuldung von Haushalten, Unternehmen und Staat führen. Dies betrifft in erster

---

[1] Sofern nicht anders angegeben, stammen sämtliche Zahlen und Statistiken in dieser Arbeit aus der Datenbank von Eurostat. Des Weiteren sind Durchschnittswerte für die Eurozone stets mit dem BIP der Mitgliedsländer gewichtet.

Linie die GIPSZ-Staaten[2], in denen sich der Schuldenstand zwischen 2010 und 2013 von 78% auf 109% des BIP erhöhte. Demgegenüber blieb der Schuldenstand der typischen Euro-Überschussländer[3] in diesem Zeitraum unverändert (Abbildung 1).

Abbildung 1: Entwicklung Schuldenstände in der Krise
Bruttoschuldenstand des Staates, % BIP

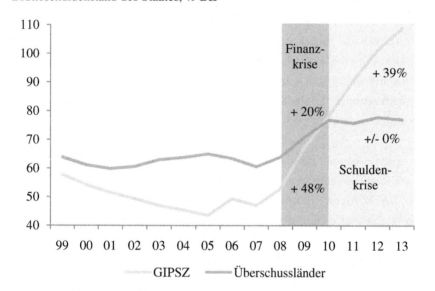

Quelle: Eurostat & eigene Berechnungen

Um die Ursachen der Krise zu bekämpfen, wurden in den vergangenen Jahren zahlreiche Reformen angestoßen: In der zwischenstaatlichen Gemeinschaft gelten im Rahmen der Sixpack-Regulierung und des Fiskalpaktes strengere Regeln für die Staatsverschuldung, makroökonomische Ungleichgewichte wer-

---

[2]   GIPSZ bezeichnet das Aggregat aus Griechenland, Irland, Portugal, Spanien und Zypern, also alle Programmländer in der Schuldenkrise. Es eignet sich besser als das in der Literatur übliche Aggregat GIIPS, das Italien anstelle von Zypern enthält, da sich Italien z.B. in der Entwicklung der Leistungsbilanz deutlich vom Rest dieser Ländergruppe unterscheidet.

[3]   Die in dieser Arbeit verwendete Gruppe der Euro-Überschussländer besteht aus Belgien, Deutschland, Finnland, Luxemburg, Niederlande und Österreich.

den genau überwacht und Mitgliedstaaten bei Überschreitung gewisser Schwellenwerte zum Gegensteuern bewegt. Mit der Bankenunion überträgt sich die Aufsicht über die größten Banken zudem von den Nationalstaaten auf die EZB. Diese Ansätze sollen Schwächen in der Ausgestaltung des europäischen Regelwerks beseitigen und künftige Fehlentwicklungen verhindern. Die meisten Reformen haben jedoch die Länder, die finanzielle Hilfsprogramme durchlaufen haben, auf Druck der internationalen Geldgeber verabschiedet. Diese Reformen sollen die bestehenden Krisen beenden und die Verschuldung der Länder zurückzufahren. Aufgrund der Rolle von Leistungsbilanzdefiziten in der Schuldenkrise zielt ein Großteil der Neuerungen auf deren Abbau und die Wiederherstellung von Wettbewerbsfähigkeit im Außenhandel.

Die Reformmaßnahmen in den Programmländern streben einerseits eine höhere öffentliche Ersparnis an, um den Staatshaushalt zu konsolidieren. Andererseits werden durch Steuererhöhungen bzw. konsequentere Steuereintreibungen sowie gekürzte Beamtengehälter, Renten, Gesundheitsausgaben etc. private Haushalte zum Sparen gedrängt. Eine höhere gesamtwirtschaftliche Sparquote soll das "Über-den-Verhältnissen-leben" in einigen Krisenländern beenden und die Leistungsbilanz durch gedrosselte Konsumimporte bereinigen (vgl. Ohr/Zeddies 2010, S. 14, Belke/Dreger 2013, S. 7 f.). Des Weiteren setzen die Reformen an der Wettbewerbsfähigkeit der Länder an. Beispielsweise sollen Absenkungen des Mindestlohns und der Arbeitgeberbeiträge zur sozialen Absicherung, Stärkungen betriebsspezifischer Tarifvereinbarungen gegenüber Branchenlösungen oder Öffnungen ehemals regulierter Berufsgruppen die Lohnstückkosten senken (vgl. z.B. die Programme für Griechenland und Portugal: EU Kommission 2012a, EU Kommission 2014a). Eine größere Wettbewerbsfähigkeit soll über steigende Exporte zur Leistungsbilanzkorrektur beitragen.

Sowohl verringerte Lohnstückkosten in Folge struktureller Reformen als auch der Nachfragerückgang in Folge einer gesteigerten Sparquote bewirken fallende Güterpreise in den Krisenländern relativ zu ihren Handelspartnern. In Ermangelung von Alternativen bleibt in einer Währungsunion nur diese Form der "internen Abwertung", um über mehrere Jahre niedrigere Inflationsraten zu erzielen als die gesunden Volkswirtschaften der Eurozone und so an Wettbewerbsfähigkeit zu gewinnen. Denn durch den Beitritt verlieren Euroländer die Möglichkeit der nominalen Abwertung sowie der gezielten geldpolitischen Steuerung von Inflation. Eine interne Abwertung ist langwieriger und schmerzhafter als eine externe, da sie entweder mit unpopulären Reformen, meistens aber mit einer Wachstumsschwäche erkauft werden muss (vgl. Frankel 1999, S. 10).[4] Bei inflexiblen Löhnen geht dies mit zunehmender Arbeitslosigkeit einher. Die Abwertung ist in einigen GIPSZ-Staaten jedoch unabwendbar geworden, da sich die Handelsbilanzen vor der Krise stetig verschlechtert hatten und immer größere Zahlungsverpflichtungen aufgrund der akkumulierten Defizite bestanden (vgl. Kang/Shambaugh 2014, S. 3, Tressel/Wang 2014, S. 3 f.).

1.1 Forschungsfrage

Die interne Abwertung soll Nachfrage vom Ausland in die Binnenwirtschaft lenken, indem sie Exporte erschwinglicher macht und Importe gegenüber heimisch produzierten Gütern verteuert. Allerdings ist fraglich, ob verringerte Lohnstückkosten tatsächlich die Wettbewerbsfähigkeit der Krisenländer in einem Maße steigern können, das ausreicht, um die Leistungsbilanzen über den Exportkanal zu korrigieren. Beispielsweise wies das kürzlich abgebaute Defizit in Griechenland bis zu 15% der Wirtschaftsleistung auf. Das Verarbeitende Gewerbe – der Wirtschaftssektor, der den Großteil der handelbaren Erzeugnisse herstellt – trug 2013 jedoch nur 9% zur Bruttowertschöpfung des Landes bei.[5] In den anderen Volkswirtschaften, die internationale Hilfe beantragen mussten, sah

---

[4]   Ghosh/Qureshi/Tsangarides (2014, S. 15 f.) berechnen, dass Handelsbilanzsalden unter fixen Wechselkursregimen etwa doppelt so persistent sind wie unter flexiblen Wechselkursen. Vor allem hohe Defizite können durch externe Abwertungen mit weniger Komplikationen abgebaut werden als durch interne.

[5]   Zahlen zur Wirtschaftsstruktur stammen in dieser Arbeit stets aus der Ameco-Datenbank der EU Kommission.

es kaum anders aus: In Portugal steuerte die Industrie[6] 13%, in Spanien ebenfalls 13% und in Zypern sogar nur 5% zur nationalen Wertschöpfung bei. Nur Irland stach mit 19% heraus, allerdings litt Irland primär an Übertreibungen auf dem Immobilien- und Finanzmarkt und weniger an überbordenden Außenhandelsdefiziten. Die Überschussländer der Eurozone wiesen 2013 im Durchschnitt dagegen einen Industrieanteil von 19% aus. Es scheint also eine Korrelation zu geben zwischen dem Leistungsbilanzsaldo und der relativen Bedeutung des Wirtschaftssektors, der für den Großteil der Exporte einer Volkswirtschaft maßgeblich ist.

Die vorliegende Arbeit soll die aktuelle Diskussion um fundamentale Leistungsbilanzungleichgewichte im Euroraum um ein neues Argument erweitern. Sie untersucht die Determinanten der Leistungsbilanz und stellt den Einfluss von Wirtschaftsstrukturen[7], die in der Diskussion bisher weitgehend unbeachtet blieben, in den Vordergrund. Die in der Arbeit zu beantwortende Forschungsfrage lautet:

Wie beeinflussen die sektoralen Wirtschaftsstrukturen den jeweiligen Leistungsbilanzsaldo von Volkswirtschaften innerhalb der Eurozone?

Die Eurozone lässt sich leicht in typische Defizit- und Überschussländer einteilen. In 17 Fällen weisen die Länder in höchstens einem Drittel der Jahre seit 1999 ein Vorzeichen gegen den Trend auf (sechs eindeutige Überschuss-, elf eindeutige Defizitländer). Nur Frankreich und Irland sind nicht eindeutig einem der beiden Lager zuzuordnen. Offensichtlich wird die Leistungsbilanz von strukturellen Faktoren bestimmt, die sich nicht innerhalb weniger Jahre grundlegend ändern. Die beschriebene Korrelation zwischen Leistungsbilanz und

---

[6]   Der Begriff Industrie wird in dieser Arbeit als Synonym für das Verarbeitende Gewerbe verwendet. Er umfasst den Sekundärsektor ohne Bergbau, Energie- und Wasserversorgung und ohne das Baugewerbe.

[7]   Mit dem Begriff Wirtschaftsstruktur ist in dieser Arbeit stets das sektorale Branchengefüge einer Volkswirtschaft gemeint, also die Aufteilung der Wertschöpfung zwischen Industrie und Dienstleistungen.

Wirtschaftsstruktur legt nahe, dass die relative Größe des Industriesektors eine dieser strukturellen Determinanten ist.

Ließe die Korrelation tatsächlich Rückschlüsse vom relativen Gewicht des Verarbeitenden Gewerbes auf den Leistungsbilanzsaldo zu, wäre denkbar, dass eine geringe Bedeutung des Industriesektors erstens das Entstehen persistenter Leistungsbilanzdefizite fördert und zweitens bewirkt, dass die Exportseite nur unzureichend zum Abbau eines etablierten Defizits beitragen kann.[8] Dies würde bedeuten, dass die Anpassung primär über den Importkanal erfolgen müsste. Der für die Korrektur eines Defizits benötigte Importrückgang ist allerdings Teil allgemeiner Nachfrageeinbußen, die auch die Binnenwirtschaft treffen. Eine Leistungsbilanzanpassung führt daher zu einem verlangsamten Wachstum in der betreffenden Wirtschaft. Wegen des Ausmaßes der angehäuften Defizite in den Krisenländern musste die Binnennachfrage stark gedrosselt werden, um Außenhandelssalden vor allem über Importe zu korrigieren. Dies ging in den GIPSZ-Staaten mit schweren Rezessionen und z.t. sozialen Spannungen einher – stärker noch als es in Volkswirtschaften der Fall gewesen wäre, deren Wirtschaftsstruktur mehr auf Exporte ausgerichtet ist. So konnte von den GIPSZ-Staaten nur das industriestarke Irland inzwischen wieder das BIP-Niveau vor der Finanzkrise erreichen. In Griechenland liegt das reale BIP dagegen noch 25% unter dem Vorkrisenniveau 2008 (Abbildung 2).[9]

---

[8] Atoyan/Manning/Rahman (2013, S. 5) begründen eine zuletzt mäßige Entwicklung der Exporte in den Krisenländern tatsächlich mit der geringen Größe des Sektors handelbarer Güter.

[9] In vier der sechs typischen Überschussländer (allen außer Finnland und den Niederlanden) lag das reale BIP 2014 über dem Vorkrisenniveau.

Abbildung 2: Wirtschaftseinbruch nach 2008

Reales BIP, Index 2008=100

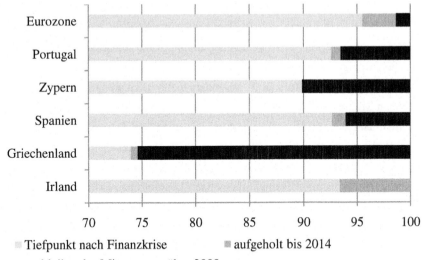

- ▨ Tiefpunkt nach Finanzkrise
- ▨ aufgeholt bis 2014
- ■ verbleibendes Minus gegenüber 2008

Quelle: Eurostat & eigene Berechnungen

Ein größerer Beitrag der Exportseite würde nicht nur dabei helfen, den Wirtschaftseinbruch im Zuge der Korrektur abzufedern, sondern auch die fiskalische Konsolidierung beschleunigen. Denn ein entschärfter Beschäftigungseinbruch hätte geringere Kosten im Zusammenhang mit Arbeitslosigkeit zur Folge (vgl. Atoyan/Manning/Rahman 2013, S. 15). Des Weiteren erhöht die angestrebte Deflation den Realwert der Schulden in den Krisenländern. Insofern wäre eine wachstumsfreundliche Anpassung besonders hilfreich, um wieder Kapital anziehen zu können und Überschuldungsprobleme zu vermeiden (vgl. Buti/Turrini 2012, S. 1 f.).

Der Zusammenhang zwischen Wirtschaftsstruktur und Leistungsbilanz wurde bisher nicht ausreichend systematisch analysiert. Bestehende Arbeiten verzichten auf empirische Untersuchungen (vgl. Grömling 2013, 2014), enthalten nur knappe Ausführungen zur theoretischen Fundierung (vgl. Gehringer 2013a,

2013b, 2014) oder setzen einen anderen Fokus und betrachten die Verbindung zwischen Struktur und Leistungsbilanz nur nebenbei (vgl. Edwards 1995, Kuijs 2006, Leung 2006, Engler/Fidora/Thimann 2007). Die vorliegende Arbeit soll diese Lücke in der wissenschaftlichen Literatur schließen. Sie konzentriert sich auf die Eurozone, da der Außenhandel hier aufgrund fehlender nationaler Währungen weniger von Wechselkursschwankungen bestimmt wird und daher der Größe des Exportsektors eine besonders hohe Bedeutung zukommt. Ferner können Mitgliedsländer des Euroraums Leistungsbilanzdefizite nicht mehr unter verhältnismäßig geringen Kosten durch die nominale Abwertung einer nationalen Währung bereinigen. Sollten Unterschiede im Branchengefüge tatsächlich persistente Leistungsbilanzungleichgewichte bedingen, wäre dies für diese Ländergruppe besonders schädlich, da es den ökonomischen Erfolg der Währungsunion gefährden könnte. Vor diesem Hintergrund und angesichts der weiter bestehenden Schuldenkrise ist die Sicht auf die Eurozone besonders aussagekräftig.

1.2 Gliederung und Vorgehensweise

Die Arbeit ist in sechs Kapitel gegliedert. Kapitel 2 beleuchtet die Leistungsbilanzungleichgewichte im Euroraum, ordnet ihre Dimension in den globalen Kontext ein und stellt ihre Ursachen heraus. Es thematisiert die aus persistenten Defiziten erwachsende Problematik der Verschuldung und untersucht Prozesse eines Defizitabbaus, sowohl in der weiter zurückliegenden Vergangenheit als auch in der Schuldenkrise. Dabei wird zwischen eher konjunkturbedingten, oft temporären Bereinigungen und strukturellen, nachhaltigen Korrekturen unterschieden. Kapitel 3 enthält die theoretische Argumentation der Arbeit. Es stellt zuerst die Determinanten der Sparquote und der Leistungsbilanz dar. Anschließend werden die Überlegungen der wenigen Autoren zusammengefasst, die sich bisher mit der Verbindung zwischen Wirtschaftsstruktur und Leistungsbilanz auseinandergesetzt haben. Kapitel 3 erläutert, über welche fünf Wirkungskanäle die sektorale Struktur auf die Leistungsbilanz einer Volkswirtschaft wirkt.

Kapitel 4 liefert einen umfassenden Überblick über die vorhandene Literatur zur empirischen Bestimmung der Leistungsbilanz. Dabei geht es auch auf Analysen ein, die den Einfluss der Wirtschaftsstruktur auf den Leistungsbilanzsaldo getestet haben. Im Anschluss werden die in der eigenen Untersuchung verwendeten Variablen, der Datensatz und die Schätzmethodik vorgestellt. Kapitel 4 behandelt ferner potenzielle Probleme, z.b. mit Persistenz oder Endogenität, und zeigt auf, wie die Analyse mit diesen Problemen umgeht. Der Zusammenhang zwischen Wirtschaftsstruktur und Leistungsbilanz wird empirisch mit verschiedenen Modellen geschätzt. Die Schätzansätze können in eine kurzfristige Sichtweise basierend auf Jahresdaten, eine mittelfristig ausgerichtete Analyse basierend auf Intervallen von sieben Jahren sowie eine langfristige Querschnittsanalyse untergliedert werden. In Panelanalysen ermittelte Ergebnisse für die aktuellen 19 Euroländer werden ausführlich auf Robustheit gegenüber Änderungen in der Methodik, der Variablenauswahl, möglicher Persistenz- oder Endogenitätsprobleme sowie im Hinblick auf Ausreißer getestet. Die empirische Analyse in Kapitel 4 trifft zunächst die vereinfachende Annahme, dass nur die Größe des Industriesektors für die Leistungsbilanz maßgeblich ist, obwohl freilich auch einige Dienstleistungen handelbar sind.

Kapitel 5 löst sich von dieser Annahme und enthält einen tieferen Blick in die Wirtschaftsstruktur der Euroländer. Es erläutert die Schwächen der traditionellen Gliederung der Wirtschaft in drei Sektoren, bietet einen Überblick über vorhandene Ansätze einer alternativen Untergliederung und nimmt schließlich eine eigene Neugliederung von Wirtschaftszweigen vor. Hierfür wird eine multivariate Clusteranalyse eingesetzt, die Branchen anhand von fünf Strukturmerkmalen klassifiziert, die nach der theoretischen Argumentation in Kapitel 3 darüber bestimmen, ob eine Sparte positiv oder negativ auf die Leistungsbilanz wirkt. Kapitel 5 wiederholt anschließend die empirischen Untersuchungen aus Kapitel 4 auf der Basis von Branchenclustern mit vermuteter positiver Wirkung auf die Leistungsbilanz. Kapitel 6 schließt die Arbeit mit einigen zusammenfassenden Bemerkungen ab und arbeitet Implikationen der Ergebnisse für die Eurozone heraus.

2 Leistungsbilanzungleichgewichte und der Abbau von Defiziten

Hohe Defizite in den Leistungsbilanzen einiger Euroländer haben zu einer massiven Verschlechterung der Schuldentragfähigkeit und zum Entstehen der Schuldenkrise in der Eurozone beigetragen. Eine Analyse der Ursachen von Ungleichgewichten zwischen den Euro-Mitgliedstaaten kann Aufschluss darüber geben, wie die hohen Defizite am besten zu reduzieren sind. Kern des Kapitels ist die Untersuchung vergangener Abbauprozesse von Leistungsbilanzdefiziten, sowohl vor als auch in der Schuldenkrise. Kapitel 2 soll offenlegen, über welche Kanäle Defizitkorrekturen üblicherweise erfolgen und wie groß die damit einhergehenden Wachstumsverlangsamungen ausfallen – und zwar je nach Industrieanteil der betroffenen Volkswirtschaft sowie je nach Möglichkeit einer nominalen Abwertung. Die Analyse in Kapitel 2 gibt so einen ersten Hinweis darauf, ob die Existenz eines großen Industriesektors die Anpassung vereinfacht oder ob die Wirtschaftsstruktur ohne Einfluss bleibt.

Kapitel 2.1 ordnet die vor der Finanzkrise entstandenen Ungleichgewichte im Euroraum in einen globalen sowie einen historischen Kontext ein und ermittelt die Treiber der Divergenzen. Kapitel 2.2 stellt die aus hohen Defiziten resultierende Problematik einer steigenden Staatsverschuldung heraus und erläutert den Beitrag nicht tragfähiger Leistungsbilanzsalden zum Entstehen der Schuldenkrise. Kapitel 2.3 beinhaltet die Analyse von Prozessen eines Defizitabbaus vor und in der Schuldenkrise. Darüber hinaus wird die Gefahr einer rein konjunkturell bedingten und nur temporär wirkenden Verbesserung des Saldos behandelt und erörtert, welche strukturellen Veränderungen für nachhaltige Korrekturen notwendig sind. Kapitel 2.4 fasst die Ergebnisse zusammen.

2.1   Leistungsbilanzungleichgewichte in der Eurozone

Leistungsbilanzungleichgewichte im Euroraum, insbesondere hohe und persistente Defizite in einigen Ländern, gelten als eine der Hauptursachen der Schuldenkrise (vgl. Ederer/Reschenhofer 2014, S. 1, Engler et al. 2014, S. 3). Die Leistungsbilanzsalden gingen im Vorfeld der Finanzkrise immer weiter auseinander. Zwar waren sie auch vor Gründung der Währungsunion in den heutigen Mitgliedsländern nicht immer ausgeglichen und müssen es keinesfalls permanent sein. Denn strukturelle Faktoren können bedingen, dass eine Volkswirtschaft über Jahre hinweg etwa einen Überschuss erwirtschaftet und spart, weil die Gesellschaft altert und in Zukunft nicht mehr so viele Güter produzieren können wird wie sie verbraucht. Genauso können wirtschaftliche Aufholprozesse in Schwellenländern über einen längeren Zeitraum für Leistungsbilanzdefizite sorgen. Gewisse Abweichungen können also sinnvoll sein und wurden auch früher beobachtet.

Zwischen 1980 und 1998 wiesen nur fünf der elf Gründungsmitglieder des Euros durchgängig stabile Leistungsbilanzen auf, die sich nie außerhalb einer – großzügig gewählten – Bandbreite von -5% bis +5% des BIP bewegten. Die größten Schwankungen verzeichneten Irland und Portugal, die selbst mit nationalen Währungen Defizite von bis zu 15% bzw. 16% des BIP erwirtschafteten. Beide Länder haben Erfahrungen mit persistenten Defiziten gesammelt, definiert als konstant negativer Leistungsbilanzsaldo in Höhe von mindestens 2% des BIP über wenigstens fünf Jahre (vgl. Freund/Warnock 2005, S. 9).[10] Nach dieser Definition befand sich Irland von 1976 bis 1986 und Portugal mit zwei kurzen Unterbrechungen von 1980 an 30 Jahre lang in einem solchen Defizit. Griechenlands vor kurzem bereinigtes Defizit bestand bereits 1995, also deutlich vor dem Euro-Beitritt. Selbst die heutigen Überschussländer Österreich und Finnland hatten Ende der 1970er- bzw. Anfang der 1990er-Jahre persistent defi-

---

[10]   Diese Definition eines persistenten Leistungsdefizits basiert zwar auf einem willkürlich gewählten Schwellenwert, hat sich aber in der Literatur durchgesetzt und wird daher auch hier verwendet.

zitäre Leistungsbilanzen.[11] Gemäß einer Analyse von Leistungsbilanzdefiziten in Industrieländern vor 2003 beträgt die durchschnittliche Dauer persistenter Defizite acht Jahre (vgl. ebd., S. 9).

Das Neuartige an den Ungleichgewichten im letzten Konjunkturzyklus ist die Parallelität der Defizite. Vor der Finanzkrise registrierten nicht nur die GIPSZ-Länder Defizite von über 5% des BIP. Darüber hinaus befanden sich mit Estland, Lettland, Litauen, Malta, der Slowakei und Slowenien sämtliche späteren Beitrittsländer in einer Leistungsbilanzkrise mit einem Minus von bis zu 22%. In einem gemeinsamen Währungsraum, bzw. kurz vor dem Beitritt, wenn Währungen schon fest aneinander gekoppelt sind, sind wachsende Außenhandelsungleichgewichte einerseits nicht überraschend. Denn durch den Beitritt verlieren Staaten den flexiblen Korrekturmechanismus der Wechselkurse. Zuvor konnten Auf- und Abwertungen der Währungen die nationalen Leistungsbilanzen immer wieder ausgleichen. Der Außenwert der gemeinsamen Währung orientiert sich dagegen an der wirtschaftlichen Entwicklung des gesamten Euroraums. Dies bedingt zunehmende Ungleichgewichte auf einzelstaatlicher Ebene. Andererseits soll die Eurozone Konvergenz unter den Mitgliedstaaten fördern. Das Angleichen wirtschaftlicher Entwicklungsgrade kann mittelfristig zu einem stärkeren Ausgleich der Leistungsbilanzsalden unter den Euroländern führen. Zumindest aber könnte es die Aufgabe nationaler Währungen kompensieren und die damit einhergehende Zunahme von Ungleichgewichten verhindern. Allerdings ist die Konvergenz zwischen Eurostaaten bisher hinter den Erwartungen zurückgeblieben (vgl. Busetti et al. 2006, Andersson et al. 2008, EU Kommission 2013a, EU Kommission 2014b). Sowohl hinsichtlich makroökonomischer Fundamentaldaten als auch institutionell haben sich die Unterschiede zwischen den Mitgliedstaaten zuletzt vergrößert.

Seit Bestehen der Eurozone haben sich die Leistungsbilanzungleichgewichte deutlich vergrößert: In den heutigen 19 Mitgliedern lag die Summe aus absolu-

---

[11]   Für OECD-Länder lässt sich anhand der OECD-Datenbank insgesamt eine zweistellige Zahl von Perioden persistenter Defizite feststellen.

ten Überschüssen und Defiziten zwischen 1980 und 1998 im Mittel bei 2% des BIP dieser Länder.[12] Insbesondere im Aufschwung seit 2004 hat sich diese Kennzahl auf 5% des BIP merklich erhöht (Linie in Abbildung 3). Dabei haben sich vor dem Beitritt bestehende Defizite tendenziell verfestigt. Abbildung 3 zeigt die von Euro-Mitgliedern erwirtschafteten (nur national saldierten) Überschüsse und Defizite sowie deren absolute Summe als Anteil an der Wirtschaftsleistung der 19 Euroländer insgesamt.

Abbildung 3: Summe nationale Leistungsbilanzen im Euroraum
(National saldierte) Leistungsbilanzen, 19 Euroländer, % BIP

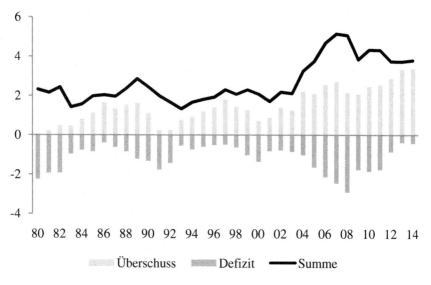

Quelle: Eurostat & eigene Berechnungen

Die in Abbildung 3 dargestellten Defizite erscheinen moderat, weil sie jeweils ins Verhältnis zur Wirtschaftskraft aller heutigen 19 Euroländer gesetzt wurden. Mithin glätten Volkswirtschaften mit niedrigen Defiziten, z.B. Italien mit einem

---

[12] Dies ist u.a. der schlechteren Datenverfügbarkeit in den 1980er-Jahren geschuldet, in denen einige der heutigen Mitgliedsländer noch nicht unabhängig waren. Trotz dieser Verzerrung kann man jedoch davon ausgehen, dass sich die Ungleichgewichte seit Bestehen der Eurozone vergrößert haben.

Defizit von häufig unter 1% des BIP, die Entwicklung. Abbildung 4 veranschaulicht das Ausmaß der Defizite in den GIPSZ-Krisenländern und ihr Wachstum seit 2004. Sie setzt die aufsummierten nationalen Salden ins Verhältnis zur Wirtschaftskraft lediglich dieser fünf Länder. Nationale Defizite erreichten im Maximum 15% des jeweiligen nationalen BIP.

Abbildung 4: Summe nationale Leistungsbilanzen in den GIPSZ-Ländern
(National saldierte) Leistungsbilanzen, GIPSZ-Staaten, % BIP

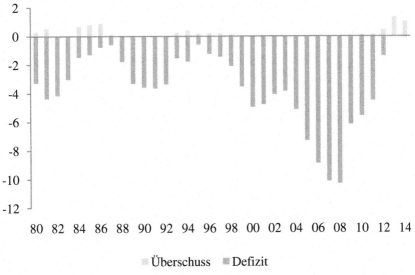

Quelle: Eurostat

Globale Leistungsbilanzungleichgewichte

Zunehmende Leistungsbilanzungleichgewichte traten nicht nur in der Eurozone auf. Beispielsweise sind die Leistungsbilanzen Bulgariens und Rumäniens in ähnlichem Ausmaß und zu einer ähnlichen Zeit wie in den GIPSZ-Staaten rapide eingebrochen – und haben sich nach der Finanzkrise ähnlich schnell erholt. Auch in anderen EU-Ländern, wie Ungarn oder Polen, lag die Leistungsbilanz im Aufschwung relativ konstant im negativen Bereich und erst die Finanzkrise brachte eine Bereinigung. Diese Gemeinsamkeiten zu Entwicklungen in der Eurozone sind z.T. zu erwarten, da diese Länder ihre Währungen teilweise an den Euro koppeln und intensiven Handel mit dem Euroraum treiben. Allerdings konnten außerhalb Europas ähnliche Trends beobachtet werden: Zum Beispiel verzeichneten Australien, Neuseeland, Südafrika und die Türkei alle zunehmende Defizite im Aufschwung und eine Korrektur in der Finanzkrise.[13] Ähnlich war die Entwicklung in den USA, auch wenn deren Leistungsbilanz aufgrund des Status des US-Dollars als Reservewährung eine Sonderrolle einnimmt (vgl. IWF 2013, S. 14):[14] Konstant hohe Defizite von 5-6% des BIP halbierten sich in der Krise. Freilich müssen sich weltweit zunehmende Defizite in wachsenden Überschüssen anderer Länder spiegeln. So registrierte China ein stark ansteigendes Plus von bis zu 10% des BIP, das durch die Krise abrupt auf 2-3% gesenkt wurde. Ebenso konnten andere asiatische Schwellen- sowie ölexportierende Länder ihre Überschüsse ausbauen. Global wuchsen die Ungleichgewichte in den Leistungsbilanzen vor der Finanzkrise auf ein zuvor nicht erreichtes Niveau. Die Summe aller Defizite stieg auf 3% des weltweiten BIP, während sie in der Vergangenheit selbst im Kontext der Ölkrisen nie über 1,5-2% hinausging (vgl. Algieri/Bracke 2007, S. 6). Die in dieser Arbeit thematisierten Leistungsbilanzungleichgewichte im Euroraum waren also weder in regionaler noch in zeitlicher Hinsicht ein Präzedenzfall: Sowohl in anderen Ländern als auch in de Vergangenheit kam es zu Divergenzen und persistenten Defiziten. Allerdin; zeichneten sich die im Euroraum entstandenen Defizite durch ihr simultan Auftreten sowie durch die fehlende Möglichkeit aus, sie durch eine nomina Abwertung zu bereinigen.

Die Politik erkannte die aus zunehmenden Ungleichgewichten erwachsen Gefahr und die Notwendigkeit, gegenzusteuern. So gab es vor der Finanzkri bereits einen Konsens darüber, dass die Entwicklungen irgendwann die Sch

---

[13] Leistungsbilanzdaten zu Ländern außerhalb Europas stammen aus der OECD-Datenb.
[14] Neben realwirtschaftlichen Entwicklungen sind Kapitalströme für Leistungsbilanzsa maßgeblich (Kapitel 2.1.2). Die Besonderheit in den USA ist, dass weltweit viele In toren ihr Geld in Dollar anlegen wollen und daher Kapitalströme in hohem Maße Leistungsbilanz determinieren.

dentragfähigkeit der Defizitländer belasten würden (vgl. ebd., S. 6). Aus Sorge vor einer ungeordneten Korrektur wuchs der politische Wille, eine gesteuerte Anpassung herbeizuführen. 2006 und 2007 kam es unter der Leitung des IWF zu "multilateralen Konsultationen" von Vertretern aus der Eurozone sowie Repräsentanten großer Volkswirtschaften weltweit, u.a. den USA, China und Japan. In diesen Verhandlungen einigten sich die Teilnehmer auf notwendige Korrekturmaßnahmen zum Abbau der Ungleichgewichte (vgl. EZB 2010a, S. 98).[15] Aufgrund der beginnenden Finanzkrise sind diese Maßnahmen jedoch nicht umgesetzt worden und der wirtschaftspolitische Fokus verschob sich.

Die beiden folgenden Unterkapitel diskutieren die Ursachen der Leistungsbilanzungleichgewichte im Euroraum. In der Literatur besteht kein Konsens zu diesem Thema: Während einige Ökonomen der Meinung sind, dass es ohne die massiven Kapitalzuflüsse nicht zu den hohen und persistenten Defiziten in den Krisenländern gekommen wäre, sehen andere die Ursachen vor allem in einer zu geringen Wettbewerbsfähigkeit des Exportsektors.[16]

2.1.1 Realwirtschaftliche Ursachen

Unter den realwirtschaftlichen, also nicht auf monetären Entwicklungen beruhenden, Ursachen für die hohen Defizite in der Euro-Peripherie wurden in der Literatur vor allem 1) eine verringerte Wettbewerbsfähigkeit, 2) Veränderungen im Spar- und Investitionsverhalten sowie 3) weitere Ursachen, z.B. die zuneh-

---

[15] Beispiele für politische Maßnahmen, auf die man sich für die Eurozone geeinigt hatte, sind: Reformen, um die Flexibilität des Arbeitsmarktes und die grenzüberschreitende Mobilität von Arbeitskräften zu erhöhen, eine stärkere Angleichung von Lohn- und Produktivitätswachstum, Deregulierung von Dienstleistungsmärkten und Finanzmarktreformen zur Absenkung von Kosten für länderübergreifende Transaktionen (vgl. IWF 2007a).

[16] Einen Überblick über die vorhandene Literatur liefern Chen/Milesi-Ferretti/Tressel (2012, S. 7 f.), Atoyan/Manning/Rahman (2013, S. 7 ff.) sowie Tressel/Wang (2014, S. 5).

mende Integration Chinas in den Welthandel, ausgemacht (vgl. Kang/Shambaugh 2013, S. 3).[17] Diese werden im Folgenden analysiert.

In den meisten Fällen begleitete überdurchschnittliches Wachstum die Defizite im Außenhandel: Zwischen 1999 und 2007 wuchsen die GIPSZ-Staaten im Mittel real um 3,0% p.a., die sechs typischen Überschussländer der Eurozone nur um 2,0% p.a. Auf der einen Seite sind die Ungleichgewichte also Ergebnis unterschiedlich hohen Wachstums, das mit divergierender Importnachfrage einhergeht. Auf der anderen Seite resultieren sie aus divergierenden Entwicklungen im Export, die wiederum auf Unterschieden in der Wettbewerbsfähigkeit beruhen.[18] Binnenwirtschaftliche Boomzeiten und schwache Exportperformance hängen voneinander ab. Denn Ungleichgewichte im Wachstum werden in der Währungsunion automatisch verringert: Überhitzte Wirtschaften verzeichnen Kosten- und Preisanstiege, werten demnach real auf, und verlieren an Wettbewerbsfähigkeit. Dies hemmt Exporte, verlangsamt wirtschaftliches Wachstum und erzielt Konvergenz unter den Volkswirtschaften. Die Prozesse, die Ungleichgewichte im Wachstum begrenzen, befeuerten vor der Finanzkrise jedoch Ungleichgewichte im Außenhandel. Zu den überhitzten Volkswirtschaften gehörten nämlich die Defizitländer, in denen reale Aufwertungen die bestehenden Defizite vergrößerten. Relativ ausgeglichenes Wachstum wurde im Euroraum also durch zunehmend ungleichen Außenhandel erkauft (vgl. Buti/Turrini 2012, S. 2).

Die Konkurrenzfähigkeit einer Volkswirtschaft im Außenhandel wird i.d.R. mit dem realen effektiven Wechselkurs gemessen. Der nominale effektive Wechselkurs ist vor der Krise sowohl in den Defizit- als auch in den Überschussländern gestiegen, d.h. der Euro wertete in dieser Zeit auf. Im Anstieg der Lohnstück-

---

[17]   Kang/Shambaugh (2014, S. 3) geben einen kurzen Literaturüberblick zu diesem Thema.
[18]   Die Leistungsbilanzen der GIPSZ-Staaten verschlechterten sich jedoch nicht ausschließlich aufgrund der Handelsbilanz. Daneben wiesen die meisten Länder vor der Finanzkrise immer schlechtere Positionen bei den Primär- und Sekundäreinkommen auf (vgl. Kang/Shambaugh 2013).

kosten und entsprechend dem der Verbraucherpreise[19] gab es zwischen den beiden Ländergruppen aber große Unterschiede. Somit lief die Wettbewerbsfähigkeit merklich auseinander: In den Überschussländern erholte sich der mit den Lohnstückkosten deflationierte reale effektive Wechselkurs nach der anfänglichen Euro-Schwäche bis 2004 nur mäßig.[20] Danach werteten diese Länder bis 2008 real ab, und zwar auf 94% des realen Außenwertes von 1999 (Abbildung 5). In den GIPSZ-Staaten hatte der Euro bis 2004 real schon aufgewertet. Dieser Trend setzte sich bis 2008 fort und der reale Außenwert erhöhte sich auf 120% des Ausgangswertes.[21] Diese ungleichmäßigen Veränderungen der Wettbewerbsfähigkeit haben zu den Diskrepanzen im Außenhandel beigetragen (vgl. EZB 2012, S. 11 ff., Engler et al. 2014, S. 4).

Abbildung 5: Unterschiede realer effektiver Wechselkurs

Realer effektiver Wechselkurs gegenüber den 38 wichtigsten Handelspartnern, Deflator: Lohnstückkosten, Index 1999=100

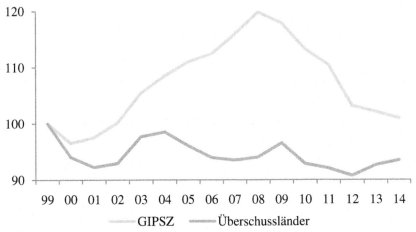

Quelle: EZB

---

[19] Zemanek/Belke/Schnabl (2009, S. 6 f.) zeigen den engen Zusammenhang zwischen Lohnstückkosten und Verbraucherpreisen.

[20] In dieser Arbeit wird als Datenquelle für Wechselkurse stets das Statistical Data Warehouse der EZB genutzt.

[21] Der Übersichtlichkeit halber wird hier das GIPSZ-Aggregat weiter verwendet, obwohl Griechenland erst 2001 und Zypern erst 2008 der Eurozone beitraten.

Die Divergenz in den Lohnstückkosten ist eher auf Unterschiede in der Entlohnung je Arbeitskraft als in der Arbeitsproduktivität zurückzuführen. Das mit
Abstand geringste Lohnwachstum vor der Krise verzeichnete Deutschland mit
0,5% p.a. Am stärksten, um jährlich über 6%, legte die Entlohnung in Griechenland und Irland zu (vgl. EU Kommission 2012b, S. 67). In den Defizitländern
wuchsen die Löhne deutlich schneller als die Arbeitsproduktivität. Exportorien-
tierte Firmen verloren an Wettbewerbsfähigkeit und wurden schließlich vielfach
aus dem Markt gedrängt (vgl. ebd., S. 75). Eine fortlaufende Verschlechterung
der preislichen Wettbewerbsfähigkeit wurde dadurch begünstigt, dass die Krisenstaaten keine nationale Geldpolitik mehr betrieben. Die Inflationsrate in den
GIPSZ-Staaten lag i.d.R. über dem EZB-Ziel von 2%, in den Überschussländern
oft darunter. In der Eurozone insgesamt betrug die Inflation etwas mehr als 2%,
sodass es keinen Bedarf für die Zentralbank gab, gegenzusteuern. Aufgrund der
Inflationsunterschiede kam es zu unterschiedlichen Realzinsen: In Folge des
geldpolitischen Fokus auf den Durchschnitt des heterogenen Währungsraums
lagen sie in den Krisenländern unter einem optimalen Niveau – mit einer entsprechend stimulierenden Wirkung auf die Investitions- und damit auch auf die
Importnachfrage (vgl. Ederer/Reschenhofer 2014, S. 1).

Freilich muss eine Verschlechterung der preislichen Wettbewerbsfähigkeit nicht
zwangsläufig auf den Außenhandelssaldo durchschlagen. Je nach Spezialisierung exportiert eine Volkswirtschaft unterschiedlich preiselastische Güter. Eine
reale Aufwertung trifft einen Investitionsgüterproduzenten mitunter weniger
stark. Denn viele solcher Güter – etwa Spezialmaschinen – sind wenig preis-,
sondern eher einkommenselastisch, werden also bei hohem Wachstum in Partnerländern nachgefragt. Zudem ist die Qualität der Produkte wichtiges Ver-
kaufsargument. Ohr/Özalbayrak (2013, S. 3 ff.) geben einen Überblick über
Studien, in denen die Einkommens-, Preis- und Wechselkurselastizitäten von
Exporten gemessen wurden. Sowohl in der Literatur als auch in dem Beitrag
selbst wurde, u.a. für den Euroraum, festgestellt, dass reale Wechselkurse eine
sehr heterogene Bedeutung für den Außenhandel haben (vgl. Imbs/Mejean

2010, Ohr/Özalbayrak 2013, S. 21 ff.).[22] Die Veränderungen in den Handelssalden der Krisenländer, die mit der verschlechterten preislichen Wettbewerbsfähigkeit einhergingen, legen allerdings nahe, dass die Aufwertung tatsächlich schädlich war.

Spar- und Investitionsquoten

Um die Ursachen von Entwicklungen in der Leistungsbilanz zu erklären, analysieren Ökonomen i.d.R. die Spar- und Investitionsquote einer Volkswirtschaft. Ein Defizit äußert sich immer in einer verhältnismäßig niedrigen Sparquote und/oder in einer relativ hohen Investitionsquote. Genauer: Die Differenz aus Spar- und Investitionsquote muss negativ sein (s. Kapitel 3.1). Vereinfacht dargestellt kann die Sparquote Aufschluss darüber geben, ob ein Über-den-Verhältnissen-leben stattgefunden hat, das den Krisenländern oft vorgeworfen wird. An der Investitionsquote lässt sich ein Defizit erkennen, das primär aus wirtschaftlichen Aufholprozessen heraus entstanden ist.

Vergleicht man die Sparquote[23] der sechs typischen Überschussländer mit derjenigen der von der Schuldenkrise am stärksten belasteten GIPSZ-Staaten, wird der Gleichlauf bis 2004 deutlich (Abbildung 6). Bis 2004 konvergierten die gesamtwirtschaftlichen Sparquoten und betrugen im Jahr 2003 in beiden Ländergruppen 23%. Erst danach setzte die divergente Entwicklung ein: In den Überschussländern stieg die Quote im Maximum auf 28%, in den Krisenländern sank sie bis zur Finanzkrise auf unter 18%. Wie es zu dieser Entwicklung gekommen ist, zeigt ein Blick auf die sektoralen Sparquoten.[24] Bei den privaten Haushalten war die Spareigung in den Defizitländern bereits vor dem Aufbau der Leistungsbilanzungleichgewichte relativ niedrig. Ab 2004 sank sie nochmals merklich ab und halbierte sich bis zur Finanzkrise beinahe. In den Überschüsse

---

[22] Bayoumi/Harmsen/Turunen (2011) betonen in ihrem Beitrag etwa große Unterschiede in der Preiselastizität zwischen dem intra-EWU-Handel und dem Handel mit Partnerländern außerhalb der EWU.
[23] Definiert als brutto Ersparnisse als Anteil am BIP.
[24] Darstellungen der sektoralen Spar- und Investitionsquoten finden sich im Anhang in den Abbildungen A1 und A2.

erwirtschaftenden Volkswirtschaften verblieb sie dagegen konstant auf dem Niveau von 2003. Im Unternehmenssektor entsprachen sich die Sparquoten in den beiden Ländergruppen 2003 nahezu. Danach stiegen sie in den Überschussländern leicht an, sodass sich bis zur Krise eine Differenz von 4 Prozentpunkten zu den Krisenstaaten aufgebaut hatte – bei den privaten Haushalten betrug die Lücke zu diesem Zeitpunkt 6 Prozentpunkte. Bei den staatlichen Ersparnissen verzeichneten dagegen die GIPSZ-Länder einen Vorsprung. Dieser schmolz jedoch bis zur Finanzkrise zunehmend ab.

Eine signifikante Verringerung der Sparquote in den Krisenländern kann allein bei den privaten Haushalten festgestellt werden. Hier sank die Sparquote im Mittel von ohnehin niedrigen 7,5% auf 4%. In den Überschussländern betrug die Quote 10%. Dies kann als Indiz für ein Über-den-Verhältnissen-leben verstanden werden. Diese Sichtweise vertreten in der Literatur u.a. Ohr/Zeddies (2010), die in ihrem Beitrag genauer untersuchen, ob die Sparquoten in den Defizitländern im Hinblick auf Fundamentaldaten auffällig niedrig waren. Anhand von Faktoren wie Pro-Kopf-Einkommen, Einkommensverteilung, Altersstruktur etc. lässt sich feststellen, dass vor allem Portugal und Griechenland eine niedrigere Sparquote aufwiesen als erwartet, dagegen z.B. Deutschland, Österreich und die Niederlande eine relativ hohe (vgl. Ohr/Zeddies 2010, S. 12 ff.).

Abbildung 6: Unterschiede Spar- und Investitionsquoten
Sparquote (links), Investitionsquote (rechts), % BIP

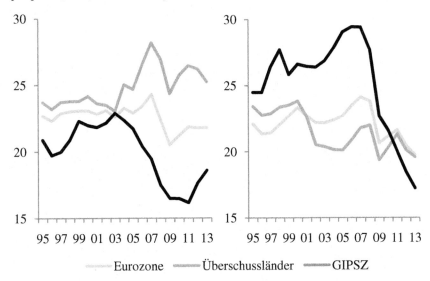

Eurozone ⎯⎯ Überschussländer ⎯⎯ GIPSZ

Quelle: Eurostat

Insgesamt können die vergrößerten Leistungsbilanzungleichgewichte im Euroraum vor der Krise vor allem auf Unterschiede in der Sparneigung zurückgeführt werden. Zwar bestanden gleichfalls Differenzen in der Investitionsneigung, allerdings gab es hier im Vorfeld der Korrektur keine so großen Veränderungen wie in der Sparintensität (vgl. ebd., S. 15, EU Kommission 2012b, S. 20 f.). Die Investitionsquoten der beiden Länderaggregate gingen bereits zu Beginn des Jahrtausends auseinander. Bevor sich nach 2003 die Ungleichgewichte vergrößerten, lag die Quote in den schneller wachsenden Defizitländern bereits 6 Prozentpunkte höher. Bis zur Krise stieg sie nochmals an, während sie in den Überschussländern relativ konstant blieb. Diese Diskrepanz ist u.a. Ausdruck des Booms in den GIPSZ-Staaten bzw. binnenwirtschaftlicher Wachstumsschwäche in den Überschussländern. Derweil sich in letzteren die Sparquote deutlich erhöhte, zog die Investitionsneigung nicht mit. Die höheren Investitionen in den Defizitländern resultierten dagegen z.T. aus Übertreibungen auf

Immobilienmärkten, die in Irland und Spanien stattgefunden haben (vgl. Gia-
vazzi/Spaventa 2010, S. 9 f.). Privathaushalte, die einen Großteil ihrer Investitionen auf dem Immobilienmarkt tätigten, verzeichneten den stärksten Anstieg
der Investitionsquote in den Krisenländern: Gegenüber 2003 stieg die Quote im
Vorfeld der Krise um ein Fünftel auf über 10% des BIP an. In Irland betrug das
Wachstum sogar gut ein Drittel und Privathaushalte investierten eine Summe,
die 14% des BIP entsprach. In den Überschussländern waren es gerade einmal
6% des BIP.[25] Sowohl von Unternehmen als auch dem Staat wurde in den Krisenländern relativ zur Wirtschaftskraft konstant mehr investiert als in den Überschussländern.

Abbildung 7: Unterschiede Spar- und Investitionsquoten nach Sektoren
Differenz Nettosparquote* Überschussländer zu GIPSZ-Staaten, % BIP

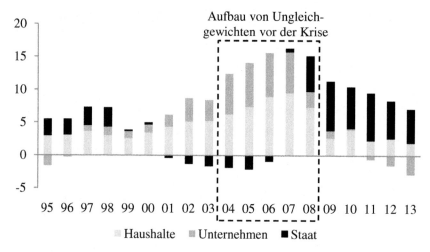

* Nettosparquote = Sparquote - Investitionsquote
Quelle: Eurostat

---

[25]   Ein Blick auf die Bereiche, in die investiert wurde, bestätigt, dass in Krisenländern
       Bauinvestitionen dominierten. In diesem Feld wurde in den Defizitländern relativ zum
       BIP deutlich mehr investiert als in Überschussländern. Bei Ausrüstungsinvestitionen und
       Investitionen in Transportmittel gab es dagegen keine merklichen Unterschiede. Somit
       investierten insbesondere Irland und Spanien vor allem in die Binnenwirtschaft, Über-
       schussländer dagegen in den Aufbau ihrer Produktionskapazitäten (vgl. EU Kommission
       2012b, S. 77).

Abbildung 7 zeigt die sektorale Aufschlüsselung der Differenzen in der Nettosparquote[26] zwischen Überschuss- und GIPSZ-Ländern. Vor allem anhand von
Sparneigungen lässt sich die unterschiedliche Entwicklung in den Leistungsbilanzsalden erklären. Ausschlaggebend für die Ungleichgewichte waren in erster
Linie Veränderungen bei den Privathaushalten: Ein Über-den-Verhältnissen-
leben, mitunter gepaart mit einem Immobilienboom, sorgte für große Unterschiede in den Nettosparquoten. Binnenwirtschaftliche Booms bewirkten Differenzen in der betrieblichen Nettoersparnis. In den wachstumsstarken GIPSZ-
Staaten wurde vor der Krise konstant mehr investiert als in den Überschussländern. Zur Vergrößerung der Ungleichgewichte in diesem Sektor trugen vor
allem höhere Ersparnisse in Deutschland und den Niederlanden bei und weniger
Veränderungen in den Defizitwirtschaften. Im staatlichen Sektor gab es im Euroraum vor der Finanzkrise keine signifikant unterschiedlichen Finanzierungssalden: In Krisenländern wurde zwar mehr investiert, aber auch mehr gespart
(vgl. Ohr/Zeddies 2010, S. 15, EU Kommission 2012b, S. 78). Erst mit Beginn
der Finanzkrise 2008 brach die staatliche Ersparnis in den GIPSZ-Staaten von
5% auf 0% des BIP ein und trug so zum Ungleichgewicht bei.

Die obigen Ausführungen beziehen sich stets auf die Gruppe der GIPSZ-
Staaten, die während der Schuldenkrise internationale Hilfe in Anspruch nehmen mussten. Darüber hinaus verzeichneten mit den ehemaligen Transformationsländern in Osteuropa weitere Volkswirtschaften persistente Leistungsbilanzdefizite, die heute zur Eurozone gehören. Hier sind die Ursachen dafür jedoch
relativ klar. Denn alle diese Länder, wie auch weitere EU-Mitgliedstaaten außerhalb der Eurozone, z.B. Bulgarien, wiesen überdurchschnittliche Investitionsquoten auf, die ihre wirtschaftlichen Aufholprozesse gegenüber den etablierten Euro-Staaten mit sich brachten (vgl. Herrmann/Jochem 2005, S. 4). In den
fünf osteuropäischen heutigen Euro-Mitgliedern lag die Investitionsquote zwischen 2004 und 2008 bei 30%, also noch einmal höher als in den GIPSZ-
Staaten. Demgegenüber betrug die Sparquote mit 21% nur leicht weniger als der
Durchschnitt der Eurozone. In einer empirischen Analyse der Leistungsbilanzen

---

[26]   Nettosparquote = Sparquote - Investitionsquote.

der osteuropäischen EU-Beitrittsländer von 2004 ermitteln Herrmann/Jochem (2005, S. 17), dass die Höhe des Pro-Kopf-Einkommens, als Indikator für das Entwicklungsniveau einer Volkswirtschaft, die größte Erklärungskraft besitzt. Je weiter die Lücke zu den etablierten Volkswirtschaften geschlossen wird, desto stärker gleichen sich Investitions- und Sparquoten dem bestehenden Eurozonen-Durchschnitt an und desto geringer fallen die Leistungsbilanzdefizite in den ehemaligen Transformationsländern aus.

Die Defizite der ehemaligen Transformationsländer unterscheiden sich somit von denjenigen der Krisenstaaten. Erstere resultieren aus Investitionsbooms in Zusammenhang mit langfristigem Wachstum und Konvergenzprozessen. Die Mitgliedschaft in der EU mit der Aussicht auf hohe Einkommenszuwächse in der Zukunft unterscheidet diese Länder dabei von anderen Schwellenländern weltweit: Jene finanzieren sich zu größeren Teilen selbst, während die osteuropäischen Volkswirtschaften vom Investorenvertrauen innerhalb der Staatengemeinschaft profitieren und große Kapitalzuflüsse verzeichnen. Dies begünstigt Leistungsbilanzdefizite.[27] Ferner brachte die Entwicklung marktwirtschaftlicher Systeme Umstrukturierungen in der Wirtschaft und hohen Investitionsbedarf mit sich, der mitunter noch nicht vollständig abgebaut ist (vgl. Raiser/Schaffer/Schuchhardt 2003, S. 36, Rahman 2008, S. 3). In den GIPSZ-Ländern basieren die Defizite dagegen auf boomendem Konsum und einem Schwerpunkt auf die Binnen- zulasten der Exportwirtschaft (vgl. Atoyan/Manning/Rahman 2013, S. 4).

Weitere Ursachen

Eine Begründung für Ungleichgewichte in der Eurozone liefert die Währungsunion selbst. Mit ihrem Beitritt verringern Länder die Möglichkeiten für schnelle Preisreaktionen auf asymmetrische Schocks über nationale Wechselkursme-

---

[27]   Dagegen erwirtschaften Schwellenländer in anderen Teilen der Welt z.T. Überschüsse (vgl. Rahman 2008, S. 3 & 10 f.). Des Weiteren ähnelt die demografische Struktur in den osteuropäischen Schwellenländern eher derjenigen des entwickelten Europas als derjenigen typischer Schwellenländer. Dies fördert ebenfalls das Entstehen persistenter Defizite.

chanismen. Eine Anpassung auf einen Schock kann nicht mehr über den nominalen Wechselkurs erfolgen, sondern muss durch sich verändernde Güter- und Faktorpreise gelenkt werden. Sind diese Preise starr und die Faktormobilität gleichzeitig niedrig, z.b. wegen Sprachbarrieren, kommt es zu Arbeitslosigkeit (vgl. Zemanek/Belke/Schnabl 2009, S. 2). In der Währungsunion dauert die Reaktion auf asymmetrische Schocks insgesamt länger und ist oft mit höheren Kosten verbunden. Somit verringert die Einführung des Euro das Tempo von Bereinigungen der Leistungsbilanz und verfestigt bestehende Ungleichgewichte in den Handelsströmen (vgl. Krieger-Boden 2000, S. 2 f., Berger/Nitsch 2010).

Des Weiteren fördert ungleichgewichtiges Wachstum in der Eurozone ein Auseinanderdriften der Handelsbilanzen. Aufgrund enger Verflechtungen zwischen den Mitgliedstaaten tragen binnenwirtschaftliche Booms und hohe Importnachfrage in einem Teil der Eurozone automatisch zu Handelsüberschüssen in einem anderen Teil bei. Beispielsweise profitierten vor der Krise die exportstarken Volkswirtschaften im Norden von der hohen Nachfrage des dynamisch wachsenden Südeuropas. Nach einer Shift-Share-Analyse der EU Kommission war der geografische Mix der Abnehmerländer entscheidender für den Exporterfolg von Überschussländern wie Deutschland, Österreich oder Finnland als etwa der Produktmix (vgl. EU Kommission 2012b, S. 64).

Die zunehmende Integration Chinas in die Weltwirtschaft hat ebenfalls Anteil an den Ungleichgewichten im Außenhandel. Denn China bietet einerseits ähnliche Produkte wie Teile der Defizitländer an und positioniert sich als Konkurrent der Euro-Peripherie. Andererseits tritt China wenig in Konkurrenz mit den tendenziell auf kapitalintensive Güter der Mittel- und Hochtechnologie fokussierten Überschussländern und bietet ihnen gleichzeitig einen attraktiven Absatzmarkt (vgl. Chen/Milesi-Ferretti/Tressel 2012, S. 21, EU Kommission 2012b, S. 65).[28]

---

[28]   Dasselbe Argument gilt für die EU-Osterweiterung 2004: Hier intensivierten ebenfalls Länder ihren Handel mit dem Euroraum, die aufgrund der Spezialisierung ihrer Wirt-

2.1.2 Kapitalströme als Treiber von Ungleichgewichten

Auf der realwirtschaftlichen Seite hat hohes Lohnwachstum und hohe Inflation die Wettbewerbsfähigkeit in den Krisenländern vermindert und damit den Export reduziert. Gleichzeitig riefen Einkommenszuwächse und positive Zukunftserwartungen übermäßigen Konsum hervor. Volkswirte, die Kapitalströme innerhalb der Eurozone als Ursache der Defizite identifizieren, begründen, wie es überhaupt zu diesen Entwicklungen kommen konnte. Ihnen zufolge ermöglichten massive Kapitalzuflüsse Privathaushalten, Unternehmen und dem Staat, sich zu günstigen Konditionen zu verschulden, und förderten einen Kredit- und Nachfrageboom, der sich auch auf Importe erstreckte. Vor der Finanzkrise betrieben Zentralbanken eine verhältnismäßig lockere Geldpolitik, das Zinsniveau war niedrig und es gab weltweit überschüssige Liquidität (vgl. Lamine 2010, S. 1, Atoyan/Manning/Rahman 2013, S. 3). Gleichzeitig bestand hohes Potenzial für Wirtschaftswachstum und Einkommenskonvergenz in Bezug auf die weiter entwickelten Volkswirtschaften der Eurozone. Aufgrund der guten Renditeaussichten im Vergleich zu den langsamer wachsenden Kernländern floss der Euro-Peripherie in dieser Phase besonders viel Kapital zu und trieb das Wachstum in die Höhe. Übermäßig optimistische Erwartungen einer schnellen Einkommenskonvergenz bewirkten hohes Lohnwachstum und Inflation, also die bekannte reale Aufwertung (s. Kapitel 2.1.1).

Darüber hinaus wurde das zufließende Kapital zu einem großen Teil in rein binnenwirtschaftliche Sektoren investiert, z.B. Bauwirtschaft und Einzelhandel. Die verminderte Wettbewerbsfähigkeit und der Fokus der Investitionen auf die Binnenwirtschaft lenkte Ressourcen in den Bereich nicht-handelbarer Güter um und ließ den Sektor handelbarer Güter schrumpfen (s. Kapitel 2.3.3). Das entstandene Ungleichgewicht in der Wirtschaftsstruktur trug zur Persistenz der Defizite bei: Dem Sektor nicht-handelbarer Güter standen immer kleinere Kapazitäten zum Export und zur Erwirtschaftung von Devisen gegenüber, mit denen

---

schaft für bestimmte Länder eine Konkurrenz darstellten und für andere eher einen zusätzlichen Exportmarkt.

zwischenzeitlich akkumulierte Schulden zurückgezahlt werden konnten (vgl. ebd., S. 3, Hobza/Zeugner 2014, S. 16). Massive Investitionen in die Binnenwirtschaft der GIPSZ-Staaten sahen Ökonomen vor der Krise als Zeichen "gesunder Konvergenz" (EU Kommission 2012b, S. 60). Allerdings wurde das Kapital nicht immer seiner produktivsten Verwendung zugeführt und es kam zu Übertreibungen, z.B. auf den Immobilienmärkten (vgl. Lamine 2010, S. 5). So haben Kapitalzuflüsse den Ländern mitunter geschadet.

Nach Ansicht der EU Kommission können Kapitalströme anhand von bilateralen Leistungs- und Kapitalbilanzsalden zwar nicht eindeutig als Ursache der Defizite identifiziert werden, aber sie hält Kapitalströme für eine plausible Erklärung (vgl. EU Kommission 2012b, S. 54). So gab es vor der Krise signifikante Fortschritte bei der Integration der Finanzmärkte, Wechselkursrisiken und sonstige Transaktionskosten entfielen (vgl. IWF 2011, S. 54 ff., Tressel/Wang 2014, S. 5).[29] Schon vor 2008 konnten deshalb massive grenzüberschreitende Kapitalströme beobachtet werden.[30] Im Gegensatz zur finanziellen Integration wurde der EU-interne Außenhandel in den GIPSZ-Staaten nicht erst im Vorfeld der Krise intensiviert, mit Ausnahme vielleicht Zyperns, das erst 2004 zur EU beitrat. Insofern kam es Mitte des vergangenen Jahrzehnts zu keinen drastischen Veränderungen der Rahmenbedingungen für Handelsströme, wohl aber für Kapitalströme. Hieraus lässt sich folgern, dass Kapitalströme eine wichtige Rolle im Aufbau der Ungleichgewichte gespielt haben.

Des Weiteren ließ die Einführung des Euro die nominalen Zinssätze konvergieren (vgl. EU Kommission 2012b, S. 60). Ratings von Volkswirtschaften glichen sich an und Geldanlagen in verschiedenen Euro-Staaten wurden von Investoren als enge Substitute gesehen (vgl. ebd., S. 49, Tressel/Wang 2014, S. 5). Vor allem in Volkswirtschaften mit einem hohen Zinsniveau vor Gründung der Eu-

---

[29]   Verringerte Transaktionskosten erklären sich durch ein fortgeschrittenes Angleichen der regulatorischen Bedingungen sowie der finanziellen Infrastruktur im Euroraum (vgl. EU Kommission 2012b, S. 59).

[30]   Zwar nahmen vor der Finanzkrise nicht nur in der Eurozone grenzüberschreitende Kapitalströme zu, sondern weltweit. Auf die Eurozone traf dies jedoch in besonderem Maße zu (vgl. Lane 2013, Hobza/Zeugner 2014, S. 12).

rozone sanken die Realzinsen merklich (vgl. EZB 2012, S. 9, Gehringer 2014, S. 7 f.). Dies verbesserte den Zugang von Defizitländern zu Ersparnissen, die in Überschussländern gebildet wurden. So konnten Investitionen finanziert werden, für die die nationalen Ersparnisse nicht ausgereicht hätten (vgl. Jaumotte/Sodsriwiboon 2010, S. 4).

Die konvergierenden Kapitalkosten in der Währungsunion haben einen "euro bias" in der Geldanlage hervorgerufen. Überschüssige Ersparnisse aus dem reicheren Kern der Eurozone flossen "downhill" und wurden primär in den aufholenden Volkswirtschaften in der Peripherie angelegt statt außerhalb der Eurozone (vgl. Hobza/Zeugner 2014, S. 5 f.). Die Defizite in den GIPS-Staaten, vor dem Beitritt Zyperns, wurden zu etwa zwei Dritteln von den Überschussländern der Eurozone finanziert. Jährlich flossen von diesen EUR 75-80 Mrd. zu, Frankreich – selbst ohne regelmäßige Leistungsbilanzüberschüsse – war ein weiterer bedeutender Finanzier der Defizitländer (vgl. EU Kommission 2012b, S. 48 f., Hobza/Zeugner 2014, S. 14). Kapitalzuflüsse aus dem Rest der EU spielten eine untergeordnete Rolle. Zum Rest der Welt floss aus den Defizitländern netto sogar Kapital ab.

Im Gegensatz zu den osteuropäischen Ländern, in denen vor allem direkt investiert wurde, floss den Krisenländern hauptsächlich Fremdkapital zu (vgl. Cabrero/Maza/Yaniz 2007, S. 2, Atoyan/Manning/Rahman 2013, S. 4). Zwischen 2004 und 2008 gingen netto mehr Direktinvestitionen von diesen Ländern aus als dort aus dem Ausland investiert wurde (Abbildung 8). Portfolioinvestitionen waren die größte Finanzierungsquelle: Hier flossen in den fünf Jahren vor der Krise netto jährlich Mittel in Höhe von 6,5% des BIP der Krisenländer zu. Bei den sonstigen Investitionen, die Einlagen und grenzüberschreitende Kredite umfassen, z.B. Interbankkredite, waren es 4% des BIP pro Jahr.

Abbildung 8: Kapitalzuflüsse vor der Krise

Nettokapitalströme, GIPSZ-Staaten, % BIP

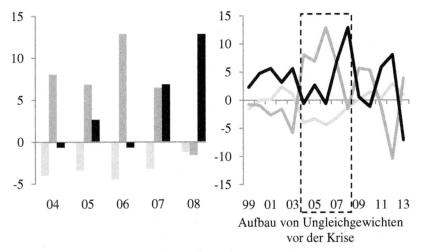

Aufbau von Ungleichgewichten
vor der Krise

     Direktinvestitionen   Portfolioinvestitionen   sonstige Investitionen

Quelle: Eurostat

Bei der Beurteilung von Leistungsbilanzdefiziten spielt deren Finanzierung eine wichtige Rolle (vgl. Freund/Warnock 2005, S. 1, Bundesbank 2006, S. 20). Langfristig mit Eigenkapital finanzierte Defizite werden im Allgemeinen weniger kritisch gesehen als solche, die auf Fremdkapital basieren. Die GIPSZ-Staaten zogen vor allem kurzfristig orientiertes Kapital an. Vor der Krise bestanden drei Viertel der intra-EWU-Kapitalströme aus Schuldtiteln, in Spanien waren es sogar 95% (vgl. Hobza/Zeugner 2014, S. 12 f.). Ein Großteil davon waren kurzfristige Interbankkredite und Investitionen von Finanzinstituten in Staatsanleihen. Die Kapitalgeber waren insgesamt offensichtlich eher an der Verzinsung ihrer Gelder interessiert als an langfristigem Engagement und Einflussnahme. Angesichts der Zusammensetzung der Zuflüsse wird die hohe Anfälligkeit der Krisenländer für einen plötzlichen Abzug des Kapitals deutlich. Jederzeit bestand die Gefahr, dass sich die Kapitalflüsse aus dem Kern in die Peripherie umkehren. Dies trat später tatsächlich so ein (s. Kapitel 2.3.2).

2.2   Leistungsbilanzdefizite und Verschuldung

2.2.1   Einfluss von Leistungsbilanzdefiziten auf Staatsschulden

Grundsätzlich können persistente Leistungsbilanzdefizite die Schuldentragfähigkeit gefährden und Staaten anfällig für Krisen machen, selbst wenn sie über
einen ausgeglichenen Staatshaushalt verfügen (vgl. EU Kommission 2010, S.
21, EU Kommission 2011a, S. 28, Grömling 2013, S. 1 f.). Denn vor allem bei
dauerhaften Defiziten verschuldet sich eine Volkswirtschaft immer stärker im
Ausland (vgl. Ohr/Zeddies 2010, S. 4).[31] Dies kann auf zwei Arten das Wachstum der Wirtschaft bremsen und den Staatshaushalt unter Druck setzen: Erstens
kann ein hoher Schuldenstand die Refinanzierung verteuern und so die Güter-
nachfrage mindern. Beispielsweise verzichten Unternehmen auf Investitionen,
wenn sie sich wegen ihrer verschlechterten Bonität nur zu ungünstigen Konditionen finanzieren können. Hiervon können auch finanziell gesunde Betriebe
betroffen sein, wenn der Schuldenstand in der Privatwirtschaft insgesamt hoch
ist und sie mit Zahlungsausfällen bei ihren Kunden rechnen müssen. Aufgrund
einer erhöhten Unsicherheit geht in dieser Situation die Nachfrage zurück (vgl.
EU Kommission 2012c, S. 10 f.). Bei sehr hoher Schuldenlast müssen Haushalte
und Unternehmen ferner Entschuldungsprozesse einleiten, um das Vertrauen
ihrer Investoren zu sichern und ihre Finanzierungsquellen offen zu halten. Dies
verringert ihre Nachfrage weiter. Leistungsbilanzdefizite können somit im Falle
einer nicht ausreichenden Schuldentragfähigkeit Binnennachfrage verdrängen
und zu einer Abkühlung der Wirtschaft führen (vgl. Cabrero/Maza/Yaniz 2007,
S. 6).

Zweitens können überschuldete Marktteilnehmer zur Entschuldung gezwungen
sein, wenn Gläubiger ihnen das Vertrauen entziehen. Je höher eine Volkswirtschaft verschuldet ist, desto größer ist das Risiko für solch eine "sudden stop"

---

[31]   Die Nettoauslandsvermögensposition, als Indikator der Verschuldung, und die Rendite
       zehnjähriger Staatsanleihen sind merklich negativ miteinander korreliert (vgl. EU Kom-
       mission 2012c, S. 11). Dies verdeutlicht den negativen Einfluss von Auslandsverschul-
       dung auf die Staatsfinanzen, selbst wenn die Verschuldung theoretisch nur im Privatsek-
       tor auftritt.

genannte Entwicklung und desto stärker bremst der einsetzende Entschuldungsprozess das Wachstum (vgl. EU Kommission 2012c, S. 11). Zudem verknappt
der Rückzug ausländischer Investoren Kapital, erhöht somit das Zinsniveau und
kann bis in eine Bankenkrise führen (vgl. Bethge/Ohr 2006, S. 498 f.). Auch
über diesen Kanal kann ein sudden stop das Wachstum hemmen (vgl.
Freund/Warnock 2005, S. 13). Zwar sind sudden stops in Industrienationen im
Vergleich zu Schwellenländern aufgrund der besseren Rechtssicherheit und des
allgemein größeren Investorenvertrauens selten (vgl. Guidot-
ti/Sturzenegger/Villar 2003, S. 5). Die Schuldenkrise hat aber gezeigt, dass
Phasen einer plötzlichen Kapitalflucht auch im Euroraum auftreten können.
Schlimmstenfalls drohen Risiken für die Finanzstabilität, wenn das Versiegen
ausländischer Finanzierungsquellen zu gehäuften Ausfällen von Schuldnern
führt, die das nationale Bankensystem belasten.

Sowohl steigende Zinsen und eine geringere Nachfrage in Folge hoher Unsicherheit als auch ein durch einen sudden stop abrupt eingeleiteter Entschuldungsprozess können das Wachstum in einer verschuldeten Wirtschaft abwür-
gen und den Staatshaushalt belasten. Selbst wenn die Verschuldungsprobleme
ursprünglich nur im Privatsektor aufgetreten sind, verschlechtern wegfallende
Steuereinnahmen und steigende Transferleistungen für Arbeitslose die Fiskalbilanz. Unterschiede zwischen den beiden Varianten bestehen vor allem darin,
dass ein sudden stop plötzlich wirkt und i.d.R. schwere Krisen auslöst.

2.2.2 Tragfähigkeit von Leistungsbilanzdefiziten

Obwohl mit Leistungsbilanzdefiziten Verschuldungsprobleme einhergehen
können, sind sie nicht prinzipiell schädlich oder müssen um jeden Preis verhindert werden (vgl. Ederer/Reschenhofer 2014, S. 4). Negative Salden können –
wie oben dargelegt – zustande kommen, weil eine Wirtschaft etwa ihre Investitionen in Infrastruktur erhöht und einen Aufholprozess durchläuft, der typisch

für Schwellenländer ist.[32] In diesem Fall sind sie lediglich Ausdruck einer effizienten internationalen Allokation von Kapital (vgl. Gehringer 2013a, S. 6). Defizite in ärmeren Volkswirtschaften sind sinnvoll, wenn hier Kapital aus reicheren Ländern zufließt und Konvergenzprozesse hervorruft. Solche Defizite sind meist unbedenklich: Sich im wirtschaftlichen Aufholprozess befindende Volkswirtschaften können zur Akquise zusätzlicher Mittel für Investitionen Leistungsbilanzdefizite oft ohne Probleme in Kauf nehmen. Ihr Wachstum erlaubt künftig das Bilden von Ersparnissen, mit denen zwischenzeitlich angehäufte Schulden zurückgezahlt werden können. Entscheidend ist, dass solche Defizite temporär bleiben und es den Volkswirtschaften irgendwann gelingt, den Aufholprozess abzuschließen. Für die weitere Entwicklung benötigen sie dann weniger Kapitalimporte.

Auch unter entwickelten Volkswirtschaften müssen Leistungsbilanzsalden nicht ausgeglichen sein. Aufgrund länderspezifischer Fundamentalfaktoren, wie Demografie oder Abhängigkeit von Ölimporten, oder temporärer Sonderentwicklungen können moderate Überschüsse oder Defizite für ein Land als Gleichgewicht aufgefasst werden (vgl. IWF 2014, S. 18). Allerdings lassen sich Leistungsbilanzdefizite identifizieren, die nicht dauerhaft tragfähig sind.[33] Als nicht tragfähig gelten z.B. Defizite, die nicht auf den üblichen Marktmechanismen beruhen, sondern durch Verzerrungen entstehen. Dazu gehören etwa hohe Mindestlöhne, die zu übermäßigem Konsum einladen, oder Kapitalverkehrskontrollen. Ebenfalls spielt die Höhe des Defizits eine maßgebliche Rolle. Beinhaltet ein Defizit "erhebliche Risiken für die Weltwirtschaft" und besteht das Risiko einer "ungeordneten Korrektur" (EZB 2010a, S. 95), kann es sich nicht um eine nachhaltige Entwicklung der Leistungsbilanz handeln. Zum Teil bestimmen Ökonomen Schwellenwerte, ab denen Defizite als nicht mehr tragfähig einzuschätzen sind. In der Literatur hat sich die Grenze von 5% des BIP durchgesetzt,

[32] Osteuropäische Mitgliedstaaten der EU sowie der Eurozone wiesen solche Leistungsbilanzdefizite aufgrund von Aufholprozessen auf (vgl. Herrmann/Jochem 2005, S. 1, Bundesbank 2006, S. 17).
[33] Mit der Abgrenzung tragfähiger von nicht mehr als tragfähig geltenden Defiziten befasst sich bspw. der Beitrag von Milesi-Ferretti/Razin (1996, S. 4 ff.).

bei dessen Überschreitung man davon ausgeht, dass ein Defizit nach einer gewissen Zeit bereinigt werden muss (vgl. Summers 1996, S. 54, Freund 2005, S. 1279, Freund/Warnock 2005, S. 1 f.).[34,35]

Als problematisch werden vor allem negative Leistungsbilanzen erkannt, die privaten oder staatlichen Konsum finanzieren anstelle von Investitionen, die also aus niedrigen Sparquoten resultieren (vgl. ebd., S. 12 f., Ohr/Zeddies 2010, S. 4). Produktive Investitionen erzeugen dagegen Wachstum und künftige Ersparnisse. Insbesondere Investitionen im Sektor handelbarer Güter können später Handelsbilanzüberschüsse und Erlöse generieren, die in den Schuldenabbau investiert werden können (vgl. Giavazzi/Spaventa 2010, S. 6 f., Gehringer 2014, S. 5). Ferner hängt die Tragfähigkeit eines Leistungsbilanzdefizits von seiner Finanzierung ab. Eine Zusammensetzung der Kapitalzuflüsse primär aus kurzfristig angelegtem Fremdkapital wird kritisch gesehen (vgl. Freund/Warnock 2005, S. 1, Bundesbank 2006, S. 20 f.).[36]

Da nicht ein Defizit, sondern die mit ihm einhergehende Verschuldung im Ausland das Problem darstellt, ist für eine Beurteilung, wie tragfähig Leistungsbilanzpositionen sind, ein Blick auf die Auslandsverschuldung und ihre Zusammensetzung angebracht. Nicht nur aktuelle Defizite, sondern die Historie von Defiziten und Überschüssen bestimmt den Grad der Auslandsverschuldung einer Volkswirtschaft. Diese Verschuldung wird anhand der Nettoauslandsver-

---

[34] Trotz eines solchen Schwellenwertes ist zur Beantwortung der Frage, ob ein Defizit tragfähig ist oder nicht, jedoch immer die konkrete Situation der betroffenen Volkswirtschaft zu analysieren. Ein undifferenzierter Schwellenwert, der Leistungsbilanzpositionen pauschal als tragfähig oder nicht tragfähig ausweist, greift zu kurz (vgl. Bethge/Ohr 2006, S. 7).

[35] Dieser Schwellenwert von 5% des BIP steht nicht im Konflikt zu dem in Kapitel 2.1 genannten Schwellenwert von 2% des BIP. Ersterer grenzt nicht dauerhaft tragfähige Leistungsbilanzdefizite von nachhaltigen Defiziten ab, letzterer identifiziert lediglich persistente Defizite und enthält keine Aussage über die Tragfähigkeit.

[36] Dagegen bestehen geringere Bedenken, wenn die Zuflüsse u.a. in einem Anstieg der Währungsreserven resultieren. Übertreffen nämlich die Kapitalzuflüsse die Finanzierungserfordernisse des Defizits, ist dies ein Anzeichen für die Attraktivität des Landes für Investoren und spricht für eine nachhaltige Entwicklung (vgl. Bundesbank 2006, S. 21).

mögensposition (NFA-Position für "net financial assets")[37] gemessen. Bei einem Leistungsbilanzdefizit verbraucht eine Volkswirtschaft mehr Güter als sie selbst herstellt. Zufließendes Kapital finanziert den Import fehlender Güter. Gelder können in Form von Eigenkapital, z.b. Direktinvestitionen, oder Fremdkapital zufließen, z.b. im Ausland gehaltene Unternehmens- oder Staatsanleihen. Ausländische Investoren erwerben also Vermögenswerte in einer defizitären Volkswirtschaft. Zu den Gläubigern gehören in erster Linie private Haushalte, Nicht-Finanzunternehmen und finanzielle Intermediäre, z.b. Versicherungen und Pensionsfonds. Der Bankensektor und die jeweiligen Staaten sind i.d.R. die Schuldner (vgl. EU Kommission 2012b, S. 32 f.).

Die NFA-Position ist das Ergebnis vergangener Entwicklungen in der Leistungsbilanz. Der Leistungsbilanzsaldo entspricht in etwa dem Nettoerwerb von Vermögenswerten im Ausland: Bei einem positiven Saldo werden überschüssige Ersparnisse im Ausland angelegt und dienen dort dem Erwerb von Vermögenswerten. Bei einem negativen Saldo importiert eine Volkswirtschaft finanzielle Ressourcen und sammelt Verbindlichkeiten im Ausland an, indem sie Vermögenswerte verkauft. Die Summe der ausländischen Vermögenswerte im eigenen Besitz und der inländischen Werte im ausländischen Besitz stellt die NFA-Position dar. Allerdings verändert nicht nur die Leistungsbilanz die NFA-Position. Daneben beeinflussen etwa Schuldenschnitte und Neubewertungseffekte den Schuldenstand.[38] Zu letzteren zählen z.b. der Wertverlust einer Anleihe oder fauler Kredite, eine Erhöhung der Marktkapitalisierung eines durch Direktinvestitionen gegründeten Unternehmens oder Auf- und Abwertungen bei den Währungen, in denen Vermögenswerte denominiert sind (vgl. EU Kommission 2012b, S. 16). So wurden während der Finanzkrise große Teile der Vermögenspositionen abgeschrieben und im Wert berichtigt. Dies hat die Auslandsver-

---

[37]   Für die NFA-Position wird in der Literatur z.T. das Synonym NIIP verwendet (für "net international investment position").
[38]   Dazu spielen Vermögensübertragungen, z.b. Transfers aus dem EU-Budget, eine Rolle.

schuldung der Krisenstaaten begrenzt, die ohne diese Neubewertungen noch größer ausfallen würde (vgl. EU Kommission 2012c, S. 10).[39]

Darüber wie hoch eine Volkswirtschaft maximal verschuldet sein sollte, besteht in der Literatur Uneinigkeit. Besonders für Entwicklungsländer gibt es unterschiedliche Meinungen: Manche Ökonomen gehen davon aus, dass ab einem gesamtwirtschaftlichen Schuldenstand von 60% des BIP negative Wachstumseffekte greifen (vgl. Imbs/Ranciere 2005, S. 14 f., Reinhart/Rogoff 2010, S. 573 f.). Andere Studien kommen auf Schwellenwerte von 50% (vgl. Manasse/Roubini 2005, S. 4) oder von nur 35-40% (vgl. Pattillo/Poirson/Ricci 2011, S. 20 f.). Bei entwickelten Volkswirtschaften dürfte der Schwellenwert u.a. aufgrund besser entwickelter Finanzmärkte höher liegen, etwa bei 90% (vgl. Reinhart/Reinhart/Rogoff 2012, S. 70 f.). Die EU Kommission gibt in ihrem "Scoreboard for the surveillance of macroeconomic imbalances" als Richtwert eine NFA-Position von -35% des BIP an, die nicht unterschritten werden sollte (vgl. EU Kommission 2012d, S. 4).

Catao/Milesi-Ferretti (2013) sehen in einem von wenigen Beiträgen, die sich mit entwickelten Volkswirtschaften befassen, ab einer Schuldenposition von -60% des BIP ein erhöhtes Risiko für externe Krisen.[40] Für 70 Länder, knapp die Hälfte davon entwickelte Volkswirtschaften, wurden für den Zeitraum 1970-2011 insgesamt 61 Krisenperioden identifiziert. In den fünf Jahren vor den jeweiligen Krisen verschlechterte sich die NFA-Position im Mittel auf -50% bis -60% des BIP (vgl. Catao/Milesi-Ferretti 2013, S. 8 f.). Vor allem bei Schuldtiteln bauten sich hohe Verbindlichkeiten auf, während es bei Direktinvestitionen im Vorfeld keine signifikanten Veränderungen gab. Die Leistungsbilanzen wiesen zu Be-

---

[39]   Die üblicherweise nur als Nettogrößen dargestellten NFA-Positionen verdecken z.T. sehr hohe Bruttopositionen bei Forderungen und Verbindlichkeiten (vgl. EU Kommission 2012c, S. 8). So hatte Irland 2012 Verbindlichkeiten im Ausland von über 1.700% und Forderungen von über 1.600% des BIP. Je höher diese Bruttopositionen, desto größer ist der Einfluss von Neubewertungen auf den Schuldenstand.

[40]   Externe Krisen sind von den Autoren definiert als 1) Zahlungsunfähigkeit, 2) "rescheduling events", also Aufschübe von Rückzahlungsverpflichtungen, und 3) Fälle, in denen multilaterale Hilfen bzw. Hilfen des IWF beantragt werden mussten (vgl. Catao/Milesi-Ferretti 2013, S. 6).

ginn der Krise im Mittel ein Defizit von 4% aus und verbesserten sich nach der Krise schlagartig. Zu Beginn der Krisen lagen die NFA-Positionen durchschnittlich 20 Prozentpunkte und die Leistungsbilanzen 3 Prozentpunkte schlechter als die historischen Mittelwerte der jeweiligen Länder (vgl. ebd., S. 11 f.). Ferner stellen die Autoren im Rahmen eines Probit-Modells fest, dass die Leistungsbilanz der am besten geeignete Prädiktor für externe Krisen ist (vgl. auch Algieri/Bracke 2007, S. 32, Frankel/Saravelos 2010, S. 6). Je höher das Defizit, desto schneller verschulden sich Volkswirtschaften und desto schneller führt sie dies in eine Krise (vgl. Catao/Milesi-Ferretti 2013, S. 4 & 15 f.).

Schuldentragfähigkeit in den GIPSZ-Staaten

Kapitel 2.1.1 legte dar, dass die Ursachen der GIPSZ-Defizite eher niedrige Spar- als hohe Investitionsquoten waren, wirtschaftliche Aufholprozesse also nicht der Hauptgrund für die zunehmende Auslandsverschuldung waren.[41] Ederer/Reschenhofer (2014, S. 3 ff.) gruppieren die EU-Mitglieder, die vor der Finanzkrise negative und sich verschlechternde Leistungsbilanzsalden erwirtschafteten, nach ihrem BIP pro Kopf im Jahr 2000. Auch diese einfache Einteilung liefert ein Indiz, dass die Defizite bspw. in Irland und Rumänien auf unterschiedliche Ursachen zurückzuführen sind. Sämtliche osteuropäischen ehemaligen Transformationsländer wiesen im Jahr 2000 ein Pro-Kopf-Einkommen von unter 80% des EU27-Durchschnitts auf. Demgegenüber lag das Einkommen in den GIPSZ-Staaten ausnahmslos über 80% dieses Mittelwertes. Wirtschaftliche Aufholprozesse sind also zumindest als Hauptursache unwahrscheinlich.[42]

---

[41]   Freilich gibt es z.T. deutliche Unterschiede innerhalb dieses Aggregats aus fünf Ländern. Beispielsweise war die Investitionsquote in Spanien vor der Krise überdurchschnittlich und die Sparquote nicht weit vom Mittel der Eurozone insgesamt entfernt. In Irland lag die Sparquote sogar leicht über dem Euro-Durchschnitt. Allerdings ist es nicht das Ziel dieser Arbeit, einzelne Volkswirtschaften zu beschreiben, daher werden Entwicklungen gegen den Trend dieses Aggregats größtenteils nicht thematisiert. Die Aggregation der Länder rechtfertigt sich durch die ähnlichen grundlegenden Tendenzen, insbesondere was die Leistungsbilanzen betrifft, und durch die Gemeinsamkeit, dass alle internationale Hilfen beantragen mussten.

[42]   Selbstverständlich ist die Grenze bei 80% des Durchschnittseinkommens willkürlich gewählt. Allerdings soll mit dieser Kennzahl nur ein weiteres Indiz dargestellt werden.

Seit Bestehen der Eurozone hat sich das Mittel der NFA-Positionen der GIPSZ-Staaten kontinuierlich mit etwa gleichbleibendem Tempo verschlechtert (Abbildung 9). Es fiel von -23% des BIP im Jahr 1999 bis auf -101% im Jahr 2013. Keines der GIPSZ-Länder konnte sich dem Trend entziehen und die Positionen lagen 2013 alle zwischen -80% und -120%. Große Überschussländer wie Deutschland oder die Niederlande konnten dagegen ihre NFA-Positionen auf knapp 50% des BIP ausbauen. Allerdings hat sich die Verzinsung auf die von den Krisenländern angehäuften Schulden seit der Krise verringert. Damit hat sich zwar der Schuldenstand erhöht, die Zinszahlungen sind insgesamt jedoch leicht zurückgegangen (vgl. EU Kommission 2012c, S. 9). Der IWF geht davon aus, dass sich im Zuge der Korrekturen in den Leistungsbilanzen die NFA-Positionen der Krisenländer langsam verbessern. So sollen die Schuldenstände bis 2019 deutlich verringert werden, in Irland startete dieser Prozess bereits 2013 (vgl. IWF 2014, S. 24).

Abbildung 9: Auslandsverschuldung der GIPSZ-Länder

Nettoauslandsvermögensposition, % BIP

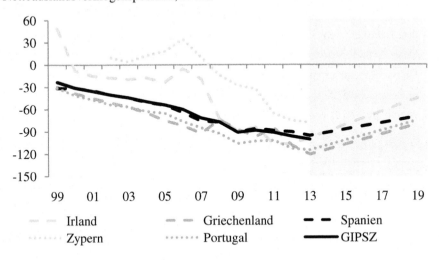

Quelle: Eurostat & IWF-Prognose

Eine abschließende Klärung der Frage, wie sehr Aufholprozesse die GIPSZ-Defizite geprägt haben, ist hier nicht angestrebt.

Eine stetig steigende Auslandsverschuldung erschwert es, den resultierenden Schuldenberg abzutragen. Zwar ist die Verzinsung der Schuldenpositionen gesunken. Je länger die Krise in den GIPSZ-Staaten jedoch andauert, desto stärker schlägt sich die unvorteilhafte wirtschaftliche Entwicklung in den zu zahlenden Zinsen nieder (vgl. EU Kommission 2012c, S. 9). Sobald die Geldpolitik der EZB nicht mehr für Sonderentwicklungen an den Märkten sorgt, dürften daher die Belastungen aus den akkumulierten Schulden steigen. Wenn es soweit ist, absorbieren Zinszahlungen auf im Ausland bestehende Schulden einen immer größeren Teil der Einkommen. Diese Entwicklung manifestiert sich in der Leistungsbilanz. Neben dem Waren- und Dienstleistungshandel umfasst diese die Bilanz der Primär- und der Sekundäreinkommen.[43] In der Primäreinkommensbilanz werden u.a. Zahlungen ans Ausland und aus dem Ausland auf international gehaltene Vermögenswerte erfasst. Über diesen Posten sind Leistungsbilanz und NFA-Position miteinander verknüpft. Im Falle einer Nettoverschuldung im Ausland überweist eine Volkswirtschaft i.d.R. mehr Einkommen ins Ausland, als es von dort erhält.[44] Diese Einkommen umfassen z.B. Dividenden auf investiertes Eigenkapital oder Zinszahlungen auf Schuldtitel (vgl. EU Kommission 2012b, S. 16). Je höher die Nettoauslandsverschuldung, desto stärker zieht sie im Allgemeinen die Leistungsbilanz in Richtung eines Defizits und desto schwieriger ist es, trotz der Zahlungsverpflichtungen einen Überschuss zu erwirtschaften und den Schuldenberg abzutragen (vgl. Roubini/Setser 2005, S. 1, Leung 2006, S. 2, EU Kommission 2012c, S. 8). Irland wies bspw. 2011 und 2012 eine Primäreinkommensbilanz von annähernd -20% des BIP auf. Angesichts solcher Negativposten muss das Land sehr hohe Au-

---

[43] Vor der sechsten Auflage des "Balance of Payments and International Investment Position Manual" wurden die Primär- und Sekundäreinkommen als Saldo der Erwerbs- und Vermögenseinkommen bzw. Saldo der laufenden Übertragungen bezeichnet (vgl. Bundesbank 2015, S. 19). Primäreinkommen umfassen grenzüberschreitende Arbeits- und Vermögenseinkommen. Sekundäreinkommen enthalten Transferzahlungen wie internationale Entwicklungshilfe sowie private Transfers etwa von Gastarbeitern in ihre Heimat (vgl. EU Kommission 2012b, S. 19).

[44] Eine negative NFA-Position verschlechtert die Primäreinkommensbilanz nicht automatisch, denn die Zinsen, die ein Land auf Verbindlichkeiten im Ausland zahlt und die es für Vermögen im Ausland erhält, variieren je nach Vermögenswert sowie im Zeitverlauf. Trotz negativer NFA-Position kann ein Land eine positive Primäreinkommensbilanz erzielen (vgl. EU Kommission 2012b, S. 16).

ßenhandelsüberschüsse erzielen, um die Leistungsbilanz auszugleichen. Irland stellt jedoch einen Sonderfall dar. In den anderen GIPSZ-Staaten war die Primäreinkommensbilanz zwar meistens leicht negativ, jedoch in einer Größenordnung von 1-4% des BIP.

Ebenfalls ist die Zusammensetzung der Auslandsverschuldung von Interesse. Bestehen die Schulden in erster Linie aus Schuldtiteln wie in den GIPSZ-Ländern, ist das Risiko eines sudden stops höher als dann, wenn vor allem Eigenkapital zugeflossen ist. Insbesondere Mittel aus Direktinvestitionen sind verhältnismäßig stabil. Zudem lassen sich Schulden anhand ihrer Fälligkeiten abgrenzen. So bestehen in Irland die Verbindlichkeiten zu einem nennenswerten Teil aus langfristigen Verpflichtungen, 2010 betraf dies etwa die Hälfte der Auslandsschulden. In den anderen GIPSZ-Staaten dominierten dagegen kurzfristige Restlaufzeiten von unter einem Jahr. Allen voran in Griechenland (93%) und Zypern (85%) wiesen große Teile der Verbindlichkeiten kurze Laufzeiten auf (vgl. EU Kommission 2012c, S. 14 f.).

Jenseits der Indizien wie Höhe, Verwendung und Finanzierung von Leistungsbilanzdefiziten gibt es formale Ansätze, ihre Tragfähigkeit zu beurteilen. Der IWF stellt dafür den aktuellen Saldo demjenigen gegenüber, der notwendig wäre, um die NFA-Position einer Volkswirtschaft auf einer definierten Benchmark zu halten bzw. diese Benchmark zu erreichen (vgl. IWF 2013, S. 34 ff.). Die Berechnungen basieren auf Annahmen etwa zur Verzinsung der Forderungen und Verbindlichkeiten, zum BIP-Wachstum und zu wahrscheinlichen Neubewertungseffekten (vgl. EU Kommission 2012c, S. 13 f.). Die EU Kommission (2012c, S. 12 f.) berechnet ebenfalls, welche primären Leistungsbilanzsalden die Krisenländer erzielen müssten, um ihre NFA-Positionen zu stabilisieren. In diesen Salden werden die Primäreinkommen, also die Nettozinszahlungen auf bestehende Forderungen und Verbindlichkeiten, aus der Leistungsbilanz heraus gerechnet. Für 2011 lagen die primären Leistungsbilanzsalden in Zypern (um 9% des BIP), Griechenland (6,5%) und Portugal (1,5%) zu negativ, um die jeweiligen NFA-Positionen des Jahres konstant zu halten. Spanien wies genau die dafür benötigte primäre Leistungsbilanz auf, Irlands primäre Leistungsbilanz lag um 2,5% des BIP positiver als notwendig. Die Tatsache, dass sich die NFA-Positionen einiger dieser Länder 2012 negativer entwickelt haben als auf dieser Basis vorhergesagt, deutet vor allem auf ein niedrigeres BIP-Wachstum gegenüber den Erwartungen der Kommission hin.

Zwei Anmerkungen zu diesen Ergebnissen sind angebracht: Erstens berücksichtigen die Berechnungen nicht, dass sich die Länder 2011 z.T. in einer Rezession befanden. In rezessiven Phasen liegt die Importnachfrage üblicherweise unter dem Niveau in Wachstumsphasen. Angesichts einer weltweit stabilen Konjunktur dürfte dies für Exporte nur abgeschwächt gelten. Insofern wird eine Normalisierung des Wachstums die Leistungsbilanzen verschlechtern. Die aktuell verhältnismäßig positiven Salden sind aufgrund der schlechten Wirtschaftslage überzeichnet (s. Zyklizität von Leistungsbilanzen in Kapitel 2.3.3).[45] Zweitens basieren die Berechnungen auf der Benchmark der NFA-Position von 2011. Damals wiesen die Krisenländer aber im Mittel bereits netto Schulden von über 90% des BIP auf. Ziel dieser hoch verschuldeten Länder kann es nicht mehr sein, den Schuldenstand zu stabilisieren. Gerade für Irland und Portugal, die beide 2011 schon mit mehr als ihrem jährlichen BIP verschuldet waren, kann man die Lage deutlich negativer beurteilen. Für alle fünf Volkswirtschaften ist es noch ein weiter Weg zu nachhaltigen Schuldenpositionen. Beide Anmerkungen legen nahe, dass die Ergebnisse zu optimistisch geschätzt sind und große Anstrengungen in den GIPSZ-Staaten notwendig sind, um Leistungsbilanzsalden zu erwirtschaften, die ihre NFA-Positionen nennenswert verbessern.

---

[45]   Dem steht gegenüber, dass eine Normalisierung des Wachstums das BIP wieder schneller ansteigen lässt. Da das BIP in der Berechnung der Schuldenquote im Nenner steht, verringert dies die NFA-Position.

2.3 Abbau von Leistungsbilanzdefiziten

Aufgrund ihres Ausmaßes vor 2008 war abzusehen, dass die Leistungsbilanzungleichgewichte abgebaut werden mussten. Unklar war jedoch der Zeitpunkt und die Art und Weise, in der die Korrektur erfolgen sollte. Die folgenden Unterkapitel untersuchen, wie dies in der Vergangenheit – speziell im Euroraum während der Schuldenkrise – geschehen ist. Den Abbau von Ungleichgewichten kann man über die Korrektur von Defiziten oder von Überschüssen erreichen. In dieser Arbeit stehen die Defizite im Fokus. Mit diesen hängen die Verschuldungsprobleme in den Krisenländern direkt zusammen (s. Kapitel 2.2.1). Aus Überschüssen erwachsen dagegen keine vergleichbaren Probleme, wie auch die EU Kommission in ihrem Scoreboard-Ansatz anerkennt (vgl. EU Kommission 2012d, S. 6).[46] Zudem haben sich im Euroraum die Ungleichgewichte primär aufgrund verminderter Defizite verringert (s. Kapitel 2.3.2).

Die Arbeit stellt folgende Aspekte beim Abbau von Leistungsbilanzdefiziten in den Vordergrund: 1) Wie sehr haben Importe und Exporte zur Korrektur beigetragen? Bestätigt sich der Verdacht, dass angesichts der auf die Binnenwirtschaft ausgerichteten sektoralen Struktur in den Krisenländern vor allem Importe maßgeblich waren? Ist dieses Muster typisch für Phasen eines Defizitabbaus? 2) Wie groß war in der Vergangenheit die Rolle von Währungsabwertungen? Verlaufen Abbauprozesse innerhalb einer Währungsunion anders als außerhalb? 3) Wie stark hat sich das Wachstum in den entsprechenden Phasen verlangsamt? Sind die Rezessionen in der Schuldenkrise zu erwartende Folgen der Leistungsbilanzkorrektur oder hat sich das Wachstum schlechter entwickelt als in vergleichbaren Perioden zuvor?

---

[46] Allenfalls könnte man argumentieren, dass Überschüsse Ausdruck einer binnenwirtschaftlichen Wachstumsschwäche und zu niedriger Investitionen seien. Zuweilen wird des Weiteren behauptet, die Überschüsse z.B. Deutschlands seien nur auf Kosten von Leistungsbilanzdefiziten in der Peripherie möglich gewesen und stellten eine der Ursachen dieser Defizite dar. Diese Argumentation wurde allerdings bereits entkräftet (vgl. Ohr/Zeddies 2010, Peters/Schneider 2013).

Ferner zeigen die Unterkapitel auf, wie sich Wirtschaftsstrukturen im Zuge des Anpassungsprozesses verändern. Die Literatur geht üblicherweise davon aus, dass sich die Anpassung auf der Nachfrageseite abspielt.[47] Mittel- und langfristige Veränderungen auf der Angebotsseite werden selten berücksichtigt (vgl. Engler/Fidora/Thimann 2007, S. 7 f., Craighead/Hineline 2011, S. 1). Dabei verbessert eine sektorale Reallokation der Ressourcen die Nachhaltigkeit der Anpassung. Ohne sektorale Verschiebungen kann sich nach erfolgter Korrektur schnell ein neues Defizit einstellen (vgl. Ruscher/Wolff 2009, S. 2, Tressel/Wang 2014, S. 3 f.).

2.3.1   Erfahrungen mit dem Abbau von Leistungsbilanzdefiziten

Die volkswirtschaftliche Forschung erfasst erst seit kurzer Zeit systematisch die Erfahrungen von Industrieländern im Abbau übermäßiger Leistungsbilanzdefizite. In Schwellenländern kommt es seit jeher zu hohen Defiziten, Industriestaaten sind erst seit der jüngeren Vergangenheit immer häufiger betroffen (vgl. EU Kommission 2010, S. 22). Die geringe Zahl an angemessenen Vergleichsmöglichkeiten und die heute fortgeschrittene, weltweite finanzielle Integration von Volkswirtschaften erschweren es, aus der Vergangenheit Rückschlüsse in Bezug auf die Problematik in der Eurozone zu ziehen (vgl. Algieri/Bracke 2007, S. 6 f.). Heute ist Kapital mobiler und kann sowohl leichter zum Aufbau signifikanter Leistungsbilanzungleichgewichte beitragen als auch im Rahmen eines sudden stops den Abbauprozess prägen.

Einen Überblick über Analysen vergangener Perioden eines Defizitabbaus geben Algieri/Bracke (2007, S. 9 f. & 32). Zwar unterscheiden sich Abbaupfade stark voneinander. Dennoch zeigen die Studien übereinstimmend eine Wachstumsverlangsamung sowie oft eine reale Abwertung im Korrekturprozess. Die

---

[47]   Oft ermitteln Ökonomen in Analysen zu Leistungsbilanzkorrekturen etwa welche Wechselkursanpassung notwendig wäre, um ein bestehendes Defizit (z.B. das der USA) abzubauen (vgl. Algieri/Bracke 2007, S. 7, Obstfeld/Rogoff 2007).

Abwertung erzielt zum einen die benötigte Verbesserung der internationalen Wettbewerbsfähigkeit. Zum anderen bewirkt sie eine Reallokation der internationalen Portfolios sowie Mittelabflüsse in den betroffenen Volkswirtschaften und trägt über diesen Kanal zur Verbesserung der Leistungsbilanz bei (vgl. Blanchard/Giavazzi/Sa 2005, S. 2 ff.). Zwischen Abwertung und Wachstumsverlangsamung besteht ein Trade-off: je höher die Abwertung, desto stabiler bleibt das Wachstum. Im Abbauprozess reagieren Investitionen flexibler als die Ersparnisbildung und Leistungsbilanzen werden primär über sinkende Investitionen bereinigt. Vorboten einer bevorstehenden Korrektur sind vor allem die Höhe des Defizits selbst sowie eine Abweichung der NFA-Position vom langjährigen Mittel. Zu diesen oder ähnlichen Ergebnissen kommen mit unterschiedlichen Schwerpunkten z.B. die Beiträge von Milesi-Ferretti/Razin (1997), Bagnai/Manzochi (1999), Edwards (2005), Freund (2005), Komarek/Komarkova/Melecky (2005), de Haan/Schokker/Tcherneva (2006) und IWF (2007b). Die folgenden Absätze stellen die Vorgehensweisen und Ergebnisse einiger einflussreicher Studien dieses Literaturbereichs kurz vor.

In den Beiträgen wird üblicherweise der Ansatz von Milesi-Ferretti/Razin (1997, S. 6) und Freund (2005, S. 1283) verwendet, um Perioden eines signifikanten Defizitabbaus zu identifizieren. In diesen Beiträgen wurde festgelegt, wie hoch das Defizit vor der Anpassung und wie groß das Ausmaß der Verbesserung mindestens sein muss sowie der maximale Zeitrahmen, in dem die Korrektur erfolgt sein muss, damit eine Episode als Abbauprozess eines signifikanten Defizits gelten kann. Die genauen Kriterien umfassen 1) ein Defizit vor der Anpassung von mindestens 2% des BIP, 2) eine Verbesserung von mindestens 2-5% des BIP sowie gleichzeitig eine Reduzierung des Defizits um mindestens ein Drittel, 3) eine Korrektur in einem maximalen Zeitraum von drei Jahren und 4) die Nachhaltigkeit des Defizitabbaus. Das letzte Kriterium ist erfüllt, wenn der Leistungsbilanzsaldo in den fünf Jahren nach der Anpassung nicht zurück unter das Niveau fällt, das der Saldo in den drei Jahren vorher maximal erreicht hatte. Freilich gibt es in den in der Literatur verwendeten Schwellenwerten

Schwankungen. Die meisten Autoren orientieren sich aber an diesen Werten (vgl. Algieri/Bracke 2007, S. 11 f. & 35).

Algieri/Bracke (2007)

Algieri/Bracke (2007) untersuchen 23 Industrie- und 22 Schwellenländer. Für den Zeitraum 1973 bis 2006 identifizieren sie 71 Anpassungsepisoden. Sie lockern die angelegten Kriterien gegenüber Milesi-Ferretti/Razin (1997) und Freund (2005) leicht, um mehr Perioden ermitteln zu können (vgl. ebd., S. 11 ff.). Für diese 71 Episoden untersuchen die Autoren, wie sich makroökonomische Variablen während der Anpassung verändert haben. Aus den Beobachtungen bilden sie Mittelwerte, an denen sich ablesen lässt, wie ein Defizitabbau üblicherweise vonstatten geht. Die Perioden unterscheiden sich deutlich voneinander. Im Durchschnitt verlangsamte sich das reale BIP-Wachstum und der reale effektive Wechselkurs sank. Allerdings beschleunigte sich das Wachstum in einem Drittel der Fälle und in einem Drittel, nicht notwendigerweise demselben, wertete die Währung auf.

Um der Heterogenität in den Anpassungsperioden Rechnung zu tragen, unterteilen Algieri und Bracke die Perioden mit Hilfe einer Clusteranalyse in drei Gruppen. Als Kriterium ziehen sie das reale BIP-Wachstum und die Veränderung des realen effektiven Wechselkurses während der Anpassung heran. Die resultierenden Gruppen sind erstens das Cluster "interne Abwertung". Die hier gruppierten Korrekturprozesse sind durch eine Verlangsamung des Wachstums bei stabilen Wechselkursen gekennzeichnet. Im Durchschnitt wertete die Währung sogar leicht auf. Der Defizitabbau erfolgte primär durch die Verringerung der Binnen- und entsprechend der Importnachfrage. Diese Art der Korrektur trat besonders dann auf, wenn das Defizit durch ein übermäßiges Binnenwachstum und eine überhitzte Wirtschaft zustande kam, wie es in den GIPSZ-Ländern der Fall war. Das zweite Cluster, "externe Abwertung", enthält Episoden einer realen Abwertung bei gleichzeitig relativ unverändertem BIP-Wachstum. Die Korrektur resultierte in erster Linie aus der Erhöhung der Wettbewerbsfähigkeit, welche die Nettoexporte ansteigen ließ. Ein höherer Außenbeitrag wirkte positiv auf das Wachstum, das sich in dieser Gruppe sogar beschleunigte. Zu solchen Abbauprozessen kam es, wenn im Vorfeld eine überbewertete Währung und eine schwache Exportperformance vorlagen. Vor der Anpassung verzeichneten die Volkswirtschaften oft ein niedriges Wirtschaftswachstum, da sie nicht wettbewerbsfähig waren. Cluster drei, "gemischte Abwertung", beinhaltet Korrekturprozesse mit einer Kombination aus Wachstumseinbruch und realer Abwertung. Hier sind krisenhafte Anpassungen gruppiert, in denen das Wachstum und der Wechselkurs stärker sanken als bei der internen bzw. externen Abwertung. Im Zuge der Korrektur ging die Nachfrage deutlich zurück und die Wirtschaft wurde wettbewerbsfähiger. Der Außenbeitrag verbesserte sich durch fallende Importe und steigende Exporte. Ursachen der Defizite waren meistens sowohl eine Überhitzung der Wirtschaft als auch eine Überbewertung der Währung (vgl. ebd., S. 7 f.).

Bei diesen drei Wegen der Bereinigung gibt es keine systematischen Unterschiede im Ergebnis. Die Leistungsbilanz wurde jeweils ähnlich stark verbessert. Nur die begleitenden makroökonomischen Entwicklungen unterscheiden sich. Bei externen Abwertungen verringerte sich der reale effektive Wechselkurs im Durchschnitt um 10%, das Wachstum blieb zunächst auf dem vorherigen Niveau, beschleunigte aber nach etwa zwei Jahren von 2% auf 4%. Bei internen Abwertungen wertete die Währung dagegen real leicht auf und das Wachstum halbierte sich auf 2%. Selbst in den Jahren nach Abschluss der Korrektur erreichte das Wachstum nicht das ursprüngliche Niveau. In gemischten Abwertungen wertete die Währung noch stärker ab und es kam zur Stagnation, obwohl das Wachstum im Vorfeld ca. 5-6% betrug. Erst nach zwei bis drei Jahren erholte es sich, verblieb aber etwa auf der Hälfte des Vorkrisenniveaus (vgl. ebd., S. 18 f.).

Die Handelsbilanz verbesserte sich in allen drei Gruppen ähnlich stark. Allerdings gibt es nennenswerte Unterschiede im Beitrag von Importen und Exporten: Bei internen Abwertungen stiegen Exporte erst nach etwa zwei Jahren über den Wert, den sie vor Beginn der Anpassung erreicht hatten. Bei den anderen beiden Varianten trugen Exporte stärker zur Korrektur der Leistungsbilanz bei. Interne Abwertungen sind zudem durch sinkende Importe gekennzeichnet. Diese verbleiben im Anschluss dauerhaft auf dem niedrigeren Niveau. Bereinigungen, in denen die Währung flexibel ist und abwerten kann, unterscheiden sich demnach deutlich von solchen mit relativ fixen Wechselkursen, z.B. innerhalb einer Währungsunion (vgl. ebd., S. 19 ff.).

Jenseits der Entwicklungen während der Anpassung untersuchen die Autoren die Bedingungen, die in den Volkswirtschaften zu Beginn dieses Prozesses vorlagen, um die Auslöser der Korrektur zu ermitteln. Nach ihren Ergebnissen startete solch ein Prozess umso eher, je höher das Leistungsbilanzdefizit, die Überbewertung der Währung, die Überhitzung der Wirtschaft sowie, für netto ölimportierende Volkswirtschaften, je höher der Ölpreis war. Interne Abwertungen, wie sie in der Eurozone stattfinden, waren primär getrieben von einer Zunahme der Importe sowie einer Überhitzung der Wirtschaft. Überbewertungen der Währung spielten hier keine Rolle (vgl. ebd., S. 23 f.).

EU Kommission (2010)

Die EU Kommission (2010) analysiert Perioden eines Defizitabbaus in Industriestaaten. Anhand der üblichen Kriterien, ohne das Nachhaltigkeitskriterium Nummer vier (s.o.), ließen sich für den Zeitraum von 1970 bis 2009 insgesamt 44 Abbauphasen identifizieren. Das BIP-Wachstum verlangsamte sich i.d.R. schon vor Beginn der Korrektur leicht. Danach halbierte es sich im Mittel auf knapp 1,5%. Erst nach vier Jahren wuchs das BIP wieder so schnell wie vor der Anpassung. Die Arbeitslosigkeit nahm in der Korrekturphase im Schnitt um 2 Prozentpunkte zu. Während der Abbauprozesse erhöhte sich die preisliche Wettbewerbsfähigkeit der Volkswirtschaften sowohl durch eine nominale Abwertung als auch durch eine merkliche Lohnzurückhaltung. Letzterer wirkte jedoch eine erhöhte Inflation, als Folge der Abwertung, entgegen. Denn der Wertverlust der Währung lenkt Nachfrage auf den Binnenmarkt um und erhöht dort die Preise. In der Summe kompensierten sich die Effekte, sodass die Real-löhne in den ersten Jahren der Anpassung stabil blieben. Im Durchschnitt trugen Exporte signifikant zur Erholung in der Leistungsbilanz bei (vgl. EU Kommis-sion 2010, S. 22 f.).

In der von der Kommission verwendeten Stichprobe erfolgte die Anpassung ebenfalls fast ausschließlich über sinkende Investitionen und weniger über eine Reaktion in der Ersparnisbildung. Im Schnitt sanken die Investitionsquoten von 24% auf 21%. Unternehmen waren die Hauptakteure bei der Verbesserung der Leistungsbilanz. Ihr Finanzierungssaldo verbesserte sich erheblich, private Haushalte steuerten dagegen mehr zur Verschlechterung der Lage im Vorfeld bei als zur Korrektur. Der Finanzierungssaldo des Staates verschlechterte sich während der Anpassung zunächst und verzögerte den Defizitabbau (vgl. ebd., S. 22 f.).

In etwa einem Viertel der Fälle verschlechterte sich der Leistungsbilanzsaldo wenige Jahre nach der Anpassung wieder merklich. Fälle einer nachhaltigen Korrektur sind im Mittel u.a. durch eine stärkere Kontraktion der Binnennach-frage gekennzeichnet. Insofern liegen die Kosten einer nachhaltigen Anpassung, in Bezug auf BIP-Wachstum und Arbeitslosigkeit, besonders hoch. In einigen Fällen konnte die Leistungsbilanz wachstumsfreundlich korrigiert werden, d.h. das BIP-Wachstum verlangsamte sich weniger stark oder gar nicht. Wachstums-freundliche Konsolidierungen zeichnen sich durch verhältnismäßig hohe Wäh-rungsabwertungen aus. Eine Abwertung kann somit die negativen Wachstums-effekte einer Korrektur mindern (vgl. ebd., S. 23 ff.).

In einer weiteren Analyse untersucht die Kommission nur die neun Episoden, die sich in Volkswirtschaften mit fixen Wechselkursregimes oder de facto fixen Wechselkursen ereignet haben.[48] In diesen Phasen ist die preisliche Wettbe-werbsfähigkeit aufgrund der fehlenden Möglichkeit zur nominalen Abwertung

---

[48]   Die Klassifikation von de facto fixen Wechselkursregimes geht auf Reinhart/Rogoff (2004) zurück.

sogar etwas gesunken. In der Konsequenz konnten Exporte nicht zur Korrektur beitragen und das Wachstum ist besonders stark zurückgegangen (vgl. ebd., S. 25 ff.). Insgesamt kommt die Studie zu dem Ergebnis, dass flexible Preise und Löhne Anpassungsprozesse erleichtern. Denn deren Rückgang, auch im Dienstleistungssektor, erhöht die Wettbewerbsfähigkeit und ermöglicht eine Bereinigung u.a. über den Export. Anderenfalls muss die Wachstumsverlangsamung höher ausfallen (vgl. ebd., S. 27). In den in diesem Beitrag untersuchten 44 Perioden wiesen die Volkswirtschaften zu Beginn im Mittel ein Defizit von 5% des BIP auf. Der Aufbau des Defizits ging primär auf eine Verringerung der Sparquote zurück, die Bereinigung erfolgte durch einen Rückgang der Investitionsquote (vgl. ebd., S. 22 f.).

Freund/Warnock (2005)

Die Untersuchung von Freund/Warnock (2005) konzentriert sich ebenfalls auf Industriestaaten und erforscht 26 Perioden einer Leistungsbilanzkorrektur in OECD-Ländern zwischen 1980 und 2003. Die Autoren stellen ebenfalls eine Wachstumsverlangsamung, von 3% auf 1%, und eine reale Abwertung fest. Auch in Bezug auf rückläufige Investitionsquoten, von 24% auf unter 21%, höhere Arbeitslosigkeit und eine Verschlechterung der Fiskalbilanz passen die Ergebnisse zur vorhandenen Literatur (vgl. Freund/Warnock 2005, S. 7 & 40 f.). Besonders hohe Defizite gingen nicht mit einer größeren Abwertung, wohl aber mit einer stärkeren Wachstumsverlangsamung einher. Freund und Warnock bestätigen den Trade-off zwischen Wachstum und Abwertung: Eine starke Abwertung führte zu stabilerem Wachstum. Wenig Bewegung in Wechselkursen bedeutete, dass sich im Vorfeld höhere Defizite einstellten und die Korrektur mit größeren Wachstumseinbußen erkauft werden musste. Defizite, die durch übermäßigen privaten und/oder staatlichen Konsum zustande kamen, benötigten tiefere Einschnitte, um bereinigt zu werden (vgl. ebd., S. 20 ff.).

Die Autoren fokussieren sich auf die Umkehr in der Kapitalbilanz, die mit der Leistungsbilanzkorrektur einhergehen muss und in der Literatur selten genauer betrachtet wird. Sie zeigen, dass im Rahmen der Anpassung vor allem sonstige Investitionen, also zu einem Großteil von Banken bereitgestellte Kreditmittel, abflossen. Bei Direkt- und Portfolioinvestitionen existierten dagegen keine typischen Muster (vgl. ebd., S. 7 f.). Die Zusammensetzung der im Vorfeld zugeflossenen Mittel hatte keine Auswirkungen auf die Korrekturphase (vgl. ebd., S. 15). Somit erhöht zwar in Form von Portfolioinvestitionen und Fremdmitteln zufließendes Kapital die Anfälligkeit für eine Krise, weil diese Gelder i.d.R. schnell wieder abgezogen werden können (s. Kapitel 2.2.2). Allerdings ist es bei einer Krise für den Verlauf der Bereinigung irrelevant, welche Mittel im Vorfeld zugeflossen sind.

Debelle/Galati (2005) und Catao/Milesi-Ferretti (2013)

Debelle/Galati (2005) analysieren Industriestaaten zwischen 1974 und 2003 und identifizieren 28 Phasen eines Defizitabbaus in der Leistungsbilanz. Während der Anpassung kam es normalerweise zu einer moderaten realen Abwertung der Währung und einer Verlangsamung des Wachstums, im Mittel um 2 Prozentpunkte. Investitionen trugen die alleinige Last der Korrektur. Sparquoten setzten keine Impulse für eine Verbesserung der Leistungsbilanz, sondern sanken i.d.R. sogar leicht. Ursächlich hierfür war die Belastung des staatlichen Finanzierungssaldos durch eine antizyklische Fiskalpolitik (vgl. Debelle/Galati 2005, S. 5 ff.). Die Studie bestätigt die Verbindung zwischen Wachstum und Abwertung. Allerdings können, auch aufgrund der relativ kleinen Stichprobe, nur Tendenzaussagen getroffen und keine statistische Signifikanz ermittelt werden (vgl. ebd., S. 11).

Nach Debelle und Galati gehören Einlagen, Kredite und sonstige Schuldtitel zum volatilsten Teil der Kapitalströme, der in einer Korrekturphase am stärksten reagiert. Während solche Gelder zu einem großen Teil abgezogen wurden, waren Mittel aus Direktinvestitionen stabiler. Insofern sind die privaten Finanzströme, die im Vorfeld zum Entstehen hoher Defizite beigetragen haben, im Zuge der Bereinigung ins Ausland zurückgeflossen (vgl. ebd., S. 8). Als Auslöser für den Beginn eines Abbauprozesses wird in dieser Studie neben der Höhe des Defizits das globale makroökonomische Umfeld hervorgehoben. Beispiele für Auslöser sind eine Verlangsamung des globalen Wachstums und steigende globale Zinsen bzw. steigende Zinsen in den USA (vgl. ebd., S. 10).

Catao/Milesi-Ferretti (2013) befassen sich in ihrem Beitrag ebenfalls mit Auslösern von Leistungsbilanzkorrekturen. Nach ihren Ergebnissen stehen die Salden vor der Anpassung durchschnittlich bei -4% des BIP. Die Produktionslücke liegt bei +3% des BIP, d.h. die Wirtschaft wächst über Potenzial und ist überhitzt. Während der Bereinigung geht die Lücke auf -4% zurück. Der reale effektive Wechselkurs wertet in den fünf Jahren vor der Krise deutlich auf und anschließend drastisch ab. Meistens beginnt diese Abwertung schon kurz bevor die eigentliche Anpassung in der Leistungsbilanz startet. Vom Höhepunkt bis zum Tiefpunkt beträgt die Abwertung im Schnitt fast 20% (vgl. Catao/Milesi-Ferretti 2013, S. 8 ff.).

Eigene Untersuchung

Unter Verwendung der leicht modifizierten Kriterien von Milesi-Ferretti/Razin (1997) und Freund (2005) werden im Folgenden die Leistungsbilanzkorrekturen der aktuellen Euroländer untersucht. Seit 1960 gab es 17 Fälle einer signifikanten Korrektur.[49,50] Zur Ermittlung dieser Fälle wurden folgende Kriterien herangezogen: 1) Das Defizit muss im Vorfeld mindestens 3% des BIP über drei Jahre betragen haben oder 2% des BIP für mindestens fünf Jahre, 2) die Bereinigung darf höchstens fünf Jahre dauern und 3) sie muss nachhaltig sein, d.h. nach ihrem Abschluss darf der Saldo mindestens vier Jahre lang nicht unter den

---

[49] Für 17 Prozesse liegen alle benötigten Daten vor. Die tatsächliche Anzahl von Prozessen des Defizitabbaus dürfte in diesem Zeitraum etwas höher liegen.

[50] In der folgenden Zusammenstellung sind auch Episoden im Zusammenhang mit der Schuldenkrise erfasst. Insofern greift diese Untersuchung dem Kapitel 2.3.2 vor. Der Übersichtlichkeit halber verzichtet der Autor auf eine Splittung der Tabelle in ante-2008 und post-2008.

Höchstwert in den fünf Jahren vor der Korrektur fallen.[51] Die Korrekturen über-
führen die Defizite bis auf zwei Ausnahmen stets in Überschüsse, daher entfällt
das Erfordernis, die Leistungsbilanz mindestens um x% des BIP zu verbessern
(s.o. Kriterium Nummer zwei). In den beiden Ausnahmefällen wurden die Defizite zu ca. 90% abgebaut. Elf der 17 Fälle hängen mit der Finanz- bzw. der
anschließenden Schuldenkrise zusammen.

Die folgende Untersuchung unterscheidet sich von den bestehenden Ansätzen
darin, dass sie die sektorale Wirtschaftsstruktur der betreffenden Volkswirtschaften – genauer: den Industrieanteil an der Bruttowertschöpfung – berücksichtigt. Primär wird analysiert, ob die Größe des Industriesektors Einfluss auf
die Bedeutung von Exporten und Importen sowie auf die Wachstumsverlangsamung in der Korrektur hat.

---

[51]   Für die Abbauprozesse der jüngsten Vergangenheit wird die Annahme getroffen, dass sie
        diese Bedingung erfüllen.

Tabelle 1: Übersicht Abbauphasen von Leistungsbilanzdefiziten

	max. Defizit % BIP	Saldo nach Defizitabbau % BIP	Leistungsbilanzverbesserung % BIP	Dauer des Abbaus	eigene Währung	Industrieanteil % BWS	Wachstumsverlangsamung Pp. gg. Vj.	Exporte % gg. Vj.	Importe % gg. Vj.
Finnland (1967)	2,3	0,7	3,0	2 Jahre	ja	22,5	2,1	7,0	1,9
Finnland (1977)	7,4	1,8	9,2	2 Jahre	ja	25,4	0,7	12,7	-2,4
Österreich (1980)	5,4	1,0	6,4	3 Jahre	ja	23,8	2,5	5,7	2,1
Belgien (1983)	3,9	0,2	4,1	3 Jahre	ja	22,4	0,3	3,1	1,0
Finnland (1993)	5,4	1,1	6,5	2 Jahre	ja	22,5	-1,3	13,4	5,0
Spanien (1993)	3,6	-0,3	3,3	3 Jahre	ja	17,9	1,6	11,4	-3,2
Estland (2008)	15,9	2,7	18,6	2 Jahre	ja	15,2	16,5	-9,7	-18,4
Irland (2009)	5,6	1,1	6,7	2 Jahre	nein	21,3	6,7	1,1	-3,1
Lettland (2009)	22,5	8,6	31,1	2 Jahre	ja	11,1	16,1	1,1	-8,4
Litauen (2009)	14,4	3,7	18,1	1 Jahr	ja	17,7	18,6	0,3	-7,9
Slowakei (2009)	8,5	2,2	10,7	4 Jahre	nein	20,3	4,0	8,7	5,8
Slowenien (2009)	5,4	0,4	5,8	3 Jahre	nein	20,6	7,1	0,2	-2,4
Spanien (2009)	10,0	0,8	10,8	5 Jahre	nein	12,6	5,1	1,7	-4,1
Malta (2011)	9,5	2,1	11,6	2 Jahre	nein	12,9	-0,3	7,6	6,7
Portugal (2011)	12,6	0,5	13,1	3 Jahre	nein	13,0	4,4	3,2	-2,1
Zypern (2011)	15,6	-1,9	13,7	3 Jahre	nein	5,4	8,9	-1,4	-6,1
Griechenland (2012)	14,9	0,7	15,6	2 Jahre	nein	8,1	7,0	-2,1	-9,0

Quelle: Eurostat, Ameco & eigene Berechnungen[52]

---

[52]   Eurostat-Daten wurden in Fällen deckungsgleicher Abgrenzungen um Material aus der Ameco-Datenbank ergänzt (vgl. Vorgehen in der empirischen Analyse in Kapitel 4).

Die Jahreszahl in Tabelle 1 stellt jeweils den Beginn des Abbauprozesses dar. Spalte 2 gibt die maximale Höhe des Defizits in den fünf Jahren zuvor an. Die Dauer der Bereinigung misst die Anzahl der Jahre, in denen eine signifikante Korrektur stattgefunden hat. Dies ist nicht mit der Dauer vom maximalen Defizit bis zum beendeten Abbauprozess gleichzusetzen. Beispielsweise liegen in Griechenland zwischen dem maximalen Defizit und dem Abschluss der Korrektur fünf Jahre. Die Verbesserung in Höhe von 15,6% des BIP fand also nicht in zwei, sondern in fünf Jahren statt. Allerdings vollzog sich ein Großteil der Bereinigung, von -10% auf +1% des BIP, innerhalb von nur zwei Jahren. Der Industrieanteil beschreibt den Anteil des Verarbeitenden Gewerbes an der gesamtwirtschaftlichen Bruttowertschöpfung. Hier werden Dreijahresdurchschnitte um das erste Jahr des Abbauprozesses herum verwendet. Diese Vorgehensweise glättet die Daten, die anderenfalls z.T. durch die heftige Rezession in der Finanzkrise verzerrt sein würden. Wachstum des BIP, der Exporte und der Importe sind in realen Werten angegeben. Für Exporte und Importe stellt die Tabelle jeweils das mittlere Wachstum p.a. zwischen dem Jahr des maximalen Defizits und dem Abschluss der Korrektur dar. Die Verlangsamung des BIP-Wachstums wird gemessen als Differenz aus dem durchschnittlichen Wachstum während der Bereinigung und demjenigen während der gesamten Dauer des zuvor bestehenden Defizits, in der es mindestens 2% des BIP betrug.

Bei der Analyse der Ergebnisse ist zu bedenken, dass die Bereinigungen zu unterschiedlichen Zeiten stattgefunden haben, in denen sich das gesamtwirtschaftliche Umfeld stark voneinander unterschieden hat. So ist etwa die geringe Wachstumsverlangsamung 1977 in Finnland in Höhe von nur 0,7 Prozentpunkten dem Umstand geschuldet, dass damals das wirtschaftliche Umfeld positiv war. Fast alle Volkswirtschaften der Stichprobe verzeichneten in diesem Jahr relativ hohes Wachstum. Im anderen Extrem fallen die baltischen Staaten mit Verlangsamungen von über 16 Prozentpunkten auf. Diese Länder haben mitten in der Finanzkrise ihre Korrekturen in Rekordzeit vollzogen (vgl. Atoyan/Manning/Rahman 2013, S. 5). Innerhalb von nur zwei Jahren, Litauen sogar in nur einem Jahr, verbesserten diese Länder ihre Leistungsbilanzen um fast 20%, Lettland sogar um über 30% des BIP.[53] Die Schärfe und der Zeitpunkt dieser Anpassungen bedingen den drastischen Wachstumseinbruch. Es ist im Nachhinein nicht zu sagen, welcher Teil der Verlangsamung auf das schlechte wirtschaftliche Umfeld und welcher auf die Korrekturen der Leistungsbilanzen zurückzuführen ist. Das gleiche gilt für die Entwicklung der Exporte und Importe. Diese Größen werden ebenfalls vom gesamtwirtschaftlichen Umfeld beeinflusst, wie an den scharfen Einbrüchen in Estland zu sehen ist. Des Weiteren ist die Stichprobe zu klein, um abschließende Aussagen zu den Zusammenhängen zu erlauben.

Dennoch bestätigt diese Analyse die Resultate der vorgestellten Studien. Zwar betrugen die Defizite im Maximum vor ihrer Korrektur im Durchschnitt fast 10% des BIP. Damit lagen sie deutlich höher als die 4-5% in den Literaturbeiträgen. Allerdings konnten dort die Anpassungen nach der Finanzkrise noch nicht berücksichtigt werden. Im vorliegenden Datensatz machen diese wiederum zwei Drittel aller Fälle aus. In den sechs Bereinigungen vor 2008 lag das Defizit im Schnitt bei knapp 5%. Das Wachstum verlangsamte sich im Mittel um 6 Prozentpunkte. Dies ist ebenfalls deutlich mehr als in früheren Episoden. Auch hier gilt aber, dass die jüngsten Bereinigungen wegen des Einbruchs in der Finanzkrise eine Sonderrolle einnehmen.

Volkswirtschaften mit großen Industriesektoren verbesserten ihre Leistungsbilanz stärker über die Exportseite als dienstleistungsgeprägte Länder. Dies trifft z.B. auf Belgien, Finnland, Österreich und die Slowakei zu. In diesen Staaten wuchsen Exporte trotz der Wachstumsverlangsamung, die Korrekturprozesse mit sich bringen, z.T. kräftig. Ferner nahmen die Importe selbst im Zuge des Abbauprozesses größtenteils zu. In Griechenland und Zypern schrumpften angesichts der kleinen Industriesektoren die Exporte real, obwohl diese Länder ihren

---

[53]   In Estland und in den anderen baltischen Staaten, die zum Zeitpunkt der Korrektur noch nicht dem Euro beigetreten waren, gelang die schnelle Anpassung u.a. durch ein konsequentes Gegensteuern der Zentralbank und der Geschäftsbanken. Diese verknappten Kredite, beendeten den zuvor dynamischen Zyklus und erzwangen durch die gestoppte Zufuhr frischen Kapitals die Bereinigung in der Leistungsbilanz, indem sie Importen die Finanzierung entzogen (vgl. Lamine 2010, S. 1 f., Atoyan/Manning/Rahman 2013, S. 5).

Leistungsbilanzsaldo um 16 bzw. 14 Prozentpunkte verbesserten. Je kleiner die industriellen Kapazitäten, desto stärker erfolgte die Bereinigung offensichtlich über den Importkanal. Auch am Beispiel Lettland lässt sich dieser Zusammenhang erkennen. [54] Ferner verzeichneten industriegeprägte Volkswirtschaften einen niedrigeren Wachstumseinbruch in der Korrekturphase. [55]

In den Bereinigungen in Volkswirtschaften mit einem Industrieanteil von über 20% (ohne Irland) verlangsamte sich das Wachstum im Durchschnitt um 2,2 Prozentpunkte. In den größtenteils auf Dienstleistungen fokussierten GIPSZ-Staaten war die Verlangsamung dreimal so stark. [56,57] Große Unterschiede gab es auch im Außenhandel: Exporte nahmen in industriestarken Ländern (ohne Irland) um über 7% zu, Importe um 1,5%. In den GIPSZ-Staaten waren es nur 0,5% Wachstum bei den Exporten, Importe waren um 5% rückläufig. Insgesamt bestätigt sich, dass in den dienstleistungsdominierten GIPSZ-Wirtschaften die Bereinigung schmerzhafter war und stärker über Importe erreicht wurde als in industrielastigen Volkswirtschaften.

Eine eigene Währung hat in der kleinen vorliegenden Stichprobe nicht zu einer Stabilisierung des Wachstums geführt. In diesem Punkt widersprechen die Ergebnisse der Meinung in der Literatur. Die Möglichkeit, nominal abzuwerten, hätte in den Korrekturphasen außerhalb der EWU eigentlich zu geringeren Einbußen führen müssen. Sowohl inner- als auch außerhalb der Währungsunion verlangsamte sich das Wachstum jedoch gleichmäßig um ca. 6 Prozentpunkte. Dies ist aber z.T. den Bereinigungen der baltischen Staaten mitten in der Finanzkrise geschuldet. Betrachtet man nur die Phasen vor der Krise, in denen Volkswirtschaften ausnahmslos über eigene Währungen verfügten, beträgt die

---

[54] Die Korrelationskoeffizienten zwischen Industrieanteil und Exportwachstum bzw. Industrieanteil und Importwachstum betragen 0,53 bzw. 0,45.
[55] Hier liegt die Korrelation bei -0,42.
[56] Bei der Interpretation dieser Daten sollte man sich jedoch der erwähnten Problematik des unterschiedlichen wirtschaftlichen Umfelds bewusst sein.
[57] Auch Atoyan/Manning/Rahman (2013, S. 12) sehen einen direkten Zusammenhang zwischen der Intensität, mit der Exporte zur Korrektur in der Schuldenkrise beigetragen haben, und der Wachstumsverlangsamung im Abbauprozess.

Verlangsamung nur 1 Prozentpunkt. Ferner verringerte eine eigene Währung die Dauer des Anpassungsprozesses. Waren den betroffenen Ländern autonome Abwertungen möglich, dauerten Korrekturphasen im Mittel 2,2 Jahre lang. Innerhalb der Währungsunion waren es 3,0 Jahre. Diese Unterschiede sind nicht auf Diskrepanzen in der Höhe der erreichten Verbesserungen in der Leistungsbilanz zurückzuführen: Sowohl in als auch außerhalb der EWU verbesserten sich die Bilanzen um durchschnittlich 11% des BIP.

Freilich unterscheiden sich die Bereinigungen voneinander und nicht alle der identifizierten Prozesse passen zu der Vermutung, dass die Wirtschaftsstruktur Einfluss auf den Charakter der Anpassung hat. So konnte bspw. Malta im Jahre 2011 mit einem Industrieanteil von nur 13% ein sehr dynamisches Exportwachstum, zulegende Importe und dazu eine Beschleunigung des Wachstums erzielen. In diesem Fall geht die Leistungsbilanzkorrektur u.a. auf eine leichte Verbesserung des Primäreinkommenssaldos zurück. In Portugal konnten ebenfalls die Exporte gesteigert werden und trugen den Großteil zur Korrektur bei. Dies dürfte an den relativ schnell umgesetzten Reformen liegen sowie an der Erholung der Weltwirtschaft nach der Finanzkrise. In der Summe aber bestätigen vergangene Abbauprozesse hoher Defizite die in der Einleitung angestellten Vermutungen bis auf wenige Ausnahmen.

2.3.2   Abbau von Leistungsbilanzdefiziten in der Schuldenkrise

Sieben Jahre nach der Finanzkrise gibt es inzwischen einige Studien, die die Anpassung der Defizitländer und den Abbau ihrer Leistungsbilanzdefizite untersucht haben.[58] Im Durchschnitt verbesserten die GIPSZ-Länder ihre Leistungsbilanzen zwischen dem Tiefpunkt 2007/2008 und dem Ende der Korrektur in 2014 um 11% des BIP (Abbildung 10). Die Korrektur erfolgte jeweils als Mitglied des gemeinsamen Währungsraums. Eine nominale Abwertung, die den

---

[58]   Ein aktueller Literaturüberblick findet sich in Kang/Shambaugh (2014, S. 3 f.).

Prozess erleichtert und beschleunigt hätte, war den Ländern nicht möglich.[59,60] Zypern, Portugal und Griechenland waren mit 14 bzw. 15% des BIP am erfolgreichsten. Die größte Korrektur erfolgte 2009 in dem Jahr, in dem die Finanzkrise die Realwirtschaft am stärksten belastete. Dies kann ein erster Hinweis darauf sein, dass die Defizite in der Schuldenkrise, wie in vorherigen Perioden, primär über den Importkanal abgebaut wurden. Das Muster der Anpassung ähnelt sich in den fünf Krisenländern. Irland fällt lediglich durch eine insgesamt bessere Leistungsbilanz auf.

---

[59] Ghosh/Qureshi/Tsangarides (2014, S. 5) ermitteln in ihrem Beitrag, dass Außenhandelsungleichgewichte unter fixen Wechselkursen etwa doppelt so lang bestehen wie unter flexiblen.

[60] Mit der fiskalischen Abwertung gibt es eine Alternative zur nominalen Währungsabwertung, die innerhalb einer Währungsunion anwendbar ist. Dabei senkt der Staat etwa von Firmen zu zahlende Sozialversicherungsbeiträge und erhöht so ihre Wettbewerbsfähigkeit. Zur Gegenfinanzierung erhöht er die Mehrwertsteuer. Dadurch verringern sich die Relativpreise von Exportprodukten des Heimatlandes gegenüber Handelspartnern und Nachfrage wird zur heimischen Produktion umgelenkt (vgl. Engler et al. 2014, S. 19, Gomes/Jacquinot/Pisani 2014, S. 4). Allerdings haben verschiedene Studien gezeigt, dass fiskalische Abwertungen vor allem temporäre Verbesserungen erzielen und in der Summe nur ein kleiner positiver Effekt bestehen bleibt. Je nach zugrunde liegenden Annahmen variieren die Schätzungen zur Verbesserung der Handelsbilanz zwischen 0,1% des BIP und 0,6% des BIP (vgl. Banco de Portugal 2011, S. 40, EU Kommission 2011b, S. 23 f., EZB 2012, S. 40 ff., de Mooij/Keen 2013, S. 455 ff., Engler et al. 2014, S. 20 f., Gomes/Jacquinot/Pisani 2014, S. 14 ff.). Das Netherlands Bureau for Economic Analysis (CPB 2013, S. 15 ff.) gibt einen Überblick über Literaturbeiträge, die sich mit den Auswirkungen fiskalischer Abwertungen auseinandergesetzt haben. Ein Abbau der GIPSZ-Defizite ist mit diesem Instrument, das lediglich einen kleinen Beitrag leisten kann, nicht möglich.

Abbildung 10: Leistungsbilanzen in den GIPSZ-Ländern

Leistungsbilanzsalden, % BIP

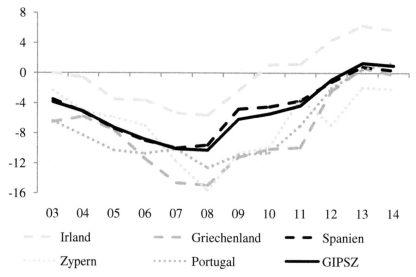

Quelle: Eurostat

Nach der Finanzkrise bauten vor allem diejenigen Volkswirtschaften ihr Leistungsbilanzdefizit ab, die zuvor hoch verschuldet waren. Abbildung 11 stellt den Zusammenhang zwischen dem Ausmaß der Korrektur seit 2008 und der NFA-Position in diesem Jahr dar. Der Korrelationskoeffizient der beiden Größen liegt bei 0,69. Die am stärksten überschuldeten Länder, u.a. Portugal, Spanien, Griechenland und Irland, gehörten zu denen, die ihre Defizite am konsequentesten abgebaut haben. Wie in Abbildung 9 zu sehen, waren diese Fortschritte aber noch nicht ausreichend, um merklich Auslandsschulden abzubauen und die NFA-Position zu verbessern (vgl. EU Kommission 2012c, S. 7 f.). Dies ist nicht überraschend, da bisher nur Irland eine deutlich positive Leistungsbilanz aufweist. In diesem Land gingen die Schulden bereits zurück. Die anderen vier GIPSZ-Staaten verzeichnen mehr oder minder ausgeglichene Bilanzen. Erst bei einer weiteren Verbesserung wird es hier zu einem spürbaren Schuldenabbau kommen. Des Weiteren ist dafür eine Stabilisierung des Wachstums notwendig.

Denn Nettoauslandsschulden werden im Verhältnis zum BIP gemessen. Schrumpft dieses, verschlechtert sich automatisch die NFA-Position.

Abbildung 11: Auslandsverschuldung und Leistungsbilanzkorrektur

X-Achse: NFA-Position 2008, 19 Euroländer, % BIP

Y-Achse: Leistungsbilanzverbesserung 2008-2014, 19 Euroländer, % BIP

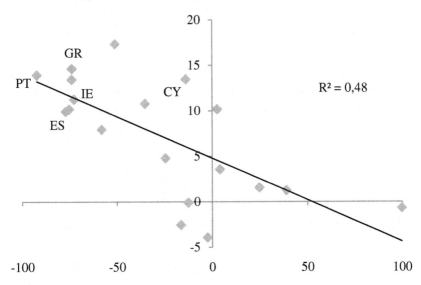

Quelle: Eurostat & eigene Berechnungen

Lohnstückkosten und Preise

In der Entwicklung der Lohnstückkosten haben die Krisenländer Fortschritte erzielt. Sie haben Reformen zur Flexibilisierung der Löhne verabschiedet und z.T. Lohnkürzungen durchgesetzt.[61] Die Fortschritte beruhen nicht allein auf einem in Folge von Rezessionen verringerten Arbeitseinsatz, sondern außerdem auf einer moderateren Entwicklung der Nominallöhne (vgl. Buti/Turrini 2012, S. 3 ff.). Allerdings bestehen zwischen den Ländern Unterschiede: So sind die

---

[61] Beispielsweise stärkte die Politik in Griechenland die Möglichkeiten, Löhne auf Ebene der Unternehmen zu verhandeln. Zudem kürzte sie den nationalen Mindestlohn (vgl. Buti/Turrini 2012, S. 6).

Lohnstückkosten in Irland, Portugal und Spanien gesunken, da der Rückgang der Erwerbstätigkeit den Produktionseinbruch übertraf. Es kam also zu Produktivitätszuwächsen seit 2009, dem Höhepunkt der realwirtschaftlichen Krise. In diesen Ländern legten die Löhne nach der Krise leicht zu. In Griechenland ging die Produktivität dagegen zurück. Hier sanken Lohnstückkosten aufgrund eines fallenden Lohnniveaus (vgl. Kang/Shambaugh 2014, S. 5 ff., Tressel/Wang 2014, S. 8 f.). In der Summe verringerten sich Lohnstückkosten im Sektor handelbarer Güter überproportional (vgl. Kang/Shambaugh 2014, S. 11 ff.).

Die verbesserte Kostensituation hat sich bisher jedoch nicht vollständig auf die Preise niedergeschlagen. Erst in den letzten beiden Jahren konnten die GIPSZ-Länder niedrigere Preissteigerungen bei Gütern verzeichnen als die Überschussländer der Eurozone (Abbildung 12). Zumindest durchbrachen sie aber den Trend vor der Finanzkrise: Seit Gründung der EWU bis zu dieser Krise gab es in den GIPSZ-Länder in jedem Jahr einen stärkeren Preisauftrieb als in den sechs Überschussländern. Moderates Preiswachstum bei gesunkenen Lohnstückkosten bedeutet, dass sich die Margen in der Produktion handelbarer Güter erhöhen. Dies schafft die Voraussetzungen für eine Reallokation der Ressourcen aus dem Sektor nicht-handelbarer in den Sektor handelbarer Güter (vgl. Tressel/Wang 2014, S. 9). Solche eine Umstrukturierung der Wirtschaft erleichtert eine nachhaltige Verbesserung der Leistungsbilanz (s. Kapitel 2.3.3).

Abbildung 12: Wettbewerbsfähigkeit der GIPSZ-Länder

Links: Verbraucherpreisindex, Waren, % gg. Vj.

Rechts: Realer effektiver Wechselkurs gegenüber den 38 wichtigsten Handelspartnern, Deflator: Lohnstückkosten, Index 2003=100

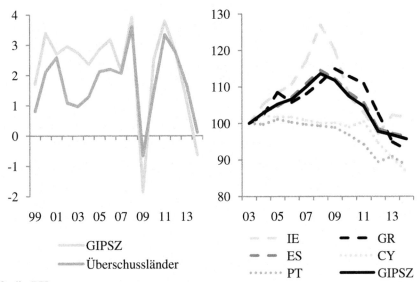

Quelle: EZB

Insgesamt erzielten die Krisenländer eine bemerkenswerte reale Abwertung. Im Mittel sank der reale effektive Wechselkurs der GIPSZ-Staaten auf Lohnstückkosten basierend von seinem Höhepunkt 2008 bis 2014 um 18%. Damit übertraf die Abwertung diejenige in vielen vergangenen Phasen eines Defizitabbaus in Industrieländern (s. Kapitel 2.3.1). Dies ist umso bemerkenswerter, da die Länder ihre Währungen nicht nominal abwerten konnten wie es den Volkswirtschaften während früherer Perioden möglich war (vgl. Kang/Shambaugh 2014, S. 21, Tressel/Wang 2014, S. 7 f.). Nur 3 Prozentpunkte der Abwertung gehen auf das Konto eines nominalen Wertverlustes des Euros gegenüber den Währungen der wichtigsten Handelspartner. Allerdings sind weitere Fortschritte angesichts der sehr niedrigen Inflation im Euroraum derzeit schwierig zu erreichen (vgl. IWF 2014, S. 32).

Exporte und Importe

Abbildung 13 zeigt die Entwicklung realer Exporte und Importe seit Beginn der Finanzkrise.[62] Wie Tabelle 1 andeutete, erfolgte der Großteil der Anpassung in den Krisenländern über den Import. Reale Exporte konnten zwar nach der Krise merklich gesteigert werden. Die Erholung sollte jedoch angesichts des weltwirtschaftlichen Aufschwungs und des wiedererstarkten Welthandels nicht überbewertet werden. So stiegen die Exporte, nicht aber die Marktanteile der GIPSZ-Staaten. Ihr Exportfokus auf Handelspartner innerhalb der Währungsunion und weniger auf dynamisch wachsende Schwellenländer verhinderte eine bessere Entwicklung (vgl. Atoyan/Manning/Rahman 2013, S. 5, Tressel/Wang 2014, S. 13 ff.). Die GIPSZ-Staaten konnten bei Exportzuwächsen zwar mit den Überschussländern mithalten, aber nicht den Abstand zu ihnen verringern. Um über Ausfuhren die Lücke in der Leistungsbilanz zu den Überschussländern zu schließen, wäre ein höheres Exportwachstum notwendig gewesen. Zumal die Zunahme in den Krisenländern von einem niedrigeren Niveau aus erfolgte, sodass sich das Ungleichgewicht, in absoluten Zahlen gemessen und bei einer Betrachtung nur der Exportseite, sogar noch ausweitete. Die hauptsächliche Anpassung fand auf der Importseite statt. Einer Importzunahme von real 14% in den Überschussländern stand in den Krisenstaaten ein Minus von 12% entgegen. Vor allem Griechenland (-34%) und Zypern (-22%) verbesserten ihre Leistungsbilanz durch den Verzicht auf Importe. Im Gegensatz dazu entwickelte

---

[62]   Oft beurteilen Ökonomen den Außenhandel einer Volkswirtschaft anhand von Export- und Importintensitäten. In diesem Fall ist es sinnvoller, das reale Wachstum der Größen zu analysieren. Denn Außenhandelsintensitäten beruhen auf dem BIP, welches im Nenner dieser Kennzahlen auftaucht. Kann ein Land Exporte konstant halten, führt ein Einbruch des BIP automatisch zu einer erhöhten Exportintensität. Importe verzeichnen dagegen normalerweise ähnliche Einbußen wie das BIP. Angesichts der Rezessionen in den GIPSZ-Staaten würden steigende Exportintensitäten und relativ unveränderte Importintensitäten suggerieren, dass die Korrektur primär über Exporte erfolgte. Davon kann angesichts der realen Handelsströme keine Rede sein. Beispielsweise verringerte sich die Importintensität selbst in Griechenland, wo die Korrektur zweifelsohne über Importe stattfand, zwischen 2008 und 2014 nur um 1% des BIP, während die Exportintensität um 10% zunahm. Diese Werte sind wegen der außergewöhnlich tiefen und langen Rezession verzerrt. Eine Betrachtung realer Größen, die nicht ins Verhältnis zu einem schrumpfenden BIP gesetzt werden, ist hier vorzuziehen.

sich Irlands Außenhandel – passend zum hohen Industrieanteil der Volkswirtschaft – untypisch und war eher mit dem eines Überschusslandes vergleichbar.

Die Korrektur über Importe hängt u.a. damit zusammen, dass die vergrößerte Wettbewerbsfähigkeit nur mit einer Verzögerung im Außenhandel zum Tragen kam. Zuerst mussten Lohnstückkosten sinken und sich auf die Preise auswirken (vgl. Buti/Turrini 2012, S. 7, EU Kommission 2012c, S. 17, IWF 2014, S. 7 f.). Eine Zurückhaltung bei Importen findet dagegen parallel zur Wachstumsverlangsamung statt und greift schneller als die Ausweitung von Exporten.

Abbildung 13: Kanäle der Leistungsbilanzkorrektur
Links: Realer Index 2008=100
Rechts: Beiträge zur Leistungsbilanzverbesserung, % BIP

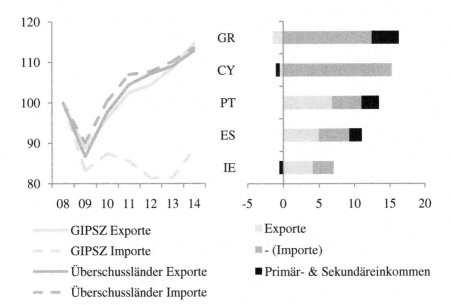

Quelle: Eurostat & eigene Berechnungen

Die zweite Hälfte von Abbildung 13 unterteilt die Leistungsbilanzkorrektur der GIPSZ-Länder in Beiträge des Exports, des Imports sowie der Primär- und Sekundäreinkommen.[63] Die Grafik stellt die Verbesserung des Saldos zwischen dem jeweiligen maximalen Defizit (2007 in Spanien, 2008 in den anderen vier Ländern) und dem Abschluss der Bereinigung dar (2010 in Irland, 2013 sonst). Es bestehen deutliche Unterschiede zwischen den Ländern: Exporte in Portugal, Spanien und Irland trugen nennenswert zum Defizitabbau bei. In nominalen Werten übertraf der Beitrag des Exports denjenigen von Importen sogar leicht. In Griechenland und Zypern gingen Exporte zurück und verschlechterten die Leistungsbilanz. Hier gelang die Anpassung nur über den Nachfrageeinbruch. Eine positive Entwicklung der Primäreinkommen, u.a. aufgrund des Schuldenschnitts 2012, unterstützte zudem die Anpassung in Griechenland.

Es bestätigt sich sowohl die Vermutung aus der Einleitung als auch das in Kapitel 2.3.1 entworfene Bild vergangener Korrekturphasen: Der Defizitabbau wurde in erster Linie über die Importseite bewerkstelligt. Nur ein geringer Teil der Korrektur basiert auf strukturellen Verbesserungen der Wettbewerbsfähigkeit. Der größere Teil hat konjunkturelle Ursachen und geht auf den Nachfrageeinbruch in den Krisenländern zurück (vgl. Kang/Shambaugh 2014, S. 23 f.). Allerdings gibt es Abstufungen: Portugal, Spanien und vor allem das industriegeprägte Irland konnten ihre Exporte merklich steigern. Griechenland und Zypern, die beiden Länder mit den kleinsten Industriesektoren, erreichten die Anpassung über einen drastischen Nachfrageeinbruch. Die Größe des Verarbeitenden Gewerbes hatte offenbar einen Einfluss darauf, wie die Bereinigung in den Krisenländern verlief (vgl. Atoyan/Manning/Rahman 2013, S. 5).

Input-Output-Daten zeigen, dass einige Länder in der Phase des Aufbaus der Defizite zwischen 2004 und 2008 überdurchschnittlich hohe Importe für private Konsumzwecke tätigten. Im Mittel verbrauchten Haushalte der GIPSZ-Staaten 23% aller Importe. Dieses Verhältnis entspricht zwar demjenigen in Überschussländern. Allerdings fallen Griechenland und Portugal mit 28-29% auf, in

---

[63]   Abbildung 13 stellt die nominalen Anteile dieser Faktoren an der Verbesserung der Leistungsbilanz dar. Dies ist eine andere Sichtweise als in Tabelle 1, die reale Handelsströme abbildet, daher entsprechen sich die Werte nicht vollständig. Allgemein gelten die Aussagen zu Tabelle 1 aber auch für Abbildung 13.

Zypern konsumierten Haushalte sogar 35% aller Importe.[64] Hohe Konsumimporte sind zum einen ein Indiz dafür, dass hier ein Über-den-Verhältnissenleben stattgefunden hat. Zum anderen offenbaren sie das große Potenzial für Einsparungen und eine Korrektur der Leistungsbilanz über den Verzicht auf Importe.

Der Defizitabbau in den GIPSZ-Staaten ging auf Kosten z.T. heftiger Rezessionen. Wie Abbildung 2 und Tabelle 1 zeigten, brach das Wachstum besonders in Griechenland und Zypern drastisch ein und es verbleibt nach erfolgreicher Korrektur ein weiter Weg, bis die Wirtschaftsleistung wieder das Vorkrisenniveau erreicht. Das oft schwache Wachstum in den GIPSZ-Staaten ist mit dem Entschuldungsprozess zu erklären, der sowohl in diesen Ländern als auch in anderen Volkswirtschaften der Eurozone stattfindet, die Leistungsbilanzdefizite abbauen mussten (vgl. Lamine 2010, S. 5). Privatsektor und Staat verzichten auf Investitionen und Konsum, hemmen so die Nachfrage und verzögern die Erholung. Aufgrund der im historischen Vergleich besonders hohen Defizite sowie des schlechten wirtschaftlichen Umfelds zum Zeitpunkt der Bereinigung, verlangsamte sich das Wachstum während der jüngsten Korrekturen stärker als in früheren Episoden.

Spar- und Investitionsquoten

Ebenso wie in früheren Episoden verbesserten sich die Leistungsbilanzen in der Schuldenkrise in erster Linie über sinkende Investitionen. Obwohl also u.a. zu geringe Sparquoten eine Ursache übermäßiger Defizite waren, gelang der Abbau dieser Defizite über Investitionen (vgl. Atoyan/Manning/Rahman 2013, S. 6). Trotz zwischenzeitlicher Erholung lagen die Sparquoten im Durchschnitt der GIPSZ-Länder 2013 unter dem Niveau zu Zeiten des Defizitaufbaus. Die Inves-

---

[64] Diese Daten sind der World Input Output Database entnommen. Da noch keine ausreichend aktuellen Daten zur Verfügung standen, konnten diese Werte nicht mit aktuellen Zahlen nach der Anpassung verglichen werden. Die Tatsache, dass Konsumimporte der GIPSZ-Staaten im Durchschnitt nicht höher liegen als in Überschussländern, ist vor allem auf niedrige Konsumimporte in Irland zurückzuführen.

titionsquoten brachen dagegen drastisch ein, im Mittel von über 29% auf 17% im Jahr 2013 (Abbildung 6), und fielen auf das Niveau der Sparquoten.

Abbildung 14: Nettosparquoten in den GIPSZ-Ländern nach Sektoren
Sektorale Nettosparquoten, GIPSZ-Staaten, % BIP

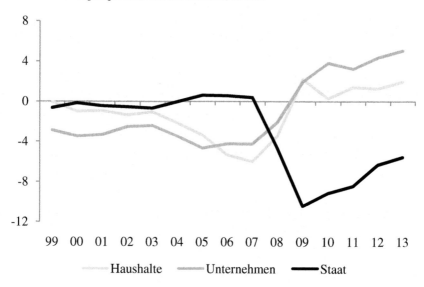

Quelle: Eurostat

Für die Verbesserung der Leistungsbilanz war der Privatsektor maßgeblich (Abbildung 14). Private Haushalte veränderten ihre Ersparnisbildung nicht nennenswert, hielten sich aber mit Investitionen zurück, u.a. aufgrund der Abkühlung auf Immobilienmärkten. Unternehmen haben in der Finanzkrise ihre Investitionen gesenkt und danach nicht wieder erhöht. Gleichzeitig konsolidierten sie ihre Bilanzen, entschuldeten sich und erhöhten ihre Sparquote um über 4% des BIP. Der Staat hemmte indessen die Bereinigung. Zwar kürzte er angesichts des gestiegenen Spardrucks Investitionen. Wegen der hohen Arbeitslosigkeit nach der Finanzkrise ging seine Ersparnisbildung aber von 5% des BIP auf fast -6% im Jahr 2009 zurück (2009 entsprach dies einer Nettosparquote von ca. -10%) und erholte sich anschließend nur mäßig. Erst bei einer Normalisierung der wirtschaftlichen Lage wird es dem staatlichen Sektor möglich sein, zur Verbesserung der Leistungsbilanz beizutragen. Die Entwicklung der sektoralen Finanzierungssalden entspricht derjenigen in vergangenen Korrekturperioden.

Kapitalströme und sudden stops

Der Abbau eines übermäßigen Leistungsbilanzdefizits geht mit einer entsprechenden Umkehr in der Kapitalbilanz einher. Wie Kapitel 2.1.2 darlegte, trugen Kapitalströme zum Aufbau persistenter Defizite in der Euro-Peripherie bei. Allgemein spielen Kapitalströme bei der Korrektur von Defiziten ebenfalls eine Rolle. Mitunter kann, wie bei einem sudden stop, aufgrund übermäßiger Verschuldung das Investorenvertrauen abnehmen und eine Umkehr der Kapitalströme bewirken. In diesem Fall wird Kapital knapp und Importen die Finanzierung entzogen. So können Veränderungen in der Kapitalbilanz eine Korrektur in der Leistungsbilanz erzwingen (vgl. Tressel/Wang 2014, S. 6). Tatsächlich kehrten sich Finanzströme in der Krise um. Zuvor floss ein großer Teil der Gelder in Form von Interbankkrediten zu (vgl. EU Kommission 2012b, S. 19). In der Krise wurden Vermögenswerte im Ausland dann verkauft. Insbesondere Banken zogen Kapital ab, um ihre Liquidität sicherzustellen. Da primär Vermögenswerte in Ländern abgestoßen wurden, deren Schuldentragfähigkeit in Zweifel stand, floss privates Kapital aus der Peripherie zurück in den Kern der Eurozone (vgl. ebd., S. 52, Hobza/Zeugner 2014, S. 15).

Wie Abbildung 8 zeigte, gingen in den GIPSZ-Staaten nach 2008 vor allem Portfolio- und sonstige Investitionen zurück. Dieses Muster ist typisch für Defizitbereinigungen in der Leistungsbilanz (vgl. Freund/Warnock 2005, S. 3). Die Kapitalbilanz verschlechterte sich zwischen 2008 und 2013 im Mittel von 4% des BIP auf -1,5%. Durch die Umkehr der Finanzströme löste ein "home bias" den bis 2008 beobachteten euro bias ab: Ersparnisse flossen nicht mehr in das EWU-Ausland, sondern wurden vermehrt im Inland investiert. Vor allem grenzüberschreitende Interbankkredite ebbten ab (vgl. Hobza/Zeugner 2014, S. 13). Während vor der Finanzkrise das Feldstein-Horioka-Paradoxon (s. Kapitel 3.1) nicht sehr ausgeprägt war, trat es ab 2009 deutlicher in Erscheinung (vgl. EU Kommission 2012b, S. 59 f.). Die Korrelation zwischen Ersparnissen und heimischen Investitionen in den Gründungsmitgliedern des Euroraums erhöhte sich merklich (Abbildung 15).

Abbildung 15: Feldstein-Horioka-Paradoxon im Euroraum
Korrelationskoeffizient Spar- und Investitionsquote, Gründungsmitglieder EWU

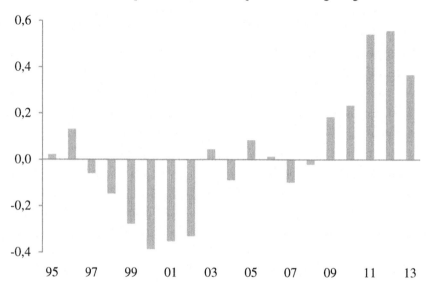

Quelle: Eurostat & eigene Berechnungen

Zuflüsse privaten Kapitals in der Euro-Peripherie haben nach der Finanzkrise derart drastisch abgenommen, dass dies in der Literatur als sudden stop bezeichnet wurde. So floss in Griechenland von 2010 bis 2011 privates Kapital in Höhe von 40% des BIP aus dem Jahr 2007 ab. In Irland waren es von 2008 bis 2011 sogar 70% des 2007-BIP (vgl. Merler/Pisani-Ferry 2012, S. 5 f.).[65] Aller-

---

[65]   Merler/Pisani-Ferry (2012, S. 7) identifizieren bis zum Ende des Jahres 2011 drei Phasen von sudden stops in der Eurozone: 1) im Herbst 2008 in Griechenland und Irland im Zuge der Finanzkrise, 2) im Sommer 2010 in Griechenland, Portugal und Irland in Zusammenhang mit dem Hilfspaket für Griechenland und befürchteten Ansteckungseffek-

dings verfügt die Eurozone mit dem TARGET-System ("Trans-European Automated Real-time Gross Settlement Express Transfer System") über einen entsprechenden Puffer (vgl. ebd., S. 9). In diesem System werden täglich grenzüberschreitende Kapitalbewegungen im Euroraum ausgeglichen. Verlieren Investoren das Vertrauen in die Solvenz einer Volkswirtschaft, stehen üblicherweise Kapitalabflüssen keine -zuflüsse mehr gegenüber und es kommt früher oder später zum sudden stop. Im TARGET-System wird die Zentralbank des betroffenen Landes vom Eurosystem mit Geld versorgt und baut damit gegenüber diesem Verbindlichkeiten auf (vgl. ebd., S. 3 ff.). Die Nettoverbindlichkeiten der nationalen Zentralbanken gegenüber dem Rest des Eurosystems sind in den TARGET2-Salden erfasst. Nach der Finanzkrise sind diese Salden aufgrund von Mittelabflüssen in Krisenländern stark angestiegen (Abbildung 16). Diese Mittel wurden zum Preis von Verbindlichkeiten gegenüber dem Eurosystem durch frisches Kapital ersetzt. Insofern wurde über öffentliche Gelder ein Ausgleich für abfließende private Mittel geschaffen, sodass es nicht zu einem wirklichen sudden stop kommen konnte (vgl. EU Kommission 2012b, S. 50 f.).

---

ten, 3) im Herbst 2011 in Italien, Spanien und Portugal auf dem Höhepunkt der Schuldenkrise.

Abbildung 16: TARGET2-Salden in den GIPSZ-Ländern

TARGET2-Salden, GIPSZ-Staaten, EUR Mrd.

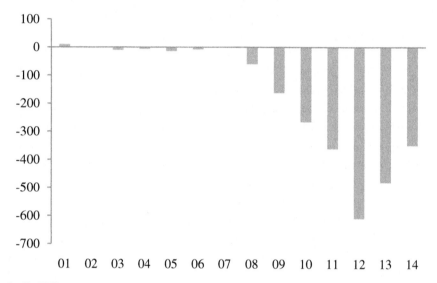

Quelle: EZB

Hätte kein öffentliches Kapital bereit gestanden, wäre die oben dargestellte Verschlechterung der Kapitalbilanz heftiger ausgefallen (vgl. ebd., S. 20). Neben den Finanzströmen innerhalb des TARGET-Systems floss Krisenländern Kapital über weitere Kanäle zu: Banken profitierten von Liquiditätsspritzen im Rahmen des Ankaufprogramms für Staatsanleihen SMP ("Securities Markets Programme") der EZB. Weiterhin gab es offizielle finanzielle Unterstützung von der EU und dem IWF (vgl. Merler/Pisani-Ferry 2012, S. 8, Hobza/Zeugner 2014, S. 13). Diese Maßnahmen verhinderten sudden stops innerhalb der Eurozone und halfen "persistente Leistungsbilanzdefizite in einem Umfeld aufrecht zu halten, in dem Finanzmärkte dazu nicht mehr gewillt waren" (Merler/Pisani-Ferry 2012, S. 8 f.). Wären die Krisenländer nicht Teil der Währungsunion, hätten die Korrekturen in der Leistungsbilanz also drastischer ausfallen müssen und entsprechend höhere Kosten in Bezug auf Wirtschaftswachstum und Arbeitslosigkeit mit sich gebracht.

Ein Vergleich kürzlich erfolgter Defizitkorrekturen innerhalb und außerhalb der Eurozone verdeutlicht den Unterschied zwischen einem echten sudden stop und dem Abfluss privaten Kapitals, das durch öffentliches ersetzt wird. Die drei EU-Staaten mit den größten Defiziten außerhalb des Euros 2007 waren Bulgarien, Lettland und Estland. Ihr Pendant innerhalb der Eurozone waren Griechenland, Portugal und Spanien. Während die Euromitglieder sechs Jahre für die Bereinigung benötigten, befand sich der Saldo Lettlands und Estlands bereits 2009 im Plus und Bulgarien wies 2010 nur noch ein Minus unter 1% des BIP auf (Abbildung 17). Die deutlich schnellere Korrektur außerhalb der EWU resultierte einerseits aus der Möglichkeit, die Währung nominal abzuwerten, und andererseits aus den plötzlichen Abflüssen von Kapital, für das es hier keinen Ersatz gab (vgl. ebd., S. 3, Atoyan/Manning/Rahman 2013, S. 5 f.).

Abbildung 17: Korrekturen innerhalb und außerhalb der Eurozone
Leistungsbilanzsalden, % BIP

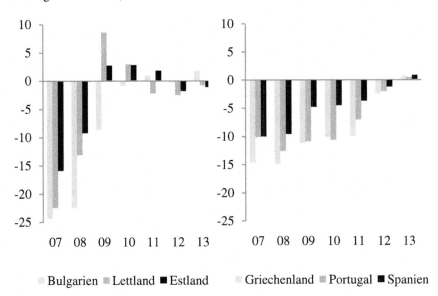

Quelle: Eurostat, in Anlehnung an Merler/Pisani-Ferry (2012, S. 3)

Auch nach der Finanzkrise hat die Nutzung des starken Euros als Zahlungsmittel einen kontrollierten Defizitabbau unter Vermeidung eines sudden stops ermöglicht. So verursachte das "Fed-Tapering", also die Ankündigung der US-amerikanischen Notenbank im Mai 2013, aus der ultralockeren Geldpolitik auszusteigen, in einigen Schwellenländern Kapitalabflüsse und scharfe Abwertungen. Zwar entspannte sich die Lage wieder, temporär waren einige Länder aber von sudden stops und entsprechendem Bedarf, eine bedeutende Leistungsbilanzkorrektur vorzunehmen, bedroht (vgl. IWF 2014, S. 12 ff.). Einen solchen Druck verspürten Euro-Mitgliedsländer nicht – der Euro erwies sich als deutlich robuster als es nationale Währungen vor allem der kleineren Volkswirtschaften hätten.

Allerdings kann man das Auffangnetz öffentlicher Kapitalströme in der EWU statt als Segen auch als Fluch sehen. Einerseits zwangen ausländische Investoren die GIPSZ-Länder nicht zu drastischen Korrekturen, die große Wachstumseinbußen mit sich gebracht hätten. Die Krisenländer konnten das Tempo ihrer Anpassung selbst bestimmen. Andererseits waren auch die langgezogenen Bereinigungen der GIPSZ-Staaten durch heftige Rezessionen geprägt. Im Nachhinein lässt sich nicht sagen, ob ein kurzer und heftiger Schnitt, nach dem eine zügige Erholung hätte einsetzen können, nicht die bessere Lösung gewesen wäre.

2.3.3   Zyklizität in der Leistungsbilanz und nachhaltige Korrekturen

Laut IWF gehen die bisherigen strukturellen Erfolge im Defizitabbau der GIPSZ-Staaten nicht weit genug. Gleichzeitig sind weitere Fortschritte in der preislichen Wettbewerbsfähigkeit angesichts des Umfelds niedriger Inflation im Euroraum schwierig zu realisieren. Der IWF warnt, dass ein Teil der bisherigen Verbesserungen auf zyklischen Entwicklungen basiert. Durch die Rezessionen sind mittelfristige Einkommenserwartungen gesunken und der Konsum ging zurück (vgl. IWF 2014, S. 32). Eine Normalisierung des Wachstums dürfte die Unsicherheit und Konsumzurückhaltung beenden und die Leistungsbilanzen der Krisenländer wieder verschlechtern (vgl. EZB 2010a, S. 101). Da die GIPSZ-Länder ihre Defizite über den Importkanal abgebaut und eine starke Wachstumsverlangsamung in Kauf genommen haben, ist eine primär zyklisch bedingte Verbesserung wahrscheinlich und die Gefahr groß, dass sie nur kurz anhält. Für eine nachhaltige Anpassung bedarf es einer Reallokation der Ressourcen vom binnenwirtschaftlichen Sektor zur Produktion handelbarer Güter (vgl. Tressel/Wang 2014, S. 4).

Die Wahrscheinlichkeit eines rein zyklischen Ursachen geschuldeten Defizitabbaus lässt sich anhand konjunkturbereinigter Leistungsbilanzsalden abschätzen. Der IWF bereinigt die Leistungsbilanz um Konjunktureinflüsse, indem er die Bedeutung ihrer Bestimmungsfaktoren empirisch ermittelt (vgl. IWF 2013, Tressel/Wang 2014, S. 17). Regressionskoeffizienten quantifizieren diese Bedeutung. Anschließend wird für die Determinanten, die sensibel auf zyklische Schwankungen reagieren, z.b. die Produktionslücke oder Rohstoffpreise, die Abweichung von ihrem langfristigen Mittelwert berechnet. Diese Abweichungen werden mit den jeweiligen Regressionskoeffizienten multipliziert, um zu ermitteln, um wie viel Prozent des BIP der Leistungsbilanzsaldo besser oder schlechter liegen würde, wenn die Werte der zyklischen Faktoren ihrem langfristigen Mittel entsprächen. Schätzungen des IWF ergeben, dass der konjunkturbereinigte Saldo Griechenlands 2012 3 Prozentpunkte schlechter lag als der offiziell ausgewiesene. In Portugal und Spanien betrug die Abweichung 1,5 Prozentpunkte, in Irland war sie zu vernachlässigen (vgl. Kang/Shambaugh 2014, S. 24). Tressel/Wang (2014, S. 19 f.) schätzen, dass knapp zwei Drittel der Verbesserung in der Leistungsbilanz zwischen 2007 und 2012 in Griechenland auf zyklischen Entwicklungen beruht. In Irland ist es nach ihren Ergebnissen die Hälfte, in Spanien sind es 30%. In Portugal geht die Korrektur dagegen stärker auf strukturelle Fortschritte zurück.[66]

---

[66]   Eigene Berechnungen auf Basis der empirischen Analyse in Kapitel 4.4.2 ergeben, dass im Jahr 2014 nur noch die Leistungsbilanz Zyperns konjunkturbedingt signifikant ver-

Sektorale Reallokation der Ressourcen ermöglicht nachhaltige Anpassung

Den größten Beitrag zu einer nachhaltigen Korrektur liefert eine sektorale Reallokation der Ressourcen. Lediglich Konsumausgaben und damit Importe zu verringern führt nur zu einer temporären Erleichterung. Aufgrund der weltweiten Handelbarkeit der Produkte gleichen sich zudem die internationalen Preise für handelbare Güter einander immer wieder an. Mit relativer Deflation gegenüber den Handelspartnern lässt sich daher i.d.r. nur für begrenzte Zeit ein Vorteil erzielen. Für eine nachhaltige Bereinigung muss die Nachfrage dauerhaft von Importen zu heimischer Produktion umgelenkt werden. Dafür bedarf es einer Verschiebung in der Produktionsstruktur: Weniger nicht-handelbare und mehr handelbare Güter müssen hergestellt werden. Um dies zu erreichen, müssen sich Löhne und Preise zwischen den Sektoren anpassen (vgl. Buti/Turrini 2012, S. 3). In der Literatur vernachlässigen Volkswirte die Verbindung zwischen Wirtschaftsstruktur und Leistungsbilanz oft. Sie gehen davon aus, dass ein Defizit ausschließlich über Veränderungen auf der Nachfrageseite, z.b. bei Wechselkursen und Wirtschaftswachstum, abgebaut wird (vgl. EU Kommission 2011a, S. 28). Dabei erfolgt ein Defizitabbau i.d.R. zumindest zu einem gewissen Grad auch durch Anpassungen auf der Angebotsseite (vgl. Engler/Fidora/Thimann 2007, S. 10).[67]

Ein Beitrag der Angebotsseite verringert nicht nur die Wahrscheinlichkeit, dass sich schnell wieder ein neues Defizit einstellt, sondern erleichtert auch den Defizitabbau. Engler/Fidora/Thimann (ebd., S. 8 f. & 19) ermitteln, dass die Wäh-

---

zerrt war. Hätte das BIP-Wachstum des Landes 2014 so hoch gelegen wie im letzten übergeordneten Konjunkturzyklus, wäre die Leistungsbilanz 2,5 Prozentpunkte schlechter ausgefallen. Aufgrund des zuletzt mäßigen Wachstums in Griechenland und Spanien, können die Bilanzen dieser beiden Volkswirtschaften als um 1 Prozentpunkt positiv verzerrt angesehen werden. In Irland und Portugal hat sich das Wachstum bereits normalisiert und die aktuellen Überschüsse von 6% bzw. 1% des BIP sind nicht durch konjunkturelle Einflüsse verzerrt.

[67] Nach Meinung des ehemaligen Notenbankchefs der Federal Reserve Bernanke gilt dies auch für das persistente Defizit der USA. Nach Bernanke (2007) beinhaltet eine irgendwann notwendige Korrektur "eine Verschiebung von Ressourcen aus Sektoren, die nichthandelbare Güter und Dienstleistungen produzieren, in Sektoren, die handelbare Produkte herstellen".

rung zur Bereinigung eines Defizits, je nach Ausgestaltung weiterer Parameter, nur etwa halb so stark abwerten muss, wenn Angebotsveränderungen die Korrektur unterstützen. Aufgrund des Trade-offs zwischen Abwertung und Wachstumsverlangsamung im Defizitabbau (s. Kapitel 2.3.1) bedeutet dies gleichzeitig, dass eine Korrektur unter Beteiligung der Angebotsseite geringere Wachstumseinbußen mit sich bringt.

Die Auswirkungen eines persistenten Defizits auf die Wirtschaftsstruktur einer Volkswirtschaft sowie die erforderlichen Anpassungen beim Abbau dieses Defizits lassen sich in einem einfachen grafischen Modell verdeutlichen (Abbildung 18a).[68] Dieses Modell stellt eine Volkswirtschaft dar, die zwei Güter produziert, eines davon handelbar (x_h) und eines nicht handelbar (x_{nh}). Das Preisverhältnis der beiden Güter ist durch die Relativpreisgerade p_1 gegeben. Die Preise entscheiden darüber, welche Mengen der beiden Güter hergestellt werden. In der Ausgangssituation produziert die Wirtschaft die Menge $\overline{0A}$ des nicht-handelbaren Gutes und die Menge $\overline{0B}$ des handelbaren Gutes. Da x_{nh} nicht gehandelt werden kann, entsprechen sich Produktion und Konsum automatisch. In einer offenen Volkswirtschaft muss der Konsum des handelbaren Gutes nicht mit seiner Produktionsmenge übereinstimmen. Im dargestellten Fall eines Leistungsbilanzdefizits konsumiert eine Volkswirtschaft mehr vom handelbaren Gut als sie selbst herstellt. Unter der Annahme, dass es sich um ein kleines Land handelt, das den Weltmarktpreis nicht beeinflussen kann, zeigt eine Parallelverschiebung der Relativpreisgerade mögliche Konsumpunkte an. Zur Relativpreisgerade $p_1{}'$ gehört die Indifferenzkurve $I_1{}'$.[69] Der Nachfrageüberschuss in Höhe der Strecke $\overline{BC}$ entspricht der Importmenge.

---

[68] Dieses Modell ist angelehnt an die Arbeit von Razin (1984, S. 137 ff.).
[69] In einem Überschussland läge der Konsumpunkt unter dem Produktionspunkt, also innerhalb der Transformationskurve. Dies beschreibt allgemein eine ineffiziente Situation. Das Nutzenniveau eines Nettoexporteurs würde sowohl das eines Defizitlandes sowie einer autarken Wirtschaft unterschreiten. In dem dargestellten Modell zieht eine Volkswirtschaft nur aus dem Konsum von Gütern Nutzen und es wird jeweils nur eine Periode betrachtet. Freilich bildet ein Überschussland durch Konsumverzicht und Exporte Ersparnisse, die in künftigen Perioden einen höheren Konsum ermöglichen. Ebenso muss ein Defizitland vorher Ersparnisse gebildet haben oder sich für Nettoimporte im Ausland verschulden. Von diesen Zusammenhängen abstrahiert dieses einfache Modell.

Abbildung 18a: Transformationskurve, Ausgangslage

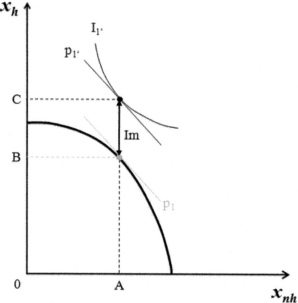

Quelle: eigene Darstellung

Nun wird angenommen, dass es durch Kapitalzuflüsse zu einer höheren Binnen-nachfrage und einem Boom kommt. Der Nachfrageüberhang bedingt steigende Güterpreise. Angesichts ungleich intensiven Wettbewerbs bei handelbaren und nicht-handelbaren Gütern wirkt der Preisdruck jedoch unterschiedlich stark innerhalb der Volkswirtschaft. Der Preissetzungsspielraum bei nicht-handelbaren Gütern ist i.d.R. höher, daher legen Preise hier überproportional zu (vgl. EU Kommission 2011a, S. 28 f.). Ferner ist der Sektor nicht-handelbarer Güter auf die boomende Binnenwirtschaft ausgerichtet, in der die Nachfrage dynamisch wächst, während handelbare Güter auch in den langsamer zulegen-den Weltmarkt geliefert werden. Die gedrehte Relativpreisgerade p_2 bildet un-terschiedliche Preisentwicklungen ab (Abbildung 18b).[70]

---

[70]   Die Tatsache, dass sich handelbare Güter relativ vergünstigen bedeutet nicht, dass die
         Volkswirtschaft wettbewerbsfähiger würde. Die Preise handelbarer Güter sinken nicht
         absolut, sondern nur relativ zu nicht-handelbaren Gütern. Im Gegenteil: Durch hohes

Der optimale Produktionspunkt liegt wieder im Schnittpunkt der Tangente mit der Transformationskurve. Die Produktion hat sich zu nicht-handelbaren Gütern hin verschoben. Denn durch den Preisanstieg hat sich die Marge für Hersteller erhöht und die Produktion ist rentabler geworden. Daher werden nun mehr Einheiten des Gutes x_{nh} produziert und dafür auf Produktion von x_h verzichtet. Die Menge an produzierten und konsumierten nicht-handelbaren Erzeugnissen entspricht der Strecke $\overline{0D}$. Unter der Annahme, dass sich der Konsum handelbarer Güter nicht verändert und weiter durch die Strecke $\overline{0C}$ gegeben ist, muss nun eine größere Menge importiert werden und das Außenhandelsdefizit vergrößert sich.

Abbildung 18b: Transformationskurve, Fokus auf die Binnenwirtschaft

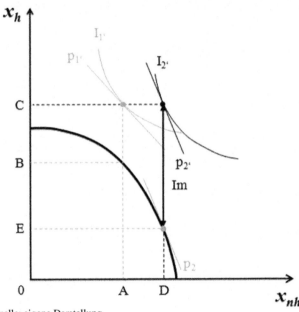

Quelle: eigene Darstellung

Lohnwachstum in Folge des Booms ist anzunehmen, dass sich die Preise für handelbare Güter im Vergleich zu Handelspartnern erhöhen.

Mit der Zeit verschiebt sich das Angebot der Volkswirtschaft zunehmend in Richtung nicht-handelbarer Güter.[71] Je länger diese Situation besteht, je persistenter also das Leistungsbilanzdefizit, desto eher kommt es zu einer Reallokation von Ressourcen (vgl. ebd., S. 29). Abbildung 18c verdeutlicht dies anhand einer asymmetrisch verschobenen Transformationskurve. In der neuen Situation lassen sich mehr nicht-handelbare Güter herstellen, weil angesichts des gestiegenen Preises mehr Betriebe in der Lage sind, kostendeckend Produkte anzubieten. Zudem wurden die Zuflüsse ausländischen Kapitals für Investitionen in die boomende Binnenwirtschaft und die Herstellung des Gutes x_{nh} genutzt. Umgekehrt verringern sich die Kapazitäten in der Produktion des handelbaren Gutes. Denn Löhne und Preise haben in Folge der Überhitzung zugenommen und die Wettbewerbsfähigkeit dieses Sektors verschlechtert, sodass er sich nach und nach verkleinert (vgl. Atoyan/Manning/Rahman 2013, S. 3).[72] Die Menge an konsumierten nicht-handelbaren Gütern erhöht sich auf die Strecke $\overline{OF}$. Der Import wächst um die Strecke $\overline{GE}$. Dies basiert abermals auf der Annahme, dass die gleiche Menge x_h konsumiert wird wie vorher und weitere Importe möglich sind. Dafür muss die Volkswirtschaft entweder im Vorfeld Ersparnisse angesammelt haben oder es muss ihr möglich sein, sich weiter im Ausland zu verschulden.

---

[71] Rowthorn/Ramaswamy (1997, S. 11 & 17 ff.) und Rowthorn/Coutts (2004, S. 5 ff.) identifizieren einen Einfluss der Außenhandelsbilanz auf die Wirtschaftsstruktur einer Volkswirtschaft.

[72] Unter der Annahme, dass die Angebotserhöhung bei nicht-handelbaren Gütern der gestiegenen Nachfrage entspricht, bleiben die Relativpreise zwischen x_h und x_{nh} konstant.

Abbildung 18c: Transformationskurve, sektorale Reallokation

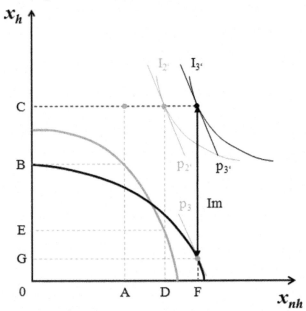

Quelle: eigene Darstellung

Im Zuge dieser sektoralen Anpassungen hat sich das Leistungsbilanzdefizit ausgeweitet. Für eine Korrektur muss die Volkswirtschaft sparen und ihren Konsum handelbarer Güter einschränken, um die Importmenge zu reduzieren. Um das inzwischen hohe Defizit abzubauen, kann allerdings eine erneute Reallokation der Ressourcen notwendig sein, die die in Folge der Überhitzung eingetretene Verzerrung der sektoralen Struktur rückgängig macht. Für solch eine Reallokation muss die Herstellung von handelbaren Gütern attraktiver werden. Sie müssen sich relativ zu nicht-handelbaren Gütern verteuern (vgl. Ruscher/Wolff 2009, Buti/Turrini 2012, S. 7, Tressel/Wang 2014, S. 3 f.).[73] Vermehrtes Sparen und Konsumverzicht können diese Preisveränderungen herbeiführen. Der resultierende Angebotsüberhang würde einen Preisverfall auslösen,

---

[73] Gleichzeitig muss sich das handelbare Gut vergünstigen, um international wettbewerbsfähiger zu werden. In Summe muss also der Preis für das handelbare Gut sinken und derjenige für das nicht-handelbare Gut noch stärker fallen (vgl. Tressel/Wang 2014, S. 10).

der den Sektor nicht-handelbarer Güter stärker träfe, da er direkt von der Binnenwirtschaft abhängt. Der Sektor handelbarer Güter würde dagegen durch den Weltmarkt stabilisiert. Sowohl Nachfrage als auch Preise des Gutes x_{nh} würden überproportional zurückgehen. In der Grafik würde sich dies in einer flacheren Relativpreisgerade äußern, die den Produktionspunkt in Richtung handelbarer Güter verschiebt. In der Folge würden sich die zuvor beobachteten Entwicklungen umkehren. Es käme zu einer Verschiebung der Transformationskurve zurück in ihre Ursprungslage und zu einer Reallokation zum Sektor handelbarer Güter (vgl. Engler/Fidora/Thimann 2007, S. 9, EU Kommission 2011a, S. 29 f.).[74]

Empirische Ergebnisse zur sektoralen Reallokation

Die Voraussetzungen für solche Umstrukturierungen schaffen die Krisenländer seit der Finanzkrise. Zwischen 1999 und 2008 legten die Preise für handelbare Güter im Durchschnitt der GIPSZ-Staaten noch um 2,8% p.a. zu, diejenigen von (tendenziell nicht-handelbaren) Dienstleistungen um 3,9% p.a.[75] Im Zuge dessen hat sich die Wirtschaft zunehmend auf die Produktion nicht-handelbarer Güter ausgerichtet. Seit 2009 ist der Preistrend durchbrochen: Sowohl handelbare Güter als auch Dienstleistungen stiegen seitdem um gut 1% im Preis pro Jahr, in den Überschussländern lag der Preisauftrieb in dieser Zeit bei gut 1,5% pro Jahr. Es hat also tatsächlich eine Entwicklung in den Relativpreisen stattgefunden, auch wenn die Fortschritte bisher maßvoll waren.[76] Da sich gleichzeitig Lohn-

---

[74]   Die Wirkung dieses Effekts auf den Außenhandel hängt von den Substitutionsbeziehungen zwischen den Gütern ab, sowohl zwischen handelbaren Gütern des In- und Auslands als auch zwischen handelbaren und nicht-handelbaren Gütern im Inland (vgl. Engler/Fidora/Thimann 2007, S. 9). Der Zusammenhang zwischen dem Relativpreis der beiden Güterklassen und ihrem Anteil an der gesamtwirtschaftlichen Produktion konnte empirisch nachgewiesen werden (vgl. ebd., S. 22).

[75]   Datenquelle für Preisentwicklungen ist das Statistical Data Warehouse der EZB. Hier wird die vereinfachende Annahme getroffen, dass alle Waren handelbar und alle Dienstleistungen nicht handelbar sind.

[76]   Ferner haben einige Krisenländer ihre Arbeitsmärkte flexibilisiert. Indem sie den Kündigungsschutz lockerten und andere Rigiditäten, die die Ressourcenreallokation behindern, beseitigten, schufen sie die Voraussetzungen für eine intersektorale Wanderung von Arbeitskräften (vgl. Lamine 2010, S. 3).

stückkosten verringert haben, sind die erzielbaren Margen in der Herstellung handelbarer Güter gestiegen (vgl. Tressel/Wang 2014, S. 12).

In der Literatur konstatieren Volkswirte, dass sich die veränderten Relativpreise bisher nicht merklich auf die sektorale Struktur der Krisenländer ausgewirkt haben (vgl. ebd., S. 11 f.). Hier ist entscheidend, welche Indikatoren und Zeiträume herangezogen werden, um dies zu beurteilen. Oft messen Ökonomen die Reallokation von Ressourcen anhand des Wachstums der Bruttowertschöpfung oder der Beschäftigung in den Sektoren. In den GIPSZ-Ländern nahm die Bruttowertschöpfung im Verarbeitenden Gewerbe, das handelbare Güter herstellt, zwischen 2009 und 2014 um insgesamt 17% ab. Im größtenteils auf die Binnenwirtschaft ausgerichteten Tertiärsektor betrug das Minus gerade einmal 1,5%. Offensichtlich verliert der Sektor handelbarer Güter weiter an Bedeutung. Allerdings ist der allgemeine Trend zur Tertiarisierung in entwickelten Volkswirtschaften zu berücksichtigen. Seit Jahrzehnten erreichen Dienstleistungen höhere Wachstumsraten als die Industrie. Insofern ist das Ungleichgewicht seit der Finanzkrise nicht überraschend. Ob eine Reallokation im Sinne einer Verlangsamung dieses Trends stattfindet, sollte man durch einen Vergleich des Bruttowertschöpfungswachstums vor und nach der Anpassung messen. Dieser Vergleich zeigt, dass sich das industrielle Wachstum nach der Finanzkrise im GIPSZ-Durchschnitt gegenüber dem Zeitraum 1999 bis 2008 um 8% pro Jahr verlangsamt hat, genau wie bei Dienstleistungen. Wesentliche Fortschritte bei der Reallokation der Ressourcen hin zum Sektor handelbarer Güter blieben bislang also tatsächlich aus.

Indes überrascht nicht, dass die Reallokation noch nicht fortgeschritten ist, da Strukturwandel ein langfristiger Prozess ist (s. Kapitel 6.2.1). Ferner sind Phasen schwachen Wachstums, wie sie in den GIPSZ-Ländern zuletzt auftraten, i.d.R. mit einem beschleunigten Bedeutungsverlust der Industrie verbunden. Denn die Industrieproduktion reagiert sensibler auf eine konjunkturelle Abkühlung als Dienstleister (s. Kapitel 3.3.3). Klammert man bspw. das Jahr der schweren realwirtschaftlichen Krise 2009 aus, verlangsamte sich das Wachstum bis 2014 in der Industrie nur um 6,5% p.a. gegenüber 8% bei Dienstleistungen. Erste Fortschritte im Strukturwandel könnten also in den kommenden Jahren, wenn sich das Wachstum in den Krisenländern erholt hat, sichtbar werden.

Craighead/Hineline (2011) untersuchen 14 Phasen eines Defizitabbaus in OECD-Ländern zwischen 1982 und 2010 und analysieren die Entwicklung einzelner Branchen. Auf gesamtwirtschaftlicher Ebene beobachten sie die typische Wachstumsverlangsamung und eine zunehmende Arbeitslosigkeit. Allerdings unterscheiden sich die Entwicklungen je nach Branche (vgl. Craighead/Hineline 2011, S. 9 f.). Die Autoren klassifizieren drei Typen von Wirtschaftszweigen. 1) Die Herstellung bzw. Verarbeitung handelbarer Rohstoffe, z.b. Basismetalle: Auf diese Branchen wirkt die Anpassung wie ein positiver Nachfrageschock, d.h. sie verzeichnen zumeist einen Preis- und Outputanstieg. 2) Hersteller handelbarer Investitionsgüter, z.b. Maschinenbau: Hier wirkt die Bereinigung als negativer Angebotsschock mit Preisanstiegen und Outputrückgängen. Der Outputrückgang setzt unmittelbar mit der Korrektur ein, nach kurzer Zeit erholen sich diese Branchen bereits wieder. 3) Hersteller nicht-handelbarer Güter, z.b. Bauwirtschaft: Diese Sektoren trifft ein negativer Nachfrageschock mit Preis- und Outputrückgängen (vgl. ebd., S. 15 f.).

Unterteilt man Branchen nach der Handelbarkeit ihrer Produkte, zeigt sich in der Tendenz eine stärkere Belastung von Herstellern nicht-handelbarer Güter. Ein deutliches Bild gibt es bei den Preisentwicklungen: Relative Preisanstiege verzeichneten Sektoren handelbarer Güter wie die Chemieindustrie. Der stärkste relative Preisverfall fand in Branchen statt, die nicht-handelbare Güter herstellen wie die Bauwirtschaft (vgl. ebd., S. 14 f.). In der Summe stellen die Autoren fest, dass mit der Bereinigung eines Defizits sowohl eine Relativpreisänderung als auch ein Strukturwandel zugunsten handelbarer Güter einhergeht (vgl. ebd., S. 2 & 18 f.).

2.4 Ergebnis von Kapitel 2

Die Ungleichgewichte in den Leistungsbilanzsalden der Euroländer haben sich vor der Finanzkrise deutlich ausgeweitet. Während die Summe aus absoluten Überschüssen und Defiziten zuvor bei etwa 2% des BIP der Mitgliedsländer lag, stieg sie im Vorfeld der Krise auf 5% des BIP an. Nationale Defizite erreichten Werte von bis zu 15% des BIP. Zu den Ursachen gehören hohe Kapitalzuflüsse in einigen südeuropäischen Ländern, mit denen z.t. eine übermäßige Binnennachfrage finanziert wurde. Relativ zu den Euro-Überschussländern expansive Löhne haben zu hohen Einkommenserwartungen geführt und den Konsum gestärkt. Gleichzeitig verminderten sie die Wettbewerbsfähigkeit in der Peripherie. Als Resultat hoher und persistenter Defizite haben sich die Nettoauslandsverbindlichkeiten in den GIPSZ-Ländern zwischen 2004 und 2008 von 50% auf 78% des BIP erhöht. Durch die Finanz- und die Schuldenkrise wuchsen sie bis 2013 weiter auf 101% des BIP an.

Angesichts dieser Entwicklung war die Schuldentragfähigkeit einiger Länder nicht mehr gegeben und die Leistungsbilanzdefizite mussten abgebaut werden. Dies brachte im Mittel eine Verlangsamung des realen BIP-Wachstums um 6 Prozentpunkte mit sich. Allerdings unterscheiden sich Anpassungen von Volkswirtschaften mit großem Industriesektor von solchen bei geringeren Industriekapazitäten. Industriell geprägte Länder können ihre Defizite stärker über die Exportseite bereinigen, während auf Dienstleistungen ausgerichtete Volkswirtschaften die Korrektur primär über den Import erreichen. Dies traf in der Schuldenkrise auch auf die GIPSZ-Staaten zu: Hier gingen die Importe im Zuge eines breiten Nachfrageeinbruchs real um 12% zurück, wohingegen sie in den Überschussländern im gleichen Zeitraum um 14% zulegten. Entsprechend belasten die Leistungsbilanzkorrekturen in dienstleistungsgeprägten Ländern das Wirtschaftswachstum überproportional. Dies kann als Indiz dafür gesehen werden, dass sektorale Wirtschaftsstrukturen beim Abbau von Leistungsbilanzdefiziten bedeutsam sind.

Angesichts des Einflusses der Konjunkturlage auf die Leistungsbilanzposition besteht die Gefahr, dass Teile der Verbesserungen in den GIPSZ-Staaten lediglich auf einem vorübergehenden Nachfrageeinbruch basieren und durch einen einsetzenden Aufschwung zunichte gemacht werden. Nachhaltige Korrekturen erfordern neben Anpassungen auf der Nachfrageseite auch Veränderungen der Angebotsstruktur. Eine Relativpreisänderung zulasten des Tertiärsektors lenkt Ressourcen in die Herstellung handelbarer Güter. Dies kann eine Verzerrung und übermäßige Ausrichtung der sektoralen Struktur auf die Binnenwirtschaft rückgängig machen. Bisher ist in den GIPSZ-Ländern jedoch noch keine merkliche Reallokation der Ressourcen zu beobachten.

3 Determinanten der Leistungsbilanz und der Einfluss sektoraler Wirtschaftsstrukturen in der Theorie

Kapitel 3 enthält das theoretische Fundament der Arbeit. Abschnitt 3.1 führt den traditionellen Erklärungsansatz der Leistungsbilanz über die Differenz aus Ersparnissen und Investitionen ein. Die Sparquote wird als hauptsächlicher Treiber der Leistungsbilanz herausgearbeitet. Kapitel 3.2 legt die Determinanten der Sparquote und damit mittelbar der Leistungsbilanz dar, unterteilt in die Bestimmungsfaktoren des Sparpotenzials und der Sparneigung. In Kapitel 3.3 werden zunächst die theoretischen Überlegungen anderer Autoren zum Zusammenhang zwischen sektoraler Struktur und Leistungsbilanzsaldo wiedergegeben. Anschließend veranschaulichen fünf Unterkapitel detailliert die Wirkungsweise der Wirtschaftsstruktur auf die Leistungsbilanz. Nach einer theoretischen Darstellung werden jeweils knapp empirische Daten präsentiert, die die Argumentation stützen. Kapitel 3.4 erläutert, wie Differenzen in der Wirtschaftsstruktur insbesondere zwischen unterschiedlich großen Volkswirtschaften in einer Währungsunion zum Entstehen persistenter Leistungsbilanzungleichgewichte beitragen können. Abschnitt 3.5 fasst die Ergebnisse zusammen.

3.1 Identität von Ersparnissen und Investitionen

Die Leistungsbilanz kann auf zwei unterschiedliche Arten hergeleitet werden. Zum einen ist sie das Ergebnis aus Exporten und Importen von Waren und Dienstleistungen sowie den Zu- und Abflüssen von Primär- und Sekundäreinkommen. Zum anderen ergibt sie sich aus der Differenz zwischen Ersparnisbildung und Investitionen. Dieser klassische Erklärungsansatz der Leistungsbilanz basiert auf der Gütermarktidentität, nach der sich Ersparnisse und Investitionen bei ausgeglichener Leistungsbilanz entsprechen müssen. Dabei ist die Leistungsbilanz als Differenz aus dem Einkommen und den Ausgaben einer Volkswirtschaft anzusehen. Das Einkommen besteht aus dem gesamtwirtschaftlichen

Output, dem Nettoprimäreinkommen, das von Vermögenswerten im Ausland zufließt bzw. dorthin abfließt, sowie dem Nettosekundäreinkommen, z.b. Transferzahlungen. Die Ausgaben setzen sich aus Konsum, Staatsausgaben und Investitionen zusammen (vgl. Craighead/Hineline 2011, S. 5). Formal lässt sich der Zusammenhang wie in Gleichung [1] darstellen (vgl. EU Kommission 2012b, S. 16):

[1] $S = S_p + S_g$

⇔ $S = (C + I + G + Ex - Im + primary + secondary - T - C) + (T - G)$

⇔ $S = I + Ex - Im + primary + secondary$

⇔ $S - I = CA$

Die gesamtwirtschaftlichen Ersparnisse entsprechen der Summe aus privaten (S_p) und öffentlichen Ersparnissen (S_g). Private Ersparnisse ergeben sich aus der inländischen Produktion, also dem BIP, das sich aus Konsum (C), Investitionen (I), Staatsausgaben (G) und dem Nettoexport ($Ex - Im$) zusammensetzt, zuzüglich der Nettoprimär- und -sekundäreinkommen (*primary* und *secondary*) und abzüglich der Steuern (T) und der privaten Konsumausgaben. Die öffentliche Ersparnis errechnet sich durch die Subtraktion der Staatsausgaben von den Steuern. Gleichung [1] zeigt die Identität von Ersparnissen und Investitionen. Liegt der Leistungsbilanzsaldo (CA) bei null, müssen sich beide Größen zwangsläufig entsprechen. Übersteigen die gesamtwirtschaftlichen Ersparnisse die Investitionen, muss ein Leistungsbilanzüberschuss bestehen, im umgekehrten Fall entsteht ein Defizit.

Aus buchhalterischer Perspektive lässt sich eine Veränderung in der Leistungsbilanz immer auf eine Veränderung in den Ersparnissen und/oder den Investitionen zurückführen (vgl. Bundesbank 2006, S. 22, EU Kommission 2010, S. 22, Craighead/Hineline 2011, S. 7). Ökonomen nutzen diesen Zusammenhang und prognostizieren die Leistungsbilanz als Ergebnis zukunftsgerichteter Entscheidungen über Ersparnisse und Investitionen in einer Volkswirtschaft (vgl. Calderon/Chong/Loayza 1999, S. 2). Diese Entscheidungen, und damit indirekt die Leistungsbilanz selbst, hängen von Faktoren ab, die in Kapitel 3.2 behandelt werden.

Investitionen in die heimische Wirtschaft und das Bilden nationaler Ersparnisse sollten aus theoretischer Sicht in keinem engen Zusammenhang stehen. Denn in einer globalisierten Welt mit vollkommenen Kapitalmärkten sollten Ersparnisse weltweit angelegt werden können und dort investiert werden, wo das Kapital die höchsten Renditen erwirtschaftet (vgl. Edwards 1995, S. 2, Clower/Ito 2012, S. 5). Feldstein/Horioka (1980) ermittelten für OECD-Länder im Zeitraum 1960-1974 jedoch eine sehr enge Korrelation zwischen den beiden Größen. Offensichtlich wurden Ersparnisse dort investiert, wo sie zuvor gebildet worden waren. Dies ist als Feldstein-Horioka-Paradoxon bekannt. So konzentrieren sich Ökonomen bei der Erklärung der Leistungsbilanz oft auf die Sparquote und gehen davon aus, dass Investitionen der Ersparnisbildung folgen. Allerdings haben einige Untersuchungen gezeigt, dass die Korrelation in der Vergangenheit abgenommen hat (vgl. z.B. Feldstein/Bacchetta 1991, S. 201, Siebert 1997, S. 2).[77] Abbildung 15 bestätigte dies für die Eurozone vor der Finanzkrise. Als Determinanten der Leistungsbilanz sollten also sowohl die Treiber der Spar- als auch der Investitionsquote analysiert werden (vgl. Rahman 2008, S. 5).[78] In der Literatur hat es sich dennoch durchgesetzt, die Leistungsbilanz anhand der Sparquote zu bestimmen. Dabei werden jedoch Variablen verwendet, die beide Größen beeinflussen, sodass auch der Investitionsseite Rechnung getragen wird (vgl. Gehringer 2014, S. 4). Das folgende Kapitel stellt die Bestimmungsfaktoren der Sparquote, und damit mittelbar die der Leistungsbilanz, kurz vor. Damit wird das theoretische Fundament für die empirischen Untersuchungen in Kapitel 4 gebildet.

---

[77]   Eine Korrelation zwischen Ersparnisbildung und Investitionen besteht insbesondere in solchen Ländern, in denen kein Zugang zum internationalen Kapitalmarkt gegeben ist (vgl. Herrmann/Jochem 2005, S. 11, Bundesbank 2006, S. 24).

[78]   Bei beiden Quoten wird nur selten zwischen Haushalten, Unternehmen und Staat unterschieden. In der Regel ignorieren Volkswirte bspw. die Determinanten der öffentlichen Sparquote. Stattdessen beschränken sie sich auf die Analyse gesamtwirtschaftlicher Quoten, z.T. wegen eingeschränkter Datenverfügbarkeit (vgl. Edwards 1995, S. 11 & 20).

3.2   Determinanten der Sparquote

Die Bestimmungsfaktoren der Sparquote lassen sich dem Sparpotenzial und der Sparbereitschaft zuordnen (vgl. Hussein/Thirlwall 1999, S. 31, Ohr/Zeddies 2010, S. 5). Das theoretische Fundament vieler der im Folgenden beschriebenen Zusammenhänge geht auf die Lebenszyklushypothese von Modigliani zurück (vgl. Modigliani/Brumberg 1954, Modigliani 1970). Nach seiner Theorie glätten Privathaushalte ihren Konsum und verteilen ihn gleichmäßig über ihre Lebenszeit.[79] So können sie ihren Lebensstandard auch bei Einkommensschwankungen aufrecht erhalten. Haushalte treffen Konsum- bzw. Sparentscheidungen sowohl im Hinblick auf die jeweilige Phase in ihrem Leben als auch im Hinblick auf das von ihnen erwartete Lebenseinkommen, das sie insgesamt verdienen werden. Sie lassen sich bei der Verteilung ihres Konsums auf Gegenwart und Zukunft also von Erwartungen hinsichtlich ihres künftigen Einkommens leiten (vgl. Edwards 1995, S. 16, Hussein/Thirlwall 1999, S. 33 f., Herrmann/Jochem 2005, S. 7).

3.2.1   Sparpotenzial
3.2.1.1   Höhe und Wachstum des Einkommensniveaus

Zum Sparpotenzial gehören in erster Linie die Höhe und das Wachstum des Einkommensniveaus. Je reicher eine Volkswirtschaft ist, desto höher liegt ihre Sparquote. Gehen Haushalte von steigenden Einkommen aus und glätten ihren Konsum im Zeitverlauf, erhöhen sie schon heute ihren Konsum auf ein Niveau, das sie sich mit den künftig höheren Einkommen leisten können werden. Haushalte in dynamisch wachsenden Ländern bilden in der Gegenwart daher nur

---

[79]   Dieser Überlegung liegt die Annahme zugrunde, dass sich Haushalte auf dem Kapitalmarkt frei verschulden können, um ihren Konsum in Zeiten niedrigen Einkommens und geringer Ersparnisse auf das Niveau in Zeiten hohen Einkommens zu heben. Gäbe es diese Möglichkeiten nicht, hinge der Konsum vom aktuellen Einkommen und nicht vom Lebenseinkommen ab (vgl. Athukorala/Sen 2001, S. 9).

geringe Ersparnisse oder entsparen sogar. Auf die Entwicklungsstufen von Volkswirtschaften übertragen bedeutet dies, dass schnell wachsende Länder in einem wirtschaftlichen Aufholprozess niedrigere Sparquoten aufweisen als weit entwickelte Länder mit moderatem Wachstum (vgl. ebd., S. 10). Unterschiedliche Erwartungen hinsichtlich künftiger Einkommenszuwächse erklären demnach Divergenzen in Sparquoten und die in Kapitel 2.1 dargestellten Ungleichgewichte zwischen den westlichen Volkswirtschaften und den aufholenden osteuropäischen Ländern. Die "stage-of-development-Hypothese" fasst die Relation zwischen Wohlstand und Sparquote zusammen: Je weniger entwickelt eine Wirtschaft ist, je niedriger also ihr Einkommensniveau, desto niedriger liegt ihre Sparquote, da Haushalte hohes Wachstum erwarten und entsprechend konsumieren. Je mehr sich das Einkommen dem entwickelter Länder annähert, desto stärker erhöht sich die Sparquote. Weit entwickelte Länder weisen tendenziell die höchsten Sparquoten auf (vgl. Bundesbank 2006, S. 22).

Den Effekt wachsenden Wohlstands auf die Ersparnisbildung zeigt auch eine Generationenbetrachtung. Steigt der Wohlstand in einer Volkswirtschaft über einen längeren Zeitraum an, erwartet die aktive Erwerbsgeneration ein höheres Lebenseinkommen, das entsprechend einen höheren Konsum ermöglicht, als die jeweilige Rentnergeneration zur Verfügung gehabt hatte. Die inaktive Alterskohorte, die von zuvor gebildeten Ersparnissen lebt, entspart also weniger als die aktive Generation für ihren Eintritt ins Rentenalter spart. Denn die Erwerbsgeneration möchte im Rentenalter einen höheren Konsum finanzieren. Daher nimmt die Sparquote bei steigendem Wohlstand zu (vgl. Modigliani 1970, S. 167, Hussein/Thirlwall 1999, S. 34).

Die Überlegungen zur Wirkung von zunehmendem Wohlstand auf die Sparquote beinhalten jedoch einen Widerspruch: Einerseits erhöht langfristiges Wachstum die Einkommen und damit das Sparpotenzial einer Volkswirtschaft. Andererseits senken Erwerbstätige nach der Lebenszyklushypothese ihre Ersparnisse und weiten ihren Konsum aus, wenn sie steigende Einkommen erwarten (vgl. Edwards 1995, S. 16, Athukorala/Sen 2001, S. 493 f.). Die Frage, ob steigende

Einkommen die Sparquote erhöhen oder senken, ist in der Literatur nicht abschließend beantwortet. Einige Ökonomen gehen davon aus, dass nur temporär höheres Wachstum die Sparquote zunehmen lässt. Erst bei dauerhaft höherem Wachstum passen Haushalte ihren Konsum im Sinne der Lebenszyklushypothese den verbesserten Einkommensaussichten an und senken ihre Sparquote (vgl. Blanchard/Fischer 1989, S. 63 ff., Bosworth 1993, S. 76 ff., Calderon/Chong/Loayza 1999, S. 2 f., Rahman 2008, S. 6). Andere Ökonomen verbinden mit dauerhaft höherem Wachstum aufgrund des Entwicklungsprozesses der Volkswirtschaft und der generationsspezifischen Ersparnisbildung eine steigende gesamtwirtschaftliche Sparquote (vgl. Collins 1991, S. 364 ff., Carroll/Weil 1994, S. 145 ff., Loayza/Schmidt-Hebbel/Serven 2000, S. 11, Chowdhury 2003, S. 14).[80] Letztlich ist der Zusammenhang zwischen Sparquote und Wachstum theoretisch nicht eindeutig und muss empirisch geklärt werden (vgl. Edwards 1995, S. 16, Chinn/Prasad 2003, S. 51).

In den heutigen Euroländern hängt das Wohlstandsniveau positiv mit der Sparquote zusammen. Der Korrelationskoeffizient zwischen dem realen BIP pro Kopf und der gesamtwirtschaftlichen Sparquote liegt für den Zeitraum 1995-2013 (ohne Luxemburg) bei 0,40 (Abbildung 19). Zwischen dem Wachstum des realen BIP pro Kopf und der Sparquote beträgt die Korrelation immerhin 0,22. Andere Studien, die sich auf ähnliche Wirtschaftsräume konzentrieren, kommen zu vergleichbaren Ergebnissen (vgl. Hussein/Thirlwall 1999, S. 32 f., Ohr/Zeddies 2010, S. 5 f.).

---

[80]   Carroll/Overland/Weil (2000, S. 341 ff.) geben einen umfassenden Überblick über die
         (ältere) Literatur zur Ursache-Wirkung-Beziehung zwischen Wirtschaftswachstum und
         Sparquote.

Abbildung 19: Wohlstand und Sparquote

X-Achse: Reales BIP pro Kopf 1995-2013, 18 Euroländer (ohne LU), EUR

Y-Achse: Sparquote 1995-2013, 18 Euroländer (ohne LU), % BIP

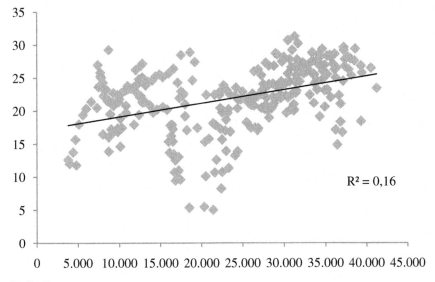

Quelle: Eurostat

Mit der stage-of-development-Hypothese lässt sich nicht nur eine niedrige Sparquote in aufholenden Volkswirtschaften begründen, sondern ebenfalls eine hohe Investitionsquote und eine in Folge von Kapitalimporten negative Leistungsbilanz. Länder in wirtschaftlichen Aufholprozessen haben einen erhöhten Bedarf an Investitionen und weisen i.d.R. überdurchschnittliche Investitionsquoten auf (s. Kapitel 2.1.1). Investitionen und hoher Konsum aufgrund von erwarteten Einkommenszuwächsen bringen einen Kapitalbedarf mit sich, den aufholende Länder, in denen Kapital zumeist knapp ist, durch Kapitalimporte decken (vgl. Herrmann/Jochem 2005, S. 10). Sie weisen daher typischerweise nicht nur niedrige Sparquoten, sondern gleichzeitig hohe Investitionsquoten, einen Kapitalbilanzüberschuss und ein Leistungsbilanzdefizit auf. Je weiter sie sich entwickeln, desto stärker verringert sich die Kapitalknappheit und desto ausgeglichener wird ihre Leistungsbilanz (vgl. Debelle/Faruqee 1996, S. 3, IWF 2013, S. 11).

3.2.1.2   Altersstruktur und Einkommensverteilung

Die Altersstruktur der Bevölkerung ist ein weiterer Faktor, der das Sparpotenzial einer Volkswirtschaft bestimmt. Die Auswirkungen der Altersstruktur lassen sich ebenfalls mit der Lebenszyklushypothese erläutern. Dafür geht man erneut davon aus, dass nicht ein repräsentativer und ewig lebender Agent ("representative agent") die intertemporale Optimierung von Konsum und Ersparnis übernimmt, wie in der klassischen Konsumtheorie unterstellt wird. Stattdessen besteht die Bevölkerung aus mehreren Generationen ("overlapping generations") mit unterschiedlichen Sparpotenzialen (vgl. Debelle/Faruqee 1996, S. 4). Wie Abbildung 20 skizziert, bildet die aktive Erwerbsgeneration nach ihrem Eintritt ins Erwerbsleben (T_E) Ersparnisse, während die Rentnergeneration entspart (vom Renteneintritt T_R bis ans Lebensende T_L) und die junge Generation sich verschuldet (hier dargestellt ab Ausbildungsbeginn T_A, C steht für den Konsum, Y für das Einkommen und t für die Zeit).[81]

---

[81]   Nach Berechnungen von Chen/Imrohoroglu/Imrohoroglu (2007, S. 98) waren bspw. die 36- bis 63-Jährigen zwischen 1985 und 2000 in Japan für ca. 90% der privat gebildeten Ersparnisse maßgeblich. Die restlichen 10% wurden von den 21- bis 35-Jährigen beigesteuert. Über-64-Jährige wiesen dagegen eine Konsumquote von ca. eins auf.

Abbildung 20: Ersparnisbildung nach Lebensalter

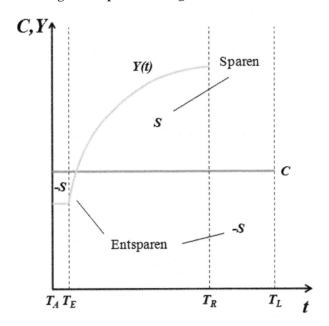

Quelle: eigene Darstellung, in Anlehnung an Modigliani (1970, S. 165) und Mankiw (2011, S. 645)

Die Gewichtung dieser Bevölkerungsgruppen beeinflusst die gesamtwirtschaftliche Sparquote. Je geringer der Anteil der aktiven Generation und je größer die inaktive Kohorte, seien es aus dem Arbeitsmarkt ausgeschiedene oder noch nicht in den Arbeitsmarkt eingetretene Individuen, desto niedriger liegt die Sparquote (vgl. Hussein/Thirlwall 1999, S. 34, Iscan 2011, S. 503 f., Ohr/Zeddies 2010, S. 6). Diesen Zusammenhang bestätigen zahlreiche Studien (vgl. Edwards 1995, S. 16, Gokhale/Kotlikoff/Sabelhaus 1996, S. 330 ff., Doepke/Schneider 2006, S. 1071).

Neben der Altersstruktur selbst können bereits absehbare Veränderungen in dieser Struktur das Sparverhalten beeinflussen. Zum Beispiel lässt eine für die Zukunft erwartete Überalterung der Gesellschaft Haushalte vermehrt sparen. Damit bereiten sie sich auf die Wachstumsverlangsamung der Wirtschaft vor, die mit einer Überalterung einhergeht (vgl. Oksanen 2009, S. 15, EU Kommission 2012b, S. 79). Demografische Veränderungen im Sinne einer Alterung beeinflussen die Sparquote über zwei Kanäle (vgl. Chen/Imrohoroglu/Imrohoroglu 2007, S. 97 f.): Zum einen intensivieren Haushalte ihre Sparanstrengungen, um ihren Lebensstandard auch im Umfeld niedrigerer Einkommen aufrecht halten zu können. Zum anderen wirkt sich die veränderte Zusammensetzung der Bevölkerung aus. Zunächst nimmt der Anteil der jungen Bevölkerung, der noch nicht in der Lage ist, Ersparnisse zu bilden, zugunsten der Erwerbsbevölkerung ab. Später verschiebt sich die Alterspyramide zulasten der Erwerbsbevölkerung in Richtung Rentnergeneration. Eine Alterung der Gesellschaft erhöht die Sparquote demnach zunächst, bevor sie sie verringert (vgl. Ando/Moro 1995, S. 22 ff., Besanger/Guest/McDonald 2000, S. 19 f., Kuijs 2006, S. 8).

Des Weiteren hängt das Sparpotenzial von der Einkommensverteilung in einer Volkswirtschaft ab. Aus der Konsumtheorie ist bekannt, dass die Sparquote eines wohlhabenden Haushalts i.d.R. höher liegt als die eines ärmeren Haushalts. Letzterer muss einen größeren Teil seines Einkommens für die Befriedigung von Grundbedürfnissen aufwenden und hat einen geringeren Teil des Einkommens frei, um zu sparen (vgl. Modigliani 1993, S. 254, Kaplan/Violante 2011, S. 28 f.). Empirische Untersuchungen zeigen deutlich, dass sich die Sparquoten je nach Einkommensklasse unterscheiden (vgl. Bartzsch 2007, S. 1, Broda/Parker 2012, S. 18 f., Jappelli/Pistaferi 2014, S. 115 ff., Carroll/Slacalek/Tokuoka 2014, S. 21 ff.). Daher steigt die Sparquote insgesamt mit zunehmendem Anteil von Beziehern hoher Einkommen, d.h. bei zunehmender Ungleichverteilung der Einkommen in einer Volkswirtschaft (vgl. Edwards 1995, S. 19, Hussein/Thirlwall 1999, S. 35, Ohr/Zeddies 2010, S. 6).

3.2.2 Sparneigung

3.2.2.1 Inflation

Die Inflationsrate beeinflusst die Sparneigung privater Haushalte über deren intertemporale Konsumentscheidung, d.h. Präferenzen für Konsum in der Gegenwart und Konsum in der Zukunft. Letzterer muss durch Ersparnisse in der Gegenwart finanziert werden. Hohe Inflation, also höhere Preise in der Zukunft, verringert den Anreiz, auf heutigen Konsum zugunsten von künftigen Ausgaben zu verzichten. Ist abzusehen, dass sich Güterkäufe verteuern, ziehen Haushalte ihre Anschaffungen nach Möglichkeit vor – vor allem den Erwerb langlebiger Konsumgüter. Je ungünstiger das Preisverhältnis von Zukunft zu Gegenwart, je höher mithin die Inflationsrate, desto geringer ist der Sparanreiz (vgl. Hussein/Thirlwall 1999, S. 36 f., Ohr/Zeddies 2010, S. 7). Im gegensätzlichen Extremfall der Deflation halten sich Haushalte mit Konsum zurück und maximieren ihre Ersparnisbildung, da sie in Zukunft für dieselben Güter einen geringeren Teil ihres Einkommens aufwenden müssen.[82]

Allerdings existieren in der Literatur Gegenstimmen zu dieser Sichtweise. Diese argumentieren nach der Lebenszyklushypothese. Inflation verteuert den Warenkorb, den ein Haushalt typischerweise erwirbt. Gleichen Einkommenszuwächse die Geldentwertung nicht aus, müssen Haushalte ihre Ersparnisse erhöhen, um keine Konsumeinbußen hinnehmen zu müssen und sich den heutigen Warenkorb in Zukunft noch leisten zu können. Wollen Individuen zudem einen bestimmten Vermögensbestand ansparen, macht hohe Inflation zusätzliche Ersparnisse erforderlich, da sie den realen Wert des Vermögens schmälert (vgl. Athukorala/Sen 2001, S. 495). Eine niedrige Inflation erlaubt Haushalten dagegen, ihre Kaufkraft mit geringen Ersparnissen aufrecht zu halten (vgl. Davey 2001, S. 92 f.).

---

[82] Diese Zusammenhänge gelten für eine isolierte Betrachtung von Inflation und Sparquote, d.h. unter ansonsten gleichen Umständen. Je nach Entwicklung einer dritten Größe kann es Phasen eines Gleichlaufs geben. Zum Beispiel kann hohes Wirtschaftswachstum gleichzeitig mit höherer Ersparnisbildung und Inflation einhergehen.

Neben diesen direkten Auswirkungen beeinflusst Inflation Konsum- und Sparentscheidungen über die Unsicherheit, die mit ihr einhergeht. Hohe Inflationsraten sind i.d.R. mit großen Schwankungen verbunden, die wiederum die Planungssicherheit verringern (vgl. Fischer 1993, S. 4). In der volkswirtschaftlichen Literatur wird makroökonomische Unsicherheit oft mit hoher Inflation gleichgesetzt.[83] Je höher die Inflation, desto höher die Unsicherheit in einer Volkswirtschaft und desto intensiver sparen Privathaushalte aus Vorsichtsmotiven (vgl. Loayza/Schmidt-Hebbel/Serven 2000, S. 13, s. auch Kapitel 3.2.2.4).

Da Löhne der Preisentwicklung i.d.R. mit einer Verzögerung folgen, kommt es bei Inflation zu einer Umverteilung der Einkommen von Privathaushalten zu Unternehmen bzw., in Folge höherer Mehrwertsteuereinnahmen, zum Staat (vgl. Thirlwall 1972, S. 8). Je nachdem, welchem Sektor die Einkommen hauptsächlich zufließen, kann dies die Sparquote senken oder steigern. Im Allgemeinen übertrifft die Sparquote privater Haushalte die des Staates.[84] Fließen die Mittel primär dem Staat zu, dürfte die inflationsgetriebene Umverteilung daher die Sparquote senken. Fließen die Einkommen dagegen an den Unternehmenssektor, ist eher mit einer höheren gesamtwirtschaftlichen Ersparnis zu rechnen. In den Volkswirtschaften der heutigen Eurozone lag die Sparquote von Unternehmen oft höher (bei durchschnittlich 12,2% seit 1995) als die von Haushalten (9,5%). Ferner kann es in Unternehmen zu steigenden Gewinnen kommen, die anschließend an die Anteilseigner ausgeschüttet werden. Dies sollte ebenfalls die Sparquote erhöhen, da die Sparneigung aus Kapitaleinkommen höher ist als aus Arbeitseinkommen (vgl. Houthakker 1961, Thirlwall 1972, S. 8 f.). Nach Thirlwall (ebd., S. 10 f.) ist ein nicht-linearer Zusammenhang zwischen Inflation und Sparquote wahrscheinlich (vgl. auch Hussein/Thirlwall 1999, S. 37): Aufgrund von Umverteilungseffekten steigert Inflation die Sparquote bis zu einem gewissen Punkt. Höhere Inflationsraten senken die Sparquote, da Haus-

---

[83]   Beispielsweise approximieren Ökonomen Unsicherheit in empirischen Analysen durch den Indikator Inflation (vgl. Loayza/Schmidt-Hebbel/Serven 2000, S. 13).

[84]   In den heutigen Euroländern trifft dies seit 1995 in 233 von 291 (= 80%) beobachteten Fällen zu.

halte das in der Gegenwart niedrigere Preisniveau ausnutzen und in gegenwärtigen Konsum investieren, anstatt zu sparen.

Theoretisch ist die Wirkung von Inflation auf die Sparquote nicht eindeutig zu bestimmen. Auch dieses Verhältnis muss deshalb empirisch geklärt werden (vgl. Thirlwall 1972, S. 1 f., Kuijs 2006, S. 13). Allerdings wurden in der Literatur keine eindeutigen Ergebnisse erzielt. So findet etwa Thirlwall (1972, S. 15 f. & 20 ff.), der Industrie- und Entwicklungsländer analysiert und die Interdependenzen zwischen Sparquote, Wachstum und Inflation berücksichtigt, in den meisten Fällen keinen statistisch signifikanten Zusammenhang zwischen Sparquote und Inflation. Nur in einer Stichprobe ergibt sich eine belastbare negative Verknüpfung der beiden Größen, denn eine Vielzahl von mikro- und makroökonomischen Faktoren bestimmt die Reaktion des Sparverhaltens von Individuen und Volkswirtschaften auf Inflation. Diese lassen sich über Kontrollvariablen nur unzureichend abbilden (vgl. ebd., S. 25). Andere Studien mit unterschiedlichen Datensätzen produzieren ebenfalls voneinander abweichende Ergebnisse und favorisieren einmal einen positiven und einmal einen negativen Zusammenhang (vgl. Edwards 1995, S. 24 ff., Hussein/Thirlwall 1999, S. 44 f., Ohr/Zeddies 2010, S. 9 ff.). Für die Volkswirtschaften der Eurozone weisen die Daten auf eine negative Verknüpfung von Inflation und Ersparnisbildung hin. Die einfache Korrelation zwischen der privaten Sparquote und dem Verbraucherpreisindex betrug zwischen 1995 und 2013 -0,22. Unter der Annahme, dass Haushalte nicht in jedem Jahr das gleiche Güterbündel erwerben, sondern neben alltäglichen Käufen regelmäßig größere Anschaffungen planen, lässt sich dieses Ergebnis erklären. Denn gerade bei der Terminierung solcher Anschaffungen spielen – wie dargelegt – Inflationserwartungen eine wichtige Rolle. Während hier offensichtlich ein starker Preisauftrieb zu vorgezogenem Konsum führt und die Sparquote senkt, hängen alltägliche Güterkäufe weniger von der Inflation ab.

Bedeutsam ist zudem, wie Löhne auf die Preissteigerung reagieren, ob höhere Inflation erwartet oder unerwartet kommt und ob sie dauerhaft oder temporär auftritt. Beispielsweise basiert die nach der Lebenszyklushypothese vermutete

Wirkung von Inflation auf Konsumentscheidungen auf der Erwartung sinkender Realeinkommen. Wegen niedrigerer erwarteter Einkommen in der Zukunft treffen Haushalte andere Konsum- bzw. Sparentscheidungen als zuvor. Ziehen Löhne jedoch rasch mit der Inflation mit, sodass sich keine oder nur begrenzte Auswirkungen auf das Realeinkommen ergeben, ist mit keiner Reaktion der Haushalte zu rechnen.

Weiterhin geht die bisherige Argumentation davon aus, dass Haushalte die Preissteigerung erwarten und dementsprechend ihr Verhalten anpassen. Aufgrund mangelnder Information können Konsumenten aber weder die Preisentwicklung vorhersehen noch die aktuellen Preise aller Waren und Dienstleistungen kennen, die sie bspw. innerhalb eines Jahres erwerben. In der Regel sind nur die Preise der Güter bekannt, die in nächster Zeit angeschafft werden sollen. In Phasen einer dynamischen Inflation werden Konsumenten daher von hohen Preisen immer wieder überrascht. Da sie nicht über ausreichend Informationen verfügen, können sie den höher als erwarteten Preis eines Gutes nicht in Relation zu Preisen anderer Güter setzen. Ein allgemeiner Preisauftrieb bei sämtlichen Gütern wird von ihnen dann fälschlicherweise als relative Verteuerung eines spezifischen Produkts gegenüber seinen Alternativen interpretiert. Als Reaktion auf den sichtbaren Preisanstieg des fraglichen Gutes streben Haushalte seine Substitution durch ein anderes, relativ nun vermeintlich günstigeres Produkt an. Vorerst halten sie sich daher mit Käufen zurück. Erst bei Kenntnis der Preise anderer Güter fallen ihnen das insgesamt gestiegene Preisniveau und der damit unveränderte Relativpreis des betreffenden Gutes auf. In der Zwischenzeit hat der Haushalt weniger konsumiert als geplant. Bis er über die Preise aller relevanten Güter verfügt, können sie sich in einem Umfeld dynamischer Inflation aber bereits wieder erhöht haben, sodass er beim nächsten Erwerb eines Gutes dem gleichen Irrtum unterliegt. Im Resultat konsumieren Haushalte in Folge dieser "Geldwertillusion" stets weniger als gewünscht und weisen bei hoher Inflation eine überhöhte Sparquote auf (vgl. Deaton 1977, S. 899). Allerdings tritt diese Form der überraschenden Inflation nur temporär und bei bestimmten Gütern auf und hat dementsprechend geringe Auswirkungen auf die Sparquote.

Jenseits dieser Auswirkungen auf die Sparquote beeinflusst Inflation die Investitionsneigung in einer Volkswirtschaft und darüber ebenfalls die Leistungsbilanz. Da durch Inflation die Realzinsen sinken, wird die Investitionstätigkeit – zumindest solange, bis die Zentralbank die Zinsen erhöht – i.d.R. angeregt. Bei sehr hoher Inflation greift jedoch das Argument der verringerten Planungssicherheit und Investitionen gehen zurück (vgl. Thirlwall 1972, S. 11 f.).

3.2.2.2 Realzinsen und Entwicklungsgrad der Finanzmärkte

Die intertemporale Entscheidung zwischen Konsum in der Gegenwart und Konsum in der Zukunft hängt nicht nur von Güterpreisen ab. Zu den Kosten heutigen Konsums gehört ferner das Zinsniveau. Durch Konsumverzicht in der Gegenwart nehmen private Haushalte Nutzeneinbußen in Kauf, für die sie in Form von Zinsen entschädigt werden (vgl. Ohr/Zeddies 2010, S. 6). Das Zinsniveau kann als Preis heutigen Konsums interpretiert werden und beeinflusst das Substitutionsverhältnis zwischen Gegenwart und Zukunft. Je höher die Entschädigung für heutigen Konsumverzicht, je höher also das Zinsniveau, desto mehr sparen Haushalte (vgl. Hussein/Thirlwall 1999, S. 36, Iscan 2011, S. 503 f.).

In der Literatur ist die Wirkung von Realzinsen auf die Sparquote allerdings ebenfalls umstritten.[85] Einerseits tragen höhere Zinsen zu höheren Ersparnissen bei, da sie heutigen Konsum relativ verteuern. Andererseits generieren sie Einkommen für Haushalte, die ihr Geld auf dem Kapitalmarkt angelegt haben und von hohen Zinsen profitieren. Gemäß der Lebenszyklustheorie ist denkbar, dass Haushalte diese Einkommen für zusätzliche Ersparnisse nutzen – oder aber, dass

---

[85] Zwischen Inflationsrate und Zinsniveau existiert eine Verbindung. Die Geldpolitik im Euroraum zielt auf Geldwertstabilität. Wenn die Inflationsrate sehr hoch liegt, wird normalerweise der nominale Zins erhöht. Zinsen und Inflation sind also nicht losgelöst voneinander zu betrachten. Zudem wirken sie über dieselben Einflusskanäle, indem sie einerseits die intertemporale Konsumentscheidung von Haushalten und andererseits Investitionsentscheidungen von Unternehmen beeinflussen (s.u.). Insofern ist nicht verwunderlich, dass bei einem unklaren Zusammenhang zwischen Inflation und Sparquote auch zwischen den Zinsen und der Sparquote keine eindeutige Beziehung existiert.

sie dauerhaft höhere Zinsen erwarten und auf Kapitaleinkommen zurückgreifen, um ihren heutigen Konsum zu erhöhen (vgl. Athukorala/Sen 2001, S. 494, s. Zusammenhang zwischen Wachstum und Sparquote in Kapitel 3.2.1.1). Welcher dieser Effekte überwiegt, ist aus theoretischer Sicht nicht zu sagen. Für entwickelte Länder mit relativ wohlhabenden Privathaushalten kann der Einkommenseffekt aus der Kapitalanlage den Substitutionseffekt zwischen Gegenwart und Zukunft dominieren (vgl. ebd., S. 494).

In der Literatur sind sich Ökonomen zumindest einig, dass der Einfluss von Realzinsen auf die Sparquote gering ist (vgl. Hussein/Thirlwall 1999, S. 37, Kuijs 2006, S. 13). In empirischen Untersuchungen finden sie allenfalls einen schwachen, oftmals aber gar keinen statistisch signifikanten Zusammenhang (vgl. Carroll 1992, S. 82, Edwards 1995, S. 14). Die Volkswirtschaften der Eurozone zeigen ebenfalls keine nennenswerte Korrelation zwischen der privaten Sparquote und den realen Zinsen auf zehnjährige Staatsanleihen: Der Korrelationskoeffizient für Daten ab 1995 liegt bei 0,12.[86,87] Ein Grund für die nur lockere Verbindung zwischen Realzinsen und Sparquote sind die weit entwickelten und liberalisierten Finanzmärkte im Euroraum. Es besteht eine Vielzahl von Sparmöglichkeiten neben der simplen festverzinslichen Geldanlage. Daher bewirkt eine Veränderung der Realzinsen nicht automatisch eine höhere oder niedrigere Ersparnisbildung. Stattdessen kann es lediglich zu Umschichtungen in den Finanzanlagen kommen (vgl. Warman/Thirlwall 1994, S. 630 f.).

Genau wie die Inflationsrate wirken Realzinsen außerdem über Investitionen auf die Leistungsbilanz. Je höher der Zins, desto teurer sind Investitionen. Je weniger Investitionen eine Volkswirtschaft tätigt, desto kleiner ist der Teil der Ersparnisse, der im Inland verbraucht wird, und desto positiver ist der Leistungsbilanzsaldo (vgl. Herrmann/Jochem 2005, S. 15, Leung 2006, S. 8, Ohr/Zeddies 2010, S. 6 f.).

---

[86]   Daten zu Zinsen sind der Ameco-Datenbank der EU Kommission entnommen.
[87]   Aufgrund einer negativen Korrelation zwischen der staatlichen Sparquote und den Realzinsen liegt der Koeffizient für die gesamtwirtschaftliche Quote bei -0,19.

Der Entwicklungsgrad der Finanzmärkte beeinflusst darüber hinaus selbst die Sparquote. Auf der einen Seite intensiviert ein weit entwickelter Finanzmarkt die Ersparnisbildung. Je funktionsfähiger das Bankensystem, je besser die institutionellen Rahmenbedingungen, z.b. Rechtssicherheit, je vielfältiger die Anlageformen, desto höher ist die Sparbereitschaft privater Haushalte. Denn umfangreiche Anlagealternativen bewirken, dass für viele Haushalte individuell passende Formen der Geldanlage bereitstehen. Ferner bieten entwickelte Märkte Anlagemöglichkeiten in unterschiedlichen Marktumfeldern und eine effiziente Risikoabsicherung. Auf der anderen Seite vereinfachen entwickelte Märkte die Schuldenaufnahme für Privathaushalte. Ebenso können Engpässe in der Liquiditätsversorgung von Unternehmen leichter abgebaut werden. In der Folge investieren diese mehr, anstatt Rücklagen zu bilden. Insgesamt ist aus theoretischer Sicht unklar, ob durch weit entwickelte Finanzmärkte mehr heimische finanzielle Ressourcen für Investitionen bereitgestellt werden oder weniger (vgl. Calderon/Chong/Loayza 1999, S. 23, Chinn/Prasad 2003, S. 51, Herrmann/Jochem 2005, S. 15, Bundesbank 2006, S. 24).

Des Weiteren bestimmt die Entwicklung auf den Finanzmärkten die Ersparnisbildung von Haushalten. Bei einer dynamischen Wertentwicklung auf Anlagemärkten vergrößert sich das Vermögen von Privathaushalten. Um einen bestimmten Vermögensbestand in Reserve zu halten, sind dann geringere Ersparnisse notwendig und die Sparquote sinkt (vgl. Davey 2001, S. 92 & 95). In der Vergangenheit wurde ein inverser Zusammenhang zwischen Vermögen und Sparquote beobachtet (vgl. ebd., S. 93).[88] Risikoaverse Haushalte dürften ihre Sparquote jedoch weniger stark anpassen, solange etwaige Gewinne nicht realisiert wurden. Vorher sehen sie angesichts volatiler Märkte die Gefahr wieder fallender Kurse und eines nur temporären Vermögensanstiegs.

---

[88]   Dies konnte etwa in den USA während des Aktienbooms vor der Internetkrise beobachtet werden. Konsum- bzw. Sparentscheidungen reagieren besonders auf Veränderungen von in Aktien oder Fonds gebundenen oder auf Konten schnell zur Verfügung stehenden Vermögen. Immobilienvermögen hat dagegen nahezu keine Auswirkung auf das Sparverhalten (vgl. Sousa 2009, S. 11 ff.).

3.2.2.3   Fiskalbilanz

Der Staat bestimmt die Ersparnisbildung in einer Volkswirtschaft zum einen über die öffentliche Sparquote, die Teil der gesamtwirtschaftlichen Quote ist. Zum anderen beeinflussen Steuern und Staatsausgaben die Ersparnisbildung des Privatsektors. Erhöht der Staat z.b. seine Ausgaben, antizipieren Marktakteure künftige Steuererhöhungen zur Rückzahlung zwischenzeitlich akkumulierter Schulden (vgl. Athukorala/Sen 2001, S. 495). Privathaushalte verfügen in Folge der gestiegenen Staatsausgaben in der Gegenwart über ein höheres Einkommen, das in Zukunft durch die erwartete Steuererhöhung sinken wird. Nach der Lebenszyklushypothese erhöhen sie ihre Ersparnisse, um sich auf künftige Einbußen vorzubereiten und ihren Konsum im Zeitverlauf zu glätten (vgl. Herrmann/Jochem 2005, S. 11). Der verringerten öffentlichen Ersparnis wirkt also eine Erhöhung der privaten Sparquote entgegen. Unter der Annahme, dass privates Sparen die verringerte öffentliche Sparquote dabei nicht vollständig kompensiert, verringert eine verschlechterte Fiskalbilanz die gesamtwirtschaftliche Sparquote in der Summe. Es entstehen "twin deficits": Ein öffentliches Budgetdefizit bewirkt ein zweites Defizit in der Leistungsbilanz, weil insgesamt weniger gespart wird (vgl. Bundesbank 2006, S. 25). Ähnlich lässt sich bei einer Betrachtung mehrerer Generationen argumentieren: Erhöhte Staatsausgaben können als Umverteilung von Einkommen der künftigen zur heutigen Generation verstanden werden. Größere Einkommen als erwartet kann die heutige Generation für zusätzlichen Konsum nutzen (vgl. Obstfeld/Rogoff 1996, S. 133 ff., Chinn/Prasad 2003, S. 50).

Die effektive Wirkung auf die gesamtwirtschaftliche Sparquote hängt also davon ab, wie sehr private Ersparnisse Veränderungen in der öffentlichen Sparquote ausgleichen. Den Extremfall der vollständigen Kompensation bezeichnet man als "Ricardianische Äquivalenz" (vgl. Barro 1974). In diesem Fall weiten Haushalte ihre Ersparnisse so stark aus, dass eine verschlechterte Fiskalbilanz ohne Nettowirkung auf die Sparquote insgesamt und damit auf die Leistungsbilanz bleibt (vgl. Herrmann/Jochem 2005, S. 11, Bundesbank 2006, S. 25). Da unklar ist, zu welchem Teil gegenläufige Entwicklungen bei den Privathaushalten Veränderungen in der Fiskalbilanz ausgleichen, ist die genaue Wirkung auf die Sparquote abermals nicht eindeutig.

Ricardianische Äquivalenz kann allerdings nur unter bestimmten, z.T. unrealistischen, Bedingungen bestehen. Beispielsweise müssen Haushalte über vollkommene Informationen verfügen. Nur dann kennen sie die genaue Höhe der künftig zu erwartenden Steuern und können ihr Sparverhalten im Sinne der Ricardianischen Äquivalenz anpassen (vgl. Athukorala/Sen 2001, S. 496). Ferner treffen Haushalte ihre Konsum- und Sparentscheidungen für einen begrenzten Zeithorizont. Steuererhöhungen in Folge gesteigerter Staatsausgaben können aber sehr weit in der Zukunft liegen. Überdies können Liquiditätsengpässe den Spielraum von Haushalten einschränken und eine Erhöhung ihrer Ersparnisse als Reaktion auf steigende Staatsausgaben unmöglich machen (vgl. Herrmann/Jochem 2005, S. 11).[89]

Empirische Studien bestätigen, dass Ricardianische Äquivalenz nicht beobachtet werden kann (vgl. Bundesbank 2006, S. 25). Zwar verdrängt öffentliches tatsächlich privates Sparen – allerdings nicht in einem Verhältnis von 1:1. Corbo/Schmidt-Hebbel (1991, S. 105) berechnen bspw. für 13 Entwicklungsländer in den 1980er Jahren eine Verringerung der privaten Ersparnis um 23 bis 50 Cent je US-Dollar verbesserter Fiskalbilanz. In der Summe erhöht eine positive Fiskalbilanz demnach die Sparquote. Studien, die die Verbindung zur Leistungsbilanz direkt untersuchen, also ohne Umweg über die Sparquote, identifizieren ebenfalls einen positiven Zusammenhang. Je nach Analyse wird der Einfluss einer um 1% des BIP besseren Fiskalbilanz auf die Leistungsbilanz auf 0,2% bis 0,7% des BIP geschätzt (vgl. Mohammadi 2004, S. 42, Beets-

---

[89] Je weniger entwickelt die Finanzmärkte eines Landes sind, desto enger sind solche Liquiditätsbeschränkungen. Im Falle einer Verbesserung der Fiskalbilanz, z.B. durch Steuererhöhungen, kann Ricardianische Äquivalenz nur durch erhöhten privaten Konsum hergestellt werden. Liquiditätsengpässe von Haushalten können dies verhindern. Weit entwickelte Finanzmärkte vereinfachen die Aufnahme von Fremdmitteln und bauen solche Engpässe ab (vgl. Rahman 2008, S. 5).

ma/Giuliodori/Klaassen 2007, S. 6, Abiad/Leigh/Mody 2009, S. 253 ff., Abbas et al. 2010, S. 5 & 16 f., EU Kommission 2012b, S. 78).[90,91]

3.2.2.4   Vorsichtsparen und soziale Sicherungsnetze

Die Literatur zum Vorsichtsparen ("precautionary saving" oder "buffer-stock saving") basiert auf der Lebenszyklushypothese und erweitert diese um Unsicherheiten in Bezug auf künftige Einkommensströme. Es wird angenommen, dass jeder Haushalt Erwartungen über sein künftiges Einkommen und dessen Schwankungen bildet. Abhängig vom Grad seiner Risikoaversion strebt er einen Vermögensbestand ("target wealth stock") als Puffer an, den er vorhält, um Einkommensschwankungen in der Zukunft auszugleichen (vgl. Carroll 1992, S. 62, Echeverry 1996, S. 3). So soll der Konsum auch bei unvorhersehbaren Einbußen stabil gehalten werden. Die Erhöhung oder Verringerung dieses target wealth stocks führt zu zusätzlicher bzw. rückläufiger Ersparnisbildung.

Abbildung 21 stellt den Zusammenhang zwischen Vermögen, Konsum und Einkommen grafisch dar. Die Abbildung zeigt auf der Y-Achse das Wachstum des Einkommens eines Haushalts (y) und das erwartete Wachstum seines Konsums in der nächsten Periode (c). Auf der X-Achse wird das Verhältnis zwischen Vermögen und Einkommen (W/Y) abgetragen. Diesem einfachen Modell liegt die Annahme konstanter Einkommenszuwächse zugrunde. Je geringer das Vermögen des Haushalts, desto niedriger liegt sein aktuelles Konsumniveau und desto stärker wird der Konsum in der Folgeperiode zunehmen. Daher tendiert c bei Werten von W/Y nahe null gegen unendlich. Je größer das Vermögen gegenüber dem aktuellen Einkommen ausfällt, je weiter sich ein Haushalt auf der X-

---

[90]   Abbas et al. (2010, S. 19 ff.) sowie Herrmann/Jochem (2005, S. 11) bieten einen umfassenden Literaturüberblick über Beiträge, die den Einfluss der Fiskalbilanz auf die Handels- bzw. Leistungsbilanz geschätzt haben.

[91]   Nickel/Vansteenkiste (2008, S. 14 ff.) zeigen, dass der Zusammenhang zwischen Fiskalbilanz und Leistungsbilanz in hoch verschuldeten Ländern mit Nettoauslandsverbindlichkeiten von über 80% bis 90% des BIP negativ, aber statistisch insignifikant wird.

Achse also nach rechts bewegt, desto höher liegt sein Konsumniveau und entsprechend niedrig das weitere Wachstum *c*.

Abbildung 21: Vorsichtsparen und target wealth stock

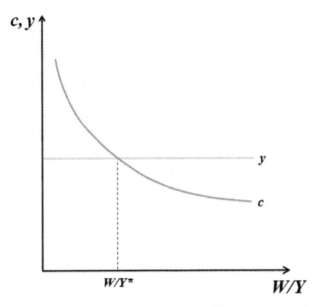

Quelle: eigene Darstellung, in Anlehnung an Carroll (1992, S. 78)

Ein Gleichgewicht ist bei einem Vermögen-Einkommen-Verhältnis von *W/Y** erreicht. Dies stellt den target wealth stock des betrachteten Haushalts dar. Im Gleichgewicht entsprechen sich Einkommens- und Konsumwachstum, sowohl das Verhältnis *W/Y* als auch die Sparquote bleiben konstant. Links von *W/Y** haben relativ arme Haushalte noch keine ausreichenden Ersparnisse gebildet, um ihren target wealth stock aufzubauen. Ihr Konsumwachstum liegt zwar hoch, die absoluten Konsumausgaben jedoch niedrig und es werden nennenswerte Ersparnisse gebildet. Rechts von *W/Y** befinden sich relativ reiche Haushalte mit einem Vermögen, das den target wealth stock, z.B. in Folge einer Erbschaft, übertrifft.

Wechselt ein Haushalt bspw. aus einem Angestelltenverhältnis in die Selbständigkeit und sein Einkommen unterliegt größerer Unsicherheit, verschiebt sich die Konsumwachstumskurve *c* parallel nach oben. Denn bei größerer Unsicherheit verringert ein Haushalt seinen Konsum und wird sparsamer. Entsprechend fällt das Konsumwachstum, ausgehend von dem verringerten Niveau, für alle Werte von *W/Y* höher aus. Der Schnittpunkt zwischen *y* und *c* verschiebt sich nach rechts, d.h. der Haushalt vergrößert aufgrund des erhöhten Risikos seinen Vermögenspuffer und intensiviert seine Ersparnisbildung (vgl. Carroll 1992, S. 77 ff., Carroll/Samwick 1998, S. 412). Im Gleichgewicht besteht demnach keine Verbindung zwischen der Einkommensunsicherheit und der Sparquote. Löst eine erhöhte Unsicherheit das Gleichgewicht aber auf, wird ein höherer target wealth stock angestrebt und die Sparquote steigt (vgl. Bartzsch 2007, S 18).

Insbesondere die Gefahr von Arbeitslosigkeit, also der plötzliche Ausfall sämtlichen Einkommens jenseits etwaiger Versicherungs- oder Transferleistungen, ist bedeutsam für das Vorsichtsparen (vgl. Carroll 1992, S. 61 f.). Daher lässt sich Vorsichtsparen besonders in rezessiven Phasen beobachten. Nach der Lebenszyklustheorie müssten Haushalte in Rezessionen ihre Sparquote senken und sich verschulden. Denn sie möchten ihr Konsumniveau stabil halten, ihre Einkommen nehmen aber temporär ab. Carroll (ebd., S. 95 ff.) hat allerdings das Gegenteil festgestellt: In den Rezessionen zwischen 1960 und 1990 in den USA haben Haushalte tendenziell ihre Verschuldung zurückgefahren und Ersparnisse gebildet. Er führt dies auf zunehmendes precautionary saving wegen möglicher Arbeitsplatzverluste zurück und identifiziert die Arbeitslosenquote als statistisch signifikanten Treiber der Sparquote (vgl. ebd., S. 102 ff.).

Vorsichtsparen tritt jedoch primär vor der Arbeitslosigkeit auf, und zwar sobald es Anzeichen für vergrößerte Risiken eines Stellenverlustes gibt, d.h. wenn die Volatilität in der Wirtschaft zunimmt. In der volkswirtschaftlichen Forschung wird oftmals die Volatilität von Exporten oder der Terms of Trade als Indikator für precautionary saving genutzt (vgl. Ghosh/Ostry 1994, S. 3, Debelle/Faruqee 1996, S. 5). Jenseits solcher makroökonomischer Bestimmungsfaktoren beeinf-

lussen mikroökonomische Details das Sparverhalten von Haushalten. Beispielsweise entscheidet die Risikoaversion, der Familienstand oder das Alter
darüber, wie bedeutsam das Vorsichtsmotiv in der Ersparnisbildung ist. Kurz
vor dem Eintritt ins Rentenalter ist das geplante Vermögen für die Rente zumeist angespart, sodass Vorsichtsparen unwichtiger wird und die Lebenszyklustheorie das Sparverhalten besser erklären kann (vgl. Carroll/Samwick 1998, S.
411). Des Weiteren dürfte die erhöhte Erwerbsbeteiligung von Frauen precautionary saving vermindern, da ein doppeltes Haushaltseinkommen die Anfälligkeit für plötzliche Schocks verringert (vgl. Carroll 1992, S. 114 f.).

Carroll/Samwick (1998) schätzen die empirische Bedeutung von Vorsichtsparen
für US-amerikanische Haushalte. Sie erklären das Sparverhalten neben demografischen Merkmalen mit der Unsicherheit der Haushaltseinkommen. Dafür
nutzen sie Instrumentalvariablen und approximieren Unsicherheiten 1) über die
Art der Beschäftigung (z.b. Manager oder technischer Arbeiter), 2) über den
Bildungsabschluss und 3) über die Branche, in der ein Haushalt tätig ist (vgl.
Carroll/Samwick 1998, S. 412 ff.). Die Ergebnisse bestätigen einen statistisch
hoch signifikanten Einfluss der Unsicherheit von Einkommen auf die Höhe des
von Privathaushalten vorgehaltenen Vermögens. Nach den Schätzungen von
Carroll/Samwick (ebd., S. 416) halten Haushalte in einem Alter von unter 50
Jahren etwa ein Drittel ihres Gesamtvermögens als Absicherung gegen Risiken
aus Einkommensschwankungen.

Für Deutschland erklärt Bartzsch (2007) die zu Anfang des Jahrtausends gestie-
gene private Sparquote im Umfeld schwacher Einkommenszuwächse u.a. mit
Vorsichtsparen (vgl. Bartzsch 2007, S. 1). Seine Vorgehensweise ist der von
Carroll/Samwick (1998) ähnlich: Er leitet den Vermögensbestand privater
Haushalte aus demografischen Faktoren, der Risikoaversion und einer Schät-
zung der Einkommensunsicherheit her. Letztere instrumentiert er ebenfalls mit
Informationen zur Beschäftigungsart, Bildung und Branche (vgl. ebd., S. 4 ff.).
Bei der abhängigen Variablen unterscheidet er zwischen dem Nettogeldvermö-
gen, z.B. Kontoguthaben, Aktien, Lebensversicherungen, Ansprüche auf be-

triebliche Altersversorgung etc., und dem Nettogeld- inklusive Immobilienvermögen. Die statistische Analyse zeigt, dass das Nettogeldvermögen zur Absicherung gegen Einkommensschwankungen genutzt und aus dem Motiv des
Vorsichtsparens heraus gebildet wird. Immobilienvermögen bauen Haushalte
dagegen nicht mit dem Ziel der Absicherung auf. Es ist zu illiquide, um im Fall
eines negativen Einkommensschocks schnell und unter Vermeidung hoher
Transaktionskosten zur Sicherung der Solvenz eingesetzt werden zu können
(vgl. ebd., S. 11 ff.). Bartzsch bestimmt für deutsche Haushalte einen durchschnittlichen Anteil von etwa 20% am Nettogeldvermögen, der zum Vorsichtsparen aufgebaut wurde (vgl. ebd., S. 14 f.).

In der empirischen Literatur gehen die Ergebnisse zum precautionary saving
weit auseinander.[92] Dies liegt u.a. an Unterschieden in den Datensätzen und
ökonometrischen Methoden, aber auch an länderspezifischen Besonderheiten
(vgl. ebd., S. 1 f.). Dazu gehören vor allem die sozialen Sicherungsnetze. Je
besser die staatliche Absicherung in einem Land, desto geringer ist der Bedarf
an privater Vorsorge. Verfügt ein Staat z.B. über leistungsfähige Renten- und
Arbeitslosenversicherungen, entfällt ein Teil der Notwendigkeit für Vorsichtsparen (vgl. Carroll 1992, S. 114 f.).[93] Empirisch wurde ein signifikanter Einfluss sozialer Sicherungsnetze auf die private Ersparnisbildung gemessen (vgl.
Feldstein 1979, S. 14 ff., Edwards 1995, S. 22 ff.).[94] Finanziert der Staat Sozialausgaben über eine Sozialversicherung im Umlageverfahren und seinen eigenen

---

[92] Bartzsch (2007, S. 2 f.) stellt die Ergebnisse einiger Beiträge dar.
[93] Entsprechend werden z.b. mangelnde staatliche Investitionen in Gesundheit, Bildung und
      soziale Sicherung in China als eine der Hauptursachen für die dort hohen Sparquoten
      privater Haushalte gesehen (vgl. Kuijs 2006, S. 8 f.). In den USA hat die Weiterentwick-
      lung öffentlicher und privater Versicherungsmärkte den Bedarf an privater Vorsorge
      gesenkt und zu einer Verringerung der privaten und letztlich der gesamtwirtschaftlichen
      Sparquote beigetragen (vgl. Summers/Carroll 1987, S. 634). In Japan sank die private
      Sparquote von Haushalten in der Alterskohorte 51-63 nach Berechnungen von
      Chen/Imrohoroglu/Imrohoroglu (2007, S. 100 f.) durch die Einführung einer sozialen
      Absicherung, die im Versicherungsfall 40% des jährlichen Arbeitseinkommens erstattet,
      von 37% auf 26%.
[94] Als Indikator für die Ausgestaltung sozialer Sicherungsnetze verwenden Volkswirte z.B.
      den Anteil öffentlicher Gesundheitsausgaben am BIP oder den Anteil öffentlicher
      Ausgaben für soziale Absicherung an den gesamten öffentlichen Ausgaben (vgl. Edwards
      1995, S. 19, IWF 2013, S. 16, Tressel/Wang 2014, S. 17).

Beitrag über Steuern, lassen sich Sicherungsnetze für den Staat budgetneutral aufbauen. Dies verhindert, dass private Ersparnisse lediglich durch öffentliche ersetzt werden – ohne Nettoeffekt auf die gesamtwirtschaftliche Sparquote. Außerdem vermindert eine staatliche Absicherung übermäßiges Sparen besonders risikoaverser Haushalte und verringert die insgesamt erforderlichen Sparmittel, indem z.b. Gebühren wegfallen, die Haushalte für private Sparprodukte aufwenden müssten. Die volkswirtschaftliche Forschung identifiziert einen eindeutigen und negativen Zusammenhang zwischen öffentlichen Sozialausgaben und der gesamtwirtschaftlichen Sparquote – entsprechend ebenso eine negative Verbindung mit der Leistungsbilanz (vgl. Barnett/Brooks 2010, Kerdrain/Koske/Wanner 2010, S. 24, IWF 2013, S. 16, Tressel/Wang 2014, S. 26).[95]

3.2.2.5 Realer Wechselkurs und Terms of Trade

Der reale Wechselkurs ist eine weitere Determinante der Sparneigung. Eine Aufwertung kann auf verschiedene Weise wirken: Möglich ist z.b. bei einer nicht erwarteten Aufwertung, dass die höhere Kaufkraft Sparanreize verringert. Zudem lässt sich das reale Vermögen eines Haushalts mit niedrigeren Ersparnissen aufrecht erhalten als vor der Aufwertung (vgl. Davey 2001, S. 92 f., Herrmann/Jochem 2005, S. 10). Wird die Aufwertung dagegen antizipiert, weil sie etwa Teil des Entwicklungsprozesses einer aufholenden Volkswirtschaft ist, gehen nach der stage-of-development-Hypothese zunehmende Ersparnisse mit ihr einher. Anfangs und in Erwartung wachsender Einkommen verschuldete Haushalte bauen während dieses Entwicklungsprozesses zunehmende Ersparnisse auf und ihre Schulden schrittweise ab (vgl. ebd., S. 10, Bundesbank 2006, S. 22 & 24).

---

[95]   Einen Überblick über Beiträge, die den Zusammenhang zwischen öffentlichen Sozialausgaben und der Sparquote schätzen, liefern Cheung/Furceri/Rusticelli (2010, S. 7).

Nach der Lebenszyklushypothese hängt das Sparverhalten davon ab, ob eine Aufwertung als temporär oder dauerhaft angesehen wird. Eine nur temporäre Aufwertung führt zu vermehrter Ersparnisbildung. Denn Haushalte erwarten für die Zukunft eine Abwertung, also einen Kaufkraftverlust. Um ihren Konsum im Zeitverlauf zu glätten, bereiten sie sich durch zusätzliche Ersparnisse auf künftige Einbußen vor. Rechnen Haushalte jedoch mit einer dauerhaft stärkeren Kaufkraft, erhöhen sie ihr Konsumniveau bereits in der aktuellen Periode (vgl. Herrmann/Jochem 2005, S. 10 f., Ohr/Zeddies 2010, S. 7).

Eng verbunden mit dem realen Wechselkurs sind die Terms of Trade. Die Terms of Trade sind dem realen Wechselkurs sehr ähnlich und in ihrer Wirkung auf die Sparquote identisch. Sie stellen das Preisverhältnis zwischen Export- und Importgütern einer Volkswirtschaft dar.[96] Ihre Wirkung auf die Sparquote wird mit dem "Harberger-Laursen-Metzler-Effekt" beschrieben. Nach Harberger (1950) und Laursen/Metzler (1950) verringert eine temporäre Verschlechterung der Terms of Trade die Realeinkommen von Haushalten. Denn mit dem Erlös der gleichen Menge an Exportgütern können sie eine geringere Menge an Importgütern erwerben. Um ihren Konsum zu stabilisieren, verteilen sie die Einbußen gleichmäßig auf die aktuelle und alle künftigen Perioden. Demnach geht der Konsum in der aktuellen Periode weniger stark zurück als das Einkommen und es kommt zu einer rückläufigen Sparquote (vgl. Cashin/McDermott 1998, S. 8 f., Athukorala/Sen 2001, S. 495 f., Kent/Cashin 2003, S. 3). Sobald sich die Terms of Trade wieder verbessern, normalisiert sich das Realeinkommen und die Sparquote steigt. Erwarten Haushalte dagegen eine dauerhafte Verschlechterung der Terms of Trade, verringern sie ihren Konsum nach Harberger, Laursen und Metzler und erhöhen die Sparquote – genau wie bei einer Abwertung des realen Wechselkurses –, um ihren Lebensstandard langfristig aufrecht halten zu können.

---

[96]   Damit stellen sie den Kehrwert des realen Wechselkurses dar mit dem Unterschied, dass dieser die Preisentwicklung bei allen und nicht nur bei den gehandelten Gütern abbildet.

Bei temporären Terms of Trade-Schocks kann von einer unveränderten Investitionstätigkeit der Unternehmen ausgegangen werden. Aufgrund von Fixkosten und "sunk costs", also unwiederbringlich verlorenen Geldern beim Verzicht auf eine Folgeinvestition, reagieren Unternehmen nicht auf jede temporäre Veränderung der Terms of Trade. Je länger eine Verschlechterung aber anhält, desto wahrscheinlicher ist es, dass Firmen Investitionen zurückfahren.[97] Temporäre Schocks entfalten ihre Wirkung auf die Leistungsbilanz mithin lediglich über die Sparquote: Verschlechterungen in den Terms of Trade verringern die Ersparnisbildung und verschlechtern so die Leistungsbilanz. Je länger eine Veränderung anhält, desto stärker reagiert die Investitionstätigkeit. Gleichzeitig schwächt sich der Effekt der Konsumglättung mit zunehmender Dauer des Schocks ab. In diesem Fall bewegt sich die Sparquote in die umgekehrte Richtung und die Investitionsquote in die gleiche Richtung des Schocks. Somit ist die Nettowirkung auf die Leistungsbilanz bei permanenten Schocks unklar (vgl. Ghosh/Ostry 1994, S. 8, Serven 1995, S. 12 ff., Kent/Cashin 2003, S. 3 f. & 8). Diese Ergebnisse konnten in einer empirischen Analyse von 80 Ländern im Zeitraum 1970-1999 bestätigt werden (vgl. ebd., S. 23 f.).

Vor allem in entwickelten Volkswirtschaften, die keine langfristigen Aufholprozesse durchlaufen, sind Veränderungen in den Wechselkursen und den Terms of Trade jedoch i.d.R. temporärer Natur. Debelle/Faruqee (1996, S. 7) verdeutlichen in einer Paneldatenanalyse, dass Terms of Trade-Schocks stets als vorübergehend betrachtet werden sollten: In einer Untersuchung von 55 Volkswirtschaften war das über 22 Jahre gemittelte Wachstum in den Terms of Trade für kein Land statistisch signifikant von null verschieden.

In einer Erweiterung des Harberger-Laursen-Metzler-Theorems werden jenseits des Einkommenseffekts eines Terms of Trade-Schocks zwei Substitutionseffek-

---

[97] Landon/Smith (2006, S. 243 ff.) zeigen darüber hinaus, dass Währungsabwertungen die Preise von Investitionsgütern steigen lassen und so die Investitionstätigkeit hemmen. Dies trifft besonders auf Sektoren zu, die viel in handelbare Maschinen und Ausrüstungen investieren, und weniger auf solche, deren Vermögenswerte primär aus Immobilien bestehen, z.B. Restaurants oder Hotels. Auch Wechselkurse beeinflussen die Leistungsbilanz somit nicht nur über die Sparquote, sondern ebenfalls über die Investitionsquote.

te betrachtet. Zum einen substituieren Haushalte bei einer Verschlechterung der Terms of Trade intratemporal: Sie erwerben geringere Mengen des verteuerten Importgutes und ersetzen es nach Möglichkeit durch ein heimisch produziertes Gut. Zum anderen findet intertemporale Substitution statt, indem Haushalte Konsum in künftige Perioden verschieben. Ist der Schock temporärer Natur, vergünstigen sich Importgüter in der Zukunft wieder. In der Zwischenzeit halten sich Haushalte mit Konsum nach Möglichkeit zurück (vgl. Ostry/Reinhart 1991, S. 22 f., Cashin/McDermott 1998, S. 8 ff.). Sind beide Optionen gegeben, kann die Verringerung der Ersparnisbildung bei temporären Schocks und die damit einhergehende negative Wirkung auf die Leistungsbilanz verhindert oder zumindest abgefedert werden. Dies konnten Ostry/Reinhart (1991, S. 12 ff.) sowie Cashin/McDermott (1998, S. 27 ff.) empirisch belegen. Nach ihnen wird der Effekt von Veränderungen in den Terms of Trade auf die Sparquote bzw. die Leistungsbilanz in der Literatur oft überschätzt, weil Volkswirte diese Substitutionsmöglichkeiten außer Acht lassen.

3.2.3   Zusammenfassung

Tabelle 2 fasst die Ergebnisse zusammen und zeigt die erwartete Wirkung der jeweiligen Bestimmungsfaktoren auf die gesamtwirtschaftliche Sparquote. Bei einigen Determinanten ist die Wirkungsrichtung nicht eindeutig. In der Tabelle steht jeweils das nach Ansicht des Autors wahrscheinlichere Vorzeichen vorne. Im Fall des realen Wechselkurses und der Terms of Trade hängt das Vorzeichen davon ab, ob temporäre oder permanente Schocks betrachtet werden. Das erstgenannte Vorzeichen bezieht sich hier jeweils auf einen temporären Schock.

Tabelle 2: Übersicht Einflussfaktoren auf die Sparquote

Höhe Pro-Kopf-Einkommen	+	Entwicklungsgrad der Finanzmärkte	+/-
Wachstum Pro-Kopf-Einkommen	+/-	Fiskalbilanz	+
Altersabhängigkeit	-	Volatilität	+
Ungleichverteilung der Einkommen	+	Niveau sozialer Absicherung	-
Inflation	-/+	Realer Wechselkurs	+/-
Realzinsniveau	+/-	Terms of Trade	+/-

3.3 Einfluss sektoraler Wirtschaftsstrukturen

Wie Kapitel 2.3.1 und 2.3.2 zeigten, gab es in Phasen einer Leistungsbilanzbereinigung einen Zusammenhang zwischen dem Industrieanteil einer Volkswirtschaft und der Bedeutung von Importen und Exporten während der Korrektur. Je geringer das Gewicht des Industriesektors, desto wichtiger war in der Vergangenheit der Importkanal im Defizitabbau. Die Wirtschaftsstruktur beeinflusst die Leistungsbilanz jedoch nicht nur in Korrekturphasen, sondern es existiert ein langjähriger Zusammenhang: Seit Bestand der Eurozone beträgt die Korrelation zwischen dem Leistungsbilanzsaldo und dem Industrieanteil an der Bruttowertschöpfung in den heutigen Euroländern 0,45 (Abbildung 22).[98] Defizite könnten mithin schon in der Wirtschaftsstruktur einer Volkswirtschaft angelegt sein.[99]

---

[98] In dieser Berechnung sind die Ausreißer Luxemburg und Niederlande (s.u.) nicht mit eingeschlossen. Zwischen 1970 und 2014 liegt die Korrelation bei 0,40. Die Korrelation von über diesen Zeitraum gemittelten Werten – zur Ausblendung von kurzfristigen Schwankungen – beträgt 0,63.

[99] Dies bedeutet nicht, dass eine Volkswirtschaft bei einer bestimmten Wirtschaftsstruktur zwangsläufig ein Defizit aufweisen muss. Andere Faktoren können eine für die Leistungsbilanz nachteilige Struktur ausgleichen. Allerdings ist die Wahrscheinlichkeit für ein Defizit bspw. bei einem kleinen Industriesektor erhöht.

Abbildung 22: Industriegewicht und Leistungsbilanz

X-Achse: Industrieanteil 1999-2014, 17 Euroländer (ohne LU, NL), % BWS

Y-Achse: Leistungsbilanzsaldo 1999-2014, 17 Euroländer (ohne LU, NL), % BIP

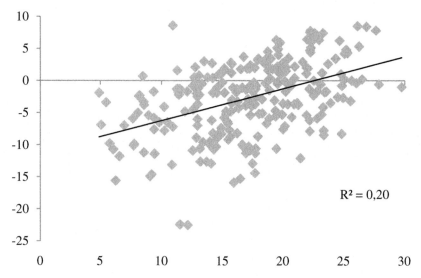

Quelle: Eurostat

Die folgenden Unterkapitel legen dar, wie die Wirtschaftsstruktur die in Kapitel 3.2 diskutierten Determinanten der Sparquote beeinflusst und wie sie jenseits dessen auf die Leistungsbilanz wirkt. Den Überlegungen liegt die Annahme zugrunde, dass die Existenz einer großen Industrie die Leistungsbilanz positiv beeinflusst. Dienstleistungen werden unabhängig der genauen Branche als nicht handelbar und leistungsbilanzmindernd angesehen. Dies ist freilich eine Vereinfachung. Einige Dienstleistungen sind durchaus handelbar. So erwirtschaften bspw. Luxemburg oder die Niederlande z.T. durch Dienstleistungsexporte Überschüsse trotz eines geringen Industriesektors. Ferner sind die Handelsbilanzen in den Euro-Defizitländern bei Dienstleistungen oft positiv, u.a. weil einige von ihnen beliebte Urlaubsziele sind und touristische Leistungen exportieren. So begrenzen diese Länder ihre Defizite, die basierend auf dem Warenhandel noch größer ausfallen würden (vgl. EU Kommission 2012b, S. 47). Die Sichtweise, dass nur Industriebranchen den Leistungsbilanzsaldo verbessern, weist somit Schwächen auf. Zur Vereinfachung der theoretischen Argumentation und der empirischen Analyse in Kapitel 4 ist sie dennoch sinnvoll. Kapitel 5 weicht von der Dichotomie zwischen Industrie und Dienstleistung ab und präzisiert die Analyse durch einen detaillierten Blick auf die Wirtschaftsstruktur auf der Ebene einzelner Branchen.

Während der Abbau von Leistungsbilanzungleichgewichten in der Eurozone wissenschaftlich ein ausführlich diskutiertes Thema ist, befassen sich nur wenige Beiträge mit der Verbindung zur Wirtschaftsstruktur von Volkswirtschaften (vgl. EU Kommission 2011a, S. 28). Ökonomen erklären die Leistungsbilanz fast ausschließlich nachfrageseitig, d.h. etwa über Wechselkurse, die Fiskalbilanz oder Rohstoffpreise. Die Analyse der Angebotsseite wird in der Literatur weitgehend vernachlässigt (vgl. Engler/Fidora/Thimann 2007, S. 7 f., Craighead/Hineline 2011, S. 3 ff.). Die folgenden Absätze stellen einige Beiträge vor, in denen sich Volkswirte mit der Verbindung zwischen Wirtschaftsstruktur und Leistungsbilanz auseinandergesetzt haben.

Nach Grömling (2013) bestimmt die Angebotsseite einer Volkswirtschaft mit über den Leistungsbilanzsaldo. Er stellt die Hypothese auf, dass Volkswirtschaften mit einem überdurchschnittlich großen Industriesektor eher Leistungsbilanzüberschüsse erwirtschaften als dienstleistungsgeprägte Länder. Ursächlich hierfür sei, dass eine industriedominierte Wirtschaft mehr handelbare Güter herstelle und so leichter Handelsbilanzüberschüsse erwirtschaften könne. Grömling führt Ungleichgewichte in der Leistungsbilanz u.a. auf die unterschiedliche Bedeutung der Industrie in den Ländern zurück. Für entwickelte Volkswirtschaften gelte grob die Faustregel, dass ein Industrieanteil an der Bruttowertschöpfung von 20% oder mehr mit einem Überschuss einhergehe, ein Anteil von 15% oder weniger mit einem Defizit (vgl. Grömling 2013, S. 2 ff.).

Leung (2006) vertritt wie Grömling die "hollowing-out-Hypothese", nach der Deindustrialisierung die Exportbasis einer Volkswirtschaft zerstört und zu einer immer schlechteren Leistungsbilanz führt (vgl. Leung 2006, S. 10 & 15). Nach Leung gehen von der Industrie zwei gegenläufige Effekte aus: einerseits ein positiver, da die Industrie eine höhere Exportkapazität aufweise als Dienstleister. Andererseits gäbe es einen dämpfenden Effekt auf die Leistungsbilanz, da die Industrie kapitalintensiver sei und in diesem Sektor mehr investiert werde. Eine höhere Investitionsquote wirke der erhöhten Sparquote entgegen (vgl. ebd., S. 10). Nach einer empirischen Analyse sieht Leung in der Summe einen positiven Zusammenhang zwischen der relativen Bedeutung der Industrie und der Leistungsbilanz (vgl. ebd., S. 14 f., s. auch Kapitel 4.1.3).

Auch Kuijs (2006) geht von einem positiven Zusammenhang zwischen den beiden Größen aus. Er stellt einen steigernden Einfluss sowohl auf die Spar- als auch die Investitionsquote fest und begründet beides mit der hohen Kapitalintensität industrieller Produktion. In Industriekapazitäten müsse viel investiert und dafür viel gespart werden. Die hohe Bedeutung von Kapital- gegenüber Arbeitseinkommen in industriegeprägten Ländern bedinge eine hohe Sparquote, da aus Kapitaleinkommen üblicherweise mehr gespart werde (vgl. Kuijs 2006, S. 9). Der geschätzte Koeffizient für die Investitionsquote ist nach den Berechnungen von Kuijs niedriger als der für die Sparquote (vgl. ebd., S. 25 f.). Daraus lässt sich netto ein positiver Effekt auf die Leistungsbilanz ableiten.

Gehringer (2013b, 2014) betrachtet wie Grömling die Handelbarkeit der Erzeugnisse als Kriterium dafür, ob eine Branche zu einem Überschuss oder Defizit beiträgt. Sie unterscheidet allerdings zwischen kurz- und langfristigen Auswirkungen und berücksichtigt nicht allein die Handelbarkeit der Produkte. Nach ihr wirken Investitionen in den Dienstleistungssektor kurzfristig negativ auf die Leistungsbilanz, denn Dienstleistungen seien weniger handelbar. Je nach Branche könnten dem aber positive Effekte über den Produktivitätskanal entgegen stehen: Dienstleistungen mit dynamischen Produktivitätszuwächsen erhöhten das langfristige Wachstum einer Volkswirtschaft und schafften so Sparpotenzial in der Zukunft (vgl. Gehringer 2013b, S. 14 f., Gehringer 2014, S. 9). Insbesondere unternehmensnahe Dienstleistungen seien oft Treiber von Innovationen und erhöhten zudem die Produktivität der Sektoren, die sie als Vorleistungen einsetzten. So schafften sie die Voraussetzungen für eine erfolgreiche Exportbasis (vgl. Gehringer 2013b, S. 8, Gehringer 2014, S. 7). Die direkte kurzfristige Verschlechterung der Leistungsbilanz kann danach also durch eine indirekte langfristige Verbesserung kompensiert werden. Nach Gehringer sollte die Wirtschaftsstruktur nicht lediglich in Industrie oder Dienstleistung unterteilt werden. Stattdessen sollte die Wirkung von Branchen auf die Leistungsbilanz einzeln analysiert und dabei neben der Handelbarkeit das Produktivitätswachstum beachtet werden. Sie stellt damit die Aspekte in den Vordergrund, die Kapitel 5 dieser Arbeit behandelt.

Engler/Fidora/Thimann (2007) stellen ebenfalls eine positive Verknüpfung der Herstellung handelbarer Güter, in erster Linie industrielle Produktion, mit der Leistungsbilanz fest. Je mehr handelbare Güter eine Wirtschaft herstelle, desto positiver falle die Handels- und damit ceteris paribus die Leistungsbilanz aus. In einer empirischen Untersuchung zeigen die Autoren eine deutliche Korrelation zwischen dem Volumen der Herstellung handelbarer Güter und der Leistungsbilanz (vgl. Engler/Fidora/Thimann 2007, S. 28 f.). Weitere Studien, die eine Verbindung zwischen Wirtschaftsstruktur und Leistungsbilanz im Sinne der Argumentation der vorliegenden Arbeit konstatieren, wurden z.B. von der EU Kommission (2012b, S. 74 f. & 91), der EZB (2012, S. 18 ff.), Atoyan/Manning/Rahman (2013, S. 5 & 15) sowie Ederer/Reschenhofer (2014, S. 2) angefertigt.

In den folgenden Unterkapiteln wird die Wirkungsweise der Wirtschaftsstruktur auf die Leistungsbilanz detailliert dargestellt. Der Einfluss entfaltet sich über fünf Wirkungskanäle: Industrie- und Dienstleistungsunternehmen unterscheiden sich voneinander in 1) der Handelbarkeit ihrer Erzeugnisse, 2) ihren Produktivitätsfortschritten, 3) ihrer Volatilität, 4) ihrer Preisentwicklung und 5) ihrer Investitionstätigkeit.

3.3.1 Exportkapazität

Im Gegensatz zu Industrieprodukten erfordern Dienstleistungen häufig das Zusammentreffen von Hersteller und Verbraucher und werden gleichzeitig produziert und konsumiert, z.b. bei einem Haarschnitt, einem Konzert oder einer Flugreise (vgl. Hill 1987, S. 5 & 7 f., Thuy 1994, S. 53 ff.). Dienstleistungen sind i.d.R. immateriell und oftmals weder lager- noch handelbar (vgl. Hill 1987, S. 10). Sie galten lange als "gebundene Güter", die nur im Zusammenhang mit einem physischen Gut auftreten. Allerdings stellte schon Bhagwati (1984a) heraus, dass Dienstleistungen immer häufiger von physischen Gütern abgespalten werden ("splintering and disembodiment"). Dies geschieht bspw. durch Outsourcing, wenn ein Hersteller seine Produkte nicht mehr selbst bewirbt, sondern einen spezialisierten Dienstleister beauftragt (vgl. Klodt/Maurer/Schimmelpfennig 1997, S. 5). Fortschritte im Bereich der Informations- und Kommunikationstechnologie verbessern die Handelbarkeit von Dienstleistungen, z.b. bei auf Datenträgern gespeicherter Software oder in der Telemedizin. Entwicklungen im Transportwesen erleichtern zudem Fernreisen und vergrößern den Absatzmarkt etwa für touristische oder grenzüberschreitende Beratungsleistungen. Das klassische Merkmal der Nicht-Handelbarkeit von Dienstleistungen verliert somit teilweise an Bedeutung. In der Summe bleiben viele Dienstleistungen jedoch weiterhin binnenmarktorientiert (vgl. Grömling/Lichtblau 2006, S. 56, Kim 2006, S. 8, Grömling 2013, S. 8).

Nach dem "General Agreement on Trade in Services" gibt es vier Varianten von internationalem Dienstleistungshandel. 1) Grenzüberschreitende Bereitstellung: Eine Dienstleistung wird über Ländergrenzen hinweg bereitgestellt, z.b. in der Logistik oder bei telefonisch oder über das Internet zur Verfügung gestellten Leistungen. 2) Konsum im Ausland: Die Leistung wird im Inland für Ausländer hergestellt, z.b. im Tourismus oder bei einem Auslandsstudium. 3) Zweigstelle im Ausland: Die Dienstleistung wird über eine Niederlassung im Ausland vertrieben, z.b. im Bankwesen. 4) Herstellung im Ausland: Mitarbeiter eines Dienstleistungsunternehmens stellen ihre Leistung dem Nachfrager im Ausland zur Verfügung, z.B. internationale Rechts- oder Unternehmensberatung (vgl. van Welsum 2003, S. 8, EU Kommission/IWF/OECD/UNCTAD/WTO 2011, S. 15 f.). Der so abgegrenzte Dienstleistungshandel wird statistisch nicht vollständig erfasst. Die Zahlungsbilanzstatistik definiert Handel als Transaktion zwischen Gebietsansässigen und Gebietsfremden. Ein großer Teil des Dienstleistungshandels nach Variante 3) wird hier nicht abgebildet, da gebietsansässige Nachfrager mit gebietsansässigen Anbietern handeln (vgl. Cave 2002, S. 3, van Welsum 2003, S. 8 f.). Zwar kann der Anbieter hier z.B. Teil eines im Ausland ansässigen Konzerns sein. Eigentümerstrukturen der Marktteilnehmer werden in der Statistik zum Dienstleistungshandel aber nicht berücksichtigt. Insofern sind die Daten zum internationalen Dienstleistungshandel zu einem gewissen Grad verzerrt (vgl. ebd., S. 9).[100]

Im Jahr 2014 dominierten industrielle Erzeugnisse den Welthandel mit einem Anteil von 79%.[101] Zwar nahm der Handel mit Dienstleistungen im laufenden Jahrhundert mit ca. 9% p.a. ebenso dynamisch zu wie der Warenhandel. Da das Wachstum aber von einem höchst unterschiedlichen Niveau aus erfolgte, konnte dies die Schere zwischen Waren- und Dienstleistungshandel nicht schließen (vgl. Grömling 2013, S. 6). Freilich beinhalten Industrieprodukte Wertschöpfungsanteile aus dem Tertiärsektor. Unternehmensdienstleistungen werden in allen Teilen der Wirtschaft als Vorleistungen eingesetzt, auch in der Produktion von Exportgütern. Dienstleistungen werden so indirekt exportiert. Die Exportquote liegt höher, wenn solche indirekten Ausfuhren eingerechnet werden, als unter Berücksichtigung nur direkter Exporte.

Lichtblau (2000, S. 65 f.) berechnet direkte und indirekte Exportquoten unter Berücksichtigung von Lieferverflechtungen anhand von Input-Output-Tabellen.

---

[100]   Des Weiteren ist die Datenqualität im Dienstleistungshandel oft schlechter als im Warenhandel. Beim Warenhandel gibt es grenzüberschreitende Güterströme, die vom Zoll an zentralen Punkten erfasst werden können. Eine ähnlich zentrale Erfassung aller Exporte und Importe unabhängig von der Branche ist im Dienstleistungssektor nicht möglich (vgl. Hill 1987, S. 11). Trotz dieser Verzerrungen bleibt aber die Tatsache bestehen, dass Waren den Welthandel dominieren (s.u.).

[101]   Daten zum Welthandel stammen aus der WTO Statistics Database.

Die nach seiner Methode berechnete direkte Exportquote der Industrie der heutigen Euroländer betrug im Durchschnitt der Jahre 1999 bis 2011 (letzter verfügbarer Datenpunkt) 47%.[102] Die direkte Exportquote im Tertiärsektor lag im gleichen Zeitraum bei gerade 6%. Bezieht man die Dienstleistungen mit ein, die an den Industriesektor geliefert und dort indirekt exportiert wurden, verdoppelt sich diese Quote nahezu auf ca. 11,5%.[103] Natürlich fließen auch industrielle Erzeugnisse als Vorleistungen in die Erstellung von Dienstleistungen ein. Die indirekte Exportquote im Tertiärsektor muss also mit einer indirekten Quote für die Industrie verglichen werden. Diese lag zwischen 1999 und 2011 bei etwas über 47%. Da Dienstleister nicht viele industriell gefertigte Vorleistungen einsetzen und ihre Exportquote sehr niedrig ist, erhöht sich die industrielle Exportquote durch die Berücksichtigung von Lieferverflechtungen nur marginal. Auch unter Rücksichtnahme auf indirekte Exporte ist der Handel mit Dienstleistungen also wesentlich unbedeutender als der Warenhandel.

Allerdings kennzeichnet den Dienstleistungssektor eine große Heterogenität. Manche Branchen weisen Exportintensitäten auf, die sogar die vieler Industriezweige übertreffen. Dies gilt z.B. für die Schifffahrt mit einer Quote von 76% oder für die Luftfahrt mit 30%.[104] Andere Dienstleistungen sind dagegen nur so eingeschränkt handelbar, dass die Exportquote nahe null liegt, z.B. im Gesund-

---

[102] Exportquoten für aggregierte Wirtschaftssektoren sind anhand von Daten der World Input-Output Database berechnet, indem die Exporte eines Sektors zur letzten Verwendung insgesamt ins Verhältnis gesetzt wurden.

[103] Den Berechnungen liegt die Annahme zugrunde, dass Länder denselben Prozentsatz der an den Industriesektor gelieferten Leistungen exportieren wie sie insgesamt Industriegüter exportieren.

[104] Für die Berechnungen von Exportquoten einzelner Branchen konnten die Daten der World Input-Output Database nicht verwendet werden, da sie nur in einer veralteten Branchenklassifizierung (NACE Rev. 1.1) vorliegen. Um die Vergleichbarkeit mit den in der Clusteranalyse in Kapitel 5 genutzten Daten sicherzustellen, wurden branchenspezifische Exportquoten anhand der Input-Output-Tabellen von Eurostat nach der aktuellen Klassifizierung (NACE Rev. 2) ermittelt (s. Kapitel 5.3 zur genauen Vorgehensweise bei diesen Berechnungen). Diesen Berechnungen liegt der Zeitraum 2008 bis 2010 zugrunde. In der EU werden Branchen offiziell nach dem NACE-System (= Nomenclature statistique des Activités économiques dans la Communauté Européenne) voneinander abgegrenzt.

heits- oder Bildungssektor mit unter 0,5%.[105] Abbildung 23 zeigt die Unterschiede in den Exportquoten einiger für ihren Sektor repräsentativer Branchen sowie den Durchschnitt des jeweiligen Sektors als mit der Bruttowertschöpfung gewichtetes Mittel aller zugehörigen Wirtschaftszweige.

Abbildung 23: Exportquote nach ausgewählten Branchen
Exportquote 2008-2010, Eurozone*, % Güterverwendung insgesamt

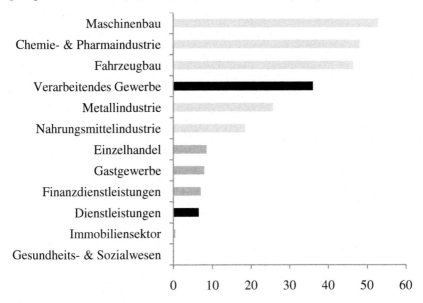

* Berechnung des Eurozonenmittels anhand der Länder Belgien, Deutschland, Estland, Frankreich, Griechenland, Irland, Portugal, Österreich, Slowakei, Slowenien (s. Kapitel 5.3 für Details).
Quelle: Eurostat

Angesichts der Diskrepanzen in der Exportintensität produziert eine Volkswirtschaft, in der der Industriesektor ein großes Gewicht hat, relativ zu ihrer Wirtschaftskraft mehr handelbare Produkte als eine auf Dienstleistungen spezialisierte Wirtschaft. Sie kann mehr Exporte absetzen. Unter der Annahme, dass

---

[105]   Die Heterogenität im Dienstleistungssektor, nicht nur in Bezug auf die Exportintensität, greift Kapitel 5 auf.

sich die größere Exportkapazität tatsächlich in höheren Ausfuhren niederschlägt und sich gleichzeitig das Importverhalten nicht von einer Volkswirtschaft mit wenig Industrie unterscheidet, erzielt eine industrielastige Wirtschaft eher einen positiven Außenbeitrag.[106,107] Zwar beinhaltet Industrieproduktion einen zusätzlichen Bedarf an Vorleistungen und Rohstoffen, von denen ein Teil i.d.R. importiert werden muss. Eine industrielle Spezialisierung bedingt also auch höhere Importe und könnte theoretisch leistungsbilanzneutral sein. Tatsächlich gehen mit Exporten aber ein großer Anteil eigener Wertschöpfung und ein positiver Nettoeffekt auf die Handelsbilanz einher.[108] Zwischen 1999 und 2011 importierte die Industrie der heutigen Euroländer insgesamt Vorleistungen in Höhe von EUR 1.220 Mrd. pro Jahr und produzierte damit Exporte im Umfang von EUR 2.665 Mrd.[109] Den resultierenden Exportüberschuss von EUR 1.445 Mrd. erreichte der Dienstleistungssektor (EUR 70 Mrd. p.a.) nicht annähernd. Aufgrund dieser Unterschiede in der Exportkapazität ist anzunehmen, dass industriegeprägte gegenüber auf Dienstleistungen fokussierte Volkswirtschaften einen besseren Handelsbilanzsaldo aufweisen. Dies führt zu einem positiveren Leistungsbilanzsaldo, wenn der Effekt auf die Handelsbilanz nicht durch gegenläu-

---

[106] Des Weiteren bedingen niedrige Industriekapazitäten, dass ein größerer Teil der in der Wirtschaft eingesetzten Vorleistungen importiert werden muss. Die Importquote bei im Tertiärsektor eingesetzten industriellen Vorleistungen lag laut World Input-Output Database in den GIPSZ-Staaten zwischen 1999 und 2011 bei 17%, in den stärker industrialisierten Überschussländern des Euroraums nur bei 12%. Dies ist ein Hinweis darauf, dass mit niedrigen industriellen Kapazitäten auch eine mangelnde Importsubstitution einhergeht. Für die Wirtschaft unverzichtbare Vorleistungen müssen daher in größerem Maße importiert werden. Auch über diesen Zusammenhang können sektorale Wirtschaftsstrukturen zum Entstehen persistenter Defizite beitragen.

[107] Freilich kann der Industriesektor auf eher binnenmarktorientierte Sparten ausgerichtet sein oder geringwertige Güter produzieren, die sich nicht erfolgreich auf dem Weltmarkt absetzen lassen. Insofern bedeutet ein industrieller Fokus nicht zwangsläufig eine positive Handelsbilanz.

[108] Von der den industriellen Exporten der Euroländer zugerechneten Bruttowertschöpfung im Durchschnitt der Jahre 2008-2011 (letzter verfügbarer Datenpunkt) wurden 32% im Ausland erbracht (OECD-WTO Trade in Value Added Database). Eine Studie der EZB (2005, S. 65) quantifiziert den Importanteil in Exporten innerhalb der Eurozone für das Jahr 2000 auf 44%.

[109] Die Berechnung der Exporte basiert auf einer Aggregation nationaler Daten und enthält sowohl intra- als auch extra-Eurozonen Exporte. Datenquelle für sektorale Außenbeiträge ist die World Input-Output Database.

fige Entwicklungen in den Primär- oder Sekundäreinkommen kompensiert wird (vgl. Grömling 2013, S. 4 ff.).

Maizels-Hypothese

Neben dieser Wirkung über die Handelsbilanz kann die Exportkapazität die Leistungsbilanz über die Sparquote beeinflussen. Die "Maizels-Hypothese" besagt, dass die Sparneigung im Exportsektor größer ist als im binnenwirtschaftlichen Teil einer Volkswirtschaft. Nach dieser Hypothese fördern Exporte Wirtschaftswachstum, indem sie Wachstumshemmnisse, wie Kapitalknappheit, abbauen. In Entwicklungsländern setzten eingeschränkte Finanzierungsmöglichkeiten von Investitionen dem potenziellen Wachstum Grenzen. Heimische Ersparnisse seien oft nicht in ausreichendem Maße vorhanden und die Möglichkeiten zur Aufnahme von Mitteln im Ausland begrenzt. Durch Ausfuhren könnten diese Länder zusätzliche Erlöse erzielen, die höhere Investitionen und damit höheres Wachstum zuließen. Maizels bezeichnete dies als die "Sparlücke", die durch Exporte geschlossen werden könne (vgl. Maizels 1968, S. 53 f. & 62 f.). Ebenso setze Wirtschaftswachstum in Entwicklungsländern seiner Ansicht nach Importe von Kapitalgütern voraus, die diese Länder angesichts ihrer unterentwickelten Industrie nicht selbst herstellen könnten. Mit Exporterlösen könnten solche Volkswirtschaften Maschinen und Technologie importieren und so diese "Handelslücke" schließen. Nach der Maizels-Hypothese tragen Exporte also zum Wirtschaftswachstum bei und erhöhen so das Sparpotenzial (vgl. ebd., S. 58, Thirlwall 1972, S. 3).[110] Darüber hinaus erhalte der Staat aus dem Exportsektor Steuern und Abgaben, die für internationalen Handel anfielen und eine höhere öffentliche Ersparnis erlaubten.

Diese Theorie wurde empirisch mehrfach getestet, konnte aber nur für Entwicklungsländer bestätigt werden (vgl. Gavrea/Marin/Stegerean 2008, S. 3). Zunächst untersuchte Maizels selbst den Zusammenhang in einigen Industrie- und

---

[110] Maizels berechnet für die Korrelation zwischen realem Export- und BIP-Wachstum für 17 Entwicklungsländer zwischen 1953 und 1962 einen Koeffizienten von 0,69 (vgl. Maizels 1968, S. 44 f.).

Entwicklungsländern für die 1950er Jahre.[111] Für letztere konnte er seine Theorie bestätigen. In entwickelten Volkswirtschaften erklärte der Exportsektor die Ersparnisbildung jedoch nicht besser als das BIP insgesamt, d.h. die relative Größe dieses Sektors blieb ohne Einfluss (vgl. Maizels 1968, S. 95 f.). Laumas (1982) erweiterte den Datensatz auf 40 Länder zwischen 1955 und 1975. In den 25 Entwicklungsländern seiner Stichprobe war der Exportsektor größtenteils tatsächlich ein signifikanter Bestimmungsfaktor der Sparquote. In den Industrieländern lag nur in der Hälfte der Fälle ein messbarer Zusammenhang vor (vgl. Laumas 1982, S. 837 ff.). Weitere Bestätigung für Entwicklungsländer erhielt die Theorie in den Untersuchungen von Lee (1971, S. 344 ff.) und Sinha (1999, S. 8 f.) sowie für Tschechien von Sergi/Vit (2004, S. 117 f.).

Maizels wies selbst darauf hin, dass der von ihm beschriebene Zusammenhang zwischen Ausfuhren und der Sparquote primär für Entwicklungsländer gelte. Nach ihm bilden Außenhandelsabgaben in Industrieländern nur einen kleinen Anteil an den Staatseinnahmen und können die öffentliche Sparquote daher nicht nennenswert anheben (vgl. Maizels 1968, S. 58). Tatsächlich stellen solche Abgaben in Entwicklungsländern oft einen erheblichen Teil des Budgets dar. Beispielsweise waren die Zolleinnahmen Malaysias 1963 für 40% der gesamten Staatseinnahmen maßgeblich (vgl. ebd., S. 58). In Industrieländern haben diese Steuern aber i.d.R. nur eine verhältnismäßig geringe Bedeutung.[112] So waren etwa im deutschen Bundeshaushaltsplan für 2015 für die Einfuhrumsatzsteuer EUR 28 Mrd. vorgesehen. Diese Summe entsprach knapp 10% der Einnahmen insgesamt (Bundesministerium der Finanzen 2014, S. 2787).[113,114]

---

[111]   Für den Test zog er die Regressionsgleichung $S_t = \beta_0 + \beta_1 * (Y_t - X_t) + \beta_2 * X_t$ heran, wobei S die gesamtwirtschaftliche Sparquote, Y das BIP und X die Exporte einer Volkswirtschaft darstellten. Eine erhöhte Sparneigung aus Exporten leitete Maizels aus der Ungleichung $\beta_2 > \beta_1$ ab.

[112]   Dies ist u.a. auf zahlreiche zwischenstaatliche Abkommen zum Abbau von Handelsschranken zurückzuführen.

[113]   Dazu kamen Zölle in Höhe von EUR 4,6 Mrd., die der EU als Eigenmittel zustehen (vgl. Bundesministerium der Finanzen 2014, S. 2793).

[114]   Laut Eurostat hatten Importabgaben in den 19 Euroländern im Jahr 2013 einen Anteil von 1,3% an den Steuereinnahmen der jeweiligen Staaten insgesamt.

Zudem ist ein direkter Zusammenhang zwischen Exporten und Investitionen, aus denen Wirtschaftswachstum und Ersparnisse entstehen, nach Maizels nur in Entwicklungsländern gegeben. Je weniger entwickelt ein Land ist, desto wichtiger seien Exporterlöse für die Finanzierung von Investitionsgüterimporten. Denn je ärmer die Bevölkerung, desto weniger private Ersparnisse stünden zur Verfügung und je weniger entwickelt die Industrie, desto stärker sei die Wirtschaft vom Import solcher Güter abhängig (vgl. Maizels 1968, S. 62). Die Maizels-Hypothese trifft insbesondere dann zu, wenn Länder beginnen, sich für Außenhandel zu öffnen und in die Weltwirtschaft zu integrieren. Hier lassen sich durch Exporterlöse Devisen erwirtschaften, die die Einfuhr von Investitionsgütern und eine Beschleunigung des Produktivitätswachstums ermöglichen. Dagegen spielt Außenhandel in den Volkswirtschaften der Eurozone längst eine wichtige Rolle. Die Argumente der Maizels-Hypothese dürften hier nur eine geringere Bedeutung haben.

Maizels vermutete ferner in fortgeschrittenen Volkswirtschaften nur geringe Unterschiede zwischen den Sparquoten exportorientierter und binnenwirtschaftlicher Sektoren (vgl. ebd., S. 58). Ursächlich hierfür seien u.a. unterschiedliche Konjunkturreagibilitäten der Ausfuhren (vgl. Laumas 1982, S. 841). Zu den typischen Exportprodukten von Entwicklungsländern gehören z.b. landwirtschaftliche Güter, Rohstoffe und unverarbeitete Waren. Die Nachfrage nach diesen Gütern ist z.t. von der Weltkonjunktur oder Wetterereignissen abhängig und deutlich volatiler als die Nachfrage nach typischen Industrieländerexporten. Weiterhin weisen Entwicklungsländer eine weniger diversifizierte Exportstruktur auf. Sie sind abhängiger von der Nachfrage nach einzelnen Gütergruppen. Um sich gegen die hohen Schwankungen in den Exporterlösen abzusichern, die hieraus resultieren, müssen Exporteure in Entwicklungsländern größere Sicherheitspuffer vorhalten. Sie bilden demnach höhere Ersparnisse als Exportunternehmen in Industrieländern.[115]

---

[115]   Außerdem haben Unternehmen in hochentwickelten Volkswirtschaften einen besseren Zugang zu Kapitalmärkten. Sie müssen Investitionen weniger durch zuvor gebildete Ersparnisse finanzieren und können eher eine Fremdfinanzierung in Anspruch nehmen. Auch dies bedingt tendenziell niedrigere Sparquoten.

Da in der Statistik zu Sparquoten im Unternehmenssektor nicht nach Exportintensität oder Branchenzugehörigkeit unterschieden wird, lässt sich nicht nach-
prüfen, ob sie im exportorientierten Teil der Wirtschaft tatsächlich höher liegen.
Die von Eurostat ausgewiesenen Quoten unterscheiden lediglich zwischen finanziellen und nichtfinanziellen Kapitalgesellschaften. Annäherungsweise zeigt
ein Vergleich der Sparquote nichtfinanzieller Kapitalgesellschaften, zu denen
sowohl Industriebetriebe als auch Dienstleister gehören, mit der relativen Größe
des Industriesektors, ob ein großer Exportsektor (= Industriesektor) die Sparquote erhöht. Die Korrelation zwischen diesen beiden Größen lag im Zeitraum
von 1999 bis 2013 in den heutigen 19 Euroländern bei 0,23.[116] Ein industriell
geprägter, also überdurchschnittlich exportintensiver, Unternehmenssektor bedingt demnach tendenziell höhere betriebliche Ersparnisse. Diese Daten sollten
jedoch mit Vorsicht interpretiert werden, da sie lediglich das Ergebnis einer
Approximation mit entsprechenden Ungenauigkeiten und Fehlerquellen sind.[117]

In den heutigen Mitgliedstaaten der Eurozone beträgt seit 1999 die Korrelation
zwischen der gesamtwirtschaftlichen Sparquote und dem Exportanteil am BIP
0,31 (öffentliche Sparquote: -0,02). Diejenige zwischen der Veränderung der
gesamtwirtschaftlichen Sparquote und dem realen Exportwachstum liegt bei
0,33 (öffentliche Sparquote: 0,55). Diese Zahlen können die Maizels-Hypothese
für die Länder der Eurozone damit weder widerlegen noch als Beleg für ihre
Geltung verstanden werden. Gesicherter ist die Wirkung der Exportkapazität auf
die Leistungsbilanz über den Außenhandel.

---

[116]   In den typischen Überschussländern lagen die Bruttoersparnisse nichtfinanzieller Kapi-
         talgesellschaften bei durchschnittlich über 13%, in den GIPSZ-Staaten bei 10% des BIP.
[117]   Beispielsweise können die Daten verzerrt sein, weil viele kleinere Dienstleister nicht als
         Kapitalgesellschaften firmieren und daher im Vergleich zu tendenziell größeren Indust-
         riebetrieben unterrepräsentiert sind. Ebenso können einzelne Industriezweige von großen
         Unternehmen mit hohen Skalenvorteilen geprägt sein. Ist solch eine Branche in einer
         Volkswirtschaft wenig vertreten und es dominieren stattdessen kleinere Betriebe, die in
         der Statistik nicht erfasst werden, während die Industrie einer anderen Volkswirtschaft
         auf eben diesen Zweig spezialisiert ist, bilden die Daten die beiden Länder nicht gleich-
         mäßig ab.

Einwände zur alleinigen Erklärung der Leistungsbilanz über den sektoralen Außenhandel

Unter der Annahme, dass die Maizels-Hypothese für die Volkswirtschaften der Eurozone nicht gilt, bleibt allein der positive Einfluss eines überdurchschnittlich großen Industriesektors auf den Außenhandel übrig, der geeignet ist, den Leistungsbilanzsaldo zu erhöhen. Dazu kommt es, wenn es keine gegenläufigen Entwicklungen in den Primär- oder Sekundäreinkommen gibt und sich der Nettoexport nicht an anderer Stelle verringert. Eine industrielastige Wirtschaft führt damit nicht automatisch – d.h. aufgrund ihres industriellen Schwerpunktes – zu einer Verbesserung der Leistungsbilanz. Die positive Wirkung auf den Nettoexport kann z.b. von einer überalterten Bevölkerung oder einer gleichmäßigeren Verteilung der Einkommen kompensiert werden. Von diesen Faktoren würde, wie Kapitel 3.2.1.2 gezeigt hat, eine Verringerung der Sparquote ausgehen.

Bei diesen beiden Beispielen besteht offensichtlich kein direkter Zusammenhang zur Wirtschaftsstruktur. Andere Faktoren könnten aber durchaus den steigernden Effekt einer großen Industrie auf die Leistungsbilanz kompensieren. Zum Beispiel können als permanent erachtete Exportschocks – d.h. der Wert der Exporte einer Volkswirtschaft erhöht sich dauerhaft, entweder durch ein größeres Exportvolumen oder durch dauerhaft erhöhte Exportpreise – Reaktionen im Spar- und Konsumverhalten privater Haushalte hervorrufen. Ebenso wie die Wirkung des realen Wechselkurses und der Terms of Trade auf die Sparquote, ist der Effekt einer Veränderung der Exportkapazität davon abhängig, ob sie als vorübergehend oder dauerhaft wahrgenommen wird. Die Literatur geht davon aus, dass temporäre Exportschocks die Sparquote und damit die Leistungsbilanz in Richtung des Schocks bewegen. Bei verbesserten Exportperspektiven sparen Haushalte also die zusätzlichen Einkommen. Den oben beschriebenen Nettoexporten der Industrie stehen keine erhöhten Konsumimporte entgegen und es ergibt sich ein verbesserter Leistungsbilanzsaldo (vgl. Echeverry 1996, S. 22). Permanente Exportschocks verändern die Leistungsbilanz dagegen nicht. Denn Haushalte reagieren auf dauerhaft verbesserte Export- und damit Einkommensaussichten gemäß der Lebenszyklushypothese und konsumieren mehr. Dies bringt zusätzliche Importe mit sich, sodass in der Summe keine positive Wirkung auf den Außenhandel bestehen bleibt. Mitunter gehen Ökonomen sogar von einer Verschlechterung des Leistungsbilanzsaldos aus. Nach ihnen signalisiert eine dauerhafte Erhöhung der Exporte eine verbesserte Kapazität, Auslandsschulden zurückzuzahlen. Zugleich kann auf einen erhöhten Willen geschlossen werden, angehäufte Schulden zu begleichen, da exportabhängige Volkswirtschaften im Falle einer Staatsinsolvenz durch Abwertungen und Einschränkungen im Handel besonders große Einbußen hinnehmen müssten (vgl. Milesi-Ferretti/Razin 1996, S. 22 f., Calderon/Chong/Loayza 1999, S. 21 & 41).

Allerdings ist fraglich, ob man im Zusammenhang mit Wirtschaftsstrukturen von Schocks in diesem Sinne ausgehen sollte, also plötzlichen Veränderungen, die Haushalte realisieren und auf die sie entsprechend reagieren. Denn Wirtschaftsstrukturen bilden sich langfristig heraus und verändern sich nur in geringem Tempo, ohne dass Haushalte diese Veränderungen selbst beobachten könnten (s. Kapitel 6.2.1). Daher ist unklar, ob Haushalte in einer industrielastigen Volkswirtschaft tatsächlich im Durchschnitt mehr konsumieren als Haushalte in einer dienstleistungsgeprägten Wirtschaft, nur weil letztere in Bezug auf Auslandsverschuldung stärker eingeschränkt sind. Letztlich ist die Frage, ob größere Exportkapazitäten bessere Leistungsbilanzsalden bewirken, empirisch zu klären (s. Kapitel 4).

Zumindest sollte die Wirkung der sektoralen Struktur auf die Leistungsbilanz nicht eindimensional lediglich anhand sektoraler Handelsbilanzen beurteilt werden. Wie Gehringer (2013b, 2014) herausstellt, wirkt die Struktur in einer komplexen Weise auf die Leistungsbilanz. Beispielsweise bestimmen Wirtschaftszweige die Produktivitätsentwicklung und damit das Wachstum und Sparpotenzial einer Volkswirtschaft. Eine Dienstleistungsbranche kann wenig handelbare Produkte herstellen und deshalb eine negative sektorale Handelsbilanz aufweisen. Wenn sie gleichzeitig aber die Produktivität exportorientierter

Branchen stützt, kann ihr Nettoeffekt auf die Leistungsbilanz dennoch positiv ausfallen (vgl. Gehringer 2013b, S. 8, Gehringer 2014, S. 7).

Die Wirkung der Balance zwischen Industrie und Dienstleistung auf die Leistungsbilanz muss stets über die Spar- und Investitionsneigung begründbar sein. Denn die in Gleichung [1] in Kapitel 3.1 beschriebene Identität gilt ex-post zwangsläufig. Eine Verbesserung der Leistungsbilanz muss entweder von einer Erhöhung der gesamtwirtschaftlichen Ersparnisse und/oder einer Verringerung der Investitionen angestoßen werden. Viele Beiträge postulieren einen Zusammenhang zwischen der Produktion handelbarer Güter und des Handelsbilanz- und damit Leistungsbilanzsaldos, ohne zu erklären, über welchen Wirkungskanal die Sparquote gesteigert und/oder die Investitionsquote verringert wird (vgl. Syrquin/Chenery 1989, S. 162, Engler/Fidora/Thimann 2007, S. 22, Atoyan/Manning/Rahman 2013, S. 5, Ederer/Reschenhofer 2014, S. 2). Von einer sektoral positiven Handelsbilanz schließen Volkswirte auf eine entsprechende Wirkung auf die Leistungsbilanz, z.T. mit dem Hinweis, dass die Handelsbilanz die dominante Position der Leistungsbilanz sei (vgl. Ghosh/Qureshi/Tsangarides 2014, S. 12). Ohne Veränderung bei Ersparnissen oder Investitionen ist eine Verbesserung der Leistungsbilanz jedoch nicht möglich.

Die folgenden Unterkapitel ergänzen das Argument der Exportkapazität und legen dar, wie die sektorale Struktur das Spar- und Investitionsverhalten in einer Volkswirtschaft beeinflusst. Kapitel 3.3.2 erläutert, wie die Struktur auf das Produktivitätswachstum und hierdurch auf das Sparpotenzial wirkt, ohne die Sparneigung zu verändern. Kapitel 3.3.3 und 3.3.4 untersuchen, wie die Sparneigung der Haushalte von der Wirtschaftsstruktur abhängt. Kapitel 3.3.5 bringt das Investitionsverhalten mit der Wirtschaftsstruktur in Zusammenhang.

3.3.2   Produktivitäts- und Wirtschaftswachstum

Mit dem "Produktivitätsbias" lassen sich unterschiedliche Entwicklungen in der Produktivität zwischen Industrie und Dienstleistungen erklären. Industriebetriebe verfügen i.d.R. über bessere Möglichkeiten, Arbeit durch Kapital zu substituieren. Beispielsweise können Fertigungsverfahren automatisiert und so die Produktivität gesteigert werden (vgl. Grömling/Lichtblau 2006, S. 40). Dienstleistungen werden dagegen relativ arbeitsintensiv hergestellt. Hier ist der Arbeitsinput oft wichtiger Bestandteil des Endproduktes und bestimmt entscheidend dessen Qualität. So hängt etwa die Güte der schulischen Lehre von der Klassengröße ab, also von der Zeit, die ein Lehrer pro Schüler aufwendet (vgl. Baumol 1967, S. 415 f.). Zwar ist der Dienstleistungssektor äußerst heterogen und es gibt große Unterschiede zwischen einzelnen Branchen. Im Durchschnitt kann menschliche Arbeitskraft aber seltener durch maschinelle Tätigkeiten ersetzt werden (vgl. Bhagwati 1984b, S. 285, Klodt/Maurer/Schimmelpfennig 1997, S. 17 & 27). Ferner bestimmen Größenvorteile das potenzielle Produktivitätswachstum unterschiedlicher Sektoren (vgl. EZB 2004, S. 8). Aufgrund der Handelbarkeit ihrer Erzeugnisse beliefern Industriebetriebe oftmals größere Märkte als Dienstleister. Erstere erreichen daher im Durchschnitt größere Betriebsgrößen und können Skalenvorteile besser ausnutzen.[118] Insgesamt hinkt das Produktivitätswachstum des Tertiärsektors demjenigen industrieller Produktion hinterher (vgl. Maroto-Sanchez 2009, S. 29).

Im Durchschnitt der heutigen Euroländer legte die reale Bruttowertschöpfung je Erwerbstätigem in der Industrie zwischen 1999 und 2013 um jährlich 2,3% zu, im Tertiärsektor stagnierte sie (+0,1%).[119] Wie bei der Exportintensität gibt es zwischen den heterogenen Dienstleistungsbranchen große Unterschiede im

---

[118]   Anders verhält es sich etwa bei großen Internetdienstleistern, z.B. Amazon oder Google.

[119]   Die hohen Produktivitätszuwächse in der Industrie resultieren z.T. aus dem Beschäftigungsabbau in diesem Sektor: In der Eurozone waren hier 2013 über dreieinhalb Millionen Menschen weniger erwerbstätig als 1999.

Produktivitätswachstum:[120] Die Bandbreite reicht von einem Minus von 1,6% im Gastgewerbe bis zu einem Plus von 8,4% in der Telekommunikation. Abbildung 24 veranschaulicht die Ergebnisse für einige große Industrie- und Dienstleistungszweige.

Abbildung 24: Arbeitsproduktivität nach ausgewählten Branchen
Reale Bruttowertschöpfung / Erwerbstätige 1999-2013, 19 Euroländer, % gg. Vj.

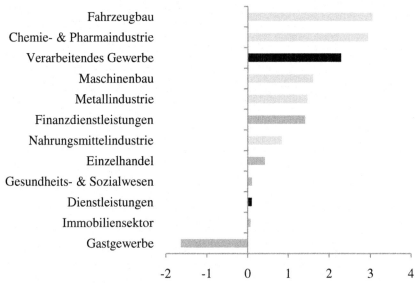

Quelle: Eurostat

Andere Studien bestätigen den Vorsprung der Industrie im Produktivitätswachstum. Die EZB (2004, S. 27) ermittelte bspw. für den Zeitraum 1985-2001 in der EU mehr als doppelt so hohe Zuwächse wie bei Dienstleistungen. In einer späteren Untersuchung zur Eurozone bezifferte sie das Produktivitätswachstum in der Industrie zwischen 1981 und 2003 auf 3,5% p.a., das des Tertiärsektors auf 0,8% p.a. (vgl. EZB 2006, S. 100 f.). Ältere Beiträge berechnen die Produktivitätsvorsprünge der Industrie bis 1970 zurück (vgl. Bernard/Jones 1996, S.

---

[120] Tendenziell verzeichnen die Dienstleistungszweige mit der höchsten Exportintensität auch die größten Produktivitätszuwächse. Die Korrelation zwischen den beiden Größen liegt im Tertiärsektor bei 0,65.

1222) bzw. für den Zeitraum 1929 bis 1965 (vgl. Fuchs 1968, S. 75 f.). Während Daten zur Arbeitsproduktivität im Primär- und Sekundärsektor z.t. bis ins Jahr 1800 zurückreichen, sind für den Tertiärsektor keine älteren Daten verfügbar (vgl. Dietrich/Krüger 2010, S. 19 f.).

Allerdings ist zu beachten, dass die Statistik die Produktivitätslücke zwischen Industrie- und Dienstleistungssektor z.t. überzeichnet. Denn Industrieunternehmen, die Tätigkeiten fremdvergeben, lagern häufig wenig produktive Dienstleistungen wie Callcenter-Dienste aus. Bei solchen standardisierten Leistungen haben sie i.d.R. kein spezifisches Know-how aufgebaut, das sie nicht von externen Anbietern am Markt einkaufen könnten. Komplexe Dienstleistungen, die über den wirtschaftlichen Erfolg eines Unternehmens entscheiden, z.B. die Forschung und Entwicklung, werden dagegen nach Möglichkeit im eigenen Hause erbracht. Durch den Outsourcing-Vorgang rechnet die Statistik Beschäftigung und Wertschöpfung einer tendenziell einfachen Tätigkeit dem Tertiärsektor zu und aus der Industrie heraus. Dadurch sinkt rechnerisch die Produktivität bei Dienstleistungen und steigt entsprechend in der Industrie (vgl. Fixler/Siegel 1999, S. 186 ff., ten Raa/Wolff 2000, S. 150). Ten Raa/Wolff (2000, S. 155 ff.) zeigen, dass etwa ein Viertel des Produktivitätswachstums im Verarbeitenden Gewerbe der USA zwischen 1977 und 1996 mit der Auslagerung wenig produktiver Dienstleistungen aus Industriebetrieben erklärt werden kann. Solche Sondereffekte müssen bei der Beurteilung sektoraler Produktivitätsunterschiede berücksichtigt werden (vgl. Maroto-Sanchez 2009, S. 37).

Darüber hinaus ist es mitunter schwierig, die Produktivität von Dienstleistungsbranchen adäquat zu erfassen. Bereits die Wahl einer geeigneten Outputgröße ist oft problematisch. Diese kann z.B. im Finanzsektor die Anzahl der gewährten Kredite oder der ausbezahlten Schecks sein, in der Rechtsberatung die Anzahl der erstellten Testamente oder abgeschlossenen Grundstückstransaktionen, im Gesundheitswesen die Anzahl der Operationen oder die Vermeidung dieser durch rechtzeitige Frühdiagnose (vgl. Wolff 1997, S. 1 f.). Diese Fragen werden in unterschiedlichen Ländern z.T. unterschiedlich beantwortet, sodass Statistiken zur Dienstleistungsproduktivität nur eingeschränkt vergleichbar sind (vgl. Maroto-Sanchez 2009, S. 43). Je heterogener die Leistungen einer Branche sind, desto schwieriger ist es, Output und Produktivität konsistent zu messen (vgl. Griliches 1992, S. 6 f.). Ferner können bei der Preisbereinigung Unstimmigkeiten auftreten: So lassen sich bei Dienstleistungen oftmals Preiserhöhungen in Folge verbesserter Qualitäten nicht als solche identifizieren und von reinen Preiseffekten trennen (vgl. ebd., S. 7, McGuckin/Stiroh 2001, S. 301 f., EZB 2004, S. 51 f., Maroto-Sanchez 2009, S. 43). Je nach Verbreitung von Teilzeitarbeit in einem Sektor kann es zudem bedeutend sein, ob der Input als Anzahl von Erwerbstätigen oder geleisteten Arbeitsstunden gemessen wird. Besonders im Dienstleistungssektor ist Teilzeitarbeit üblich. Berechnungen anhand von Arbeitsstunden sind zwar genauer, oftmals liegen entsprechend detaillierte Daten jedoch nicht vor (vgl. EZB 2004, S. 28 f.). Weitere Messfehler können zu einer Unterschätzung der Produktivität von Dienstleistungen führen (vgl. Wölfl 2003, S. 40 ff.). So wird etwa die Verbraucherfreundlichkeit eines 24 Stunden geöffneten Convenience-Stores oder die kurze Wartezeit in einem Fastfood-Restaurant nicht erfasst (vgl. Baily/Gordon 1988, S. 352). Angesichts der großen Lücke zwischen Industrie- und Tertiärsektor kann aber trotz dieser statistischen Probleme davon ausgegangen werden, dass Dienstleistungen geringere Produktivitätsfortschritte verzeichnen.

Einfluss der sektoralen Struktur auf das gesamtwirtschaftliche Wachstum

Die Wirtschaftsstruktur und ihr Wandel entfalten eine große Wirkung auf das Potenzialwachstum von Volkswirtschaften (vgl. Krüger 2008, S. 356). Die Literatur zu diesem Thema geht auf den einflussreichen Beitrag von Baumol (1967) zurück, in dem er die Industrie als "progressiven" Sektor bezeichnet und Dienstleistungen einem "stagnierenden" Sektor zuordnet. Diese Einschätzung basiert auf den Unterschieden im Produktivitätswachstum. Nach Baumol (1967, S. 420) sowie Baumol/Blackman/Wolff (1984, S. 6 ff.) bewirkt Deindustrialisierung und Tertiarisierung, also eine steigende Bedeutung von Dienstleistungen zulasten des Verarbeitenden Gewerbes, einen Rückgang des gesamtwirtschaftlichen Wachstums (vgl. auch Rowthorn/Ramaswamy 1997, S. 20 f.).

In einigen Studien haben Ökonomen seither untersucht, ob von niedrigerer sektoraler Produktivität auf niedriges gesamtwirtschaftliches Wachstum in tertiär geprägten Volkswirtschaften geschlossen werden kann. Insgesamt bejaht die Literatur diese Frage (vgl. Maroto-Sanchez 2009, S. 36 f.). So ermittelt Nordhaus (2006, S. 35 f.) bspw. für die USA, dass das gesamtwirtschaftliche Produktivitätswachstum zwischen 1948 und 2001 wegen sektoraler Verschiebungen in Richtung des Tertiärsektors um durchschnittlich 0,5 Prozentpunkte p.a. geringer ausfiel als es ohne diesen Strukturwandel der Fall gewesen wäre.[121] Peneder (2003, S. 442 ff.) findet für 28 OECD-Länder in den 1990er-Jahren einen negativen Zusammenhang zwischen dem Dienstleistungsanteil an der Bruttowertschöpfung und dem Wachstum des Pro-Kopf-BIP. Kim (2006, S. 31 ff.) identifiziert in einer Analyse von neun OECD-Ländern ebenfalls einen negativen Einfluss einer Zunahme des Anteils des Tertiärsektors auf das reale BIP-Wachstum. Hartwig (2012, S. 21 f.) ermittelt für 18 OECD-Länder eine negative Verbindung zwischen dem realen Wachstum der Pro-Kopf-Ausgaben für die produktivitätsschwächsten Sektoren Bildung und Gesundheit und dem realen BIP-Wachstum pro Kopf. Auch Echevarria (1997, S. 444 ff.) erklärt abweichende Wachstumsraten in unterschiedlich entwickelten Ländern mit Divergenzen in ihrer sektoralen Struktur.

Angesichts des allgemeinen Trends zur Deindustrialisierung und hoher Wachstumsraten in einigen Dienstleistungssegmenten ist jedoch vor pauschalen Aussagen zum Zusammenhang zwischen Wirtschaftsstruktur und Potenzialwachstum zu warnen. Bei der Wirkung auf Produktivität und Wachstum muss innerhalb des Tertiärsektors unterschieden werden. Einige Dienstleistungsbranchen

---

[121] Dies bedeutet explizit nicht, dass das Wirtschaftswachstum in den USA aufgrund der Tertiarisierung insgesamt niedrig gewesen wäre. Ohne diesen Strukturwandel hätte es aber u.U. noch höher liegen können. Hartwig (2010, S. 10), der die Vorgehensweise von Nordhaus (2006) auf die Schweiz anwendet, bestätigt den von Nordhaus gefundenen Zusammenhang dagegen nicht.

stützen das gesamtwirtschaftliche Produktivitätswachstum (vgl. Maroto/Rubalcaba 2008, S. 343 f.).[122] Besonders wenn Dienstleistungen nicht nur an Endverbraucher, sondern auch als Vorleistungen an andere Wirtschaftszweige geliefert werden, tragen sie zu gesamtwirtschaftlichen Zuwächsen bei (vgl. Oulton 1999, S. 21 ff., Gehringer 2014, S. 7).[123]

Dennoch gilt auf gesamtwirtschaftlicher Ebene, dass hoch industrialisierte Volkswirtschaften ein größeres Wachstumspotenzial aufweisen. Dieses Potenzial lässt sich auch auf die besseren Möglichkeiten zurückführen, am Wachstum von Schwellenländern zu partizipieren, das jenes in entwickelten Märkten i.d.R. übersteigt. Zum Beispiel hat die Dynamik in Schwellenländern während des letzten Jahrzehnts einen Nachfrageboom nach Investitionsgütern ausgelöst.[124] Von diesem konnten vor allem Volkswirtschaften profitieren und Leistungsbilanzüberschüsse erwirtschaften, die auf die Produktion solcher Industriegüter spezialisiert waren, z.b. Deutschland (vgl. Grömling 2014, S. 31, Bundesbank 2015, S. 26).[125]

In der Literatur, die sich mit den Bestimmungsfaktoren von Exporten einer Volkswirtschaft auseinandersetzt, stellte man zudem fest, dass nicht nur Auslandsnachfrage oder preisliche Wettbewerbsfähigkeit die Exportperformance bestimmen, sondern auch die Binnennachfrage in einem Land (vgl. Esteves/Rua 2013, S. 3). Denn bei boomender Binnennachfrage können die Kapazitäten von

---

[122]   Im Euroraum trifft dies z.B. auf die Schifffahrt und die Telekommunikation zu, die zwischen 1999 und 2013 ein Produktivitätswachstum von 8,5% bzw. 8,4% p.a. verzeichnet haben.

[123]   Das Outsourcing industrieller Vorleistungen an einen spezialisierten Dienstleister steigert die gesamtwirtschaftliche Produktivität, wenn letzterer die Leistung produktiver herstellen kann. Je mehr Outsourcing stattfindet, desto besser sind die Voraussetzungen hierfür, da die entsprechenden Dienstleistungsmärkte wachsen und den Akteuren das Nutzen von Skalenvorteilen ermöglichen (vgl. Wölfl 2003, S. 9).

[124]   Dieser Boom ist u.a. auf den deutlich gestiegenen Ölpreis und die daraus resultierende Nachfrage aus ölexportierenden Ländern zurückzuführen (vgl. EU Kommission 2012b, S. 66).

[125]   Grömling (2013, S. 8 f.) vermutet daher eine Verbindung zwischen der Leistungsbilanz und speziell dem auf die Herstellung von Investitionsgütern fokussierten Teil des Verarbeitenden Gewerbes. Nach seinen Berechnungen stiegen die Bruttoinvestitionen in Schwellenländern zwischen 2002 und 2012 von knapp USD 2.000 Mrd. auf fast USD 9.000 Mrd. (zur Vorgehensweise bei der Berechnung vgl. Grömling 2008).

potenziellen Exporteuren kurzfristig z.T. nicht ausreichen, um noch Exportnachfrage zu bedienen.[126] In einer Rezession kompensiert das Auslandsgeschäft
dagegen die wegbrechende Nachfrage aus dem Inland.[127] Es konnte ein statistisch signifikanter Zusammenhang zwischen der Binnennachfrage und dem
Exportweltmarktanteil bestimmt werden (vgl. ebd., S. 15). So lässt sich etwa ein
in Portugal stetig steigender Weltmarktanteil zwischen 2010 und 2012 erklären.
In dieser Zeit wertete das Land real nur moderat ab. Veränderungen in der preislichen Wettbewerbsfähigkeit reichten nicht aus, um die Zugewinne im Marktan-
teil zu begründen. Portugal litt jedoch unter einer scharfen Rezession, die die
Inlandsnachfrage bremste. Nach Esteves/Rua (ebd., S. 10 ff.) ersetzten portugie-
sische Firmen Inlandsverkäufe durch Exporte und stabilisierten so ihr Geschäft.
Der Zusammenhang zwischen Binnennachfrage und Exporten sei asymmetrisch:
In rezessiven Phasen stiegen Exporte stärker als sie bei boomender Nachfrage
aus dem Inland sänken (vgl. ebd., S. 16). Mithin kann eine auf die Industrie
ausgerichtete Wirtschaftsstruktur das Wachstum einer Volkswirtschaft besonders während einer Krise stabilisieren.

Über die Kanäle Produktivitätsbias, Partizipation am Schwellenländerwachstum
– in einer guten globalen Konjunkturlage – und Stabilisierung während einer
Binnenmarktkrise führt eine industriegeprägte Struktur tendenziell zu größerem
Wirtschaftswachstum. Offen ist, wie höheres Wachstum auf die Sparquote und
entsprechend auf die Leistungsbilanz wirkt. Wie Kapitel 3.2.1.1 bereits darlegte,
ist dieser Zusammenhang nicht eindeutig. Auf der einen Seite lässt sich über die
Saldenmechanik auf einen positiven Beitrag für die Leistungsbilanz schließen.
Verschiedene Szenarien sind denkbar: 1) Sinkt bspw. der Konsum in einer Krise

---

[126]   Diese Überlegungen basieren auf der Annahme, dass Binnenabsatz und Exporte Substitu-
te sind. Je nach betrachteter Branche kann dies unrealistisch sein, etwa bei niedrigen
Transportkosten, die die Konkurrenzfähigkeit von Exporteuren gegenüber ausländischen
Anbietern näher am Zielmarkt nicht wesentlich mindern.

[127]   Esteves/Rua (2013, S. 3 f. & 7) geben einen Überblick über Beiträge, die einen Zusammenhang zwischen Binnennachfrage und Exporten festgestellt haben. Beispielsweise
zeigt Vannoorenberghe (2012) in einer empirischen Untersuchung von französischen
Firmen im Zeitraum 1997 bis 2006, dass Exporte Substitute für Binnenmarktabsatz
darstellen. Allerdings existieren auch Untersuchungen, die eine Komplementarität zwischen diesen Größen vermuten (vgl. Esteves/Rua 2013, S. 8).

und wird durch vermehrte Exporte ersetzt, führt dies nach Gleichung [1] zu höherer Ersparnisbildung und entsprechend zu einer verbesserten Leistungsbilanz. Noch stärker fällt die Reaktion in der Leistungsbilanz aus, wenn sich in diesem Szenario zusätzlich die heimischen Investitionen und die Importe verringern. 2) Folgt aus ausländischen Booms zusätzliche Nachfrage nach Exporten, die durch Mehrproduktion bedient wird, ergibt sich die gleiche Wirkung auf die Leistungsbilanz. 3) Verbessert sich angebotsseitig das Input-Output-Verhältnis, bewirkt dies unter zwei Annahmen ebenfalls einen positiveren Saldo: Erstens darf der Produktivitätsbias nicht dazu führen, dass sich bei konstantem Output lediglich der Input verringert. Zwar wurde im Verarbeitenden Gewerbe in der Eurozone tatsächlich nennenswert Beschäftigung abgebaut. Allerdings äußerten sich hohe Produktivitätszuwächse nicht ausschließlich in Entlassungen, sondern auch in erhöhten Ausbringungsmengen.[128] Zweitens darf der zusätzliche Output nicht vollständig durch heimische Nachfrage absorbiert werden. Nach Gleichung [1] beeinflusst auf höherem privaten oder staatlichen Konsum basierendes Wirtschaftswachstum die Sparquote nicht. Die Frage, ob der gesteigerte Output die Ersparnisbildung erhöht oder nicht, hängt von der Bedeutung des Exports und der Investitionen in einem Land ab. Wird der zusätzliche Output größtenteils von heimischen Firmen für Investitionen nachgefragt, verschlechtert sich der Leistungsbilanzsaldo. Wird er dagegen in erster Linie exportiert, verbessert sich der Saldo. Zu welchen Teilen die in Folge von Produktivitätssteigerungen hergestellten Güter der einen oder anderen Verwendung zugeführt werden, zeigen näherungsweise die Anteile von Investitionen und Exporten am BIP. Aufgrund des größeren Anteils von Exporten (36% des BIP in den heutigen Euroländern seit 1995) gegenüber Investitionen (22%) kann man davon ausgehen, dass der Produktivitätsbias mit dem Wirtschaftswachstum auch das Sparpotenzial einer industriellen Volkswirtschaft erhöht.[129]

---

[128]   Zwischen 1995 und 2013 nahm die Bruttowertschöpfung im Verarbeitenden Gewerbe in den heutigen Euroländern real um insgesamt 23% zu.

[129]   Die stage-of-development-Hypothese gibt Aufschluss darüber, welche Volkswirtschaften den sich aus wirtschaftlichem Wachstum ergebenden finanziellen Spielraum tendenziell für höhere Ersparnisse nutzen und welche für Investitionen. Wie in Kapitel 3.2.1.1 gezeigt, neigen sich in einem wirtschaftlichen Aufholprozess befindende Länder zu

Auf der anderen Seite kann höheres Wirtschaftswachstum nach der Lebenszyklushypothese zusätzlichen Konsum hervorrufen, wenn Haushalte von einer dauerhaften Erhöhung ausgehen. Kapitel 3.3.1 thematisierte die Wirkung temporärer und permanenter Schocks auf die Sparneigung sowie die Frage, ob graduelle Veränderungen in der Wirtschaftsstruktur von Haushalten überhaupt als Schock wahrgenommen werden. Der Zusammenhang zwischen Wachstum und Ersparnisbildung kann theoretisch nicht abschließend geklärt werden (vgl. Chinn/Prasad 2003, S. 51). Mit Ausnahme von Luxemburg, für das keine Zahlen vorliegen, geben die Daten bezogen auf die heutigen Mitgliedsländer der Eurozone Hinweise auf eine positive Verknüpfung: Die Korrelation zwischen gesamtwirtschaftlicher Sparquote und realem BIP-Wachstum liegt seit 1995 bei 0,23. Allerdings beeinflusst Wirtschaftswachstum auch die Investitionsneigung und verschlechtert über diesen Kanal den Leistungsbilanzsaldo (vgl. Calderon/Chong/Loayza 1999, S. 14 f., IWF 2013, S. 11 f.). Der Nettoeffekt auf die Leistungsbilanz ist damit nicht eindeutig.

Die Literatur favorisiert tendenziell einen positiven Zusammenhang: So stellt Gehringer (2013b, S. 14 f.) heraus, dass Sektoren mit schwachen Produktivitätsfortschritten das gesamtwirtschaftliche Wachstum und somit die Tragfähigkeit der Leistungsbilanzposition belasten. Die Argumentation von Maizels (1968, S. 53 f. & 58) geht in die gleiche Richtung. Die EZB (2012, S. 17) untersucht die Auswirkungen von technologischem Fortschritt auf die Leistungsbilanz. Nach ihr verbessern Produktivitätszuwächse die Exportperformance und verringern die Importpenetration. Der Zusammenhang zwischen Produktivität und Leistungsbilanz werde jedoch durch die Primär- und Sekundäreinkommen verwässert. Zur Handelsbilanz gäbe es eine starke Korrelation.

---

höheren Investitionen. Reichere Volkswirtschaften dürften dagegen zusätzliche Ersparnisse erzielen und im Ausland anlegen.

3.3.3 Vorsichtsparen

Kapitel 3.2.2.4 legte den Zusammenhang zwischen Volatilität und der Sparneigung in der Bevölkerung dar. Wie volatil das Wachstum einer Volkswirtschaft
ausfällt, hängt u.a. von ihrer sektoralen Struktur ab. Nicht nur in der Finanz- und
Wirtschaftskrise 2008/2009 ist die Wirtschaftsleistung industriegeprägter Länder wie Deutschland oder Japan besonders stark eingebrochen. Volkswirtschaften mit einem Industrieschwerpunkt sind in ökonomischen Krisen typischerweise überproportional belastet. Gleichwohl konnte sich Deutschland schnell aus
der Rezession befreien und partizipierte im Aufschwung stark am globalen
Wachstum (vgl. Schmidt 2012, S. 6). Schon im ersten Quartal 2011 übertraf das
reale BIP in Deutschland, um saisonale Effekte bereinigt, den ehemaligen
Höchststand 2008. Damit gehörte Deutschland zu den ersten Volkswirtschaften
im Euroraum, die sich von der Krise erholten. Ursächlich für die ausgeprägten
Höhen und Tiefe in der Wirtschaftsentwicklung hoch industrialisierter Länder
ist die Konjunkturreagibilität von Industrieprodukten. Hier ist die Nachfrage
von weltweiten Zyklen getrieben und reagiert sensibel auf Veränderungen im
wirtschaftlichen Umfeld.[130] Dienstleistungen werden dagegen zu einem größeren Teil von Konsumenten nachgefragt und zwar oft unabhängig von der wirtschaftlichen Lage, z.B. Gesundheitsleistungen (vgl. Döpke 1995, Grömling
2006, S. 38).[131] Ihr Absatz zeichnet sich durch größere Konstanz aus. Von der
Konjunkturabhängigkeit der Nachfrage lässt sich auf die Anfälligkeit von Sektoren für exogene Schocks schließen. Die sektorale Struktur bestimmt wiederum
die Anfälligkeit einer ganzen Volkswirtschaft (vgl. EZB 2004, S. 8).

---

[130] Dies gilt in erster Linie für Investitionsgüter, wie Maschinen.
[131] Ferner gibt es in der Dienstleistungsnachfrage keinen Lagerzyklus. Zeitgleiches Füllen
und Leeren von Lägern in der Wirtschaft erhöht die Volatilität in der Industriegüternach-
frage (vgl. Dalsgaard/Elmeskov/Park 2002, S. 19 f., EZB 2004, S. 37 ff.).

Abbildung 25: Schwankung Bruttowertschöpfung nach Sektoren

Reale Bruttowertschöpfung, saisonbereinigt, 19 Euroländer, % gg. Vj.

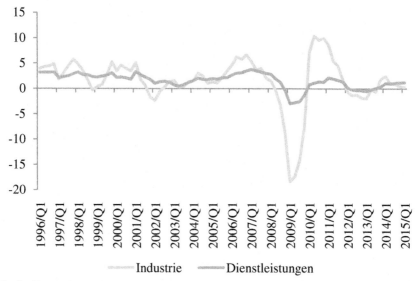

Industrie   Dienstleistungen

Quelle: Eurostat

Abbildung 25 stellt die saisonbereinigte reale Bruttowertschöpfung der Industrie derjenigen von Dienstleistungen im Euroraum gegenüber. Der stabilen Entwicklung im Tertiärsektor stehen im Verarbeitenden Gewerbe deutliche Ausschläge nach oben und unten entgegen. Die Wertschöpfung der beiden Sektoren wuchs im Mittel seit 1996 zwar fast identisch. Die Standardabweichung in den Wachstumsraten betrug jedoch 5,0 in der Industrie und lediglich 1,4 bei Dienstleistungen.[132] Andere Studien (z.B. Christiano/Fitzgerald 1998, S. 59 f., EZB 2004, S. 36) bestätigen die größere Volatilität im Industriesektor. Ariu (2014, S. 17) berechnet die Elastizitäten des Dienstleistungs- und Warenhandels gegenüber einer BIP-Veränderung. Nach seinen Ergebnissen gehen Dienstleistungsexporte nach einer Verlangsamung des BIP-Wachstums um 1% um 5% weniger zurück als Warenexporte. Das Verhältnis von Dienstleistungs- zu Warenexporten hat

---

[132]   Im Dienstleistungssektor sank die nationale reale Wertschöpfung gegenüber dem Vorjahr seit 1975 nur etwa halb so oft (42 Mal bei 292 jährlichen Datenpunkten) wie im Verarbeitenden Gewerbe (79 Mal).

sich im OECD-Durchschnitt zwischen 2008 und 2009 folgerichtig um gut 20% erhöht (vgl. Ariu 2014, S. 24).

Die Volatilität im Output eines Sektors oder einer Volkswirtschaft kann ein Indikator für Vorsichtsparen sein – allerdings ein unzureichender. Denn vor allem das Risiko einer bevorstehenden Arbeitslosigkeit ist für das Vorsichtsmotiv in der Ersparnisbildung maßgeblich (s. Kapitel 3.2.2.4). Ein besserer Indikator ist daher die Volatilität in der Erwerbstätigkeit. Wie Abbildung 26 (links) zeigt, entwickelte sich die Erwerbstätigkeit in der Vergangenheit wesentlich stabiler als die Bruttowertschöpfung. Die Standardabweichung im Wachstum seit 1996 lag bei nur 1,4 im Verarbeitenden Gewerbe und bei 1,0 im Tertiärsektor. Mithin waren auch die Unterschiede zwischen Industrie und Dienstleistungen weniger ausgeprägt. Die mittlere absolute Abweichung vom Trendwachstum zwischen Q1/1996 und Q1/2015 betrug 1,0 Prozentpunkte (Industrie) gegenüber 0,8 Prozentpunkten (Dienstleistungen). Allerdings zeigt die Grafik auch einen wesentlich heftigeren Einbruch in der Industrie im Zusammenhang mit der Finanz- und Wirtschaftskrise. Im Jahr 2009 lag der Zuwachs in der industriellen Erwerbstätigkeit gut 4 Prozentpunkte unter dem langjährigen Wachstum, bei Dienstleistungen waren es nur 2 Prozentpunkte. Der rechte Teil von Abbildung 26 stellt den gleitenden Durchschnitt der sektoralen Standardabweichungen dar und veranschaulicht die erhöhte Volatilität in der Krise. Demzufolge reagiert der Arbeitsmarkt im industriellen Sektor in einer Schwächephase stärker. Man kann davon ausgehen, dass Erwerbstätige entsprechend durch Vorsichtsparen vorsorgen.

Abbildung 26: Schwankung Erwerbstätigkeit nach Sektoren

Links: Erwerbstätigkeit, saisonbereinigt, 19 Euroländer, % gg. Vj.

Rechts: Erwerbstätigkeit, saisonbereinigt, 19 Euroländer, Standardabweichung*

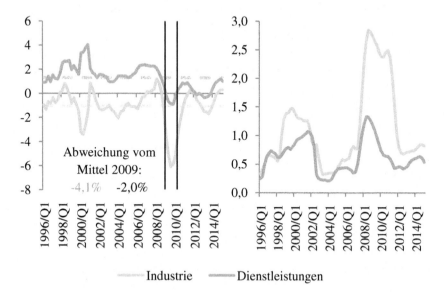

Industrie   Dienstleistungen

* Gleitende, zentriert berechnete 12-Quartale-Standardabweichung.

Quelle: Eurostat

Auch in Bezug auf Schwankungen in der Erwerbstätigkeit weist der Dienstleistungssektor eine größere Heterogenität auf. Besonders hohe Standardabweichungen in den Wachstumsraten etwa bei IT-Diensten (3,8) oder im Grundstücks- und Wohnungswesen (2,8) treten parallel zu sehr stabilen Branchen auf, wie das Bildungswesen (0,8) oder das Gesundheits- und Sozialwesen (0,6 – Abbildung 27).

Abbildung 27: Schwankung Erwerbstätigkeit nach ausgewählten Branchen

Standardabweichung Wachstum der Erwerbstätigkeit 1999-2013, 19 Euroländer

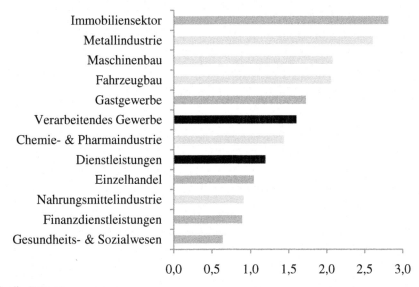

Quelle: Eurostat

Volkswirte haben in mehreren Beiträgen die Gründe einer insgesamt gesunkenen Outputvolatilität ("great moderation") in den Jahrzehnten vor der Finanz- und Wirtschaftskrise untersucht. Sie kommen zu dem Ergebnis, dass weniger eine abnehmende Volatilität in den einzelnen Branchen als vielmehr eine sektorale Verschiebung von volatileren (Industrie) zu stabileren Wirtschaftszweigen (Dienstleistungen) ursächlich für eine gesamtwirtschaftlich geringere Schwankungsanfälligkeit war (vgl. Daalsgard/Elmeskov/Park 2002, S. 20, Cuadrado-Roura/Iglesias-Fernandez/Llorente-Heras 2003, S. 13 ff., Bundesbank 2009, S. 45 f.).[133] Dies verdeutlicht, dass von der Volatilität einzelner Sektoren auf die gesamtwirtschaftliche Schwankungsintensität geschlossen werden kann.

---

[133] Da sich die Volatilität in einzelnen Segmenten des Tertiärsektors stark unterscheidet, hängt es von den Profiteuren des Strukturwandels ab, wie sehr dieser Wandel zu einer stabileren Wirtschaftsentwicklung beiträgt. Beispielsweise werden von Industriebetrieben ausgelagerte Leistungen für Unternehmen nach wie vor von der Industriekonjunktur beeinflusst (vgl. EZB 2004, S. 10). Baut dagegen etwa die öffentliche Verwaltung Be-

Der durchschnittliche Erwerbstätige in einer industriegeprägten Wirtschaft, der mit größerer Wahrscheinlichkeit im Verarbeitenden Gewerbe tätig ist, sieht sich insgesamt größeren Schwankungen gegenüber als in einer von Dienstleistungen dominierten Wirtschaft. Gemäß der Theorie des precautionary saving sichern sich Haushalte entsprechend mit einem höheren target wealth stock ab (vgl. Edwards 1995, S. 13).[134] In der Summe weisen industrielle Wirtschaften ceteris paribus eine größere Sparneigung und demgemäß eine bessere Leistungsbilanz auf als tertiär geprägte Länder.

Diese Argumentation abstrahiert von Unterschieden im Erwerbstätigenstatus: Im Dienstleistungssektor sind relativ mehr Selbständige tätig, die ein höheres Arbeitsplatzrisiko aufweisen und sich demgemäß absichern. Die Selbständigenquote liegt im Mittel der heutigen Euroländer seit 1999 in diesem Bereich bei 14,5% gegenüber 6,5% in der Industrie. Trotz geringerer Volatilität in der Erwerbstätigkeit könnte die Sparneigung im Tertiärsektor daher ausgeprägter sein. Allerdings verdienen Selbständige oft relativ niedrige Einkommen, sodass Unterschiede im Risikoprofil durch ein geringeres Sparpotenzial kompensiert werden.[135] Insofern dürfte die Sparneigung trotz höherer Selbständigenquote im Dienstleistungssektor niedriger liegen.

3.3.4   Inflation

Die Argumentation in Kapitel 3.2.2.1 konnte den Zusammenhang zwischen Inflationsrate und Sparquote nicht abschließend klären, legte tendenziell aber eine negative Verknüpfung der beiden Größen nahe. Wie hoch die Inflationsrate

---

[134]   schäftigung auf, dürfte dies die Konjunktur stabilisieren und den Bedarf für Vorsichtsparen aufgrund der Absicherung von Beamten durch den Staat zusätzlich verringern.
Carroll/Samwick (1998, S. 411), die die Bedeutung des Vorsichtsparens für Individuen u.a. mit der Branche herleiten, in der sie tätig sind, sehen offensichtlich ebenfalls eine Verbindung zwischen precautionary saving und sektoraler Wirtschaftsstruktur.

[135]   Eine hohe Selbständigenquote findet sich z.B. in der Kreativwirtschaft. Besonders in dieser Branche liegen die Einkommen jedoch gleichzeitig z.T. nahe am Existenzminimum, was das Bilden von Ersparnissen erschwert (vgl. Dapp/Ehmer 2011, S. 5 f.).

in einer Volkswirtschaft liegt, hängt u.a. von ihrer sektoralen Struktur ab. Ausgangspunkt dieser Überlegung ist abermals der Produktivitätsbias.

Die ökonomische Theorie geht davon aus, dass die Preise für handelbare Güter auf dem Weltmarkt bestimmt werden. Gleichzeitig werden Arbeitnehmer entsprechend ihrer Produktivität entlohnt. Das Lohnwachstum im Sektor handelbarer Güter orientiert sich an den dortigen Produktivitätszuwächsen (vgl. Kravis/Lipsey 1982, S. 4 f.). Im Sektor nicht-handelbarer Güter folgen Löhne dieser Entwicklung. Aufgrund der intersektoralen Mobilität von Arbeitskräften müssen sich die – produktivitätsadjustierten – Löhne im wirtschaftlichen Gleichgewicht in den beiden Sektoren entsprechen (vgl. Balassa 1964, S. 586).[136] Die Löhne im Sektor nicht-handelbarer Güter orientieren sich also nicht am eigenen Produktivitätswachstum, sondern an demjenigen bei der Herstellung handelbarer Güter (vgl. Kim 2006, S. 19). Angesichts des Produktivitätsbias sind die Lohnsteigerungen im Sektor handelbarer Güter stärker durch Verbesserungen im Input-Output-Verhältnis gedeckt. Im Sektor nicht-handelbarer Güter, vereinfachend der Dienstleistungssektor, verschlechtert eine höhere Dynamik bei Löhnen im Vergleich zur Produktivität die Kostensituation der Unternehmen. Die Preise werden nicht am Weltmarkt gesetzt, sondern auf dem Binnenmarkt. Aufgrund des Kostendrucks in den Unternehmen kommt es zu Preissteigerungen. Der Sektor handelbarer Güter, vereinfachend die Industrie, verzeichnet einen geringeren Preisauftrieb. Mithin erhöht sich das Relativpreisverhältnis von Dienstleistungen zu Industriegütern (vgl. Balassa 1964, S. 593).[137] Nach der Arbeit von Baumol wurde dieses Phänomen als die "Kostenkrankheit" von Dienstleis-

---

[136] Exogene Schocks, die Lohnanpassungen hervorrufen und das Gleichgewicht temporär auflösen, beeinflussen über ihre Wirkung auf Löhne Arbeitsangebot und -nachfrage solange, bis die Wirtschaft zu einem neuen Gleichgewicht findet. In diesem wachsen die sektoralen Löhne wieder im Gleichschritt (vgl. Samuelson 1964, S. 150).

[137] Veränderungen in den Relativpreisen zwischen Dienstleistungen und Industriegütern sind in der Literatur zum sektoralen Strukturwandel von großer Bedeutung. Strukturwandel wird i.d.R. an nominalen Wertschöpfungsanteilen gemessen. Steigende Relativpreise von Dienstleistungen bewirken einen Trend zur Tertiarisierung allein schon aufgrund des statistischen Effekts einer höheren Bepreisung von tertiärer Wertschöpfung (vgl. Grömling/Lichtblau/Weber 1998, S. 44 ff. & 279 ff., Schettkat/Yocarini 2003, S. 4, Grömling 2007, S. 3, Krüger 2008, S. 338).

tungen bekannt (vgl. Baumol 1967, S. 417 ff., Baumol/Blackman/Wolff 1984, S. 3 f., Ngai/Pissarides 2007, S. 431).

Zugleich befinden sich Industriebetriebe aufgrund der besseren Handelbarkeit ihrer Erzeugnisse im internationalen Wettbewerb und somit ihre Preise permanent unter Druck. Dienstleistungen werden zu einem größeren Teil auf lokalen und oft stärker regulierten Märkten gehandelt. In diesen sind Preissteigerungen leichter durchzusetzen (vgl. Kravis/Lipsey 1988, S. 4, Besch/Zimmermann 2006, S. 76 ff., EZB 2006, S. 34 ff.). Auch dies spricht für steigende Preise von Dienstleistungen relativ zu Industriegütern (vgl. EU Kommission 2011a, S. 28 f.).

Daten zu Preissteigerungen nach Branchen bestätigen diese sektoralen Inflationsdifferenzen. Der Preisindex der Bruttowertschöpfung stieg in der Industrie im Euroraum von 1999 bis 2013 um jährlich 0,5% an. Bei Dienstleistungen erhöhte er sich mit durchschnittlich 1,9% deutlich stärker. Die EZB (2006, S. 110 f.) berechnet für den Zeitraum 1981-2003 einen Preisauftrieb von 1,9% in der Industrie und 4,1% im Tertiärsektor. Auch für bis in die 1960er und 1970er Jahre zurückreichende Zeiträume konnte diese Diskrepanz in verschiedenen Ländern beobachtet werden (vgl. Kravis/Lipsey 1988, S. 7, De Gregorio/Giovannini/Wolf 1994, S. 14 & 26, Grömling/Lichtblau 2006, S. 41 f.).[138]

---

[138]   Nordhaus (2006, S. 18 f.) zeigt, dass sich Unterschiede im Produktivitätswachstum in den USA zwischen 1948 und 2001 sehr deutlich in der Preisentwicklung niedergeschlagen haben. Die Regressionskoeffizienten für 67 Branchen sind statistisch nicht signifikant verschieden von -1, d.h. dass man annähernd von einem negativen 1:1-Zusammenhang zwischen Produktivitäts- und Preisentwicklung ausgehen kann.

Abbildung 28: Preisentwicklung nach ausgewählten Branchen
Impliziter Preisindex Bruttowertschöpfung 1999-2013, 16 Euroländer*, % gg. Vj.

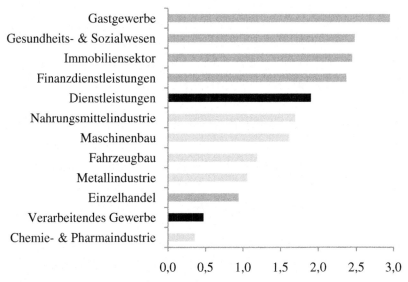

* Für Irland, Malta und Zypern lagen keine Daten vor.
Quelle: Eurostat

Erneut existieren große Divergenzen zwischen einzelnen Wirtschaftszweigen, und zwar sowohl im Dienstleistungs- als auch im Industriesektor (Abbildung 28). Die Differenzen reichen von der Telekommunikation (-4,8%) oder der Elektroindustrie (-1,8%) bis zum Gastgewerbe (+2,9%) oder der Mineralölverarbeitung (+8,9%).[139] Kapitel 5 löst sich daher – wie dargelegt – von der Betrachtung aggregierter Wirtschaftssektoren und unterscheidet zwischen einzelnen Branchen.

Die gesamtwirtschaftliche Inflation entspricht dem gewichteten Durchschnitt der Preisentwicklung im Sektor handelbarer und nicht-handelbarer Güter (vgl.

---

[139]   Die ökonomische Theorie bestätigend, ist die Inflation negativ korreliert mit der Produktivitätsentwicklung in den Branchen. Der Korrelationskoeffizient liegt bei -0,47. Ohne die Mineralölverarbeitung, in der die Preise z.T. durch Entwicklungen an den globalen Rohstoffmärkten getrieben sind, liegt die Korrelation sogar bei -0,78.

Kravis/Lipsey 1982, S. 5). Auf die makroökonomische Ebene übertragen legen die vorangestellten Überlegungen daher nahe, dass Volkswirtschaften mit einem überdurchschnittlich großen Industriesektor eine eher niedrige gesamtwirtschaftliche Inflationsrate aufweisen. Die volkswirtschaftliche Theorie begründet Inflationsdifferenziale zwischen Ländern üblicherweise mit monetären Faktoren wie Veränderungen in der Geldmenge oder mit realwirtschaftlichen Faktoren wie Wirtschaftswachstum. Angesichts der gemeinsamen Geldpolitik lassen sich Inflationsdivergenzen in der EWU vor allem mit binnenwirtschaftlichem Wachstum erklären: So lag die Inflationsrate bspw. in den GIPSZ-Staaten zwischen 2004 und 2008, in einer Zeit binnenwirtschaftlicher Booms, die zu Leistungsbilanzdefiziten in diesen Ländern geführt haben (s. Kapitel 2.1.1), bei 3,2%. In den langsamer wachsenden Überschussländern betrug sie lediglich 2,1%. Neben Wachstumsdivergenzen ist die sektorale Wirtschaftsstruktur, also die relative Bedeutung des preistreibenden Tertiärsektors sowie der inflationshemmenden Industrie, ein weiterer Faktor, der strukturelle Inflationsunterschiede im Euroraum bestimmt (vgl. ebd., S. 31 ff., Kravis/Lipsey 1988, S. 4, Grömling 2006, S. 37). Dieser Indikator erklärt Inflationsdifferenziale über die Angebotsseite.

Ein Fokus auf das Verarbeitende Gewerbe sollte somit zu geringerem Preisauftrieb in einer Volkswirtschaft führen. Gemäß den Überlegungen aus Kapitel 3.2.2.1 bewirkt dies tendenziell eine höhere Sparquote, da es künftigen Konsum gegenüber Konsum in der Gegenwart nicht so stark verteuert, wie es in Folge einer höheren Inflationsrate bei einem dominanten Dienstleistungssektor der Fall wäre. Nach Gleichung [1] gilt wiederum: je höher die Sparquote, desto positiver der Leistungsbilanzsaldo.

Unterschiede zwischen Verbraucherpreisindex und BIP-Deflator

Diese Argumentation basiert auf einer Verbindung zwischen sektoraler Struktur und Inflationsrate sowie zwischen Inflationsrate und Sparquote. Allerdings kann Inflation mit verschiedenen Maßen gemessen werden. Die relative Bedeutung von Industrie und Dienstleistungen beeinflusst die gesamtwirtschaftliche Inflation, gemessen mit dem BIP-Deflator. Dieses Maß gibt die Preisentwicklung der in einem Land hergestellten Waren und Dienstleistungen wieder. Bedeutsam für die Spar- und Konsumentscheidungen privater Haushalte ist aber die Entwicklung der Preise derjenigen Güter, die ein Haushalt tatsächlich erwirbt. Diese Preise werden mit dem Verbraucherpreisindex gemessen. Vorausgesetzt BIP-Deflator und Verbraucherpreisindex unterscheiden sich stark voneinander, ist nicht unbedingt mit einer Wirkung der Wirtschaftsstruktur auf die Sparquote zu rechnen. Denn nur aufgrund der Tatsache, dass die in einer Wirtschaft hergestellten Güter im Preis steigen, konsumieren Haushalte keine geringeren Mengen – z.b. wenn die im Preis steigenden Güter exportiert werden. Möglich ist jedoch, dass höhere Erlöse beim Verkauf der im Inland produzierten Waren und Dienstleistungen (= höherer BIP-Deflator) etwa die Löhne steigen lassen und dies letztendlich Auswirkungen auf die Verbraucherpreise hat (= höherer Verbraucherpreisindex). Entscheidend ist also die Verbindung zwischen BIP-Deflator und Verbraucherpreisindex.

Die beiden Indikatoren unterscheiden sich in erster Linie hinsichtlich des zugrundeliegenden Warenkorbs. Je stärker sich die produzierten Güter von den verbrauchten Gütern unterscheiden, desto größer sind die Abweichungen zwischen den beiden Inflationsmaßen. Verbrauchen private Haushalte also andere Güter als vom Staat konsumiert, für Investitionen genutzt oder ins Ausland exportiert werden und ist der private Konsum gleichzeitig nur für einen kleinen Teil der Güterverwendung maßgeblich, können die mit den beiden Indikatoren gemessenen Entwicklungen auseinander laufen (vgl. Bosworth 2010, S. 8). Üblicherweise werden z.b. die im öffentlichen Sektor und in der Bauwirtschaft erbrachten Leistungen im BIP-Deflator voll erfasst, beeinflussen den Verbraucherpreisindex jedoch nur in geringem Maße. Der Verbraucherpreisindex bildet im Gegensatz zum BIP-Deflator die Preisentwicklung von Importen ab (vgl. ebd., S. 9 f.). Zudem unterscheiden sich die beiden Indikatoren in ihrer Berücksichtigung von indirekter Besteuerung (vgl. EU Kommission 2012b, S. 106).[140]

---

[140]   Für eine detaillierte Auflistung der methodischen Unterschiede in der Berechnung der beiden Inflationsmaße, vgl. Bosworth (2010, S. 14 ff.).

Bosworth (2010, S. 7) untersucht die Verknüpfung von BIP-Deflator und Verbraucherpreisindex in den USA zwischen 1950 und 2009. Nach seiner Analyse liefern die beiden Maße nahezu identische Ergebnisse. Zwischen 2002 und 2010 maß der BIP-Deflator die Inflation bspw. auf 2,36%, der Verbraucherpreisindex ergab 2,57% (vgl. ebd., S. 17). Ursächlich für die geringe Abweichung ist die große Bedeutung des privaten Verbrauchs in den USA: Er ist für über zwei Drittel der Güterverwendung maßgeblich. Daher sind die den Indizes zugrundeliegenden Warenkörbe sehr ähnlich.

In den Euromitgliedstaaten beträgt der Konsumanteil am BIP seit 1999 im Mittel 56%. Entsprechend sind hier etwas größere Abweichungen möglich. Die Korrelation zwischen den Indizes liegt seit Bestehen der Eurozone bei 0,56. Mithin kann man von einem gewissen Gleichlauf der beiden Größen ausgehen. Dazu passen die Daten des harmonisierten Verbraucherpreisindex, den die EZB für den Euroraum bis 1991 zurückrechnet. Dieser zeigt einen Preisauftrieb von 1,9% p.a. für Industriegüter gegenüber 2,6% p.a. für Dienstleistungen. Die höheren Bruttowertschöpfungspreise manifestieren sich somit tatsächlich in höheren Verbraucherpreisen.

3.3.5   Investitionsneigung

Der klassische Erklärungsansatz der Leistungsbilanz orientiert sich in erster Linie an der Sparquote. Wie Gleichung [1] gezeigt hat, ist die Investitionsneigung jedoch ebenfalls bedeutsam. Trotzdem wird sie i.d.R. nur indirekt berücksichtigt, indem die Ersparnisbildung aus Faktoren hergeleitet wird, die gleichzeitig auf die Investitionsquote wirken, z.B. Realzinsen, Terms of Trade oder Wirtschaftswachstum. Die folgenden Absätze unterscheiden die Investitionsneigung nach Wirtschaftssektor und erläutern ihren Einfluss auf die Leistungsbilanz.

In der Literatur postulieren Volkswirte oftmals, dass der industrielle Sektor kapitalintensiver ist als der tertiäre (vgl. Kuijs 2006, S. 9, Leung 2006, S. 10). Für den Euroraum widerlegen die Daten diese These jedoch: In der EWU lag das Verhältnis von dem mit Wiederbeschaffungspreisen bewerteten Anlagevermögen zur Bruttowertschöpfung seit 1995 in der Industrie bei 1,57, im Dienstleistungssektor bei 3,96. Für die Erwirtschaftung eines Euro Wertschöpfung waren bei Dienstleistern also im Mittel fast vier Euro Anlagevermögen erforderlich. Allerdings sticht mit dem Sektor Grundstücks- und Wohnungswesen eine Branche heraus. Hier setzte ein Euro Wertschöpfung EUR 1.660 Anlagevermögen voraus. Der Grund für diese extreme Ausreißerposition ist, dass in dieser Branche das Immobilienvermögen der Wirtschaft, und zwar sowohl der Industrie als auch von Dienstleistern, abgebildet wird. Rechnet man den Immobiliensektor heraus, beträgt das Verhältnis zwischen Anlagevermögen und Bruttowertschöpfung bei Dienstleistern 1,75:1. Selbst unter Berücksichtigung des Sondereffekts bleibt der Tertiärsektor also leicht überdurchschnittlich anlageintensiv.[141]

Ein größeres Anlagevermögen, das als Ergebnis früherer Investitionen gesehen werden kann, legt eine höhere Investitionsintensität im Tertiärsektor nahe. Zwar tätigen viele Industriebetriebe umfangreiche Investitionen. Allerdings unterscheiden sich diese je nach Wirtschaftssektor in ihrem Zielland: Während zumeist binnenwirtschaftlich orientierte Dienstleister primär in die heimische Wirtschaft investieren, zielt ein großer Teil der Investitionen von Industriebetrieben auf das Ausland. In vielen Industriezweigen stehen Standorte bspw. durch die Konkurrenz von Niedriglohnländern unter Druck oder Unternehmen wollen Steuervorteile nutzen und entscheiden sich für Produktionsstätten im Ausland (vgl. Heymann 2014, S. 11). Gleichzeitig ermöglichen die Globalisierung und sinkende Transportkosten eine immer weitergehende Fragmentierung

---

[141] Heymann (2014, S. 3) bestätigt eine größere Kapitalintensität in Dienstleistungszweigen anhand des Nettoanlagevermögens. Nach ihm entfallen 85% dieses Vermögens in Deutschland auf Dienstleistungsbranchen und nur 8% auf das Verarbeitende Gewerbe. Diese Zahlen unterliegen jedoch der Verzerrung durch das im Tertiärsektor gebündelte Immobilienwesen.

der industriellen Wertschöpfungskette (vgl. Klodt/Maurer/Schimmelpfennig 1997, S. 57, Grömling/Lichtblau/Weber 1998, S. 29).[142] In vielen Branchen setzt der unternehmerische Erfolg internationale Lieferketten voraus, die entsprechende Investitionen notwendig machen. Neben dem Aufbau von Zuliefernetzwerken werden z.B. lokale Vertriebsniederlassungen gegründet. Darüber hinaus tätigen Dienstleister oftmals insgesamt mehr Investitionen als Industriebetriebe, weil sie in jüngeren Branchen aktiv sind und sich noch in der Aufbauphase ihres Kapitalstocks befinden. Etablierte Industrieunternehmen dagegen erhalten ihren Kapitalstock z.T. lediglich. Zudem erfordert eine Wachstumsphase in einer jungen Branchen insgesamt höhere Investitionen, da etwa Vertriebskanäle noch erweitert werden müssen (vgl. Heymann 2014, S. 11).[143]

---

[142] Auch in Teilen des Dienstleistungssektors werden in Folge des technischen Fortschritts in der Informations- und Kommunikationstechnologie zunehmend Teile der Wertschöpfung international ausgelagert (vgl. OECD 2005, S. 179 ff., Grömling 2013, S. 8). Für einen Überblick über die Literatur zur Fragmentierung von Wertschöpfungsketten und der internationalen Ansiedlung von Produktionsstätten, vgl. Percoco/Dall'erba/Hewings (2005, S. 2).

[143] Außerdem kann die größere Volatilität im Industriesektor Planungssicherheit und damit die Investitionsneigung von Unternehmen verringern. Des Weiteren wird durch Outsourcing nicht nur Wertschöpfung von der Industrie in den Dienstleistungssektor verlagert, sondern auch Investitionsbedarf (vgl. Heymann 2014, S. 11 f.). Dienstleister, die etwa vormals selbst erbrachte Logistikleistungen für Industriebetriebe anbieten, müssen eigene Fuhrparks anschaffen, während solche Ausgaben in der Industrie entfallen (vgl. ebd., S. 9).

Abbildung 29: Investitionsquote nach ausgewählten Branchen

Bruttoanlageinvestitionen 1999-2013, 19 Euroländer, % BWS

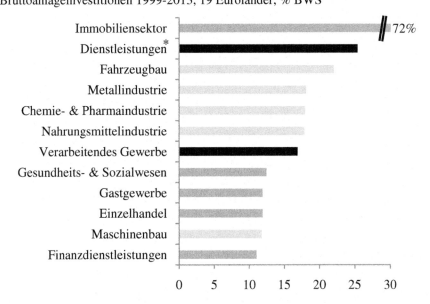

* Neben dem Immobiliensektor erhöht insbesondere die Logistik- sowie die Telekommunikationsbranche den Durchschnitt des Tertiärsektors.

Quelle: Eurostat

In den heutigen Euroländern beträgt seit 1999 die Investitionsquote, also das Verhältnis aus Bruttoanlageinvestitionen zur Bruttowertschöpfung, im Tertiärsektor 25,4%, während es in der Industrie nur 16,9% sind (Abbildung 29). Hierbei ist jedoch die erwähnte Verzerrung durch das Grundstücks- und Wohnungswesen zu berücksichtigen. Zu einem Teil beruht die Diskrepanz auf der Tatsache, dass Investitionen in Bauten, die ein großer Bestandteil von Investitionen insgesamt sind, in der Statistik dem Dienstleistungssektor und nicht dem Verarbeitenden Gewerbe zugerechnet werden. Tatsächlich liegt die Investitionsquote bei Dienstleistern unter Ausschluss des Immobilienwesens mit 17,8% deutlich niedriger.

Das genaueste Bild der sektoralen Investitionsneigung verspricht eine Aufglie-
derung der Leistungen des fraglichen Wirtschaftszweigs. "Abschnitt L – Grund-
stücks- und Wohnungswesen" des NACE-Systems (= Nomenclature statistique
des Activités économiques dans la Communauté Européenne), in dem Wirtschaftszweige voneinander abgegrenzt werden, erfasst Leistungen wie den Kauf
und Verkauf von Grundstücken, Gebäuden und Wohnungen (Wohn- und
Nichtwohnbauten), deren Vermietung, Verpachtung und Bewirtschaftung sowie
Vermittlung und Verwaltung, z.b. Tätigkeiten als Gutachter oder Treuhänder
(vgl. Eurostat 2008, S. 272 f.). Somit erbringt die Branche sowohl Dienstleistungen für private Haushalte als auch für gewerbliche Kunden – und hier wiederum sowohl aus der Industrie als auch dem Tertiärbereich. Fraglich ist, ob Industriebetriebe oder Dienstleister die Investitionen in Grundstücke und Gebäude
dominieren, also auf der einen Seite z.b. große Fertigungs- und Lagerhallen
oder auf der anderen Seite etwa Bürogebäude im Finanzsektor, innenstadtnahe
Einzelhandelsfilialen und Infrastrukturprojekte wie Flughäfen.

Mit Hilfe der Input-Output-Tabellen der World Input-Output Database lässt sich
die Bedeutung der einzelnen Kundengruppen quantifizieren. Im Mittel zwischen
1999 und 2011 wurden 64% der Leistungen im Immobiliensektor in den 19
Euroländern für Privatkunden erbracht. Knapp 30% flossen als Vorleistungen an
gewerbliche Kunden.[144] Von diesen Vorleistungen gingen wiederum 16% an das
Verarbeitende Gewerbe und 76% an den Tertiärsektor.[145] Von Immobilien- und
Grundstücksinvestitionen können demnach insgesamt knapp 5% der Industrie
und gut 22% Dienstleistern zugeschlüsselt werden. Die übrigen Investitionen,
die die Statistik hier erfasst, sind privater Natur und für die Frage der Investitionsneigung je nach Wirtschaftssektor irrelevant. Wiederholt man nun die Berechnung der sektoralen Investitionsquoten und rechnet 5% der Immobilienin-
vestitionen der Industrie hinzu, 22% dem Tertiärsektor und die restlichen 73%
komplett heraus, so erhält man eine Quote von 19,8% für Dienstleister und

---

[144]   Die restlichen 6% werden Investitionen bzw. dem Sektor Staat zugerechnet.
[145]   Den Rest vereinen der Primärsektor und die übrigen Teile des Produzierenden Gewerbes,
         also Energie- und Wasserversorger sowie die Bauwirtschaft, auf sich.

18,6% für die Industrie.[146] Die Unterschiede in der heimischen Investitionsneigung sind also geringer als man aufgrund der unbereinigten Quoten annehmen musste. Insgesamt investieren Dienstleistungsunternehmen leicht überproportional in die heimische Wirtschaft. Nach Gleichung [1] folgt daraus, dass tertiär geprägte Volkswirtschaften ceteris paribus Leistungsbilanzdefizite erwirtschaften – allerdings ist der Effekt nur schwach.

Einfluss der sektoralen Struktur auf Direktinvestitionen

Einer relativ zum Dienstleistungssektor verhaltenen Investitionstätigkeit im Inland stehen in der Industrie hohe Investitionen im Ausland gegenüber. Zwischen 2008 und 2012 (maximal verfügbarer Datenzeitraum) vereinte sie 13% der von den beiden Sektoren insgesamt getätigten Binnenmarktinvestitionen auf sich, jedoch 23% der ausgehenden Nettodirektinvestitionen im Ausland. Direktinvestitionen tauchen in der in Kapitel 3.1 erläuterten Saldenmechanik nicht explizit auf, beeinflussen die Leistungsbilanz aber über ihre Auswirkungen auf die Kapitalbilanz. Sie stellen einen Kapitalexport dar, der die Leistungsbilanz verbessert.[147] Insofern sprechen nicht nur im Vergleich zum Tertiärsektor zurückhaltende Investitionen auf dem Binnenmarkt, sondern auch die größere Rolle bei Auslandsinvestitionen dafür, dass von der Industrie eine positive Wirkung auf den Leistungsbilanzsaldo ausgeht.[148] Eingehende Direktinvestitionen

---

[146] Technisch können die Investitionen nicht nach Sektoren unterschieden werden. Dagegen ist dies bei der Wertschöpfung, die als Vorleistung an die verschiedenen Wirtschaftsbereiche fließt, möglich. Daher ziehen die Berechnungen stets die volle Investitionsquote des Immobilienwesens heran. Allerdings wird der Sektor bei der Berechnung des Mittelwerts über alle Dienstleistungen hinweg nicht mit 100% seiner Bruttowertschöpfung gewichtet, sondern – wie oben dargestellt – nur mit 22% und in der Industrie mit 5% anstatt ihn gar nicht zu berücksichtigen.

[147] Dies ist jedoch nicht zwangsläufig der Fall, etwa wenn eine Direktinvestition nicht aus heimischen Ersparnissen, sondern aus zufließenden Mitteln bestehender Finanzanlagen im Ausland finanziert wird.

[148] Jenseits der Periode, in der eine Direktinvestition getätigt wird, ist ihre Wirkung auf die Leistungsbilanz nicht eindeutig. Einerseits können z.B. Gewinne, die eine ausländische Tochtergesellschaft erwirtschaftet, ins Heimatland transferiert werden und dort über die Primäreinkommen die Leistungsbilanz verbessern (vgl. Lamine 2010, S. 2). Nutzt die Muttergesellschaft andererseits mit einer Direktinvestition z.B. Steuervorteile und transferiert Gewinne ins Ausland, ist die langfristige Wirkung auf die Leistungsbilanz negativ. Des Weiteren kann eine Direktinvestition Außenhandelsströme induzieren, etwa wenn

aus dem Ausland werden in der Literatur dagegen als unabhängig von der Wirtschaftsstruktur betrachtet. Determinanten eingehender Investitionen sind eher
Faktoren wie Entwicklungsgrad und Größe der Märkte, Qualität der Infrastruktur, Bildungsniveau der Arbeitskräfte oder Distanz zum Herkunftsland (vgl.
Kinoshita 2011, S. 8 f., EU Kommission 2013b, S. 20 f.). Natürlich beeinflussen
also auch eingehende Auslandsinvestitionen den Leistungsbilanzsaldo einer
Volkswirtschaft. Während ausgehende Investitionen in industriegeprägten Wirtschaften ein größeres Volumen aufweisen, unterscheidet sich das Volumen
eingehender Investitionen nicht systematisch nach sektoraler Struktur. Daher
sind letztere für die Argumentation in der vorliegenden Arbeit nicht relevant.

3.4   Entstehung persistenter Ungleichgewichte

Kapitel 2.3.1 hat gezeigt, dass Wirtschaftsstrukturen im Prozess einer Leistungsbilanzkorrektur eine wichtige Rolle einnehmen und mitbestimmen, wie
sehr sich währenddessen das Wachstum verändert und zu welchen Teilen die
Bereinigung über Exporte und Importe erfolgt. Die Ergebnisse in Kapitel 3.3
offenbaren, über welche Kanäle Unterschiede in den sektoralen Strukturen die
Leistungsbilanz beeinflussen und zum Entstehen von persistenten Ungleichgewichten beitragen.

Im Übrigen bilden sich dauerhafte Ungleichgewichte in der Leistungsbilanz
umso eher, je stärker sich die unterschiedlich strukturierten Volkswirtschaften in
ihrer Größe differenzieren. Bei einer Währungsunion etwa nur zwischen
Deutschland und Frankreich hätten die Abweichungen in der Leistungsbilanz
ein geringeres Ausmaß. Angenommen, Deutschland verzeichnete als industrie-
basierte Exportnation einen Überschuss und Frankreich als dienstleistungsgeprägte, stärker aus dem Binnenmarkt wachsende Wirtschaft ein Defizit. Andere

---

Vorprodukte an eine Tochter im Ausland geliefert und dort weiterverarbeitet werden oder
umgekehrt (vgl. Rahman 2008, S. 6). Die langfristigen Auswirkungen über den kompletten Lebenszyklus einer Direktinvestition hinweg lassen sich nur ex-post feststellen.

Determinanten des Wechselkurses außen vor gelassen, wäre die Währung dieser deutsch-französischen Union aus Sicht Frankreichs leicht überbewertet. Denn die hohe Auslandsnachfrage nach deutschen Exporten würde den Wechselkurs gegenüber einer hypothetischen rein französischen Währung erhöhen. Dies würde französische Exporte in Länder jenseits Deutschlands erschweren und Importe wegen der hohen Kaufkraft der gemeinsamen Währung stimulieren. Den gleichen Effekt gäbe es dem Grunde nach bei einer Währungsunion nur zwischen Deutschland und Griechenland. Aufgrund des viel geringeren wirtschaftlichen Gewichts – das deutsche BIP entsprach 2014 etwa dem Sechzehnfachen des griechischen – wäre die Wirkung für die griechische Wirtschaft aber ungleich größer. Der Wechselkurs wäre zum Großteil Resultat der Entwicklungen in der deutschen Wirtschaft und würde sich nur wenig von einer rein deutschen Währung unterscheiden. Aus griechischer Sicht wäre die Währung damit massiv überbewertet – mit der Gefahr übermäßigen Staats- sowie privaten Konsums durch die hohe Kaufkraft der Währung und entsprechenden Auswirkungen auf die Leistungsbilanz gegenüber Drittländern.[149] Je länger diese Situation einer aus nationaler Sicht überbewerteten Währung besteht, desto eher verfestigt sich ein Leistungsbilanzdefizit. Derweil steigt nicht nur die Verschuldung, sondern der Industrieanteil an der Wertschöpfung geht weiter zurück, da sich Exporteure angesichts der teuren Währung nicht am Markt halten können (vgl. Schmidt 1997). Kapitel 2.3.3 und Abbildung 18c haben verdeutlicht, wie Anpassungen in der Wirtschaftsstruktur chronischen Leistungsbilanzdefiziten folgen und diese zementieren (vgl. EU Kommission 2011a, S. 28 f.). Auf diese Weise können sich in einem Währungsverbund insbesondere großer mit kleineren Volkswirtschaften – mit unterproportional großem Exportsektor – langfristig erhebliche Ungleichgewichte ergeben, die einer Fortführung der Währungsunion entgegen stehen können.

---

[149] *"In theory, if a large share of a monetary union [...] increases its current account surplus and exports capital, the current account deficit in the rest of the monetary area will most likely deteriorate, either through bilateral financial flows, or through the impact on the common exchange rate."* (EU Kommission 2012b, S. 101).

Außerhalb von Währungsunionen sind unterschiedliche Strukturen von Volkswirtschaften mit intensiven Handelsverflechtungen weniger problematisch, da
Länder einer sinkenden Wettbewerbsfähigkeit durch Abwertungen Einhalt bieten können. In einem gemeinsamen Währungsraum ohne nationale Geldpolitik
können Inflationsdivergenzen dagegen dauerhaft erhalten bleiben (vgl. Ede-
rer/Reschenhofer 2014, S. 1). Den Mitgliedern steht hier lediglich die wesentlich weniger effiziente Variante der internen Abwertung offen, um ihre Wettbewerbsfähigkeit zu stabilisieren. Da kein Wechselkursmechanismus greift, haben
Leistungsbilanzdefizite tendenziell länger Bestand. So verfestigen sich prob-
lembehaftete Strukturen und können später weitaus schwieriger aufgelöst werden (vgl. EU Kommission 2011a, S. 29, Gehringer 2012, S. 20).

In einem Währungsraum wie der Eurozone mit 19 Mitgliedstaaten dominiert
eine einzelne Volkswirtschaft die Wechselkursentwicklung natürlich nicht so
stark wie im vorangegangenen Beispiel. Daher ist eine für manche Länder resultierende Überbewertung des Euros in einem normalen Wirtschaftsumfeld ver-
kraftbar und die Auswirkungen auf die Leistungsbilanzen gegenüber Drittländern sind begrenzt. Allerdings bedeutet die Heterogenität der Mitglieder durchaus, dass der Außenwert der gemeinsamen Währung für einzelne Länder deutlich zu hoch liegen kann. Beispielsweise hat – wie in Kapitel 3.3.2 dargelegt –
die Dynamik der Weltwirtschaft und vor allem der Nachfrageboom in den
Schwellenländern Mitte des letzten Jahrzehnts zu hohen Investitionsgüterexpor-
ten aus dem Euroraum geführt (vgl. Grömling 2013, S. 8 f.). Dies erzeugte einen
Aufwertungsdruck auf die gemeinsame Währung, der die Wettbewerbsfähigkeit
einiger Länder verringert und zu Leistungsbilanzdefiziten sowie einem Abbau
von Industriekapazitäten beigetragen hat.

3.5   Ergebnis von Kapitel 3

Kapitel 3 führt die Lebenszyklushypothese ein, mit der sich die Wirkung einiger
Treiber auf die Sparquote und damit mittelbar auf die Leistungsbilanz erklären

lässt. Der Einfluss mehrerer Bestimmungsfaktoren, z.b. des wirtschaftlichen Wachstums und der Inflation, ist aus theoretischer Sicht jedoch unklar und muss empirisch ermittelt werden. Das folgende Kapitel wird daher die Ergebnisse empirischer Studien zur Sparquote und zur Leistungsbilanz präsentieren.

Die vorliegende Arbeit kommt zu dem Ergebnis, dass die Existenz eines großen Industriesektors in Relation zu Dienstleistungen den Leistungsbilanzsaldo positiv beeinflusst. Fünf Wirkungskanäle sind hierfür ausschlaggebend: Erstens lassen sich industriell hergestellte Waren exportieren, während viele Dienstleistungen nicht handelbar sind. Für das Verarbeitende Gewerbe konnte trotz eines erhöhten Importbedarfes für die Industrieproduktion ein positiver Nettoeffekt auf die Handelsbilanz nachgewiesen werden. Zweitens erzielen Industriesparten im Mittel höhere Produktivitätszuwächse als Dienstleistungszweige. Sie erhöhen damit das Sparpotenzial einer Volkswirtschaft und tragen zu einem positiven Leistungsbilanzsaldo bei. Darüber hinaus lassen sich mit dem Export von Industriegütern Binnenmarktschwächen kompensieren und am dynamischen Wachstum von Schwellenländern partizipieren. Drittens unterliegt die Erwerbstätigkeit in der Industrie verhältnismäßig großen Schwankungen. Arbeitnehmer in industriegeprägten Volkswirtschaften sichern sich mit überproportional hohen Ersparnissen gegen drohende Arbeitsplatzverluste ab. Viertens verzeichnen Dienstleistungen durchschnittlich einen stärkeren Preisauftrieb als die Erzeugnisse des Verarbeitenden Gewerbes. Über die sektorale Struktur lässt sich angebotsseitig eine höhere gesamtwirtschaftliche Inflationsrate in einer auf Dienstleistungen ausgerichteten Wirtschaft begründen. Eine höhere Inflation geht tendenziell mit niedrigeren Ersparnissen und einer schlechteren Leistungsbilanz einher, da Haushalte Käufe angesichts steigender Preise nach Möglichkeit vorziehen. Fünftens investieren Industriebetriebe weniger in die heimische Wirtschaft als die stärker binnenmarktorientierten Anbieter von Dienstleistungen. Investitionen absorbieren im Inland gebildete Ersparnisse und werden z.T. mit aus dem Ausland zufließenden Mitteln finanziert, verschlechtern also die Leistungsbilanz (vorerst). Ferner engagieren sich Industrieunternehmen relativ zu

Dienstleistern über Direktinvestitionen stärker im Ausland. Von solchen Direkt-investitionen geht zunächst ein positiver Impuls auf die Leistungsbilanz aus.

Im Vergleich zu Dienstleistungen lassen sich Industriezweige als exportintensiv, produktiv, volatil, preisstabil und zurückhaltend mit Binneninvestitionen be-zeichnen. Alle diese Eigenschaften wirken tendenziell positiv auf die Leistungs-bilanz, sodass eine Volkswirtschaft mit großen industriellen Kapazitäten, unter ansonsten gleichen Umständen, eher einen Überschuss erwirtschaftet als ein tertiär geprägtes Land. Allerdings unterscheiden sich insbesondere die Branchen des Dienstleistungssektors stark voneinander und die Annahme, dass die Indust-rie grundsätzlich positiv und Dienstleistungen grundsätzlich negativ wirken, stellt eine Vereinfachung dar. Kapitel 5 wird daher die sektorale Struktur detail-liert auf Branchenebene analysieren. Ferner ist die Wirtschaftsstruktur nur einer mehrerer Treiber der Leistungsbilanz. Weitere Faktoren, die teilweise von der Wirtschaftsstruktur abhängen und deren Einflüsse sich überlagern, spielen eine Rolle. Um zu überprüfen, ob sich die theoretischen Überlegungen zur Wirkung der sektoralen Struktur auf die Leistungsbilanz anhand der Datenlage bestätigen lassen, wird der Einfluss im folgenden Kapitel empirisch geschätzt.

4 Einfluss sektoraler Wirtschaftsstrukturen in der empirischen Analyse

Die Darstellung in Kapitel 3.3 begründet einen besseren Leistungsbilanzsaldo bei einem überproportionalen Fokus auf die Industrie. Daraus lässt sich aber nicht ableiten, dass Länder mit einem in Relation großen Tertiärsektor automatisch Leistungsbilanzdefizite aufweisen.[150] Erstens gelten die Zusammenhänge vor allem in gemeinsamen Währungsräumen, in denen der Wechselkurs als Ausgleichsmechanismus der Leistungsbilanz entfällt. Zweitens beeinflussen neben der Wirtschaftsstruktur zahlreiche weitere Faktoren die Sparquote und damit die Leistungsbilanz. In der Eurozone ist dies z.b. das unterschiedliche Entwicklungsniveau der Mitgliedsländer, das wirtschaftliche Aufholprozesse und hohe Investitionen in Ländern wie Estland oder der Slowakei mit sich bringt. Die damit verbundenen Kapitalströme können über die Kapitalbilanz ein Leistungsbilanzdefizit hervorrufen. Lohnzurückhaltung in einigen und eine starke Ausweitung des Konsums in anderen Ländern liefern ebenfalls eine Erklärung für die bestehenden Ungleichgewichte. Die sektorale Wirtschaftsstruktur ist mithin nur einer von mehreren Treibern, deren Zusammenwirken erst über die Leistungsbilanz entscheidet. Da sich die verschiedenen Effekte überlagern, ist die Bedeutung der Wirtschaftsstruktur nicht ohne genauere Untersuchungen festzustellen (vgl. Engler/Fidora/Thimann 2007, S. 27).

Kapitel 4 enthält eine empirische Analyse der Wirkung der sektoralen Struktur. Sie soll einen möglichst unverzerrten Einfluss dieses Bestimmungsfaktors der Leistungsbilanz isolieren. Erst dann wird sichtbar, ob sich die theoretische Argumentation empirisch bestätigen lässt. Kapitel 4.1 führt zunächst in die empirische Literatur zur Analyse der Sparquote und der Leistungsbilanz ein. Es präsentiert darüber hinaus die empirischen Ergebnisse der in Kapitel 3.3 vorgestellten Beiträge, die sich mit der Wirkung der sektoralen Struktur auf die Leistungsbilanz befassen. Kapitel 4.2 erläutert die in den Berechnungen eingesetzten

---

[150] So verzeichnen z.b. Luxemburg und die Niederlande – wie in Kapitel 3.3 dargelegt – seit Jahrzehnten Überschüsse trotz eines relativ kleinen Industriesektors.

Variablen und formuliert jeweils den erwarteten Einfluss auf die Zielgröße. Kapitel 4.3 stellt den Datensatz sowie die Schätzmethodik vor und adressiert einige Probleme, die bei der empirischen Analyse auftreten können. Kapitel 4.4 beinhaltet die Schätzergebnisse. Der Zusammenhang zwischen Wirtschaftsstruktur und Leistungsbilanz wird in drei Stufen geschätzt: in einer kurzfristigen Analyse basierend auf Jahresdaten, in einer mittelfristigen Analyse in Siebenjahresintervallen und in einer langfristigen Querschnittsanalyse. In Kapitel 4.4 sowie in Kapitel 4.5 werden die Resultate umfassend auf Robustheit gegenüber Änderungen in der Methodik, der Variablenauswahl, möglicher Persistenz- oder Endogenitätsprobleme sowie im Hinblick auf Ausreißer getestet. Kapitel 4.6 fasst die Ergebnisse zusammen und benennt weiteren Forschungsbedarf.

4.1 Bestehende empirische Analysen

In der Literatur finden sich zahlreiche empirische Analysen der Determinanten der Leistungsbilanz und der Sparquote. Die Untersuchung in dieser Arbeit orientiert sich primär an den Vorgehensweisen und Ergebnissen einiger in den folgenden Absätzen beschriebener Beiträge. Die in Abschnitt 4.1.1 dargestellten Studien analysieren die Bestimmungsfaktoren der gesamtwirtschaftlichen Sparquote und so mittelbar diejenigen der Leistungsbilanz (s. Kapitel 3.1). Obwohl hier sehr ähnliche Variablen und oft identische Schätzverfahren verwendet werden, unterscheiden sich diese Untersuchungen von jenen in Kapitel 4.1.2, in denen die Leistungsbilanz als abhängige Variable fungiert. Beispielsweise gelten die Einkommensverteilung oder Realzinsen als Bestimmungsfaktoren der Sparquote. Da hohe Realzinsen aber Kapitalzuflüsse und in der Folge Währungsaufwertungen und Leistungsbilanzdefizite mit sich bringen können, neutralisiert sich ihre Wirkung auf die Leistungsbilanz oftmals. Folgerichtig taucht der Realzins in Analysen der Leistungsbilanz i.d.R. nicht als Determinante auf. Dagegen erachten Volkswirte die Nettoauslandsvermögensposition eines Landes häufig als sinnvollen Indikator für die Leistungsbilanz, weil die NFA-Position das Resultat früherer Entwicklungen ist, nicht aber für die Sparquote.

4.1.1 Erklärung der Sparquote

In ihrer Untersuchung für den Zeitraum 1967-1995 leiten Hussein/Thirlwall (1999) die gesamtwirtschaftliche Sparquote von 62 Ländern her. Als Bestimmungsfaktoren verwenden sie die Höhe des Pro-Kopf-Einkommens, dessen Wachstum, das Bevölkerungswachstum, die Einkommensverteilung, Realzinsen, die Inflation, die Steuerquote und den Entwicklungsgrad der Finanzmärkte (vgl. Hussein/Thirlwall 1999, S. 33 ff.).[151] Die gesamtwirtschaftliche Inflation wird in zwei Variablen in die Modelle eingebracht – einmal in Form der einfachen Inflationsrate und einmal in quadrierter Form. Dadurch soll ihr unterschiedlicher Einfluss auf die Sparquote je nach Niveau der Inflationsrate berücksichtigt werden: Während moderate Inflation die Sparquote senken dürfte, geht exzessive Geldentwertung aufgrund der zunehmenden Unsicherheit aller Wahrscheinlichkeit nach mit einer höheren Sparquote einher (s. Kapitel 3.2.2.1).

Ergebnis verschiedener Schätzmethoden ist eine hohe Erklärungskraft insbesondere der Höhe des Pro-Kopf-Einkommens. Weitere bedeutende Determinanten sind das Wachstum des Pro-Kopf-Einkommens sowie der Bevölkerung, die Inflationsrate, die Steuerquote und der Entwicklungsgrad der Finanzmärkte. Gemeinsam können diese Indikatoren 75% der Streuung der Sparquoten zwischen Volkswirtschaften erklären. 40% dieser Streuung lassen sich allein mit Unterschieden im Niveau des Pro-Kopf-Einkommens begründen. Nach den Autoren ist die Einkommensverteilung dagegen ebenso wenig relevant für die Höhe der Sparquote wie die Realzinsen (vgl. ebd., S. 44 ff.).

Edwards (1995) betrachtet elf Industrie- und 25 Entwicklungsländer im Zeitraum 1970-1992. Er untersucht die Bestimmungsfaktoren der privaten und der öffentlichen Sparquote getrennt voneinander und stellt z.T. große Unterschiede fest. In seine Modelle fließen gegenüber Hussein/Thirlwall (1999) zusätzlich folgende Indikatoren ein: Altersstruktur der Bevölkerung, Anteil der urbanen

---

[151] Auf eine genaue Definition sämtlicher verwendeter Variablen wird an dieser Stelle verzichtet. Eine detaillierte Beschreibung der in der vorliegenden Arbeit genutzten Indikatoren findet sich in Kapitel 4.2.

Bevölkerung, öffentliche Ersparnis, Ausgestaltung sozialer Sicherungssystem und politische Stabilität – gemessen u.a. an der Häufigkeit politischer Machtwechsel (vgl. Edwards 1995, S. 14 ff.).

Nach seiner Analyse entspricht die Wirkungsweise der eingesetzten Regressionsvariablen größtenteils den Erwartungen. So verringert ein hohes Verhältnis aus jungen und alten Menschen relativ zur aktiven Erwerbsgeneration die private Ersparnisbildung. Gleiches gilt für ein hohes Niveau der sozialen Absicherung und einen hohen urbanen Bevölkerungsanteil. Denn urbane Erwerbsmöglichkeiten sind weniger volatil als Beschäftigungsverhältnisse in der Landwirtschaft. Ebenso verdrängen öffentliche Ersparnisse jene des Privatsektors. Der geschätzte Koeffizient liegt etwa bei -0,55. Demnach liegt keine Ricardianische Äquivalenz vor, bei der ein Euro staatlicher Ersparnis private Ersparnisse um diesen Betrag sinken lassen müsste. Zumindest z.T. signifikant positiv wirken das Niveau des Pro-Kopf-Einkommens und die Einkommensverteilung auf die private Ersparnisbildung. Der Einfluss des Wachstums des Pro-Kopf-Einkommens sowie der Geldmenge in Relation zum BIP, als Indikator für den Entwicklungsgrad der Finanzmärkte, waren im Vorfeld unklar (s. Kapitel 3.2.1.1 und 3.2.2.2). Beide erreichen in dieser Analyse mit positivem Vorzeichen statistische Signifikanz. Dynamischeres Wirtschaftswachstum und weiter entwickelte Finanzmärkte forcieren also eine höhere private Sparquote. Realzinsen, Inflation und politische Stabilität erreichen in den Modellen keine Signifikanz (vgl. ebd., S. 24 ff.). Weitere getestete Variablen sind neben der Volatilität der Inflationsrate und des realen Wechselkurses sowie dem Grad an Handelsoffenheit auch der Anteil des Verarbeitenden Gewerbes (hier inklusive Bergbau und Landwirtschaft) am BIP. Keiner dieser Regressoren erreicht in dieser Studie jedoch statistische Signifikanz (vgl. ebd., S. 30).

Bei der Erklärung der öffentlichen Sparquote ist politische Stabilität mit negativem Vorzeichen statistisch sehr bedeutend. Häufige Machtwechsel führten in den betrachteten Ländern zu geringeren staatlichen Ersparnissen. Gegenüber der Schätzung der privaten Sparquote verlieren die Altersstruktur, soziale Sicherungsnetze und der Entwicklungsgrad der Finanzmärkte ihre Relevanz. Sowohl für die private als auch die öffentliche Ersparnisbildung ist das Wachstum des Pro-Kopf-Einkommens die wichtigste Determinante (vgl. ebd., S. 30 & 34 ff.).

Ohr/Zeddies (2010) betrachten in ihrer Studie den im Vergleich zu den erwähnten Beiträgen aktuelleren Zeitraum von 1996 bis 2008. Sie analysieren die privaten Sparquoten von 18 EU-Mitgliedstaaten anhand der zuvor genannten Faktoren sowie des realen effektiven Wechselkurses (real effective exchange rate = REER, vgl. Ohr/Zeddies 2010, S. 5 ff.). Hier erreichen vor allem das Wachstum des Pro-Kopf-Einkommens (positiv), der REER und die Inflationsrate (beide negativ) eine hohe statistische Signifikanz. Der Entwicklungsgrad der Finanzmärkte und die Einkommensverteilung (beide positiv) weisen Signifikanz auf dem 5%- bzw. 10%-Niveau auf. Die anderen Variablen sind insignifikant (vgl. ebd., S. 9 f.). Im Vergleich zu den beiden früheren Studien fällt insbesondere die Irrelevanz des Niveaus des Pro-Kopf-Einkommens auf, das zuvor zu den wichtigsten Treibern der Sparquote gehörte. Dies könnte auf die eher homogene Stichprobe im Beitrag von Ohr/Zeddies zurückzuführen sein: Während sie zwar ebenfalls unterschiedlich weit entwickelte Länder betrachten, sind die Unterschiede zwischen den Industrie- und Entwicklungsländern in der Stichprobe von Hussein/Thirlwall (1999) deutlich größer. Ebenso konnten Ohr/Zeddies einen statistisch signifikanten Einfluss der Inflationsrate messen. Ihre negative Wirkung auf die Sparquote passt zu den Überlegungen in Kapitel 3.2.2.1. In Übereinstimmung mit den Ergebnissen von Edwards (1995) führt wirtschaftliches Wachstum nach Ohr/Zeddies (2010) zu höherer Ersparnisbildung.

Tabelle 3 veranschaulicht die Resultate der vorgestellten Beiträge. Da die Schätzergebnisse aus verschiedenen Studien mit unterschiedlichen Kombinationen aus erklärenden Variablen, Datenzeiträumen, Länderzusammensetzungen, Variablendefinitionen und Schätzmethoden stammen, ist die Darstellung mit Vorsicht zu interpretieren.[152] Beispielsweise wird der Einfachheit halber auf

---

[152]   Die Abkürzungen OLS, FE und IV stehen jeweils für eine "ordinary least squares-", "fixed effects-" bzw. "instrumental variable"-Schätzung.

Details zu Variablendefinitionen verzichtet. So messen die Autoren den Entwicklungsgrad der Finanzmärkte z.T. anhand der Geldmenge als Anteil am BIP und z.T. anhand des Verhältnisses des Kreditvolumens zum BIP. Die demografische Lage einer Volkswirtschaft wird einerseits mit dem Bevölkerungswachstum und andererseits mit der Altersabhängigkeitsrate charakterisiert. Die genauen Koeffizienten sind daher wenig aussagekräftig, Vorzeichen und statistische Signifikanz sind aber gut miteinander vergleichbar.[153] Die Abkürzungen "quer" und "1y" kennzeichnen Querschnittsanalysen und solche von Jahresdaten.

Tabelle 3: Übersicht Schätzungen Determinanten der Sparquote

	Hussein/Thirlwall (1999)		Edwards (1995)	Ohr/Zeddies (2010)
	quer	1y	1y	1y
BIP pro Kopf	2982,300***	6397,300***	0,000***	0,893
Wachstum BIP pro Kopf	0,900*	0,220***	0,425**	0,256***
Demografie	3,480***	1,340***	-0,056	0,047
Realzinsen	-0,290	-0,130***	-0,051	-0,020
Inflation		0,150***	0,012	-0,069***
Inflation²		-0,540***		
Entwicklungsgrad der Finanzmärkte	0,170***	0,430**	0,051***	0,017**
Einkommensverteilung			0,069***	0,160*
öffentliche Ersparnisse			-0,554***	
REER				-7,209***
Schätzmethodik	OLS	FE	IV	FE
Beobachtungen	62	1540	243	234
Anzahl Länder	62		36	18
Zeitraum	1967-1995		1970-1992	1996-2008

Quelle: Edwards (1995), Hussein/Thirlwall (1999), Ohr/Zeddies (2010)

---

[153]   Insbesondere die Koeffizienten für den Indikator BIP pro Kopf sind aufgrund von Unterschieden in der Variablendefinition offensichtlich nicht miteinander zu vergleichen.

4.1.2 Erklärung der Leistungsbilanz

Nutzt man die in der Literatur identifizierten Treiber der Leistungsbilanz, um die Spar- und Investitionsquote, deren Differenz nach Gleichung [1] dem Leistungsbilanzsaldo entsprechen muss, separat herzuleiten, sind die meisten Variablen auch für die Sparquote relevant. Allerdings gibt es Indikatoren, die die Leistungsbilanz stärker über die Investitionstätigkeit beeinflussen als über die Ersparnisbildung (vgl. IWF 2013, S. 18 f.).[154] Daher ist es sinnvoll, sich bei einer empirischen Analyse der Leistungsbilanz nicht lediglich nach Studien zur Sparquote zu richten. Im Folgenden werden einige der einflussreichsten Studien zur Leistungsbilanz vorgestellt, an denen sich die Analyse in der vorliegenden Arbeit orientiert – sowohl was die Variablenauswahl als auch die Schätzmethodik betrifft.

Die Leistungsbilanz wird in der wissenschaftlichen Literatur üblicherweise mit intertemporalen Präferenzen für Konsum erklärt, aus denen sich Spar- und Investitionsentscheidungen ableiten lassen (vgl. Ca'Zorzi/Chudik/Dieppe 2012, S. 2, Gehringer 2013a, S. 4). Zu den am häufigsten eingesetzten Determinanten gehören z.b. ein Maß für das relative Pro-Kopf-Einkommensniveau einer Volkswirtschaft, demografische Faktoren, die Fiskalbilanz oder die Nettoauslandsvermögensposition (vgl. EU Kommission 2012b, S. 59, Gehringer 2013a, S. 4). Verschiedene Autoren haben in ihren Beiträgen einen Überblick über die Literatur zu diesem Thema gegeben, z.b. Chinn/Prasad (2003, S. 49), Herrmann/Jochem (2005, S. 8) oder Ca'Zorzi/Chudik/Dieppe (2012, S. 2 f.). Zu den wichtigsten Standardwerken in der empirischen Analyse der Bestimmungsfaktoren der Leistungsbilanz gehören insbesondere Debelle/Faruqee (1996) und Chinn/Prasad (2003) (vgl. Johansson/Wang 2012, S. 6, Gehringer 2014, S. 3).

---

[154] Ein Beispiel dafür ist das reale BIP-Wachstum bzw. die Produktionslücke. Da Investitionen sehr zyklisch sind, beeinflusst diese Größe die Investitionsquote und (vor allem) hierüber die Leistungsbilanz.

Debelle/Faruqee (1996)

Debelle/Faruqee (1996) untersuchen die Leistungsbilanzen von 55 Industrie- und Entwicklungsländern zwischen 1971 und 1993. Die Autoren errechnen, dass etwa die Hälfte der Varianz in den Leistungsbilanzdaten in ihrer Stichprobe auf Unterschiede zwischen Ländern und die andere Hälfte auf Veränderungen im Zeitverlauf innerhalb der Länder zurückzuführen ist (vgl. Debelle/Faruqee 1996, S. 7 f.). Folglich führen sie zuerst eine Querschnittsanalyse mit einer "ordinary least squares" (OLS)-Schätzung durch. Hiermit lassen sich die Variation zwischen Ländern erklären und Aussagen über langfristige Bestimmungsfaktoren der Leistungsbilanz treffen. Anschließend nutzen die Autoren pooled OLS-, "fixed effects" (FE)- sowie eine Schätzung in ersten Differenzen, um die zeitliche Variation in den Daten zu erklären.[155]

Die Querschnittsanalyse basiert hauptsächlich auf den Einflussfaktoren Fiskalbilanz, demografische Abhängigkeitsraten (*dependency rates*), relatives reales Pro-Kopf-Einkommen, Nettoauslandsvermögensposition und Terms of Trade. In einer Erweiterung fließen außerdem die Realzinsen, das reale Wirtschaftswachstum, Inflation, Volatilität der Inflation sowie der Terms of Trade, Ölimporte sowie -exporte in Relation zum BIP und Kapitalverkehrskontrollen mit ein (vgl. ebd., S. 12 ff.). In der Panelanalyse wird außerdem die zeitverzögerte abhängige Variable eingesetzt, d.h. der Leistungsbilanzsaldo vor einem Jahr ist ein Bestimmungsfaktor für den aktuellen Saldo. Diese Vorgehensweise eignet sich bei einer hohen Persistenz in der abhängigen Variable, wenn sich diese also von einem Jahr auf das andere nur graduell verändert. Weitere Determinanten sind

---

[155]   FE- und "random effects" (RE)-Schätzungen basieren auf der Annahme, dass bestimmte, nicht zu beobachtende und daher im Modell unberücksichtigte, länderspezifische Faktoren einen Einfluss auf die Leistungsbilanz haben. Debelle und Faruqee entscheiden sich für eine FE- anstelle einer RE-Schätzung, da letztere davon ausgeht, dass diese Faktoren nicht mit den Regressoren des Modells korrelieren. Diese Annahme erscheint unrealistisch und wird von den Autoren verworfen (vgl. Debelle/Faruqee 1996, S. 10 f.). Dieser Meinung soll hier gefolgt werden. Eine detaillierte Beschreibung der in dieser Arbeit angewandten Schätzmethodik enthält Kapitel 4.3.

der REER – u.a. mit einer Zeitverzögerung (*lag*) von einem Jahr – und die Produktionslücke (*output gap*, vgl. ebd., S. 18 ff.).

Das relative reale BIP pro Kopf wird in der Literatur häufig verwendet, um die Erkenntnisse der stage-of-development-Hypothese in die Analyse einfließen zu lassen. Debelle und Faruqee setzen das Pro-Kopf-Einkommen in Relation zu demjenigen in einem Referenzland, in diesem Fall den USA. Ferner kommt zu der Variable in der ersten Potenz ein quadrierter Term hinzu. Damit soll ein nicht-linearer Zusammenhang zwischen dem Pro-Kopf-Einkommen und der Leistungsbilanz abgebildet werden (vgl. ebd., S. 6).[156] Die Altersstruktur der Bevölkerung messen Ökonomen üblicherweise anhand der Abhängigkeitsrate: Die Anzahl der Personen im nicht-erwerbsfähigen Alter wird der Anzahl der erwerbsfähigen Personen gegenübergestellt. Zumeist, so auch von Debelle/Faruqee (ebd., S. 6 f.), wird dabei zwischen der Alters- (hier: Personen im Alter von 65 Jahren und mehr) und der Jugendabhängigkeitsrate (hier: Personen im Alter von 18 Jahren und weniger) unterschieden. Im beschriebenen Beitrag kommt ein relatives Maß zum Einsatz, d.h. nur die Abweichungen vom jeweiligen Mittelwert in diesen Quoten fließen in die Modelle ein. Die Volatilität von Inflation und Terms of Trade soll precautionary saving abbilden (vgl. ebd., S. 7).

In der Querschnittsanalyse stellen Debelle und Faruqee einen positiven (und statistisch signifikanten) Einfluss des realen BIP pro Kopf auf die Leistungsbilanz fest. Von der quadrierten Variable geht ein negativer Einfluss auf die Leistungsbilanz aus. Mit einem niedrigen Pro-Kopf-Einkommen sind somit Leistungsbilanzdefizite verbunden. Steigerungen des Einkommensniveaus sorgen zuerst für steigende Sparquoten und positivere Salden. Die betroffenen Volkswirtschaften erhöhen zum einen ihr Sparpotenzial, zum anderen komplettieren sie Aufholprozesse, benötigen weniger Gelder aus dem Ausland und gleichen ihre Kapitalbilanz aus. Sobald sie ein höheres Einkommensniveau erreicht ha-

---

[156] Diese Vorgehensweise entspricht der oben beschriebenen von Hussein/Thirlwall (1999) bezüglich der Inflationsrate.

ben, flacht dieser Trend jedoch ab. Unter ähnlich wohlhabenden Ländern spielt dieser Einflussfaktor keine Rolle mehr. Dementsprechend finden die Autoren nur in der gesamten Stichprobe die passenden Vorzeichen, positiv in der ersten und negativ in der zweiten Potenz, bei statistischer Signifikanz. Untersuchen sie die Industrie- bzw. Entwicklungsländer separat, erreichen die Variablen keine Signifikanz und weisen z.T. wenig plausible Vorzeichen auf (vgl. ebd., S. 13 & 31 f.).

Die *dependency rate* übt den erwarteten negativen Einfluss auf die Leistungsbilanz aus, erreicht jedoch nur teilweise statistische Signifikanz. Die Fiskalbilanz bleibt ohne signifikanten Einfluss. Nach Ansicht der Autoren kann dies an der bekannten Verdrängung privater durch öffentliche Ersparnisse liegen. Ein anderer Erklärungsansatz stellt die Attraktivität einer Volkswirtschaft mit gesunden öffentlichen Finanzen für Investitionen in den Vordergrund: Laut Debelle/Faruqee (ebd., S. 12 ff.) kann eine bessere Fiskalbilanz mit einer intensiveren Investitionstätigkeit einhergehen, sodass sich in der Summe eine neutrale Wirkung auf die Leistungsbilanz einstellt. Die NFA-Position wirkt positiv (und statistisch signifikant) auf den Leistungsbilanzsaldo. Die Terms of Trade erreichen als einzige Variable durchgängig statistische Signifikanz auf dem 5%-Niveau in der Gesamtstichprobe und beeinflussen die Leistungsbilanz positiv. Realzinsen, das BIP-Wachstum, Inflation, die Handelsbilanz mit dem Rohstoff Öl, Kapitalverkehrskontrollen sowie die Volatilität der Inflationsrate bzw. der Terms of Trade sind in diesem Datensatz keine signifikanten Treiber der Leistungsbilanz. Die Modelle können etwa 30% der Varianz in den Leistungsbilanzsalden der Industrie- und Entwicklungsländer erklären. In einem nur aus Industrieländern bestehenden Teil der Stichprobe liegt dieser Wert bei ca. 70% (vgl. ebd., S. 12 ff. & 31 f.).

In der Panelanalyse, in der Jahresdaten und somit die Veränderungen im Zeitverlauf analysiert werden, bleibt das relative Einkommen z.T. mit positivem Vorzeichen signifikant. Die Fiskalbilanz erhält in den meisten Modellvarianten statistische Signifikanz bei dem erwarteten positiven Vorzeichen, die *dependen-*

cy rate verliert ihre Signifikanz. Die Autoren führen dies darauf zurück, dass demografische Veränderungen Zeit brauchen, sodass es keine großen Schwankungen in der *dependency rate* gibt. Die Demografie beeinflusst eher das langfristige Niveau des Leistungsbilanzsaldos als Schwankungen in diesem. Daher bildet die Querschnittsanalyse demografische Einflüsse besser ab als die Panelanalyse (vgl. ebd., S. 21).

Die zeitverzögerte abhängige Variable (der autoregressive Term = AR-Term) ist in allen Modellvarianten hoch signifikant. Ihr Koeffizient liegt zwischen 0,65 und 0,85. Die Leistungsbilanz ist mithin eine relativ persistente Variable und die Einbeziehung des Vorjahressaldos zur Erklärung des aktuellen ist sinnvoll. Die *output gap* ist mit negativem Vorzeichen durchgängig auf dem 5%-Niveau signifikant. Die Ergebnisse bestätigen damit, dass die Leistungsbilanz einer Volkswirtschaft von der jeweiligen Position im Konjunkturzyklus abhängt. Den Überlegungen dieser Arbeit entsprechend verschlechtert ein konjktureller Aufschwung die Bilanz (s. Kapitel 2.1.1). Im Boom dominiert damit der mindernde Effekt hoher Investitionen den positiven Effekt eines gesteigerten Sparpotenzials (vgl. ebd., S. 21). In seiner zeitverzögerten Variante ist der REER in jedem Modell mit negativem Vorzeichen hoch signifikant. Eine reale Aufwertung führt demnach zu einer schlechteren Leistungsbilanz. Dies ist konsistent mit der "Marshall-Lerner-Bedingung" (s. Kapitel 4.2.1). Die Terms of Trade üben wie in der Querschnittsanalyse einen durchgehend positiven und hoch signifikanten Einfluss auf die Leistungsbilanz aus. Dies bestätigt die Lebenszyklushypothese, nach der Verbraucher ihren Konsum glätten und temporär höhere Einkommen – in Folge gestiegener Terms of Trade – in Antizipation einer künftigen Verringerung für zusätzliche Ersparnisse nutzen (vgl. ebd., S. 21). In der Panelanalyse können etwa 80% der Varianz in den Leistungsbilanzen durch die Modelle erklärt werden.

Der Beitrag von Debelle und Faruqee verdeutlicht, dass je nach Schätzmethodik – Bestimmung der langfristigen Einflussfaktoren in der Querschnittsanalyse gegenüber den kurzfristig bedeutsamen Treibern in der Panelanalyse – unterschiedliche Variablen relevant sind. Zu den wichtigsten Determinanten gehören hier das BIP pro Kopf, die NFA-Position, die Produktionslücke, der REER, die Terms of Trade und der Leistungsbilanzsaldo der Vorperiode. Fiskalbilanz und Demografie sind zumindest teilweise bedeutsam, die Realzinsen dagegen nicht.

Chinn/Prasad (2003)

Chinn/Prasad (2003) verwenden einen Datensatz von 18 Industrie- und 71 Entwicklungsländern zwischen 1971 und 1995. Sie sind primär an den mittel- und langfristigen Bestimmungsfaktoren der Leistungsbilanz interessiert und weniger an zyklischen Bewegungen oder solchen, die durch temporäre Schocks ausgelöst werden (vgl. Chinn/Prasad 2003, S. 48). Daher beginnen sie ihre empirische Untersuchung wie Debelle/Faruqee (1996) mit einer OLS-Querschnittsanalyse. Ebenso verwenden die Autoren das relative Einkommensniveau, die Fiskalbilanz, die NFA-Position, die (Alters- und Jugend-)Abhängigkeitsrate, die Volatilität der Terms of Trade und Kapitalverkehrskontrollen. Das durchschnittliche BIP-Wachstum sowie eine Dummy-Variable, die im Fall eines ölexportierenden Landes den Wert eins annimmt, sollen ebenfalls das langfristige Niveau des Leistungsbilanzsaldos erklären. Neue Variablen im Vergleich zu Debelle/Faruqee (1996) sind der Entwicklungsgrad der Finanzmärkte und die Handelsoffenheit.

Relatives Einkommen, Fiskalbilanz, NFA-Position, der Ölexport-Dummy und der Entwicklungsgrad der Finanzmärkte sind im Querschnittsvergleich statistisch signifikant. Das relative Einkommen weist die erwarteten Vorzeichen auf: positiv in der ersten und negativ in der zweiten Potenz. Alle anderen Variablen sind mit positivem Vorzeichen signifikant, der Entwicklungsgrad der Finanzmärkte jedoch nicht mehr in der Stichprobe der 18 Industrieländer. Dies dürfte an der größeren Homogenität der Finanzmärkte in diesem Segment der Stichprobe liegen. Die Abhängigkeitsraten weisen zwar i.d.R. das korrekte negative Vorzeichen auf, sind jedoch nur teilweise und höchstens auf dem 10%-Niveau signifikant. Die Volatilität der Terms of Trade, Kapitalverkehrskontrollen, das

mittlere Wirtschaftswachstum und die Handelsoffenheit bleiben ohne Signifikanz (vgl. ebd., S. 54 ff.).

Da im hier verwendeten Datensatz etwa 60% der Variation in der Leistungsbilanz auf zeitlichen Entwicklungen innerhalb der Länder beruhen, greift eine
Querschnittsanalyse nicht auf alle verfügbaren Informationen zurück. Chinn und
Prasad ergänzen sie daher um eine Panelanalyse. Um zyklische Schwankungen
auszublenden, unterteilen sie den Datenzeitraum für jede Variable in Fünfjahresintervalle (vgl. ebd., S. 52). Anschließend regressieren sie die Mittelwerte der
Leistungsbilanzsalden innerhalb dieser Intervalle auf die entsprechenden Mittelwerte der Variablen ("non-overlapping 5-year averages", ebd., S. 52). Dadurch trennen sie die mittelfristigen Treiber der Leistungsbilanz von kurzfristigen konjunkturbedingten Störungen. Für die Schätzungen nutzen sie pooled
OLS und zudem zeitliche Dummy-Variablen (*time dummies*) als Regressoren,
um mögliche Zeittrends in den Daten aufzufangen.

Die Berücksichtigung der zeitlichen Dimension verändert die Schätzergebnisse
nur geringfügig. Lediglich das relative Einkommen verliert seine statistische
Signifikanz. Wie bei Edwards (1995) legt der Koeffizient von 0,31 für den Fiskalsaldo nahe, dass keine Ricardianische Äquivalenz besteht. Die fehlende statistische Bedeutung des Wirtschaftswachstums für die Leistungsbilanz erklären
die Autoren damit, dass Wachstum sowohl die Spar- als auch die Investitionstätigkeit anregt und dadurch in der Summe keinen Einfluss auf die Leistungsbilanz hat (vgl. ebd., S. 63). Die Variable zur Handelsoffenheit kann nach den
Autoren Handelsliberalisierungsschritte mit Auswirkungen auf den Außenhandel einer Volkswirtschaft abbilden oder ihre Fähigkeit, durch Exporterlöse Auslandsschulden zurückzuzahlen. Sie bleibt aber auch in der Regression anhand
von Fünfjahresintervallen ohne Signifikanz, ebenso wie die Inflationsrate und
ihre Volatilität als zusätzlich getestete Variablen (vgl. ebd., S. 59 ff.). Eine für
die Fünfjahresintervalle durchgeführte FE-Schätzung erweist sich gegenüber
ihrem OLS-Pendant als unterlegen: Nicht nur verringert sich die statistische
Signifikanz einiger Regressoren, sondern auch das für das Modell insgesamt

berechnete Gütemaß R², also der Anteil der Variation in den Daten, den das Modell erklären kann. Zudem weisen einige Regressoren wenig plausible Vorzeichen auf (vgl. ebd., S. 69).

Zuletzt führen Chinn und Prasad eine OLS-Panelregression mit Jahresdaten durch. Hier setzen sie zusätzlich einen AR-Term ein, der bei einem Koeffizienten von 0,57 hoch signifikant ist. Durch die Berechnung von Fünfjahresintervallen bestand in der Leistungsbilanzvariable in der zuvor beschriebenen Panelschätzung keine Autokorrelation. Der mittlere Saldo der vorherigen fünf Jahre beeinflusst denjenigen der folgenden fünf Jahre offensichtlich nicht signifikant. Daher konnten die Autoren zuvor auf einen AR-Term verzichten. Ferner wird dem Jahresdatenmodell eine REER-Variable mit einem *lag* von einem Jahr hinzugefügt. Diese weist zwar immer das zu erwartende negative Vorzeichen, jedoch nur in der Stichprobe der 18 Industrieländer statistische Signifikanz auf. Die sonstigen Ergebnisse unterscheiden sich nicht nennenswert von denjenigen der ersten beiden Schätzungen.

Die Studie von Chinn und Prasad führt die Konstruktion von Mehrjahresintervallen ein, die in der Literatur zur empirischen Analyse der Leistungsbilanz oft wiederholt wurde. Zu den nach ihren Ergebnissen wichtigsten Determinanten gehören die Fiskalbilanz, die NFA-Position, das relative Einkommensniveau und die Frage, ob eine Wirtschaft Ölexporteur oder -importeur ist. Im Verhältnis zu Debelle/Faruqee (1996) unterstreicht dieser Beitrag die Bedeutung der Fiskal- sowie der Ölhandelsbilanz. Beide Untersuchungen sind sich einig in der großen statistischen Signifikanz der NFA-Position sowie in der geringen Bedeutung demografischer Faktoren für die Leistungsbilanz.

IWF (2013)

Der IWF befasst sich im "External Balance Assessment" (EBA) mit Fragen zur Zahlungsbilanz von Volkswirtschaften und deren Unterpositionen. Anhand von Panelregressionen mit ökonomischen Fundamentaldaten berechnet er Sollgrößen für die Leistungsbilanz, beziffert Abweichungen und führt diese etwa auf marktgetriebene oder politische Verzerrungen zurück (vgl. IWF 2014, S. 19).[157]

Im EBA nutzt der IWF zur Ermittlung der Zusammenhänge zwischen Fundamentalfaktoren und Leistungsbilanzsalden die Daten von 49 Industrie- und Schwellenländern, die zusammen 90% des Welt-BIP erwirtschaften, im Zeitraum 1986-2010. Die Leistungsbilanz wird u.a. aus Determinanten der gesamtwirtschaftlichen Sparquote, der Investitionsquote, der Handelsbilanz und der Kapitalbilanz hergeleitet (vgl. IWF 2013, S. 5 f.). Die meisten unabhängigen Variablen werden in Relation zum gewichteten Durchschnitt der Handelspartner einer Volkswirtschaft gesetzt. Denn in einer Stichprobe, die einen Großteil des Welthandels abbildet, bewirken nur relative Veränderungen gegenüber den Export- und Importpartnern Anpassungen in Außenhandelsströmen und damit in der Leistungsbilanz (vgl. ebd., S. 8 f.). Da explizit zyklische Übertreibungen identifiziert werden sollen, basieren die Berechnungen auf Jahresdaten. Im EBA-Ansatz wird eine "generalised least squares" (GLS)-Schätzung vorgenommen, die die Residuen der Regression um Autokorrelation erster Ordnung korrigiert (vgl. ebd., S. 9 f. & 19).

Die vom IWF verwendeten Determinanten sind vier verschiedenen Kategorien zugeordnet: 1) nicht-politische Variablen: z.B. Entwicklungsniveau oder demografische Faktoren, 2) finanzielle Variablen: z.B. Anteil der eigenen Währung an den weltweiten Devisenreserven oder Aktienmarktvolatilität als Proxy-Variable für weltweite Risikoaversion, 3) zyklische Variablen: z.B. Produktionslücke oder Terms of Trade, 4) politische Variablen: z.B. Fiskalbilanz oder öffentliche Gesundheitsausgaben in Relation zum BIP als Proxy für soziale Sicherungsnetze (vgl. ebd., S. 11 ff.).

Die NFA-Position taucht in den Berechnungen einmal (zeitverzögert um ein Jahr) als reguläre Variable auf und einmal interagiert mit einer Dummy-

---

[157] Der EBA ist Nachfolger der "Consultative Group on Exchange Rate Issues" (CGER, vgl. IWF 2013, S. 4).

Variable, die den Wert eins annimmt, sobald die NFA-Position bei unter -60% des BIP liegt. Hierdurch sollen Probleme einer nicht nachhaltigen Auslandsverschuldung und in der Folge intensivierte Bemühungen um eine ausgeglichene Leistungsbilanz zum Ausdruck gebracht werden (vgl. ebd., S. 12). Die demografische Situation eines Landes wird mit drei Variablen abgebildet: erstens die bekannte Altersabhängigkeitsrate, zweitens das Bevölkerungswachstum und drittens das Tempo der Alterung der Gesellschaft, gemessen mit der erwarteten Veränderung der Altersabhängigkeitsrate innerhalb der kommenden 20 Jahre. Das Bevölkerungswachstum ist eine Alternative zur Jugendabhängigkeitsrate, die die Belastung der Sparquote durch die junge Nicht-Erwerbsgeneration misst. Mit dem Tempo der Alterung führt der EBA-Ansatz eine zukunftsgerichtete Maßzahl ein, weil Konsumenten ihr Sparverhalten nicht nur an der aktuellen demografischen Situation, sondern an ihren diesbezüglichen Erwartungen für die Zukunft ausrichten (vgl. Lane 2010, S. 141, Lane/Milesi-Ferretti 2011, S. 7). Zudem führt der IWF eine Dummy-Variable ein, die den Status einer Wirtschaft als Finanzzentren kennzeichnet. Sie beträgt eins für die Niederlande, Belgien und die Schweiz (Luxemburg und Singapur sind im Datensatz der Studie nicht enthalten). Ohne diesen Dummy können die Schätzungen einiger Parameter nach dem IWF verzerrt sein (vgl. IWF 2013, S. 13 f.). Mit dem Anteil der Währung an den globalen Devisenreserven wird der Vorteil einer Ankerwährung abgebildet, der es z.B. den USA erleichtert, Leistungsbilanzdefizite zu finanzieren, da der USD von einem starken Investorenvertrauen weltweit profitiert (vgl. ebd., S. 14).

Mit positivem Vorzeichen signifikant, jeweils auf dem 5%- oder 1%-Niveau, sind die NFA-Position, der Status als Finanzzentrum, das Entwicklungsniveau, die Öl- und Gashandelsbilanz, das Tempo der gesellschaftlichen Alterung, die weltweite Aktienmarktvolatilität, die Terms of Trade und die Fiskalbilanz (vgl. ebd., S. 63). Das Ergebnis für die Aktienmarktvolatilität liegt in intensiviertem Vorsichtsparen bei höherer Volatilität auf Vermögensmärkten begründet. Der Koeffizient für die Fiskalbilanz wird auf etwa 0,32 geschätzt, bestätigt also, dass öffentliche Ersparnisse nur einen Teil privater Ersparnisse verdrängen und in der Summe positiv auf die Leistungsbilanz wirken. Die mit dem Dummy interagierte NFA-Position weist das erwartete negative Vorzeichen auf, ist aber nicht statistisch signifikant (vgl. ebd., S. 17).

Mit negativem Vorzeichen signifikant sind der mittelfristige Wachstumsausblick, die Höhe der Sozialausgaben des Staates, der Anteil der Währung an den weltweiten Reserven, die Produktionslücke und die Qualität von Institutionen – größere Rechtssicherheit führt zu höheren Investitionen. Alle Variablen sind mit ihrem aus theoretischer Sicht erwarteten Vorzeichen signifikant. Nicht signifikant sind dagegen die *dependency rate* und das Bevölkerungswachstum, Kapitalverkehrskontrollen sowie außerdem getestete Realzinsen (vgl. ebd., S. 63 ff.).

Die Studie bestätigt Ergebnisse früherer Beiträge und zeigt, dass die Zusammenhänge auch für Datenzeiträume der jüngeren Vergangenheit gelten. Ferner kann sie die theoretischen Überlegungen zur Wirkungsweise der Einflussfaktoren auf die Leistungsbilanz in nahezu allen Fällen empirisch untermauern.

Rahman (2008)

Rahman (2008) untersucht die mittelfristigen Determinanten der Leistungsbilanz in 21 Industrie- und 38 Entwicklungsländern im Zeitraum 1971-2006. Hierfür nutzt sie wie Chinn/Prasad (2003) Zeitintervalle – hier: von jeweils vier Jahren –, für die sie OLS- und FE-Schätzungen anfertigt. Bei der Auswahl der Determinanten orientiert sie sich an der Vorgehensweise des IWF. Die NFA-Position versieht sie nicht mit einem *lag* wie in anderen Studien, die Jahresdaten in der Regression verwenden. Stattdessen erklärt sie den mittleren Leistungsbilanzsaldo eines jeden Vierjahresintervalls mit der NFA-Position im ersten dieser vier Jahre. So umgeht sie Endogenitätsprobleme: Denn die NFA-Position beeinflusst nicht nur die Leistungsbilanz. Sie ist gleichzeitig das Ergebnis von Entwicklungen in dieser Größe. Diese Interdependenz kann die Schätzergebnisse verzerren (vgl. Rahman 2008, S. 6).

Rahman führt vier neue Regressoren in ihre Modelle ein: erstens zufließende Direktinvestitionen (*foreign direct investment* = FDI). Je mehr FDI einem Land zufließen, desto eher lassen sich Defizite in der Leistungsbilanz finanzieren. Zudem signalisieren zufließende FDI ein gutes Investitionsklima und ziehen oft inländische Investitionen nach sich. Weiterhin kann mit FDI zusätzlicher Importbedarf einhergehen, falls Industrien aufgebaut werden, die Vorleistungen importieren müssen. Insgesamt ist daher mit einem negativen Vorzeichen zu rechnen (vgl. ebd., S. 6). Zweitens verwendet Rahman Dummy-Variablen für nationale Bankenkrisen sowie für die Asienkrise. Im Zuge von Krisen können sich Leistungsbilanzsalden drastisch verändern: Sie können etwa wegen wegfallender Exporte einbrechen oder wegen rückläufiger Binnennachfrage und fehlender Finanzierungsmöglichkeiten für ein Defizit ins Plus schießen. Drittens nutzt sie einen Dummy für zufließende Sekundäreinkommen. Damit rückt sie die Unterposition der Leistungsbilanz in den Vordergrund, die für einige Entwicklungsländer eine wichtige Finanzierungsquelle darstellt. Sobald einem Land Nettosekundäreinkommen in Höhe von mindestens 5% des BIP zufließen, nimmt diese Variable den Wert eins an (vgl. ebd., S. 6 f.). Viertens kommt in einer weiterführenden Untersuchung eine Dummy-Variable zum Einsatz, die den Abschluss von EU-Beitrittsverhandlungen anzeigt (s. auch Kapitel 4.2.1).

In der OLS-Schätzung sind relatives Einkommen, Fiskalbilanz, NFA-Position, Ölhandelsbilanz, die Krisen-Dummies und die Dummies für zufließende Sekundäreinkommen positiv signifikant. Altersabhängigkeitsrate, Bevölkerungswachstum und FDI sind negativ signifikant, FDI jedoch nur knapp auf dem 10%-Niveau. Alle Regressoren weisen das erwartete Vorzeichen auf. BIP-Wachstum und die Dummy-Variable, die Finanzzentren anzeigt, sind in dieser Stichprobe nicht statistisch bedeutend für die Leistungsbilanz. Insgesamt kann dieses Modell gut 40% der Variation in der abhängigen Variable erklären. In der FE-Schätzung verlieren sich nur langsam verändernde Größen, wie das relative Einkommen oder die Altersabhängigkeitsrate, ihre Signifikanz und wechseln z.T. das Vorzeichen (vgl. ebd., S. 7). Dies liegt daran, dass Daten bei einer FE-Schätzung transformiert und im Zeitverlauf konstante Werte implizit in den länderspezifischen Effekten berücksichtigt werden (vgl. ebd., S. 8, s. auch Kapitel 4.3). Daher ist bei Größen, die sich stärker zwischen Ländern als im Zeitverlauf unterscheiden, eine OLS-Schätzung überlegen.

Der Beitrag von Rahman (2008) greift frühere Analysen der Bestimmungsfaktoren von Leistungsbilanzsalden explizit auf – z.B. Chinn/Prasad (2003), IWF (2006) und Chinn/Ito (2007) – und bestätigt deren Ergebnisse größtenteils (vgl. ebd., S. 9). Laut Autorin sind vor allem drei Faktoren geeignet, um mittelfristige Leistungsbilanzsalden zu erklären: die Fiskalbilanz, die Nettoauslandsvermögensposition und die Ölhandelsbilanz. Oft überprüfte Indikatoren, wie das reale relative BIP pro Kopf oder die *dependency rate*, seien immerhin teilweise signifikant, das reale BIP-Wachstum dagegen nur selten (vgl. ebd., S. 8 f.).

Ca'Zorzi/Chudik/Dieppe (2012) und EU Kommission (2012b)

Ca'Zorzi/Chudik/Dieppe (2012) arbeiten mit dem größten Datensatz der hier vorgestellten Beiträge. Sie untersuchen in ihren Modellen zwischen 77 und 99 Länder im Zeitraum von 1980 bis 2013 (Prognosewerte am aktuellen Rand). Die Autoren verwenden neben der langfristigen Querschnitts- und kurzfristig angelegten Jahresdatenanalyse ebenfalls Vierjahresintervalle in einer einfachen pooled OLS-Schätzung, um konjunkturbedingte Verzerrungen auszublenden. Sie ziehen die üblichen Determinanten zur Erklärung der Leistungsbilanz heran und lassen für die meisten Variablen die Abweichungen vom gewichteten Mittelwert der Handelspartner in die Modelle einfließen. Neu eingesetzter Bestimmungsfaktor ist der Anteil von Investitionen am BIP. Heutige Investitionen erhöhen das erwartete Wachstum. Nach der Lebenszyklushypothese glätten Haushalte ihren Konsum und erhöhen ihn bei besseren Erwartungen bereits, bevor sich das Wachstum tatsächlich beschleunigt. Daher wird für diesen Indikator ein negatives Vorzeichen erwartet. Ferner üben Investitionen einen direkten Einfluss auf die Binnennachfrage aus, bringen Importe mit sich und verschlechtern so die Handelsbilanz (vgl. Ca'Zorzi/Chudik/Dieppe 2012, S. 4).

Der wichtigste Beitrag dieser Studie besteht in der Auswahl des endgültigen Modells zur Erklärung der Leistungsbilanz. Nach Kalkulation sämtlicher Variationen ermitteln die Autoren Durchschnittsmodelle und erhalten so Schätzungen, die durch eine Vielzahl von Modellvarianten gestützt sind ("Bayesian model averaging", vgl. ebd., S. 8 ff.).

Nach den Ergebnissen dieser Berechnungen ist die NFA-Position die wichtigste Determinante der Leistungsbilanz. Sie erhält in allen drei Schätzvarianten – Jahresdaten, Vierjahresintervalle, Querschnittsanalyse – statistische Signifikanz bei positivem Vorzeichen. Ölhandelsbilanz, Fiskalsaldo und die demografischen Variablen sind zumeist ebenfalls signifikant, das relative Einkommen dagegen nicht (vgl. ebd., S. 15 ff.). Die Studie bestätigt die (meisten) Ergebnisse früherer Beiträge und erweitert somit deren Gültigkeit auf eine deutlich gestiegene Länderanzahl sowie um die jüngste wirtschaftliche Krise.

Eine Bayesian model averaging-Technik nutzt auch ein Beitrag der EU Kommission (2012b), in dem 31 OECD-Länder im Zeitraum 1996-2010 untersucht werden. Mit den eingesetzten Bestimmungsfaktoren wurden insgesamt über 260.000 Modelle berechnet (vgl. EU Kommission 2012b, S. 97). Nach diesen Ergebnissen sind die wichtigsten Determinanten der Leistungsbilanz in absteigender Reihenfolge die NFA-Position, die Ölhandelsbilanz, das Tempo der gesellschaftlichen Alterung, die Fiskalbilanz, der Anteil des Verarbeitenden Gewerbes am BIP und ein Dummy für den Status als Finanzzentrum, alle mit positivem Vorzeichen (vgl. ebd., S. 80 f.). Mit einigem Abstand folgen dahinter *output gap* und REER. Im Kontext der vorliegenden Arbeit ist insbesondere die große Bedeutung entscheidend, die die Kommission dem Verarbeitenden Gewerbe bei der Erklärung der Leistungsbilanz – vor allem in entwickelten Ländern – beimisst (vgl. ebd., S. 91).

Zusammenfassung

Tabelle 4 fasst die Ergebnisse einiger Literaturbeiträge zusammen. Hinsichtlich ihrer Vergleichbarkeit gelten die gleichen Einschränkungen wie bei Tabelle 3. Unterschiede in der Variablendefinition liegen bspw. bei einer mit einem *lag* versehenen und einer nicht zeitverzögerten NFA-Position vor, bei der genauen Ölhandelsbilanz einer Volkswirtschaft und einem Dummy, der lediglich Netto-ölexport anzeigt, sowie bei der Definition der Volatilität, die anhand der Inflation, der Terms of Trade oder der Aktienmärkte gemessen wird. Die Abkürzungen "5y" und "4y" kennzeichnen Analysen von Fünf- bzw. Vierjahresintervallen. Bei der *dependency rate* wird unter den drei Variablen Bevölkerungswachstum, Alters- und Jugendabhängigkeitsrate jeweils der Koeffizient mit der höchsten statistischen Signifikanz abgebildet. Weitere Studienergebnisse, die sich hier anführen ließen, z.B. Cheung/Furceri/Rusticelli (2010), Jaumotte/Sodsriwiboon (2010) und Medina/Prat/Thomas (2010), liefern vergleichbare Ergebnisse.

Tabelle 4: Übersicht Schätzungen Determinanten der Leistungsbilanz

	Debelle/Faruqee (1996)		Chinn/Prasad (2003)			IWF (2013)	Rahman (2008)	Ca'Zorzi/Chudik/Dieppe (2012)		
	quer	1y	quer	5y	1y	1y	4y	quer	4y	1y
AR-Term		0,67***			0,566***					
NFA-Position	0,22*	0,059***	0,046**	0,048***	0,023***	0,016**	0,04***	0,063***	0,036***	0,036***
relatives Einkommen	-0,001		0,119**	0,042	0,004	0,065***	0,03**	0,004	0,000	-0,003
relatives Einkommen²	-0,004	0,16***	-0,096**	-0,018	-0,001			0,000	0,002	0,002
Fiskalbilanz	-0,024	-0,041	0,375***	0,306***	0,173***	0,324***	0,39***	0,211	0,261***	0,252***
dependency rate			-0,054*	-0,025	0,041	-0,03	-0,79**	-0,062	-0,057**	-0,493***
Ölhandelsbilanz			0,023***	0,02**	0,007	0,615***	0,15***	0,1	0,127***	0,133***
Wirtschaftswachstum		-0,24***	-0,152	-0,052	0,047	-0,4***	-0,05	0,141	0,033	-0,043
Volatilität			0,022	0,018	0,015	0,068***				
Terms of Trade	0,45**	0,15***			-0,003	0,23***				
REER		-3,72**	0,011	0,01	0,001					
Kapitalverkehrskontrollen										
Dummy Finanzzentrum						0,016	0,01	0,007	0,048***	0,048***
Dummy Asienkrise										
Handelsoffenheit			-0,01	-0,008	0,003	0,033***	0,028***	0,013	0,016***	0,018***
Schätzmethodik	OLS	FE	OLS	OLS	OLS	GLS	OLS	OLS	OLS	OLS
Beobachtungen	55	420	89	305	1.469	1.080	470	77	462	1.925
Anzahl Länder	55		89			49	59	77-99		
Zeitraum	1971-1993		1971-1995			1986-2010	1971-2006	1980-2013		

Quelle: Debelle/Faruqee (1996), Chinn/Prasad (2003), Rahman (2008), Ca'Zorzi/Chudik/Dieppe (2012), IWF (2013)

4.1.3 Analysen der Verbindung zwischen Wirtschaftsstruktur und Leistungsbilanz

Die EU Kommission (2012b) hat in ihrem oben erwähnten Beitrag festgestellt, dass die Wirtschaftsstruktur ein wichtiger Bestimmungsfaktor der Leistungsbilanz ist. Sie berechnet allerdings lediglich Wahrscheinlichkeiten, mit denen Variablen in einem Modell eingesetzt werden, und bestimmt nicht die Wirkung der sektoralen Struktur auf diese Größe (vgl. EU Kommission 2012b, S. 80 f. & 97). Während Kapitel 3.3 die theoretische Argumentation von Studien vorstellte, deren Autoren eine Verknüpfung zwischen Struktur und Leistungsbilanz vermuten, beschreibt dieses Unterkapitel die Ergebnisse von Beiträgen, die den Zusammenhang empirisch geschätzt haben.

Zwar existiert in der Literatur eine Vielzahl von empirischen Analysen zu den Bestimmungsfaktoren der Leistungsbilanz. Sektorale Wirtschaftsstrukturen tauchen jedoch in nahezu keinem Fall auf. Wenn ausnahmsweise auf eine solche Verknüpfung hingewiesen wurde, waren die Autoren oft nicht am Einfluss der Wirtschaftsstruktur selbst interessiert, sondern haben die sektorale Struktur nur am Rande, z.B. in einem Robustheitstest, in ihren Berechnungen eingesetzt.

Die für die vorliegende Arbeit bedeutendsten Beiträge sind die von Gehringer (2013a, 2013b, 2014). Sie argumentiert auf theoretischer Ebene für einen Zusammenhang zwischen Wirtschaftsstruktur und Leistungsbilanz und ermittelt die Verknüpfung anschließend empirisch. Gehringer (2013b) nutzt hierfür einen Datensatz von 20 EU-Ländern im Zeitraum 1995 bis 2009. Sie führt eine OLS-Schätzung basierend auf Fünfjahresintervallen durch und orientiert sich sowohl bei der Vorgehensweise als auch der Variablenauswahl an bestehenden Studien (vgl. Gehringer 2013b, S. 9 f.).[158] Zur Erklärung der Leistungsbilanz zieht sie folgende Faktoren heran: Fiskalbilanz, NFA-Position, relatives reales BIP pro Kopf, die beiden *dependency rates* und den Anteil des Verarbeitenden Gewer-

---

[158] Ferner testet die Autorin eine "principal component analysis", um mögliche Endogenitätsprobleme abzuschwächen. Diese bestätigt die Standardschätzung größtenteils (vgl. Gehringer 2013b, S. 10 & 19 ff.).

bes sowie den unternehmensnaher Dienstleistungen an der Bruttowertschöpfung.[159]

Die Schätzung ergibt die erwarteten Vorzeichen und hohe statistische Signifikanz bei den standardmäßigen Bestimmungsfaktoren Fiskalbilanz, NFA-Position und relatives Einkommen. Die beiden Demografie-Variablen weisen oft das korrekte Vorzeichen, jedoch selten Signifikanz auf. Der Koeffizient für das Verarbeitende Gewerbe ist signifikant auf dem 5%-Niveau und liegt zwischen 0,31 und 0,72, während sowohl das unternehmens- als auch das konsumnahe Dienstleistungsaggregat negativ signifikant ist. Mit den Modellen lassen sich etwa 80% der Variation in den Leistungsbilanzdaten erklären (vgl. ebd., S. 19). Die Ergebnisse bestätigen die Überlegungen in Kapitel 3.3 dieser Arbeit und legen einen positiven Einfluss einer industriegeprägten Wirtschaftsstruktur auf die Leistungsbilanz nahe.

Die Autorin führt zwei Sensitivitätsanalysen durch: Erstens testet sie die Ergebnisse in einer FE-Schätzung basierend auf Fünfjahresintervallen. Ebenso wie in den in Kapitel 4.1.2 vorgestellten Studien verringert sich in diesem Test sowohl die Signifikanz einzelner Regressoren als auch die Güte der Modelle insgesamt deutlich. Das Vorzeichen des Koeffizienten für das Verarbeitende Gewerbe dreht ins Minus, ist jedoch z.T. weit von statistischer Signifikanz entfernt. Ebenso wirkt das relative Einkommensniveau in den FE-Modellen negativ auf die Leistungsbilanz (vgl. ebd., S. 23). Die Resultate bestätigen eine Schlussfolgerung des vorherigen Unterkapitels, dass nämlich Modelle, die Mehrjahresintervalle in ihren Berechnungen einsetzen, besser mit der OLS- als der FE-Methode geschätzt werden. Im zweiten Sensitivitätstest berechnet Gehringer Modelle mit Jahresdaten und einem OLS-Schätzer. Die Ergebnisse sind denen der ursprünglichen OLS-Schätzung in Fünfjahresintervallen ähnlich. Der Koeffizient für das Verarbeitende Gewerbe liegt zwischen 0,34 und 0,41 und bleibt signifikant. Der

---

[159]   Zu den unternehmensnahen Dienstleistungen gehören hier z.B. die Energie- und Wasserversorgung, das Verkehrswesen, die Telekommunikation und der Finanzsektor. Für Details zur Abgrenzung zwischen Dienstleistungen für Unternehmen und für Konsumenten, vgl. Gehringer (2013b, S. 29).

Einfluss der Dienstleistungsaggregate ist weiterhin negativ signifikant (vgl. ebd., S. 23).

In einem anderen Beitrag nutzt Gehringer (2013a) denselben Datensatz, um ausschließlich Jahresdaten zu analysieren. In einer OLS-Schätzung verwendet sie zusätzlich den zeitverzögerten Leistungsbilanzsaldo, das BIP-Wachstum sowie die Volatilität der Terms of Trade als unabhängige Variablen. Bei den sektorspezifischen Variablen kommt der Anteil der Bauwirtschaft an der Bruttowertschöpfung hinzu. Durch den AR-Term, der bei einem Koeffizienten von etwa 0,8 hoch signifikant ist, verliert die NFA-Position ihre Signifikanz. Ansonsten sind die Schätzungen der standardmäßigen Regressoren ähnlich wie im gerade beschriebenen Beitrag. Das Verarbeitende Gewerbe verliert in diesen Modellen seine Erklärungskraft und wechselt z.t. das Vorzeichen. Die Dienstleistungsaggregate und die Bauwirtschaft weisen stets negative Vorzeichen auf, nur letztere hat noch eine statistische Signifikanz (vgl. Gehringer 2013a, S. 17 ff.).

In einer FE-Schätzung verlieren die Regressoren abermals an Signifikanz. Das Verarbeitende Gewerbe ist überraschenderweise statistisch bedeutend mit einem negativen Einfluss auf die Leistungsbilanz. Auffällig (und fragwürdig) ist, dass alle Wirtschaftsstrukturvariablen einen negativen Koeffizienten aufweisen. Dies ließe sich so interpretieren, dass jede Form der wirtschaftlichen Spezialisierung als schädlich für die Leistungsbilanz anzusehen wäre. Weiterhin fällt auf, dass in diesen auf Jahresdaten basierenden Modellen jenseits des BIP-Wachstums nur Regressoren verwendet werden, die sich i.d.R. von einem Jahr auf das nächste nicht stark verändern – z.B. die *dependency rates* oder das relative Einkommensniveau. Diese Fundamentalfaktoren sind eher in mittel- und langfristigen Analysen erfolgversprechend, also in Berechnungen von Mehrjahresintervallen oder Querschnittsanalysen. Werden Jahresdaten untersucht, dürften volatilere Größen, wie der REER oder die Terms of Trade, besser geeignet sein. Dies bestätigen die in Kapitel 4.1.2 beschriebenen Ergebnisse von Debelle/Faruqee (1996) und des IWF (2013).

Ein weiterer Grund für die bemerkenswerten Ergebnisse der FE-Schätzung können Endogenitätsprobleme oder Multikollinearität sein, also eine hohe Korrelation zwischen den unabhängigen Variablen. Um mit diesen Schwierigkeiten umzugehen, führt die Autorin eine "principal component analysis" durch. Hier werden die standardmäßigen Regressoren durch neu berechnete Variablen ersetzt und fließen nicht mehr direkt in die Schätzgleichungen ein. In dieser Analyse weist das Verarbeitende Gewerbe wieder durchgängig ein positives Vorzeichen auf, ist aber nach wie vor nicht statistisch signifikant (vgl. ebd., S. 23). Insgesamt zeigt dieser Beitrag hinsichtlich des Einflusses der Industrie auf die Leistungsbilanz kein klares Bild. Allerdings erzielt er eindeutige Ergebnisse in Bezug auf die Residualgrößen: Alle im Modell berücksichtigten Wirtschaftszweige, die nicht zum Verarbeitenden Gewerbe gehören, nämlich Dienstleistungen für Unternehmen, Dienstleistungen für Konsumenten und Bauwirtschaft, weisen einen klaren negativen Einfluss auf. Insofern bestätigt die Studie die These der vorliegenden Arbeit indirekt.

Gehringer (2014) analysiert alle EU-Länder außer Luxemburg zwischen 1995 und 2010. Hier verwendet sie, neben einigen Kontrollvariablen, zwei Indikatoren mit Bezug zur Wirtschaftsstruktur: erstens Investitionen in die Bauwirtschaft und zweitens Investitionen in den Sektor nicht-handelbarer Güter. In einer FE-Schätzung basierend auf Jahresdaten ergibt sich bei Signifikanz auf dem 1%-Niveau erneut ein negatives Vorzeichen für den Koeffizienten für die Bauwirtschaft. Für den Sektor nicht-handelbarer Güter, der große Teile des Dienstleistungssektors außer z.B. Verkehr, Kommunikation und Unternehmensdienstleistungen umfasst, wird eine positive Wirkung auf die Leistungsbilanz errechnet (vgl. Gehringer 2014, S. 15).[160] Dieses überraschende Ergebnis begründet die Autorin damit, dass binnenmarktorientierte Leistungen zwar nicht selbst exportiert, allerdings von der Exportindustrie oft als Vorleistungen eingesetzt und damit indirekt exportiert würden. Außerdem verzeichneten einige dieser Dienst-

---

[160]   Zur Abgrenzung von Dienstleistungszweigen nach Handelbarkeit, vgl. Gehringer (2014, S. 9). Andere Schätzmethoden bestätigen dieses Ergebnis (vgl. ebd., S. 18 ff.).

leistungszweige dynamisches Wachstum und trügen zum Sparpotenzial der Volkswirtschaft bei (vgl. ebd., S. 7 ff.).

Engler/Fidora/Thimann (2007) regressieren Veränderungen in der Leistungsbilanz auf Veränderungen im Volumen und im Preis von nicht-handelbaren relativ zu handelbaren Gütern in Fünfjahresintervallen. Ihr Datensatz umfasst 28 OECD-Länder im Zeitraum von 1980 bis 2003. Nach ihren Ergebnissen lassen sich, je nach Abgrenzung des Sektors handelbarer vom Sektor nicht-handelbarer Güter, zwischen 14% und 23% der Variation in den Leistungsbilanzen allein mit diesen beiden Größen erklären.[161] Der geschätzte Koeffizient für den relativen Output von nicht-handelbaren Gütern liegt zwischen -0,18 und -0,26 und ist statistisch hoch signifikant. Demzufolge führt eine Verringerung des Outputs nicht-handelbarer Güter (größtenteils Dienstleistungen) gegenüber handelbaren Gütern um 10% zu einer Verbesserung des Leistungsbilanzsaldos von knapp 2 bis etwa 2,5 Prozentpunkten (vgl. Engler/Fidora/Thimann 2007, S. 28 f.).

Leung (2006) analysiert Quartalsdaten für Hongkong zwischen Q4/1983 und Q1/2005. Er verwendet u.a. ein Aggregat aus Primär- und Sekundärsektor als Anteil am BIP, um den Leistungsbilanzsaldo zu erklären. In seiner OLS-Schätzung ist diese Variable mit positivem Vorzeichen und einem Koeffizienten von 0,58 auf dem 5%-Niveau signifikant (vgl. Leung 2006, S. 13 ff.).

Der in Kapitel 4.1.1 bereits vorgestellte Beitrag von Edwards (1995) untersucht die Bestimmungsfaktoren der Sparquote und testet dabei den vereinigten Anteil des Verarbeitenden Gewerbes, des Bergbaus und der Landwirtschaft am BIP. Die Variable erreicht in dieser Studie keine Signifikanz, genauere Ergebnisse stellt der Autor nicht zur Verfügung (vgl. Edwards 1995, S. 30). Kuijs (2006) analysiert die gesamtwirtschaftliche Spar- und Investitionsquote getrennt voneinander in 134 Ländern. Er regressiert die Sparquote auf die üblichen Determinanten, z.B. reales BIP pro Kopf, Realzinsen und *dependency rates*, sowie den

---

[161]   Zur Abgrenzung von handelbaren und nicht-handelbaren Gütern, vgl. Engler/Fidora/Thimann (2007, S. 22 f.).

Industrieanteil am BIP in Fünfjahresintervallen. Sowohl in einer OLS- als auch in einer FE-Schätzung ist die Wirtschaftsstruktur mit positivem Vorzeichen statistisch signifikant auf dem 1%-Niveau. Der Koeffizient liegt zwischen 0,53 und 0,61. Eine identische Regression zur Investitionsquote ergibt ebenfalls einen positiven und statistisch signifikanten Koeffizienten von 0,17 bis 0,25 (vgl. Kuijs 2006, S. 14 ff. & 25 f.). Eine auf die Industrie ausgerichtete Wirtschaftsstruktur erhöht nach diesen Ergebnissen also sowohl die Spar- als auch die Investitionsquote. Der Autor verzichtet auf eine direkte Schätzung der Determinanten der Leistungsbilanz. Aufgrund der unterschiedlichen Höhe der berechneten Koeffizienten lässt sich aber ein positiver Einfluss einer industriell geprägten Struktur vermuten.

Insgesamt liefern die vorgestellten Beiträge keine eindeutigen Ergebnisse: Auf der einen Seite scheinen die Resultate von Gehringer (2013b), Engler/Fidora/Thimann (2007), Leung (2006) und Kuijs (2006) die theoretische Argumentation dieser Arbeit zu bestätigen. Insbesondere die beiden erstgenannten Analysen sind wegen ihrer Vorgehensweise und des Untersuchungsgegenstandes – trotz relativ kleiner Datensätze – beachtenswert. Auf der anderen Seite findet Edwards (1995) zumindest keine Verknüpfung zwischen Wirtschaftsstruktur und Sparquote und Gehringer (2013a, 2014) z.T. keine Verbindung zur Leistungsbilanz und z.T. nur eine mit unerwarteter Wirkungsrichtung. Angesichts der nicht eindeutigen Resultate ist eine eigene Untersuchung unerlässlich.

In den Studien, die für die Wirtschaftsstruktur einen statistisch signifikanten, positiven Einfluss auf die Leistungsbilanz errechnen, liegt der entsprechende Koeffizient zwischen 0,31 und 0,72 (Gehringer 2013b – OLS Fünfjahresintervalle), 0,34 und 0,41 (Gehringer 2013b – OLS Jahresdaten), 0,18 und 0,26 (Engler/Fidora/Thimann 2007) bzw. bei 0,58 (Leung 2006). Demzufolge verbessert ein um ein Prozent des BIP größerer relativer Industriesektor den Leistungsbilanzsaldo um etwa 0,2% bis 0,7% des BIP.

4.2 Variablenauswahl

Um den Einfluss von Bestimmungsfaktoren auf die Leistungsbilanz zu schätzen, wird, wie in der Literatur üblich, ein dreistufiger Ansatz gewählt: Eine der Analysen basiert auf Jahresdaten, eine auf Intervallen mehrerer Jahre und eine auf einer Querschnittsanalyse, die in den Berechnungen einen aus sämtlichen Beobachtungen einer Variable gebildeten Durchschnitt verwendet. Diese drei Ansätze werden im Folgenden vereinfachend als kurz-, mittel- und langfristige Analyse bezeichnet. Einige Determinanten wirken kurzfristig auf die Leistungsbilanz, oft über die Handelsbilanz, und können konjunkturbedingte Schwankungen in ihr erklären, z.b. der REER oder die Binnennachfrage. Andere Variablen bleiben in der kurzen Frist sehr konstant und eignen sich besser dafür, grundsätzliche Unterschiede im Niveau des Leistungsbilanzsaldos zwischen Ländern sowie langfristige Trends zu erklären.[162] Zu diesen Variablen, die vor allem über die Sparquote auf die Leistungsbilanz wirken, gehört z.b. die *dependency rate* oder das relative Einkommensniveau einer Volkswirtschaft (vgl. Debelle/Faruqee 1996, S. 21, Chinn/Prasad 2003, S. 62). In der empirischen Untersuchung werden in der kurzfristigen Analyse andere Variablen eingesetzt als in der mittel- und langfristigen (s. Kapitel 4.2.1 und 4.2.2).[163] Einen Hinweis darauf, in welchem Zeithorizont ein Bestimmungsfaktor bedeutsam ist, liefert eine Varianzanalyse. Variablen, bei denen Entwicklungen im Zeitverlauf für einen großen Teil der Varianz maßgeblich sind, eignen sich insbesondere für die kurzfristige Analyse von Jahresdaten. Dagegen werden Größen, deren Varianz primär auf Unterschiede zwischen den Ländern zurückzuführen ist, eher in der mittel- und langfristigen Analyse eingesetzt (s. Tabelle 5 in Kapitel 4.3).

---

[162] *"While CA [Anm.: current account] norms are explained by long-run fundamental determinants of saving and investment, actual CA balances reflect developments in these variables as well as in short-run and cyclical forces, country-specific shocks, structural and policy variables that may have a bearing on export performance but not necessarily on savings and investment."* (Rahman 2008, S. 16).

[163] Andere Beiträge unterteilen die verwendeten Determinanten ebenfalls in zyklische und strukturelle Faktoren (vgl. Atoyan/Manning/Rahman 2013, S. 10, IWF 2013, S. 11 ff.).

Bei allen Untersuchungen fungiert der Leistungsbilanzsaldo als Anteil am BIP als abhängige Variable.[164] Die Schlüsselvariable bei den erklärenden Größen ist jeweils der Anteil des Verarbeitenden Gewerbes an der Bruttowertschöpfung. Dieser Indikator misst die relative Bedeutung der Industrie in einer Volkswirtschaft. Der Auswahl dieser Variable liegt die Annahme zugrunde, dass vor allem das Verarbeitende Gewerbe 1) exportfähige Güter herstellt, 2) ein hohes Produktivitätswachstum erzielt, 3) eine volatile Erwerbstätigkeit verzeichnet, 4) einen geringen Preisauftrieb aufweist und 5) verhältnismäßig wenig in die Binnenwirtschaft und mehr ins Ausland investiert. Kapitel 3.3.1 bis 3.3.5 haben gezeigt, dass diese Eigenschaften die Industrie als Ganzes treffend charakterisieren. Gleichwohl gibt es zwischen einzelnen Wirtschaftszweigen sowohl innerhalb des Industrie- als auch des Dienstleistungssektors große Unterschiede, sodass die empirische Analyse auf einer Vereinfachung basiert.[165] Kapitel 5 dieser Arbeit löst sich deswegen von der einfachen Abgrenzung zwischen Industrie und Dienstleistung und untersucht die Wirkung einzelner Branchencluster auf die Leistungsbilanz.

Das Interesse gilt ausschließlich dem Einfluss der Schlüsselvariable auf die Leistungsbilanz. Dennoch muss die Schätzgleichung um weitere Regressoren ergänzt werden, um einen unverzerrten Einfluss der Wirtschaftsstruktur isolieren zu können. Anderenfalls könnte ein "omitted variable bias", also die fehlerhafte Aussparung einer für die Leistungsbilanz bedeutsamen Größe, die Ergebnisse verzerren. Beispielsweise könnte ein negativer Einfluss des Industriesektors auf die Leistungsbilanz gemessen werden. Dieser könnte jedoch dadurch zustande kommen, dass ein großes Industriegewicht in den meisten Fällen mit einem niedrigen relativen Einkommensniveau verbunden ist. Denn je weiter sich eine Volkswirtschaft entwickelt, desto stärker ist ihre Wirtschaftsstruktur im Durchschnitt tertiär geprägt. Ein niedriges Einkommensniveau geht nach der

---

[164]   In wenigen Ausnahmen, auf die der Text explizit hinweist, wird stattdessen der Handelsbilanzsaldo betrachtet.

[165]   Diese Vereinfachung ist jedoch legitim, gemessen daran, dass andere Literaturbeiträge die Wirtschaft ebenfalls in Sektoren handelbarer und nicht-handelbarer Güter aufteilen und für erstgenannten das Verarbeitende Gewerbe einsetzen (vgl. etwa EZB 2012, S. 13, Kang/Shambaugh 2014, S. 11).

stage-of-development-Hypothese wiederum mit einem schlechteren Leistungsbilanzsaldo einher. Unter Verzicht auf eine Berücksichtigung des relativen Einkommens könnte man für die Industrie also fälschlicherweise eine negative
Wirkung auf den Leistungsbilanzsaldo ableiten.

In diesem Fall wäre die korrekte Vorgehensweise, nur Volkswirtschaften mit
ähnlichem Einkommensniveau miteinander zu vergleichen. Da dies die Stichprobe zu sehr verkleinern würde, werden dem Regressionsmodell stattdessen
Informationen zu den Einkommen der unterschiedlich entwickelten Länder
beigefügt, d.h. eine zusätzliche Variable wird in das Modell aufgenommen. In
der Regression wird der Einfluss sämtlicher Größen simultan geschätzt. So
lassen sich Wechselwirkungen zwischen den unabhängigen Variablen berücksichtigen und Verzerrungen in den Ergebnissen vermeiden. Durch die Verwendung ähnlicher Kontrollvariablen wie in der Literatur können die Resultate gut
mit bestehenden Studien verglichen werden (vgl. Gehringer 2014, S. 13).

Hinsichtlich der Bedeutung von Kontrollvariablen liefern empirische Studien,
wie Kapitel 4.1.2 gezeigt hat, kein einheitliches Bild. Viele Indikatoren erreichen Signifikanz in einer Modellspezifikation oder einem Datensatz, verlieren
sie jedoch in anderen. Allerdings existiert eine Auswahl an Größen, die üblicherweise herangezogen werden, um die Leistungsbilanz zu erklären. Die vorliegende Arbeit verwendet Variablen, die in der Literatur am häufigsten signifikant waren und gleichzeitig in dem spezifischen Kontext dieser Untersuchung
erfolgversprechend sind. Diese beiden Voraussetzungen müssen nicht gleichzeitig erfüllt sein, da sich die Zusammensetzung der Länder von bestehenden Studien unterscheidet: Während Volkswirte zumeist heterogene Stichproben von
Industrienationen und Entwicklungsländern, Ölimporteuren und -exporteuren,
politisch stabilen und instabilen Ländern etc. analysieren, untersucht diese Arbeit die Euroländer und damit eine im Wesentlichen homogene Stichprobe.
Daher spielen Indikatoren wie Dummy-Variablen für Kapitalverkehrskontrollen
oder die Ölhandelsbilanz, die in der Literatur als wichtig erachtet werden, in

diesem Kontext eine untergeordnete Rolle, z.B. weil alle Länder der Stichprobe Nettoölimporteure sind.

4.2.1   Kurzfristige Analyse

Binnennachfrage – reale Wachstumsrate der privaten und öffentlichen Konsumausgaben sowie der Bruttoinvestitionen (% gg. Vj.). In der Literatur wird anstelle der Binnennachfrage häufig das reale BIP-Wachstum verwendet.[166] Dessen Einfluss auf die Leistungsbilanz ist in der kurzen Frist jedoch nicht eindeutig: Einerseits verursachen höhere Exporte ein höheres Wirtschaftswachstum und eine bessere Leistungsbilanz, sodass ein positiver Zusammenhang möglich wäre. Andererseits kann höheres Wachstum auf den privaten Konsum, Staatsverbrauch oder Investitionen zurückgehen. Steigen diese Größen, erhöht sich in aller Regel auch der Import und die Leistungsbilanz verschlechtert sich.[167] Die Binnennachfrage stellt direkt auf die Nachfragekomponenten im Inland ab. Erhöhen sich Konsum und heimische Investitionen, bewirkt dies mehr Importe, ohne dass es eine direkte Verbindung zu den Exporten gäbe.[168] Daher ist ein negatives Vorzeichen vor dem Koeffizienten zur Binnennachfrage zu erwarten. In der langfristigen Analyse ist das reale BIP-Wachstum dagegen der bessere Indikator (s. Kapitel 4.2.2).

---

[166] Weitere Alternativen sind die Produktionslücke oder die Abweichung des Verhältnisses aus Krediten an den Privatsektor zum BIP von seinem langfristigen Mittelwert. Beide Größen zeigen eine Überhitzung der Wirtschaft mit den entsprechend negativen Auswirkungen auf die Leistungsbilanz an.

[167] Wirtschaftswachstum wirkt außerdem über die Sparquote auf die Leistungsbilanz. In der kurzfristigen Analyse sind jedoch primär die Auswirkungen über die Handelsbilanz maßgeblich. Denn bspw. ein in einem Jahr erhöhtes Wachstum schlägt sich nicht sofort voll in den Spar- und Konsumentscheidungen von Haushalten nieder. Da Haushalte ihren Konsum im Zeitverlauf glätten, passen sie ihr Sparverhalten i.d.R. erst nach mehreren Jahren beschleunigten oder verlangsamten Wachstums nennenswert an.

[168] Im vorliegenden Datensatz beträgt die Korrelation zwischen den realen Wachstumsraten der Importe und denjenigen der Investitionen 0,81 bzw. zwischen Importen und Konsum 0,67. Demgegenüber liegt die Korrelation zwischen Exportwachstum und Investitionen nur bei 0,51 und zwischen Exporten und Konsum bei 0,36.

Produktivitätswachstum – Wachstumsrate der realen Arbeitsproduktivität je Erwerbstätigem (% gg. Vj.). Reales Produktivitätswachstum führt zu einer Verbesserung des Input-Output-Verhältnisses in einer Volkswirtschaft, die für zusätzliche Exporte genutzt werden kann. Unter den Voraussetzungen, dass die höhere Produktivität erstens nicht lediglich Einsparungen beim Input, sondern tatsächlich eine Erhöhung der Ausbringungsmenge bewirkt, und zweitens vom zusätzlichen Output zumindest Teile exportiert werden, zieht Produktivitätswachstum eine Verbesserung der Leistungsbilanz nach sich (s. Argumentation in Kapitel 3.3.2). Anders als die Binnennachfrage ist dies ein Indikator, der auf Veränderungen auf der Angebots- und nicht auf der Nachfrageseite basiert. Er kann als Proxy-Variable für Wirtschaftswachstum angesehen werden, für den es im Gegensatz zum BIP-Wachstum eine relativ klare Vorstellung des zu erwartenden Vorzeichens, nämlich positiv, gibt.[169]

Weltwirtschaftswachstum – Wachstumsrate des globalen BIP in USD in konstanten Preisen und Wechselkursen (% gg. Vj.). In Abwesenheit von Daten zu individuellen Handelspartnern von Volkswirtschaften dient das Weltwirtschaftswachstum als Proxy-Variable für die Nachfrage nach Exportprodukten. Je höher das Wachstum, desto mehr Exportnachfrage kommt jedem Land zugute und desto positiver tendenziell der Leistungsbilanzsaldo.

Realer effektiver Wechselkurs – Wachstumsrate des Indexes des REER gegenüber den anderen Euromitgliedstaaten und den darüber hinaus 38 größten Handelspartnern, Deflator: Verbraucherpreisindex (% gg. Vj.). Für diese Variable

---

[169]   Genau wie beim BIP-Wachstum kann es freilich auch beim Produktivitätswachstum Auswirkungen auf das Sparpotenzial und darüber auf die Leistungsbilanz geben. Ferner können Produktivitätszuwächse und möglicherweise gegenüber Handelspartnern entstehende Wettbewerbsvorteile Investitionen nach sich ziehen und dies die Leistungsbilanz belasten. Die denkbaren Auswirkungen auf die Leistungsbilanz sind vielfältig und daher selten eindeutig. In der kurzfristigen Analyse dürfte jedoch primär der direkte Einfluss über die Handelsbilanz von Bedeutung sein. Hier ist die Wirkungsweise vergleichsweise simpel.

stehen Daten ab 1994 zur Verfügung.[170] Der REER beinhaltet zwei Informationen: zum einen den nominalen Wechselkurs gegenüber den wichtigsten Handelspartnern einer Volkswirtschaft. Wertet die eigene Währung auf, erhöht das den REER und verringert gemäß Marshall-Lerner-Bedingung den Wert der Leistungsbilanz.[171] Zum anderen bildet der REER die preisliche Wettbewerbsfähigkeit ab. Steigt das mit dem Verbraucherpreisindex gemessene Preisniveau in einer Volkswirtschaft gegenüber ihren Handelspartnern an, so verschlechtert sich die Wettbewerbsfähigkeit und damit die Leistungsbilanz. Daher ist von einem negativen Vorzeichen vor dem Koeffizienten zum REER auszugehen.[172,][173] Für Mitglieder der Eurozone dürfte der REER weniger bedeutend sein als für Volkswirtschaften außerhalb gemeinsamer Währungsräume. Denn ein nennenswerter Teil des Außenhandels findet innerhalb des Euroraums statt. Für diese Handelsströme ist nur die Preiskomponente des REER, nicht aber der nominale Wechselkurs von Bedeutung.

Terms of Trade – Wachstumsrate des Indexes der Terms of Trade für Waren und Dienstleistungen (% gg. Vj.). Die Wachstumsrate des Terms of Trade-Indexes gibt Auskunft über die Entwicklung der Preise bei den abgesetzten

---

[170] Für die anderen hier eingesetzten Determinanten, außer den Ölpreisen bzw. der Ölhandelsbilanz, den Direktinvestitionen, den sozialen Sicherungsnetzen sowie dem Gini-Koeffizienten, sind Daten ab 1980 verfügbar.

[171] Die Marshall-Lerner-Bedingung beschreibt Voraussetzungen in den Preiselastizitäten der Nachfrage nach Exporten und Importen. Übersteigt deren Summe eins, sind nach einer Aufwertung die Exporte so stark rückläufig und die Importe so expansiv, dass der Mengeneffekt den jeweiligen Preiseffekt überwiegt. In diesem Fall kommt es nach einer Verzögerung zur Normalreaktion in der Leistungsbilanz und ihr Saldo verschlechtert sich.

[172] Die Wirkung des REER auf die Sparquote ist dagegen nicht eindeutig (s. Kapitel 3.2.2.5). Daher eignet sich der REER vor allem in der kurz- und weniger in der mittel- und langfristigen Untersuchung, in der die Indikatoren die Leistungsbilanz stärker über die Sparquote beeinflussen.

[173] Selbstverständlich unterscheiden sich Volkswirtschaften darin, wie stark ihr Außenhandel auf eine Veränderung des REER reagiert. Wilson/Takacs (1979) berechnen bspw. für einige OECD-Länder im Zeitraum 1957-1971 große Unterschiede in den Preiselastizitäten. Sie verwenden zur Schätzung der Wirkung des REER auf Außenhandelsströme drei verschiedene Variablen, nämlich inländische und ausländische Großhandelspreise sowie den nominalen effektiven Wechselkurs. Eine ähnliche Vorgehensweise wird in dieser Arbeit verfolgt (s. Kapitel 4.4.1). Ohr/Özalbayrak (2013, S. 18 ff.) zeigen, wie sehr sich Wechselkurselastizitäten in der Eurozone voneinander unterscheiden.

Export- und eingeführten Importgütern.[174] Diese beeinflussen direkt den Wert der Leistungsbilanz. Da die Terms of Trade als Verhältnis der Export- zu den Importpreisen gemessen werden, bewirkt eine Steigerung dieses Indikators eine Verbesserung der Leistungsbilanz (positives Vorzeichen).

Ölpreis – Wachstumsrate des einmonatigen Forward-Preises pro Barrel der Marke Brent in EUR (% gg. Vj.). Genau wie das Weltwirtschaftswachstum unterscheidet sich diese Größe nur im Zeitverlauf und nicht zwischen den Ländern. Daten zum Ölpreis sind ab dem Jahr 1987 verfügbar. In der Literatur wird statt des Ölpreises i.d.R. die Ölhandelsbilanz einer Volkswirtschaft verwendet. Wie bereits erwähnt liegt dies daran, dass empirische Studien oftmals ölexportierende und -importierende Länder gemeinsam betrachten. In allen 19 Euroländern ist Öl jedoch ein Importgut. Daher entfaltet ein steigender Ölpreis überall die gleiche Wirkung, verschlechtert nämlich den Leistungsbilanzsaldo (negatives Vorzeichen).[175]

Zusätzliche Informationen über das Importvolumen könnten die Bedeutung dieses Gutes für den Außenhandel und die Abhängigkeit einer Wirtschaft von diesem Rohstoff darstellen. Allerdings unterscheidet sich die Ölhandelsbilanz zwischen den Ländern der Stichprobe nicht sehr: Sie reicht von -1,5% des BIP

---

[174] Im Unterschied zum REER messen die Terms of Trade die Preisentwicklung bei den tatsächlich gehandelten Gütern, während der REER zum Deflationieren den gesamten Verbraucherpreisindex heranzieht. Der REER eignet sich als Indikator für Wettbewerbsfähigkeit, da er anzeigt, wie wahrscheinlich aufgrund der Relativpreise zu den Handelspartnern der Absatz von Exportprodukten ist. Die Terms of Trade offenbaren dagegen, wie sehr eine Volkswirtschaft von dem Handel profitiert, der tatsächlich stattgefunden hat. Die Terms of Trade sind eng mit dem REER verbunden. Faktoren wie Nachfrage- und Angebotselastizitäten bestimmen, wie die beiden Größen genau miteinander verknüpft sind (vgl. Herrmann/Jochem 2005, S. 10 f.). Im Datensatz der vorliegenden Arbeit liegt die Korrelation zwischen REER und Terms of Trade bei 0,31.

[175] Informationen zum Ölpreis sind bereits in den Terms of Trade enthalten. Die Korrelation zwischen den beiden Variablen beträgt im vorliegenden Datensatz jedoch nur -0,22. Daher können beide gleichzeitig eingesetzt werden, ohne dass dies zu einem Problem mit Multikollinearität führen würde. Da es im Ölpreis kurzfristig signifikante Schwankungen gibt, die den Außenhandel einer Volkswirtschaft stark beeinflussen können, nimmt dieser Indikator eine Sonderstellung in der Analyse der Leistungsbilanz ein (vgl. Bundesbank 2015, S. 33). Insofern lohnt sich seine separate Berücksichtigung trotz der inhaltlichen Überschneidung mit den Terms of Trade.

in Italien bis -5% des BIP in Zypern. Zypern ist dabei jedoch als Ausnahme zu betrachten. Zwischen den elf größeren Volkswirtschaften mit einem Anteil am BIP der Eurozone von mindestens einem Prozent – also allen außer Estland, Lettland, Litauen, Luxemburg, Malta, Slowakei, Slowenien und Zypern –, liegt die Bandbreite bei -1,5% bis -2,5% deutlich enger. Aufgrund der geringen Variation in den Daten ist es unwahrscheinlich, dass die Ölhandelsbilanz als signifikanter Treiber der Leistungsbilanz identifiziert wird. Der Ölpreis ist also als Determinante ausreichend – zumal Daten zur Ölhandelsbilanz erst ab 1999 zur Verfügung stehen. Der mögliche Erkenntnisgewinn steht damit in keinem Verhältnis zu dem Verlust an Beobachtungen, den diese Variable mit sich bringen würde.

Direktinvestitionen – Saldo der zufließenden Direktinvestitionen im Inland als Anteil am BIP (%). Von FDI gehen – zum Zeitpunkt der Investition – über die Kapitalbilanz i.d.R. eine negative Wirkung auf die Leistungsbilanz aus. Langfristig ist der Einfluss von FDI nur ex-post feststellbar (s. Kapitel 3.3.5): Zum einen lassen sich mit zufließendem Kapital Leistungsbilanzdefizite leichter finanzieren und insbesondere Greenfield-Investitionen bringen oft einen erhöhten Importbedarf mit sich. Zum anderen können vorleistungsproduzierende Industrien angesiedelt werden, deren Erzeugnisse zur Weiterverarbeitung exportiert werden, oder Gewinne werden etwa aus steuerlichen Gründen der Tochtergesellschaft zugerechnet und ans Ausland abgeführt. In der kurzfristigen Analyse ist jedoch primär die direkte Wirkung über die Kapitalbilanz ausschlaggebend, sodass ein negatives Vorzeichen zu erwarten ist (vgl. Rahman 2008, S. 6 f.). Daten zu FDI sind für viele Länder erst ab Mitte bis Ende der 1990er Jahre verfügbar. Luxemburg ist bei diesem Indikator mit einem FDI-Anteil am BIP von über 400% eine Ausnahme, während es in den restlichen Mitgliedstaaten im Mittel unter 4% sind.

Handelsoffenheit – Summe der Exporte und Importe als Anteil am BIP (%). Die Außenhandelsintensität kann als Proxy-Variable für die Außenhandelspolitik fungieren und bspw. indirekt das Zollniveau abbilden (vgl. Chinn/Prasad

2003, S. 51 f.). Das Vorzeichen vor dem Koeffizienten ist aus theoretischer Sicht unklar: Einerseits ziehen offenere Volkswirtschaften häufig mehr ausländisches Kapital an, das die Leistungsbilanz in Richtung eines Defizits bewegt. Andererseits bewirkt intensiver Außenhandel u.U. eine erhöhte Volatilität der Einkommen und führt zu zusätzlichem Vorsichtsparen (vgl. Leung 2006, S. 6 & 10). Kleine Volkswirtschaften der Eurozone weisen eine durchweg hohe Außenhandelsintensität auf: In den acht kleinsten Ländern lag die Quote im Mittel seit 1980 bei 158%. In den vier größten Volkswirtschaften betrug sie dagegen nur 47%. Diese systematischen Unterschiede sind problematisch und bedeuten, dass diese Variable vor allem die Größe einer Volkswirtschaft misst. Daher müssen die Ergebnisse mit Vorsicht interpretiert werden. Ferner können Außenhandelsintensitäten bei der Existenz von Transithäfen, in denen ein großer Teil des europäischen Handels abgewickelt wird, überzeichnet sein. Dies trifft bspw. auf Belgien und die Niederlande mit den Städten Antwerpen und Rotterdam zu (vgl. EU Kommission 2012b, S. 46, Böttcher/Schmithausen 2014, S. 10).

Welthandelsintensität – Anteil globaler Exporte am globalen BIP in konstanten Preisen und Wechselkursen in USD (%). Dieser Indikator dient als Proxy-Variable für die Welthandelsliberalisierung und zunehmende Handelsverflechtungen. Im Zuge einer stärkeren Integration von Schwellenländern in die Weltwirtschaft kann sich die Wettbewerbsposition einer Volkswirtschaft im Außenhandel verändern. Je nach Spezialisierung können Globalisierung und intensivierter Handel sowohl Exporte als auch Importe einer Wirtschaft stimulieren. Das Vorzeichen des Koeffizienten lässt sich somit aus theoretischer Sicht nicht bestimmen.

Dummy-Variable zu Primär- und Sekundäreinkommen – berechnet aus den Nettoprimär- und -sekundäreinkommen als Anteil am BIP. Die Dummy-Variable nimmt den Wert eins an, wenn die Nettoprimär- und -sekundäreinkommen in der Summe Zuflüsse in Höhe von mindestens 2% des

BIP generieren.[176] Dies ist häufig in Griechenland, Lettland und Portugal (jeweils vor allem aufgrund zufließender Sekundäreinkommen) sowie in Luxemburg (in den 1980er Jahren zufließende Primäreinkommen) der Fall. Da es sich hierbei um direkte Unterpositionen der Leistungsbilanz handelt, ist ein positiver Koeffizient zu erwarten.

Durch die Berücksichtigung dieses Dummys werden Veränderungen in den Leistungsbilanzsalden, die auf Zu- und Abflüssen von Primär- und Sekundäreinkommen basieren, auf ihre tatsächliche Ursache zurückgeführt. Ohne diesen Dummy bestünde die Gefahr eines omitted variable bias. Zum Beispiel könnten hohe Zuflüsse von Primäreinkommen den Leistungsbilanzsaldo einer Volkswirtschaft verbessern. In Abwesenheit des eigentlichen Treibers hierfür könnte das Regressionsmodell diesen Anstieg fälschlicherweise auf die im Modell berücksichtigten Regressoren zurückführen.[177] Die Dummy-Variable verhindert dies. Sie stellt sicher, dass die anderen unabhängigen Variablen primär jene Veränderungen in den Leistungsbilanzen erklären, die durch die Handelsbilanz entstehen.

Dummy-Variable zur Schuldenkrise. Diese Dummy-Variable nimmt ab 2010 den Wert eins an. Der Indikator soll zeigen, ob es durch die Schuldenkrise zu Veränderungen in den Leistungsbilanzen gekommen ist, die nicht auf Bewe-

---

[176]   Die Vorgehensweise bei diesem Indikator ist angelehnt an den Beitrag von Rahman (2008, S. 6 f.). Der Schwellenwert ist zugegebenermaßen willkürlich gewählt. Ziel ist es, einen Schwellenwert zu definieren, der die Dummy-Variable erst ab einem nennenswerten Ausmaß der Mittelzuflüsse aktiviert. Bei dem Schwellenwert von 2% des BIP nimmt die Variable in 13% Fälle den Wert eins an – bei dem von Rahman verwendeten Wert von 5% des BIP nur in 6% der Fälle. Andere Schwellenwerte wurden getestet und führten zu keinen erheblichen Veränderungen der empirischen Ergebnisse. Die Informationen werden in den Modellen in Form einer Dummy-Variable abgebildet, da anderenfalls offensichtliche Interdependenzen zwischen der Leistungsbilanz und ihren Unterpositionen Endogenitätsprobleme hervorrufen würden.

[177]   Diese Verzerrung dürfte jedoch nicht gravierend sein, da die Handelsbilanz normalerweise die Leistungsbilanz dominiert (vgl. Ghosh/Qureshi/Tsangarides 2014, S. 12). Im vorliegenden Datensatz liegt die Korrelation zwischen der Leistungs- und der Handelsbilanz entsprechend bei 0,74, die Korrelation zu den Primäreinkommen nur bei 0,06 und die zu den Sekundäreinkommen bei -0,16. Gleichwohl verschlechterten sich die Leistungsbilanzen der GIPSZ-Staaten vor der Finanzkrise u.a. aufgrund zunehmender Abflüsse von Primäreinkommen (vgl. Kang/Shambaugh 2013).

gungen in den anderen Variablen zurückzuführen sind. Das Vorzeichen ist theoretisch nicht eindeutig. In der Literatur waren Dummy-Variablen, die wirtschaftliche Krisen angezeigt haben, zumeist positiv signifikant. Dies dürfte auf versiegende Kapitalströme und eine erschwerte Finanzierung von Defiziten in Schwellenländern zurückgehen. Wie in Kapitel 2.3.2 dargelegt, wurden im Euroraum private Kapitalströme aber durch öffentliche ersetzt, sodass diese Wirkungsweise auf die Leistungsbilanz keine Bedeutung haben sollte. Allerdings könnte die erhöhte Aufmerksamkeit für die Leistungsbilanzdefizite in einigen Euroländern während der Schuldenkrise größere Anstrengungen im Abbau der Defizite bewirkt haben, die durch die übrigen Indikatoren nur unzureichend erfasst werden. Dies wäre ein Indiz für einen positiven Einfluss auf die Leistungsbilanz.

Dummy-Variable zum Euro-Beitritt. Der Wert eins wird jeweils in den zwei Jahren vor dem Beitrittsjahr zur Währungsunion erreicht. Ein erfolgreicher Abschluss der Verhandlungen und kurz bevorstehender Beitritt sollte die Planungssicherheit und die Attraktivität einer Volkswirtschaft für Investoren erhöhen. Ein infolgedessen möglicherweise ausgelöster Investitionsboom ginge mit negativen Folgen für die Leistungsbilanz einher, sodass ein negatives Vorzeichen zu erwarten ist (vgl. Rahman 2008, S. 16).

Dummy-Variable für Länder unter europäischem Rettungsschirm. Diese Dummy-Variable nimmt den Wert eins in Griechenland ab 2010 an, in Irland von 2010 bis 2012, in Portugal von 2011 bis 2014, in Spanien in den Jahren 2012 und 2013 und in Zypern in 2013 und 2014. Sie soll klären, ob die Beantragung finanzieller Hilfen einen Einfluss auf die Leistungsbilanz hat und dürfte, analog zur Argumentation beim Schuldenkrisen-Dummy, tendenziell ein positives Vorzeichen aufweisen.

Dummy-Variable für Zugehörigkeit zum Euroraum. Dieser Dummy nimmt jeweils ab dem Beitrittsjahr den Wert eins an. Möglich wäre, dass das Angleichen der nationalen Zinssätze im gemeinsamen Währungsraum und der euro bias in den Kapitalströmen (s. Kapitel 2.1.2) die Finanzierung von Defiziten erleichtert und negative Leistungsbilanzsalden hervorgerufen hat. Zu diesem Ergebnis kommt Gehringer (2014, S. 16). In diesem Fall wäre ein negatives Vorzeichen zu erwarten.

Die Bundesbank (2015, S. 32) verwendet für die Erklärung der Leistungsbilanz eine sehr ähnliche Kombination von Variablen. Sie setzt in ihrer Analyse von Jahresdaten ebenfalls auf Indikatoren, die die Leistungsbilanz durch eine direkte Wirkung auf den Außenhandel und weniger über die Spar- oder Investitionsquote beeinflussen.

4.2.2   Mittel- bzw. langfristige Analyse

Relatives Einkommen – Index berechnet aus dem realen BIP pro Kopf relativ zum Eurozonenmittel (Durchschnitt = 100). Dieser Indikator zeigt das relative Wohlstandsniveau einer Volkswirtschaft. In einem wenig entwickelten Land ist der Produktionsfaktor Kapital i.d.R. knapp. Wirtschaftliches Wachstum ist durch hohe Kapitalimporte und Investitionen geprägt. Gemäß der stage-of-development-Hypothese wird das Land mit steigendem Entwicklungsgrad zum Kapitalexporteur und begleicht die im wirtschaftlichen Aufholprozess angehäuften Schulden. Auf diese Weise finanzieren entwickelte Länder mit Kapitalexporten das Wachstum weniger entwickelter Länder (vgl. Debelle/Faruqee 1996, S. 6, Chinn/Prasad 2003, S. 50 f., IWF 2013, S. 11). Weiterhin legt die Lebenszyklus-Hypothese nahe, dass Haushalte in ärmeren Volkswirtschaften einen größeren Teil ihres Einkommens für Konsumzwecke aufwenden als in reicheren. Denn in ärmeren Ländern erwarten sie aufgrund von wirtschaftlichen Aufholprozessen tendenziell höhere Einkommenszuwächse und weiten – wie in Kapitel 3.2.1.1 dargelegt – ihren Konsum aus. Insofern sprechen beide Argumente für eine positive Verbindung zwischen relativem Wohlstandsniveau und Leistungsbilanz.[178]

Da Ökonomen festgestellt haben, dass von wachsendem Einkommen zunächst ein positiver Effekt auf die Leistungsbilanz ausgeht, der mit zunehmendem Einkommen abflacht, geht diese Variable zusätzlich in quadrierter Form in das Modell ein (s. Kapitel 4.1.2). Die Erwartung ist ein positiver Einfluss in der ersten Potenz sowie ein negativer des quadrierten Terms.

Fiskalbilanz – Finanzierungssaldo des Staates als Anteil am BIP (%). Der öffentliche Finanzierungssaldo ist ein Indikator für die öffentliche Ersparnisbildung. Je positiver der Finanzierungssaldo, desto höher die staatliche Ersparnis, die sich in einem besseren Leistungsbilanzsaldo niederschlägt. Bei Ricardianischer Äquivalenz würden öffentliche Ersparnisse private in gleicher Höhe verdrängen und der Fiskalsaldo bliebe ohne Wirkung auf die Leistungsbilanz. Empirische Studien haben allerdings gezeigt, dass dieser theoretische Fall in der Realität nicht zu beobachten ist (s. Kapitel 3.2.2.3 und 4.1.2). Die Verbindung zwischen Fiskalbilanz und Investitionsquote ist weniger klar. Einerseits könnten öffentliche Investitionen zusätzliche private Investitionen anziehen, andererseits könnte eine mit ihnen einhergehende Verschuldung zur Zurückhaltung privater Investoren führen (vgl. Debelle/Faruqee 1996, S. 12 ff., Chinn/Prasad 2003, S. 50). Insgesamt ist von einem positiven Einfluss der Fiskalbilanz auf die Leistungsbilanz auszugehen. Diese Erwartung wird durch die Wirkung des Fiskalsaldos auf den Außenhandel gestützt: Da der Staat am Markt als Nachfrager von Gütern auftritt, von denen ein Teil importiert wird, geht von einer zurückhaltenden staatlichen Nachfrage, also einer Verbesserung des Fiskalsaldos, ein positiver Impuls auf die Leistungsbilanz aus (vgl. Abbas et al. 2010, S. 4).[179]

---

[178]   Im Vergleich zu den in Kapitel 4.1.2 diskutierten Analysen dürfte es für das relative Einkommen in dieser Arbeit schwieriger sein, statistische Signifikanz zu erreichen, da das Spektrum der Einkommen in den betrachteten Ländern geringer ist.

[179]   Im Hinblick auf diese Wirkung auf die Handelsbilanz sowie auf öffentliche Ausgabeposten, die von exogenen Schocks wie Krisen ausgelöst werden, z.B. Kurzarbeitergeld und Konjunkturprogramme, könnte man die Fiskalbilanz als sinnvollen Indikator für die kurzfristige Analyse erachten. Allerdings werden öffentliche Einnahmen und Ausgaben

Dependency rates – aus dem Verhältnis der unter 15- und über 64-Jährigen zu den 15- bis 64-Jährigen berechneter Index relativ zum Eurozonenmittel (Durchschnitt = 100).[180] In dieser Arbeit wird, wie in der Literatur auch, dieser Indikator in eine Alters- und eine Jugendabhängigkeitsrate unterteilt. Nach der Lebenszyklus-Hypothese bilden Haushalte während ihres aktiven Erwerbslebens Ersparnisse, während sie sie davor und danach aufbrauchen bzw. sich verschulden. Demnach stehen hohe *dependency rates* für verhältnismäßig geringe Ersparnisse und eine schlechtere Leistungsbilanz.[181]

Nettoauslandsvermögensposition – Nettoauslandsvermögensstatus als Anteil am BIP (%). Die Wirkungsrichtung dieses Indikators auf die Leistungsbilanz ist theoretisch unklar und muss empirisch geklärt werden. Einerseits ist ein positiver Einfluss denkbar, denn einer Volkswirtschaft mit Vermögen im Ausland fließt hieraus Kapital zu, das zur Bildung zusätzlicher Ersparnisse eingesetzt werden kann.[182] Eine Wirtschaft, die bisher Leistungsbilanzüberschüsse erwirt-

---

von vielen strukturellen Faktoren bestimmt und beeinflussen die Leistungsbilanz in der langen Frist jenseits von kurzfristigen Stützmaßnahmen (vgl. IWF 2013, S. 16). Zudem deckt der Binnennachfrage-Indikator in der kurzfristigen Analyse bereits fiskalpolitische Reaktionen auf etwaige Rezessionen ab. Diese Variable zeigt die Position einer Volkswirtschaft im Konjunkturzyklus. Unter der Annahme, dass Staaten solche Maßnahmen immer dann ergreifen, wenn die Binnennachfrage stark rückläufig ist, beinhaltet diese Variable implizit die Wirkung steigender Staatsausgaben auf die Leistungsbilanz in Krisenzeiten.

[180] Die empirische Literatur stellt oft einen Einfluss der Demografie auf die Leistungsbilanz fest. Allerdings wird i.d.R. nur ein geringer Effekt gemessen. Ein Grund dafür ist die Tatsache, dass viele der entwickelten Volkswirtschaften altern. Erhöht sich nicht nur in der eigenen Bevölkerung das Durchschnittsalter, sondern auch bei den Handelspartnern, steigt die Sparquote in der heimischen Wirtschaft nicht stärker als im Ausland. Fahren entsprechend alle Volkswirtschaften ihren Konsum in ähnlichem Maße zurück, ergibt sich für kein Land eine Veränderung der Leistungsbilanz (vgl. Debelle/Faruqee 1996, S. 7, EU Kommission 2012b, S. 79). Daher verwendet die vorliegende Arbeit, wie in der Literatur üblich, für diesen Indikator ein relatives Maß.

[181] Nach Higgins (1998, S. 351 f.) geht insbesondere eine hohe Jugendabhängigkeitsrate mit niedrigerer Ersparnis und gleichzeitig höheren Investitionen einher, verschlechtert den Leistungsbilanzsaldo also erheblich. In einer alternden Gesellschaft nehmen neben den Ersparnissen dagegen auch die Investitionen ab und der Effekt auf die Leistungsbilanz ist oftmals geringer.

[182] Der Dummy zu Zuflüssen aus Primär- und Sekundäreinkommen ist bei simultaner Berücksichtigung der NFA-Position teilweise redundant. Da die Primär- und Sekundäreinkommensbilanzen aber in Form eines Dummys in das Modell einfließen und der Indikator die Sekundäreinkommen miteinschließt, entsteht keine Multikollinearität zur NFA-Position. Letztere dient lediglich als Proxy für Nettoprimäreinkommen und erfasst keine

schaftet und so Vermögen angesammelt hat, mag weiterhin Überschüsse aufweisen. Andererseits ist eine negative Wirkung möglich, denn zum einen erlaubt
Auslandsvermögen einem Land begrenzte Leistungsbilanzdefizite zu erzielen,
ohne dass eine übermäßige Verschuldung resultieren würde. Zum anderen nehmen Nettoschuldner größere Anstrengungen auf sich, um eine positive Leistungsbilanz zu erreichen und ihre Solvenz zu sichern (vgl. Rahman 2008, S. 5,
Ca'Zorzi/Chudik/Dieppe 2012, S. 4, IWF 2013, S. 12). In der empirischen Literatur ist die NFA-Position zumeist mit positivem Vorzeichen signifikant (s.
Kapitel 4.1.2).[183]

Wirtschaftswachstum – reale Wachstumsrate des BIP (% gg. Vj.).[184] In der
langen Frist beeinflusst das Wirtschaftswachstum die Leistungsbilanz mittelbar
über die Sparquote. Bei dynamischem Wachstum erwarten Haushalte für die
Zukunft höhere Einkommen. Einerseits passen Haushalte nach der Lebenszyklus-Hypothese ihren Konsum in der Gegenwart an die für die Zukunft erwarteten besseren Rahmenbedingungen an und die Ersparnisbildung geht zurück.
Andererseits erhöht sich durch Wachstum das Sparpotenzial in der Wirtschaft
(vgl. Chinn/Prasad 2003, S. 51, s. Kapitel 3.2.1.1). Dieser Effekt wird aber bereits teilweise durch das relative Einkommensniveau erfasst. Daher ist eher ein
negatives Vorzeichen zu erwarten. Die Literatur, die größtenteils einen negativen, wenn auch nicht immer statistisch signifikanten Einfluss feststellt, stützt
diese Erwartung (s. Kapitel 4.1.2).

---

[183] Sekundäreinkommen. Die Korrelation zwischen den beiden Variablen ist im vorliegenden Datensatz sogar leicht negativ bei -0,09.
Wird in einem Modell neben der NFA-Position ein AR-Term genutzt, der Leistungsbilanzsaldo also u.a. mit dem Saldo der Vorperiode erklärt, ergibt sich ebenfalls eine
inhaltliche Überschneidung. Allerdings unterscheiden sich die beiden Größen hinrei-
chend: Der AR-Term stellt lediglich das Resultat der Vorperiode dar, die NFA-Position
kann dagegen als Ergebnis sämtlicher vergangener Leistungsbilanzentwicklungen interpretiert werden (vgl. EU Kommission 2012b, S. 97).

[184] In manchen Studien nutzen Autoren anstelle des BIP-Wachstums die Produktionslücke.
Dieser Indikator zeigt an, ob das Wachstum einer Wirtschaft über seinem langfristigen
Potenzial liegt und die Wirtschaft überhitzt ist. BIP-Wachstum und Produktionslücke
sind hier austauschbar. Gegenüber der Binnennachfrage in der kurzfristigen Analyse
weist das BIP-Wachstum den Vorteil einer direkten inhaltlichen Verknüpfung zur Sparquote auf.

Volatilität – Standardabweichung der Arbeitslosenquote im gesamten Datenzeitraum. Diese Variable soll Vorsichtsparen abbilden, das Haushalte vor allem bei erhöhtem Risiko von Arbeitsplatzverlusten betreiben. Die Literatur lässt stattdessen die Volatilität der Terms of Trade in die Modelle einfließen (s. Kapitel 4.1.2). In der vorliegenden Arbeit werden beide Maße geprüft, für die jeweils ein positives Vorzeichen zu erwarten ist.

Entwicklungsgrad der Finanzmärkte – Anteil der Geldmenge M3 am BIP (%).[185] Aufgrund der gemeinsamen Geldpolitik im Euroraum unterscheiden sich die Daten zur Geldmenge zwischen den Ländern nur vor dem jeweiligen Beitritt zur Währungsunion. Für Malta, Litauen, Luxemburg, Portugal, Slowenien und Zypern liegen für die Zeit vor dem Beitritt keine Daten vor. In der Literatur zur Erklärung der Sparquote zwar häufig verwendet, ist dieser Indikator aufgrund des gemeinsamen Kapitalmarktes im Kontext der Stichprobe der vorliegenden Untersuchung weniger bedeutend. Sein Vorzeichen ist im Vorfeld unklar: Einerseits kann eine größere Auswahl an Finanzprodukten und bessere Risikodiversifizierung der Geldanlage eine intensivierte Ersparnisbildung bewirken. Andererseits erleichtern weiter entwickelte Finanzmärkte die Verschuldung des Privatsektors und die Finanzierung von Investitionen (vgl. Ca'Zorzi/Chudik/Dieppe 2012, S. 5, s. auch Kapitel 3.2.2.2).

Einkommensverteilung – Gini-Koeffizient des verfügbaren Äquivalenzeinkommens (Index zwischen 0 und 100). In der Theorie führt eine größere Ungleichverteilung der Einkommen zu einer höheren gesamtwirtschaftlichen Sparquote, da wohlhabende Haushalte eine höhere Sparquote aufweisen und bei ungleicher Verteilung einen Großteil der Einkommen einer Volkswirtschaft auf sich vereinen (s. Kapitel 3.2.1.2). Bei unklarer Wirkung auf die Investitionstätigkeit sollte es demnach einen positiven Zusammenhang zwischen Gini-Koeffizient und Leistungsbilanz geben. Für diesen Indikator sind Daten ab 1995 verfügbar.

---

[185] Daten zur Geldmenge M2, die in der Literatur üblicherweise verwendet wird, waren auf Ebene der Nationalstaaten nicht verfügbar.

Realzinsen – Renditeabstand für zehnjährige Staatsanleihen gegenüber Deutschland, Deflator: Verbraucherpreisindex (Prozentpunkte). Die Realzinsen dienen einerseits als Determinante der Sparquote. Andererseits messen sie die relative Attraktivität einer Volkswirtschaft für Investoren. Dadurch können Kapitalströme im Euroraum und kapitalbilanzgetriebene Impulse auf die Leistungsbilanz abgebildet werden. Theoretisch könnte dieser Indikator sowohl ein positives als auch ein negatives Vorzeichen aufweisen: Höhere Zinsen können für eine attraktive Verzinsung des Kapitals und entsprechende Zuflüsse sowie für ein vergrößertes Investitionsrisiko und Kapitalabflüsse bspw. im Zuge der Schuldenkrise stehen (vgl. IWF 2013, S. 8).

Soziale Sicherungsnetze – öffentliche Ausgaben für Sozialschutzleistungen als Anteil am BIP (%). Für diesen Indikator stehen Daten ab 1990 zur Verfügung. Je höher die staatlichen Ausgaben für Sozialschutz, desto geringer ist der Bedarf an privater Vorsorge. Empirische Studien bestätigen eine negative Verknüpfung zur Sparquote und dem Leistungsbilanzsaldo (s. Kapitel 3.2.2.4).

Dummy-Variable für Finanzzentren. Dieser Dummy nimmt für die Länder Belgien, Luxemburg und die Niederlande den Wert eins an. Damit soll der Vorgehensweise des IWF gefolgt werden (vgl. ebd., S. 13). Nach dessen Überlegungen ist der Effekt eines Status' als Finanzzentrum auf die Leistungsbilanz unklar. Die Variable wird primär eingesetzt, um Verzerrungen in den Schätzungen der anderen Koeffizienten zu vermeiden (vgl. ebd., S. 13 f.).[186]

---

[186]   Da in der Analyse der kurzen Frist eine FE-Schätzung zum Einsatz kommt, bedarf es keiner expliziten Berücksichtigung dieser Dummy-Variable. Eine FE-Schätzung bildet sämtliche unveränderlichen länderspezifischen Effekte, zu denen auch der Status als Finanzzentrum gehört, in "country-specific fixed effects" ab. Somit berücksichtigt sie den Einfluss des Finanzzentrum-Status bereits implizit (s. Kapitel 4.3).

4.3   Datensatz und Schätzmethodik

Der in dieser Arbeit verwendete Datensatz umfasst die 19 aktuellen Euromitgliedsländer im Zeitraum 1980 bis 2014. Nur für sehr wenige Variablen liegen sämtliche 665 mögliche Datenpunkte (19 Länder x 35 Jahre) vor. Dennoch reicht die Datenbasis aus, um statistisch gesicherte Aussagen treffen zu können. Freilich verkleinert die Beschränkung auf die Länder der Eurozone den Datensatz. Allerdings geschieht dies zum Vorteil eines weniger bedeutsamen Wechselkurses für den Außenhandel der betrachteten Volkswirtschaften. Denn insgesamt 45% des Handels im Euroraum finden innerhalb der EWU statt.[187] Fällt der Wechselkurs als Korrekturmechanismus, der die Leistungsbilanz nahe am Gleichgewicht hält, teilweise weg, sind Leistungsbilanzungleichgewichte persistenter und der Einfluss struktureller Größen leichter zu bestimmen. Im Falle einer eigenen Währung kann die Wirkung der sektoralen Struktur durch externe Auf- und Abwertungen relativ einfach kompensiert werden. Eine interne Abwertung innerhalb der Eurozone ist dagegen schmerzhafter und wird nach Möglichkeit vermieden, sodass Wirtschaftsstrukturen hier eine besondere Rolle für den Leistungsbilanzsaldo spielen. Ferner lassen sich aus einer gezielten Analyse der Euroländer Implikationen für die Eurozone im Kontext der Schuldenkrise ableiten.

Für die Berechnungen werden ausschließlich Jahresdaten verwendet, z.T. nach einer Aggregation zu Mehrjahresintervallen bzw. in einer Querschnittsanalyse. Die Datenquellen umfassen Ameco, Eurostat, EZB, OECD und Oxford Economics Forecasting (OEF). Bei einigen Variablen wurden Eurostat-Daten durch zusätzliche in der Ameco-Datenbank oder bei der EZB verfügbare Werte ergänzt – dies geschah jedoch ausschließlich in Fällen, in denen die Datenabgrenzungen übereinstimmten.

---

[187]   Zudem konkurrieren Euro-Mitgliedstaaten beim Handel mit Ländern außerhalb der Eurozone häufig mit ihren Partnern in der EWU. Dies schwächt die Bedeutung des nominalen Wechselkurses für den Außenhandel weiter.

Bei der Wahl einer geeigneten Schätzmethodik ist die Charakteristik der verwendeten Daten zu berücksichtigen. Tabelle 5 zeigt die Varianz in der Leistungsbilanz, die auf die zeitliche Entwicklung innerhalb eines Landes ("variance within") und auf Unterschiede zwischen den Ländern ("variance between") entfällt.[188] Im vorliegenden Datensatz resultieren 52% der Varianz in der zu erklärenden Variable aus Länderunterschieden.[189] Folglich zeigt weder eine reine Querschnitts- noch eine reine Längsschnittbetrachtung ein vollständiges Bild.

Tabelle 5: Variablenübersicht

	Mittel	St. abw.	% variance within	% variance between	Daten-punkte	Quelle
Leistungsbilanz	-0,8	6,1	47,9	52,1	576	Eurostat
Industrie	18,1	5,5	38,4	61,6	552	Ameco
Binnennachfrage	2,3	4,5	78,3	21,7	564	Eurostat
Weltwirt. Wachstum	3,5	1,3	100	0	665	OECD
Arbeitsproduktivität	1,8	3,2	65,5	34,5	436	Eurostat
REER	1,2	5,3	69,0	31,0	399	EZB
Terms of Trade	0,2	2,7	83,6	16,4	564	Ameco
Dum. Einkommen	0,1	0,3	56,8	43,2	597	Ameco
Dum. Schuldenkrise	0,1	0,4	100	0	665	/
Dum. Euro-Beitritt	0,1	0,2	100	0	665	/
BIP-Wachstum	2,3	4,0	77,9	22,1	582	Eurostat
Relativ. Einkommen	85,1	45,8	22,0	78,0	563	Eurostat
NFA-Position	-16,7	45,0	34,9	65,1	385	Eurostat
Fiskalsaldo	-3,4	4,3	56,7	43,3	533	Eurostat
Altersabhängigkeit	90,6	12,6	34,1	65,9	663	Eurostat
Jugendabhängigkeit	108,0	17,4	44,7	55,3	663	Eurostat

---

[188] Die Tabelle zeigt die Daten zu allen in den Standardmodellen enthaltenen Variablen (s. Kapitel 4.4.1 bis 4.4.3).

[189] Im Datensatz von Chinn/Prasad (2003, S. 53) gehen 39% und bei Debelle/Faruqee (1996, S. 8) 54% der Varianz auf Länderunterschiede zurück.

Schätzmethodik

Wie in der in Kapitel 4.1.2 diskutierten Literatur kommen daher verschiedene Schätzverfahren zum Einsatz. Für Paneldatensätze geeignete Schätzer verwerten Informationen über die Entwicklungen im Zeitverlauf. Hauptsächlich ist hier zwischen einer FE- und einer RE-Schätzung zu unterscheiden. Beide Verfahren unterteilen den Fehlerterm einer Regressionsgleichung in eine länderspezifische, zeitkonstante sowie eine idiosynkratische Komponente, die sich in jeder Periode verändert. Ein FE-Schätzer geht von einer Korrelation zwischen konstanter Fehlerkomponente und im Modell berücksichtigten Regressoren aus.[190] Unbeobachtete Faktoren, z.b. die schwer zu messende Risikoaversion in der Bevölkerung mit entsprechender Wirkung auf die Sparquote, sind mithin nicht unabhängig von den berücksichtigten Einflussgrößen, wie Binnennachfrage, *dependency rates* oder Einkommensverteilung. Bei der Analyse makroökonomischer Zusammenhänge mit vielfältigen Abhängigkeitsbeziehungen ist diese Annahme plausibel (vgl. Debelle/Faruqee 1996, S. 10 f.). Die Korrelation zwischen konstanten Residuen und Regressoren ist bei diesem Schätzansatz unproblematisch, da er alle konstanten Faktoren durch eine Datentransformation aus der Gleichung entfernt. Die in ihnen enthaltenen Informationen bündelt der FE-Schätzer in länderspezifischen Dummy-Variablen. Auf diese Weise werden unbeobachtete konstante Faktoren implizit abgebildet.[191] Demgegenüber ist ein RE-Schätzer bei Korrelation zwischen unbeobachteten länderspezifischen Faktoren und Regressoren verzerrt (vgl. Wooldridge 2002, S. 452). Daher folgt diese Arbeit der Vorgehensweise in der Literatur und wählt eine FE-Schätzung in der kurzfristigen Analyse. Der "Hausman-Spezifikationstest" bestätigt auf dem 1%-Signifikanzniveau die Überlegenheit einer FE-Schätzung für diesen Datensatz.

---

[190]   Für eine detaillierte Beschreibung der Funktionsweise von Paneldatenschätzern, vgl. Wooldridge (2002, S. 441 ff.).

[191]   Durch die Eliminierung zeitkonstanter Variablen wird die Schätzung zudem robuster gegenüber einem omitted variable bias (vgl. Kuijs 2006, S. 14). Denn alle Kriterien, die eine Volkswirtschaft charakterisieren und sich nicht mit der Zeit verändern, z.B. ein Status als Finanzzentrum, klimatische Gegebenheiten oder etwa die geografische Lage, müssen nicht in die Gleichung aufgenommen werden, sondern werden implizit im länderspezifischen fixen Effekt berücksichtigt.

Eine FE-Schätzung zieht von jeder Beobachtung den zeitlichen Mittelwert der jeweiligen Variable ab und nutzt diese "time-demeaned data" für die Berechnung der Regressionskoeffizienten.[192] Dadurch fallen Informationen über das Niveau der eingesetzten Variablen aus der Analyse heraus. Stattdessen ist lediglich die zeitliche Entwicklung innerhalb der Länder ausschlaggebend.[193] Um grundsätzliche Unterschiede zwischen Ländern aufzugreifen, muss die FE-Schätzung daher um eine pooled OLS-Schätzung ergänzt werden. Dieser Ansatz ignoriert die Entwicklungen im Zeitverlauf. Dafür bestimmt er etwa den Einfluss einer insgesamt schwächeren industriellen Ausrichtung einer Wirtschaft auf die Leistungsbilanz.

Chinn/Prasad (2003, S. 66 ff.) argumentieren, dass eine FE-Schätzung unangebracht sei, da sie grundlegende Unterschiede zwischen Ländern und deren Wirkung auf die Leistungsbilanz nicht explizit herausstelle und den verwendeten Regressoren zuordne, sondern im länderspezifischen Dummy aggregiere. Dies mag bei der Anfertigung eines umfassenden Modells etwa zur Vorhersage künftiger Entwicklungen in der Leistungsbilanz zutreffen. Die vorliegende Arbeit beabsichtigt jedoch, lediglich den Einfluss einer einzigen Variable auf die Leistungsbilanz zu messen. Alle Kontrollvariablen werden nur herangezogen, um eine Verzerrung der Ergebnisse durch einen omitted variable bias zu vermeiden. In diesem Kontext ist es förderlich, eine Methode zu verwenden, die durch ihren Umgang mit zeitkonstanten Faktoren einen omitted variable bias unwahrscheinlicher macht.[194]

---

[192] Aufgrund der Datentransformation verlieren Größen, die im Zeitverlauf wenig schwanken und in OLS-Schätzungen signifikant sind, wie das relative Einkommen oder die *dependency rates*, in FE-Schätzungen häufig ihre statistische Signifikanz (vgl. Rahman 2008, S. 8). Folglich werden Variablen mit hoher between-Varianz in dieser Arbeit vorzugsweise in OLS-Schätzungen der mittel- und langfristigen Analyse eingesetzt.

[193] Eine FE-Schätzung berechnet für jedes Land im Hintergrund eine Dummy-Variable. Informationen über das Niveau der berücksichtigten Variablen finden sich nur (und nur in aggregierter Form) in diesem Dummy wieder.

[194] Gehringer (2014, S. 14) argumentiert ebenfalls, dass eine FE-Schätzung in ihrer – in der Zielsetzung dieser Arbeit ähnlichen – Untersuchung sinnvoll ist.

Ein mögliches Problem eines FE-Schätzers ist Autokorrelation in den Residuen bei Regressionen mit Zeitreihendaten. Autokorrelation tritt insbesondere beim Umgang mit kurzen Zeitintervallen und Jahresdaten auf. Sie führt zu verzerrten Ergebnissen und einer Überschätzung der statistischen Signifikanz (vgl. Wooldridge 2002, S. 377 f.). Um diesem Problem zu begegnen, wird ein dynamisches Modell mit einer autoregressiven Variable (AR-Term) geschätzt. Dieses Modell erklärt den Leistungsbilanzsaldo einer Periode u.a. mit dem Saldo der Vorperiode. Ein solches Vorgehen vermindert die Autokorrelation in den Residuen – allerdings verletzt der AR-Term die Bedingung der strikten Exogenität, die für unverzerrte Schätzer erfüllt sein muss. In autoregressiven Modellen können FE-Schätzungen zu einem "Nickell-Bias" und somit ineffizienten Ergebnissen führen (vgl. Nickell 1981, S. 1418 ff.). Dieses Problem tritt jedoch seltener in makroökonomischen Panels auf, die sich typischerweise durch eine geringe Zahl von Individuen (N, hier: Länder) bei verhältnismäßig großer Zahl zeitlicher Beobachtungen (T) auszeichnen. Da der vorliegende Datensatz mit N=19 < T=35 diese Eigenschaften eindeutig aufweist, ist eine mögliche Verzerrung der Ergebnisse zu vernachlässigen (vgl. Islam 1995, S. 1138, Judson/Owen 1999, S. 10 ff., Wooldridge 2002, S. 447, Roodman 2006, S. 40).[195]

Endogenität

Bei mehreren in der Analyse eingesetzten Regressoren können Interdependenzen mit der abhängigen Variable auftreten. Endogene Regressoren wirken nicht nur auf die zu erklärende Größe, sondern werden gleichzeitig von ihr beeinflusst. Die gegenseitige Abhängigkeit erschwert Aussagen über eine kausale Beziehung zwischen den Variablen. Diese Problematik tritt z.B. beim REER auf: Während der REER die Leistungsbilanz beeinflusst, führt etwa ein positiver Saldo in Folge hoher Exporte zu zusätzlicher Devisennachfrage, die den Wechselkurs ansteigen lässt (vgl. Lane/Milesi-Ferretti 2002, S. 6 ff.). Dieser "Feed-

---

[195]   In den Grundmodellen der kurzfristigen Analyse, in denen der REER enthalten ist (s. Kapitel 4.4.1) und die daher erst Daten ab 1994 verwenden, liegt T bei 21 und ist immer noch größer als N. Die Voraussetzungen für unverzerrte Schätzer sind damit weiterhin gegeben.

back-Effekt" wird beseitigt, indem der REER mit einem *lag* von einem Jahr in das Modell einfließt.[196] Da der aktuelle Leistungsbilanzsaldo nicht mehr den Wechselkurs des Vorjahres beeinflussen kann, bereinigt diese Maßnahme das Problem.[197]

Weitere Endogenitätsprobleme entstehen bei der Dummy-Variable zu den Primär- und Sekundäreinkommen. Diese sind direkte Bestandteile der Leistungsbilanz, somit ist die Interdependenz offensichtlich. Primär- und Sekundäreinkommensbilanzen werden in Form einer Dummy-Variable dargestellt, um Feedback-Effekte zu minimieren (vgl. die Vorgehensweise von Rahman 2008, S. 6 f.). Die NFA-Position ist ebenfalls für Endogenität anfällig, denn sie ist das Ergebnis vergangener Entwicklungen in der Leistungsbilanz. In der mittel- und langfristigen Analyse fließt diese Variable nicht mit ihren Mittelwerten innerhalb der betrachteten Zeiträume in die Modelle ein, sondern mit ihrem Wert zu Beginn der jeweils betrachteten Periode (vgl. Chinn/Prasad 2003, S. 61, Rahman 2008, S. 6). Wie beim REER gilt hier: Die Leistungsbilanz kann einen in der Vergangenheit liegenden Wert nicht mehr beeinflussen. In der kurzfristigen Analyse tritt die NFA-Position nur mit einem *lag* von einer Periode auf. Desgleichen sind für die Fiskalbilanz Feedback-Effekte denkbar (vgl. Chinn/Prasad 2003, S. 70). Zum Beispiel kann der Leistungsbilanzsaldo von der Konjunkturlage eines Landes beeinflusst werden. Ein Defizit kann Folge hoher Importe und eines binnenwirtschaftlichen Booms sein, wie es in den GIPSZ-Ländern vor der Finanzkrise der Fall war.[198] Da sich bei antizyklischer Fiskalpolitik der Fiskalsaldo im Boom üblicherweise verbessert, könnte sich von der Konjunkturlage über die Leistungsbilanz eine Wirkung auf den öffentlichen Budgetsaldo erge-

---

[196] Dieses *lag* in der REER-Variable ist auch jenseits etwaiger Interdependenzen sinnvoll, da der Außenhandel üblicherweise erst nach einer Verzögerung auf Veränderungen im Wechselkurs reagiert (vgl. IWF 2014, S. 10).

[197] Zahlreiche Beiträge gehen in ihrer empirischen Analyse auf diese Weise mit dem Endogenitätsproblem um, z.B. Kuijs (2006, S. 14), Dietrich/Krüger (2008, S. 7), Clower/Ito (2012, S. 21), EU Kommission (2012b, S. 80) und Catao/Milesi-Ferretti (2013, S. 13).

[198] Freilich kann auch ein Überschuss einen Boom anzeigen, etwa in einer Volkswirtschaft wie Deutschland, in der der Export ein wichtiger Wachstumstreiber ist. Die Verbindung zwischen Leistungsbilanzsaldo und Wirtschaftswachstum ist – wie bereits erwähnt – nicht eindeutig.

ben. Diese Interdependenz dürfte jedoch durch die Berücksichtigung des Wachstums des BIP bzw. der Binnennachfrage als Kontrollvariable behoben werden.

Bei der Schlüsselvariable können ebenfalls Feedback-Effekte auftreten. Über die Saldenmechanik in der Zahlungsbilanz sind Leistungs- und Kapitalbilanz direkt miteinander verknüpft: Importiert eine Volkswirtschaft mehr als sie exportiert, muss der Importüberschuss finanziert werden. Mit einem Leistungsbilanzdefizit geht daher i.d.R. ein Kapitalbilanzüberschuss einher und umgekehrt. Diese wechselseitige Abhängigkeit erschwert Aussagen über die Kausalität zwischen Leistungsbilanz und Wirtschaftsstruktur. Zwei Fälle sind vorstellbar: Die vorliegende Analyse geht, wie in Kapitel 3.3 dargelegt, von einem Impuls der Schlüsselvariable auf die Leistungsbilanz aus. In der Konsequenz ergibt sich dann eine Wirkung auf die Kapitalbilanz. Denkbar ist aber auch, dass die Kapitalbilanz die Leistungsbilanz bestimmt und sich in der Folge eine Wirkung auf die Wirtschaftsstruktur einstellt. Kapitel 2.1.2 hat gezeigt, wie zufließendes Kapital vor der Finanzkrise Unternehmen, Haushalte und den Staat in den GIPSZ-Ländern in die Lage versetzten, die Binnennachfrage zu erhöhen. Der Kapitalbilanzüberschuss spiegelte sich in einem Leistungsbilanzdefizit. Von der erhöhten Nachfrage profitierte wiederum die Binnenwirtschaft, also vor allem der Dienstleistungssektor. In der Konsequenz wuchs dessen relative Bedeutung. Dieses Beispiel offenbart, dass ein kontraktiver Effekt auf das relative Gewicht der Industrie, mithin ein Feedback-Effekt auf die Schlüsselvariable, in Folge einer Verschlechterung der Leistungsbilanz möglich ist (s. auch das theoretische Modell in Kapitel 2.3.3).

Beide Wirkungsrichtungen sind plausibel. Auf der einen Seite bestimmt zwar eine Vielzahl von Faktoren die Kapitalbewegungen zwischen Ländern, dennoch spielt der Außenhandel für Kapitalströme eine entscheidende Rolle (vgl. Ohr/Zeddies 2010, S. 4). Dies spricht dafür, dass die Leistungsbilanz eher Auslöser von Kapitalströmen ist und nicht umgekehrt. Auf der anderen Seite war der Euroraum einige Jahre durch eng beieinander liegende nationale Zinssätze geprägt. Mit der Finanz- und später der Schuldenkrise veränderten sich jedoch die Risiken, die Zins-Spreads zwischen den Mitgliedstaaten nahmen zu und die ehemals stabilen Kapitalströme aus dem Kern in die Peripherie der Eurozone ebbten ab. Diese Zyklen in der Kapitalbilanz wirken auf die Leistungsbilanzsalden im Euroraum. Insgesamt ist die Korrelation zwischen Leistungsbilanz und Wirtschaftsstruktur unstrittig (s. Abbildung 22), die Ursache-Wirkung-Beziehung jedoch nicht.

Eine pauschale Aussage hierzu ist zu vermeiden, denn aller Wahrscheinlichkeit nach unterscheidet sich die kausale Beziehung zwischen Leistungs- und Kapitalbilanz sowohl in einzelnen Ländern als auch zu verschiedenen Zeitpunkten voneinander. Beispielsweise dürfte die Leistungsbilanz der USA, deren Währung weltweit als Ankerwährung fungiert und in der die Devisenreserven vieler Volkswirtschaften denominiert sind, zu einem erheblichen Teil durch die Kapitalbilanz bestimmt werden. Im exportstarken Deutschland bewirkt dagegen der Außenhandel eine große Nachfrage nach Devisen und die Leistungsbilanz ist oft Impulsgeber für die Kapitalbilanz. In zeitlicher Hinsicht dürfte sich die Ursache-Wirkung-Beziehung bspw. in der Schweiz verändern: In einer schwierigen Konjunkturlage in Europa können Anleger, die im Schweizer Franken einen sicheren Hafen sehen, massive Kapitalströme auslösen und die Kapitalbilanz zu einem stärkeren Treiber der Leistungsbilanz machen als es in wirtschaftlichen Boomzeiten der Fall ist.

Die vorliegende Analyse greift das Problem einer möglichen Endogenität in der Schlüsselvariable auf, indem sie in der mittleren und langen Frist die Bestimmungsfaktoren der Sparquote einsetzt. Denn diese eignen sich als Determinanten sowohl der Leistungs- als auch der Kapitalbilanz.[199] Ein Robustheitstest in Kapitel 4.5.2 berücksichtigt ferner die Trendumkehr in den Kapitalbilanzen der Euroländer durch die Finanz- und die Schuldenkrise. Dies soll die veränderten Impulse der Kapital- auf die Leistungsbilanz auffangen, die diese Krisen ausgelöst haben. Weiterhin wird die in Kapitel 4.2.2 beschriebene Zinsvariable in die

---

[199] Beispielsweise ist das relative Einkommensniveau ein Indikator für Kapitalströme, die von reicheren zu ärmeren Ländern fließen.

Untersuchung eingeführt. Diese soll die Attraktivität eines Standorts für Investoren abbilden. Dennoch lässt sich das Problem, dass Entwicklungen in der Leistungsbilanz theoretisch eine Wirkung auf die Wirtschaftsstruktur haben können, nicht ganz beheben. Insofern kann kein abschließendes Urteil über die Kausalität gefällt werden.

Instrumentalvariablen

Eine in der empirischen Analyse häufig genutzte Methode zur Berücksichtigung von Interdependenzen zwischen abhängiger und unabhängigen Variablen ist die "instrumental variable" (IV)-Regression. Eine IV-Schätzung instrumentiert die endogene Variable, d.h. ersetzt sie durch andere Regressoren – so genannte Instrumente –, anstatt sie selbst in die Gleichung einfließen zu lassen (vgl. Wooldridge 2002, S. 461 ff.). Mit ihr stehen die Instrumente in möglichst engem Zusammenhang, während sie unabhängig von den Residuen des Modells und der zu erklärenden Größe sind.

Geeignete Instrumente für die Schlüsselvariable zu finden, ist jedoch problematisch. Potenzielle Kandidaten wären z.B. die Menge an Kohlevorkommen in einem Land. Dieser Indikator könnte als Proxy für die Voraussetzungen zur Industrialisierung einer Volkswirtschaft gelten, da lokale Kohlevorkommen die Versorgung dieses energieintensiven Sektors erleichtern. Wie Kapitel 6.2.1 zeigt, ist sektoraler Strukturwandel ein pfadabhängiger Prozess. Gute Voraussetzungen zur Industrialisierung in der Vergangenheit könnten daher für eine heute auf die Industrie ausgerichtete Wirtschaft sprechen. Allerdings zeigt das Beispiel Großbritannien, dass eine frühe Industrialisierung später mit einer umfassenden Tertiarisierung einhergehen kann. Die Verbindung zwischen Ressourcenverfügbarkeit und heutiger Wirtschaftsstruktur ist offenbar nicht eng genug. Ähnliches gilt für ein zweites potenzielles Instrument: die Länge an schiffbaren Binnenflüssen. Diese vergünstigen den Transport von industriellen Erzeugnissen und Vorprodukten. Da Industrieproduktion transportintensiv ist, könnte eine große Zahl an nutzbaren Wasserwegen ebenfalls günstige Voraussetzungen für eine industrielle Wirtschaftsstruktur anzeigen. Hier dienen die Niederlande jedoch als Gegenbeispiel: Große Flüsse wie der Rhein oder die Maas sowie der Umschlagplatz Rotterdam müssten in diesem geografisch relativ kleinen Land nach dieser Theorie in der Vergangenheit eine umfassende Ansiedlung industrieller Produktion zur Folge gehabt haben, die heute noch sichtbar ist. Seit 1999 beträgt der Anteil des Verarbeitenden Gewerbes an der Bruttowertschöpfung insgesamt im Mittel jedoch gerade 13%.

Weitere Alternativen wären der Anteil von Ingenieuren unter den Erwerbstätigen oder die Menge an erworbenen CO_2-Zertifikaten in einer Volkswirtschaft. Diese Indikatoren dürften jedoch wiederum zu eng mit der aktuellen Industrieproduktion verbunden sein. Dies ist problematisch, weil die Instrumente dann gleichzeitig mit den Residuen des Modells korrelieren. Sie sind also nicht frei von Interdependenzen mit der Leistungsbilanz. Insgesamt lassen sich nach Meinung des Autors keine Instrumente finden, die einerseits eng genug mit der Schlüsselvariable verbunden sind, um tatsächlich Auswirkungen auf die heutige Wirtschaftsstruktur zu haben, und andererseits nicht zu eng, damit sie nicht – wie die instrumentierte Variable selbst – mit den Residuen des Modells korrelieren. Jenseits dieser Einwände bestünde außerdem das Problem der Verfügbarkeit konsistenter Daten für die diskutierten Vorschläge.

Die Problematik fehlender Instrumente für eine endogene Variable ist bei der Analyse makroökonomischer Zusammenhänge nicht ungewöhnlich.[200] In Ermangelung geeigneter "echter" Instrumente nutzen Ökonomen in diesem Fall "interne" Instrumente, nämlich die zeitverzögerten Werte (Niveau und erste Differenzen) exogener, d.h. nicht von Endogenität betroffener, Regressoren (vgl. z.B. Herrmann/Jochem 2005, S. 13, Afonso/Grüner/Kolerus 2010, S. 16, IWF 2013, S. 16). Chinn/Prasad (2003, S. 70) stellen jedoch fest: *"First, [...] the low correlations between lagged and contemporaneous values of variables [...] meant that lagged values of the right hand side variables made for poor instru-*

---

[200] So wird sie etwa auch bei Chinn/Prasad (2003, S. 70) und Gehringer (2014, S. 17) thematisiert.

ments. Second, [...] the sample size shrank considerably when we used lagged values of right hand side variables as instruments". Beide Argumente gegen eine solche IV-Schätzung gelten auch für diese Arbeit, das zweite Argument – insbesondere in der mittelfristigen Analyse – umso mehr, da die Stichprobe kleiner als in vergleichbaren Beiträgen ist.

Bei gleichzeitiger Verwendung eines autoregressiven Terms im Modell wird i.d.R. eine "Generalised Method of Moments" (GMM)-Schätzung vorgenommen (vgl. Calderon/Chong/Loayza 1999, S. 9 f., Craighead/Hineline 2011, S. 11, Ca'Zorzi/Chudik/Dieppe 2012, S. 7).[201] Diese setzt Werte der endogenen Variable aus der Vergangenheit als Instrumente ein. Für den vorliegenden Datensatz ist eine GMM-Schätzung jedoch nicht effizient. Denn sie erfordert als Daumenregel eine Anzahl von Individuen N, die die Zahl der eingesetzten Instrumente übersteigt (vgl. Roodman 2006, S. 40).[202] Bei zu großer Zahl der Instrumente gelingt es ihnen nicht, endogene Regressoren von ihrer Wechselwirkung mit der abhängigen Variable zu befreien und die Schätzung liefert verzerrte Ergebnisse (vgl. ebd., S. 12 f. & 40). Der "Sargan-Test" gibt Auskunft darüber, ob die zur Instrumentierung eingesetzten Variablen valide und nicht mit den Residuen des Modells korreliert sind (vgl. Calderon/Chong/Loayza 1999, S. 11, Hartwig 2012, S. 18). Um von diesem Test eine Bestätigung wenigstens auf dem 10%-Signifikanzniveau zu erhalten, müssten die Regressoren in der vorliegenden Analyse mit Instrumenten ersetzt werden, die mit bis zu elf *lags* zeitverzögert werden.[203] Unabhängige Variablen würden also von Werten erklärt, die bis zu elf Jahre in der Vergangenheit liegen. Es ist fraglich, ob derart

---

[201] Der für diesen Fall geeignete Schätzer basiert auf einer Weiterentwicklung des GMM-Schätzers durch Arellano/Bover (1995) und Blundell/Bond (1998), die bei hoher Persistenz der abhängigen Variable vorteilhaft ist.

[202] Am besten funktionieren GMM-Schätzer bei Panels mit vielen Individuen und wenigen zeitlichen Beobachtungen (vgl. Roodman 2006, S. 14). Diese Voraussetzungen sind hier eindeutig nicht erfüllt. Im Falle vieler Zeitperioden empfiehlt Roodman eine FE-Schätzung (vgl. ebd., S. 40). Dem wird in dieser Arbeit gefolgt.

[203] In dem getesteten Modell würde sich eine Anzahl von 241 Instrumenten ergeben. Die Daumenregel einer Anzahl von Instrumenten maximal in Höhe von N = 19 wäre klar nicht erfüllt.

weit zurückliegende Werte geeignet sind, aktuelle Ausprägungen in den Variablen zu erklären.

Gehringer (2014) wird in ihrer Analyse der EU-Länder mit dem gleichen Problem konfrontiert. Vorgehensweisen, die Anzahl der eingesetzten Instrumente zu reduzieren, sind bei ihr ebenso wenig erfolgreich darin, effiziente Ergebnisse zu erzielen, wie dies in der vorliegenden Analyse der Fall ist (vgl. Gehringer 2014, S. 17). Als Alternative fertigt sie, ähnlich wie Chinn/Prasad (2003, S. 70), eine einfache IV-Schätzung an, bei der sie die unabhängigen Variablen jeweils durch ihre ersten und zweiten *lags* ersetzt (vgl. Gehringer 2014, S. 17). Eine identische Vorgehensweise findet sich – bei allen Einwänden hinsichtlich des Nutzens eines solchen Robustheitstests (s.o. die Problematik bei internen Instrumenten) – in der kurzfristigen Analyse dieser Arbeit (s. Kapitel 4.4.1).[204]

Persistenz

Eine Schwierigkeit, die bei Zeitreihenanalysen auftreten kann, ist die oben angesprochene Persistenz in der abhängigen Variable. Bei hoher Persistenz sind aktuelle Werte nicht nur mit denjenigen aus der Vorperiode, sondern selbst mit weit in der Vergangenheit liegenden Werten noch stark korreliert. Die Entwicklung sehr persistenter Variablen im Zeitverlauf wird als "random walk" bezeichnet. Diesen charakterisiert, dass die beste Vorhersage der Ausprägung in der nächsten Periode der aktuelle Variablenwert ist, zuzüglich einer unabhängigen Residualkomponente, also eines zufälligen Schocks (vgl. Wooldridge 2002, S. 359 ff.).

Um die Autokorrelation in den Residuen der Modelle zu vermindern, wird ein AR-Term eingeführt (vgl. auch Debelle/Faruqee 1996, S. 18, IWF 2013, S.

---

[204] Für die mittelfristige Analyse wurde eine solche IV-Schätzung aufgrund der zu kleinen Stichprobe nicht durchgeführt. Die Querschnittsanalyse blendet die zeitliche Dimension aus und verbietet daher eine Schätzung mit zeitverzögerten Instrumenten.

9).[205] Bei sehr hoher Persistenz in einer Zeitreihe kann diese Vorgehensweise allerdings unzureichend sein. Gängige statistische Schätzverfahren können dann zwischen voneinander unabhängigen Variablen fälschlicherweise Zusammenhänge anzeigen ("Scheinregression"). Je höher die Persistenz einer Zeitreihe, desto ineffizienter werden die Schätzverfahren. Im Extremfall maximaler Persistenz beträgt der Autokorrelationskoeffizient eins und man spricht von einer Einheitswurzel ("unit root"). Zeitreihen lassen sich auf die Existenz einer unit root testen, allerdings ist die Berechnung exakter Ergebnisse für Paneldatensätze schwierig: Besonders für "unbalanced panels", also Datensätze, in denen nicht für jedes Land die gleiche Anzahl an Beobachtungen vorliegt, gibt es nur wenige Testverfahren – und auch deren Ergebnisse gelten nicht als zweifelsfreie Hinweise auf die Existenz oder Abwesenheit einer unit root (vgl. Perron 1989, S. 1396 f., Debelle/Faruqee 1996, S. 10, Nelson/Piger/Zivot 2001, S. 406 ff., Kent/Cashin 2003, S. 16, Clower/Ito 2012, S. 11).

Ein erster Anhaltspunkt ist der Autokorrelationskoeffizient einer Zeitreihe. Es existiert keine feste Regel, welchen Wert dieser Koeffizient nicht überschreiten sollte, um die üblichen Schätzverfahren nicht mit Fehlern zu behaften. Ökonomen empfehlen ab einem Koeffizienten von über 0,8 oder 0,9, alternative Schätzmethoden wenigstens als Robustheitstests anzuwenden (vgl. Wooldridge 2002, S. 364). Im vorliegenden Datensatz liegt die Autokorrelation in der Leistungsbilanzvariable bei 0,87.[206,207] Ein Einsatz alternativer Schätzverfahren ist also angezeigt. Für unbalanced panels verfügbare statistische Tests verwerfen zumindest die Nullhypothese, dass für alle 19 Länder eine unit root im Leis-

---

[205]   In einem Robustheitstest wird außerdem eine vom IWF im EBA-Ansatz verwendete pooled GLS-Schätzung durchgeführt (s. Kapitel 4.4.1, vgl. IWF 2013, S. 9 f. sowie Gehringer 2014, S. 17). Diese berücksichtigt eine Korrelation der Variablen zwischen den Ländern und nutzt außerdem die für das gesamte Panel berechnete Autokorrelation zur Bereinigung der Residuen, anstatt einen autoregressiven Term zu verwenden.

[206]   Das 99%-Konfidenzintervall einer Regression des Leistungsbilanzsaldos auf seine Vorgängerwerte reicht nach oben bis 0,95. Dies bedeutet, dass der Autokorrelationskoeffizient von 0,87 mit einer Wahrscheinlichkeit von 99% nicht über 0,95 liegt. Eine Einheitswurzel ist zumindest nach dieser Berechnung damit unwahrscheinlich.

[207]   Laut einer Berechnungsformel von Kent/Cashin (2003, S. 19) beträgt die Halbwertszeit eines Schocks auf die Leistungsbilanz bei dieser Autokorrelation fünf Jahre.

tungsbilanzsaldo vorliegt.[208] Andere empirische Untersuchungen kommen z.T. zu widersprüchlichen Ergebnissen hinsichtlich der Existenz einer unit root in der Leistungsbilanz (vgl. Taylor 2002, S. 6 f., Bundesbank 2006, S. 23, Dietrich/Krüger 2008, S. 20 ff., Ruscher/Wolff 2009, S. 23, Chen 2011, S. 1457 ff., Clower/Ito 2012, S. 10 f.). Nach Clower/Ito (2012, S. 4) liegt dies u.a. an der nicht ausreichenden Effizienz der zur Verfügung stehenden ökonometrischen Tests. Clower und Ito testen Leistungsbilanzzeitreihen, berücksichtigen dabei Strukturbrüche in den Daten und stellen fest, dass unit roots seltener existieren als auf Basis herkömmlicher linearer Tests angenommen: Für ein Panel von 71 Ländern können übliche Tests unit roots in der Leistungsbilanz nur in 20% der Fälle statistisch ablehnen. Mit der von Clower/Ito (2012, S. 10 f. & 15 f.) verwendeten Methode steigt die Ablehnungsrate auf knapp 90%.[209] Innerhalb der Eurozone kann demnach eine unit root nur für Spanien nicht ausgeschlossen werden.

Gleichwohl können FE- oder OLS-Schätzungen angesichts der hohen Persistenz in der Leistungsbilanz verzerrte Ergebnisse liefern. Dieses Problem kann durch den Verzicht der Analyse von Jahresdaten zugunsten von Intervallen mehrerer Jahre umgangen werden. Die Leistungsbilanzsalden von aufeinander folgenden Jahren weisen eine deutlich höhere Korrelation auf als bspw. die mittleren Salden von aufeinander folgenden Siebenjahresintervallen. Der ursprüngliche Grund, den Zusammenhang zwischen Leistungsbilanz und erklärender Variablen in Intervallen mehrerer Jahre zu schätzen, war, konjunkturelle Störungen auszublenden, die die Wirkung struktureller Einflussfaktoren überlagern (vgl. Chinn/Prasad 2003, S. 48, Engler/Fidora/Thimann 2007, S. 28, Ca'Zorzi/Chudik/Dieppe 2012, S. 8). Gleichzeitig vermindert sich bei der Aggregation zu Intervallzeiträumen die Autokorrelation in der abhängigen Variable. Bei der Verwendung von Siebenjahresintervallen sinkt der Koeffizient von 0,87 auf

---

[208] Dies gilt auf dem 5%-Signifikanzniveau für den "Im-Pesaran-Shin-" sowie den "augmented Dickey-Fuller-Test" für Paneldaten. Eine nur etwas niedrigere Ablehnungsrate der Nullhypothese ermitteln Debelle/Faruqee (1996, S. 9 f.) für ihren Datensatz.

[209] Ein Grund für diese Diskrepanz ist, dass herkömmliche Tests häufige Strukturbrüche in den Daten fälschlicherweise als Elemente eines random walk interpretieren und so auf eine unit root schließen (vgl. Clower/Ito 2012, S. 11).

0,63 – bei Fünfjahresintervallen immerhin auf 0,67. Angesichts dieser Verbesserungen sollte der Einsatz von OLS-Schätzverfahren unbedenklich sein – eine auch in der Literatur offensichtlich vorherrschende Meinung (s. Kapitel 4.1.2). In der langfristigen Querschnittsanalyse fehlt die zeitliche Dimension in den Daten, sodass keine Autokorrelation auftreten kann.

Bei 35 verfügbaren Perioden im vorliegenden Datensatz kommen als Intervalllängen entweder fünf oder sieben Jahre in Frage, wenn vermieden werden soll, dass einzelne Datenpunkte aus der Analyse herausfallen. In der Literatur wählen Ökonomen oftmals Fünfjahresintervalle. Um eine bessere Vergleichbarkeit zu bestehenden Studien herzustellen, enthält diese Arbeit daher in einem Robustheitstest Schätzungen für diese Intervalllänge. Für die standardmäßigen Schätzungen fällt die Entscheidung jedoch zugunsten von Siebenjahresintervallen. Diese Vorgehensweise reduziert die Anzahl möglicher Beobachtungen gegenüber der kürzeren Intervallvariante zwar von 133 auf 95. Allerdings lassen sich mit Siebenjahresintervallen besser vollständige Konjunkturzyklen abbilden.

Mit der Aggregation von Daten in Intervallen mehrerer Jahre sollen üblicherweise Variablenwerte berechnet werden, die dem Durchschnitt innerhalb eines kompletten Zyklus' entsprechen. Bestenfalls fließen in die Berechnungen der Mittelwerte eine vollständige Aufschwung- und eine vollständige Abschwungphase ein. Freilich können auch Intervalle von sieben Jahren Länge dies nicht gewährleisten. Denn Zyklen unterscheiden sich in Verlauf und Länge deutlich voneinander. Beiträge, die die mittlere Länge eines Konjunkturzyklus' bestimmen, widersprechen sich oftmals: Laut Dalsgaard/Elmeskov/Park (2002, S. 12) dauert ein typischer Zyklus in OECD-Ländern zwischen vier und sechs Jahren. Für die USA wurde zwischen 1955 und der Finanzkrise eine durchschnittliche Länge von 24,9 Quartalen, also gut sechs Jahre, ermittelt (vgl. Everts 2006, S. 11). Weiter zurückliegende Zyklen sind jedoch nur bedingt mit der jüngeren Vergangenheit zu vergleichen. Denn vor der Finanzkrise hat in der Phase der great moderation die Outputvolatilität abgenommen und Zyklen haben sich verlängert. Nach dem Zweiten Weltkrieg betrug die Dauer nach Berechnungen des National Bureau of Economic Research nur knapp sechs Jahre, bei den drei letzten, vollständig abgeschlossenen Zyklen waren es dagegen gut acht Jahre (1982-1991), knapp elf Jahre (1991-2001) und knapp acht Jahre (2001-2009).[210] Nach der Abgrenzung von Blanchard/Simon (2001, S. 141 f.) verlängerten die Zyklen sich von 19 Quartalen im Zeitraum 1947-1981 bis auf 36 Quartale von 1982-2000. Angesichts umfangreicher Veränderungen etwa in der Wirtschaftsstruktur, dem Außenhandel oder der Wirtschaftspolitik erscheint es sinnvoll, sich eher an der jüngeren Vergangenheit zu orientieren (vgl. Everts 2006, S. 4). Dies legt nahe, dass Sieben- gegenüber Fünfjahresintervallen vorzuziehen sind.

Für die Länder der Eurozone wurde zwischen 1971 und 2006 eine Dauer zwischen sechs und neun Jahren bzw. eine von durchschnittlich 34 Quartalen (Zeitraum 1970-2003) bestimmt (vgl. Giannone/Reichlin 2005, S. 86, Giannone/Lenza/Reichlin 2009, S. 21 f.). In einer eigenen Untersuchung anhand von Quartalsdaten zum saisonbereinigten, realen BIP-Wachstum in den heutigen 19 Euroländern ließen sich für diese Arbeit insgesamt 38 Rezessionen identifizieren (markiert in Abbildung 30).[211] Der Analyse lag die Definition eines Rückgangs der realen Wirtschaftsleistung in zwei aufeinander folgenden Quartalen zugrunde.[212] Zudem musste der Rückgang mindestens 1% betragen, um die Trennschärfe zwischen Rezessionen und Phasen einer milden Stagnation sicherzustellen. Zwischen den 38 Rezessionen lagen 19 abgeschlossene Konjunkturzyklen. In diesen Zyklen betrug der mittlere Abstand zwischen zwei Rezessionen 23,9 Quartale, also etwa sechs Jahre. Zieht man zusätzlich die jeweils nicht abgeschlossenen Zyklen vor der ersten und nach der letzten Rezession heran, betrachtet also insgesamt 57 Zyklen – 19 abgeschlossene plus 19 vorherige, deren Beginn die verfügbaren Daten nicht zeigen, plus 19 weitere, die bis dato noch nicht abgeschlossen sind –, erhöht sich die mittlere Dauer auf 26,6 Quartale (knapp sieben Jahre). Die erhöhte Dauer ist bemerkenswert, da die

---

[210] Diese Informationen sind der Webseite des National Bureau of Economic Research entnommen: http://www.nber.org/cycles.html.

[211] Daten waren größtenteils ab Mitte der 1990er Jahre verfügbar.

[212] Eine Ausnahme stellt der Rückgang der Wirtschaftsleistung um 9% im ersten Quartal 2009 in der Slowakei dar. Dieser wurde als Rezession eingestuft, obwohl ihm kein weiterer Rückgang im nächsten Quartal folgte.

zusätzlich berücksichtigten Zyklen nicht abgeschlossen sind. Die tatsächliche Zeitspanne eines vollständigen Zyklus' dürfte in der Eurozone in der jüngeren Vergangenheit insgesamt deutlich näher an sieben als an fünf Jahren gelegen haben. Auch aus diesem Gesichtspunkt heraus erscheint die Verwendung von Siebenjahresintervallen angebracht.

Abbildung 30: Dauer von Konjunkturzyklen

Reales BIP, saisonbereinigte Quartalsdaten, % gg. Vj., Kennzeichnung rezessiver Phasen

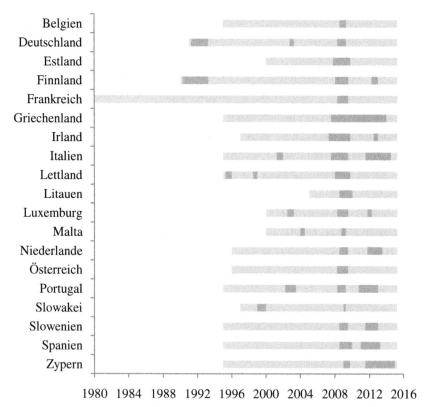

Quelle: Eurostat

Um mit dem Problem der Autokorrelation in der kurzfristigen Analyse umzugehen, wird die auf Jahresdaten basierende Schätzung durch eine OLS-Schätzung in ersten Differenzen ergänzt (s. Kapitel 4.4.1).[213] Die Bildung von Differenzen überführt sehr persistente in stationäre Zeitreihen, d.h. bereinigt sie um ihre Autokorrelation. Bei stationären Zeitreihen ist eine OLS-Schätzung effizient (vgl. Wooldridge 2002, S. 363 & 422 f.). Negativer Nebeneffekt dieser Transformation ist jedoch eine geringere Variation in den Daten. Dadurch erhöhen sich die Standardfehler, die Schätzungen der Koeffizienten werden unpräzise und erreichen seltener statistische Signifikanz (vgl. ebd., S. 423). Im vorliegenden Datensatz verringert sich die Standardabweichung in der Leistungsbilanz von 6,1 auf 3,0 (Handelsbilanz: 8,1 auf 2,4).

Ein letztes potenzielles Problem der empirischen Analyse ist ein "sample bias", also eine nicht zufällig gewählte Stichprobe. Dies kann ebenfalls bewirken, dass statistische Schätzverfahren verzerrte Ergebnisse produzieren. In der vorliegenden Arbeit könnte solch ein Fall auftreten, wenn etwa die Leistungsbilanzen sämtlicher Volkswirtschaften weltweit simultan erklärt werden sollten. Es liegt in der Natur dieses Indikators, dass die Leistungsbilanz global ausgeglichen sein muss. Ein Überschuss in einer Volkswirtschaft kann nur bei einem Defizit in einer anderen bestehen – eine Welt voller Überschussländer ist unmöglich. Daher würde in einer globalen Analyse die Leistungsbilanz der Handelspartner mit über den Saldo jedes einzelnen Landes entscheiden. Man müsste zusätzlich zu den Bestimmungsfaktoren der Leistungsbilanz im eigenen Land diejenigen der Bilanzen in anderen Ländern berücksichtigen. Da die Mitglieder der Eurozone keine zufällige Stichprobe bilden, wäre solch ein Problem hier theoretisch denkbar. Zwar findet tatsächlich ein großer Teil des Außenhandels der Euroländer untereinander statt. Allerdings handeln die Mitgliedsländer in signifikantem Ausmaß mit der Nicht-Eurozone, also Ländern außerhalb der Stichprobe, und ihre gemeinsame externe Leistungsbilanz ist nicht automatisch ausgeglichen. Daher ist der Einfluss der jeweils anderen Volkswirtschaften der Stichprobe auf

---

[213] Eine Anpassung der auf Siebenjahresintervallen basierenden Analyse ist aufgrund der verringerten Persistenz der abhängigen Variable in diesem Modell nicht notwendig.

die eigene Leistungsbilanz begrenzt und es sollte keine nennenswerte Verzerrung geben.[214]

4.4   Ergebnisse

Der Einfluss der Wirtschaftsstruktur auf die Leistungsbilanz wird empirisch in drei Berechnungen ermittelt: Zuerst erfolgt eine Analyse mit kurzfristig wirkenden Bestimmungsfaktoren unter Verwendung von Jahresdaten und einer FE-Schätzung (Kapitel 4.4.1). In einer zweiten Untersuchung erklären langfristige Determinanten die Leistungsbilanz in fünf Siebenjahresintervallen und einer pooled OLS-Schätzung (Kapitel 4.4.2).[215] Schließlich folgt eine OLS-Querschnittsanalyse, die sämtliche Jahresdaten zu einer einzigen Beobachtung je Variable zusammenfasst (Kapitel 4.4.3). Die Schlüsselvariable, die die sektorale Struktur einer Volkswirtschaft darstellt, ist in allen Berechnungen dieselbe. Die Schätzgleichung in der kurzen Frist lautet:

[2] $Y_{it} = \beta_1 + \alpha_i + \beta_2 * Y_{it-1} + \beta_3 * Industrie_{it} + \beta_4 * Z_{it} + \gamma_t + e_{it}$

Die abhängige Variable Y steht für den Leistungsbilanzsaldo als Anteil am BIP, Index i für die Länder, t für die Zeitperioden, β_1 für die gemeinsame Konstante,

---

[214]   Zu lösen wäre dieses Problem nur, indem man alle Variablen in Relation zum gewichteten Durchschnitt der Handelspartner einer Volkswirtschaft darstellt. Diese Vorgehensweise wählt der IWF im EBA-Ansatz (vgl. IWF 2013, S. 8). Zum einen fehlen hierfür in der vorliegenden Analyse jedoch die Daten. Zum anderen analysiert der IWF eine Stichprobe von Volkswirtschaften, die insgesamt 90% des Welt-BIP auf sich vereinen, sodass diese Vorgehensweise – anders als in dieser Arbeit – dringend zu empfehlen ist (vgl. ebd., S. 34).

[215]   Angesichts der niedrigen Datenfrequenz sind Berechnungen mit den kurzfristigen Bestimmungsfaktoren in solchen Siebenjahresintervallen wenig sinnvoll. Denn durch die Berechnung von Mittelwerten werden Schwankungen in den volatilen Größen eliminiert und Informationen zu Bewegungen im Konjunkturzyklus – der hauptsächliche Nutzen dieser Variablen – entfallen. Testweise wurden in der mittelfristigen Analyse dennoch Bestimmungsfaktoren der kurzen Frist eingesetzt. Auch in diesen Kalkulationen zeigt sich ein positiver und signifikanter Einfluss der Wirtschaftsstruktur auf die Leistungsbilanz (s. Kapitel 4.4.2).

α_i für den länderspezifischen fixen Effekt, Y_{it-1} für den autoregressiven Term, β_3 für den Koeffizienten für die Schlüsselvariable – das Ziel der vorliegenden Analyse –, Z_{it} für einen Vektor von Kontrollvariablen, die üblicherweise herangezogen werden, um die Leistungsbilanz zu erklären, γ_t für *time dummies* und e_{it} für die Residuen des Modells. In der mittleren und langen Frist unterscheiden sich die Schätzgleichungen nur marginal:

[3] $Y_{it} = \beta_1 + \beta_2 * Y_{it-1} + \beta_3 * Industrie_{it} + \beta_4 * Z_{it} + \gamma_t + e_{it}$

In Gleichung [3] für die mittlere Frist entfällt lediglich der fixe Effekt, Gleichung [4] wird zusätzlich um den AR-Term und die *time dummies* gekürzt. In diesen beiden Gleichungen unterscheiden sich allerdings die im Vektor Z_{it} gebündelten Kontrollvariablen von denen in der kurzfristigen Analyse.

[4] $Y_{it} = \beta_1 + \beta_2 * Industrie_{it} + \beta_3 * Z_{it} + e_{it}$

Sämtliche Schätzergebnisse unterliegen einer Unsicherheit, die nicht vollständig zu beseitigen ist. Zum einen können etwa der Erfolg von Ländern im Außenhandel und die resultierenden Leistungsbilanzsalden nicht komplett mit den eingesetzten Kontrollvariablen erklärt werden. Beispielsweise gibt es keine geeigneten Indikatoren, die die Qualität von Exportprodukten einer Volkswirtschaft adäquat misst. Diese kann aber großen Einfluss auf den Außenhandel haben (vgl. Bundesbank 2015, S. 33). Zum anderen gibt es statistische Unsicherheiten, z.B. aufgrund der kleinen Stichprobe oder einer möglichen Endogenität. Gleichwohl deuten die Ergebnisse der folgenden Unterkapitel – im Rahmen der üblichen Vorsicht bei der Interpretation von statistischen Schätzergebnissen – darauf hin, dass ein Fokus auf den Industriesektor mit hoher Wahrscheinlichkeit zu einer besseren Leistungsbilanz führt.

4.4.1　Kurzfristige Analyse basierend auf Jahresdaten

In der empirischen Analyse dieser Arbeit werden Schätzmodelle iterativ entwickelt, d.h. schrittweise um Regressoren erweitert. Bei jeder Iteration steht neben dem Koeffizienten für die neu eingeführte(n) Variable(n) primär der Koeffizient der Schlüsselvariable im Vordergrund. Eine schrittweise Entwicklung des Modells ermöglicht einen besseren Eindruck von der Stabilität dieses Koeffizienten: Wechselt er bei Änderungen der Modellspezifikation häufig das Vorzeichen oder die statistische Signifikanz, ist der Koeffizient als fragil zu betrachten. Die Wirkung der sektoralen Struktur auf die Leistungsbilanz hängt dann stark von den verwendeten Kontrollvariablen ab. Ist die statistische Signifikanz dagegen stabil und es treten bestenfalls keine Vorzeichenwechsel auf, kann der Einfluss als robust angesehen werden (vgl. Hussein/Thirlwall 1999, S. 42 f.).

Im ersten Modell der kurzfristigen Analyse (1) wird die Leistungsbilanz einer Volkswirtschaft lediglich mit einem autoregressiven Term und der Schlüsselvariable erklärt (Tabelle 6).[216] Während der Saldo der Vorperiode hohe statistische Signifikanz aufweist und einen Großteil des aktuellen Saldos erklärt, bleibt die sektorale Wirtschaftsstruktur ohne Bedeutung. Da hier der Vektor Z_{it} der Kontrollvariablen fehlt, ist ein omitted variable bias offensichtlich. Die Schätzung des Koeffizienten für die Schlüsselvariable ist daher verzerrt, denn Faktoren wie das Import- und Exportverhalten der Volkswirtschaft werden nicht berücksichtigt. Die unbeachteten Kontrollvariablen stehen aber mit hoher Wahrscheinlichkeit mit der Schlüsselvariable in Beziehung. Dadurch zeigt sich ihr Einfluss im Koeffizienten der Wirtschaftsstruktur und die Schätzung liefert für diesen verzerrte Ergebnisse (vgl. Wooldridge 2002, S. 89 f.).

---

[216]　Alle in dieser Arbeit vorgenommenen statistischen Schätzungen verwenden robuste Standardfehler, um Heteroskedastizität in den Residuen zu vermeiden.

Tabelle 6: Kurzfristige Analyse, Ergebnisse

	(1) FE	(2) FE	(3) FE	(4) FE	(5) FE	(k) FE
				$y = Leistungsbilanz$		
Leistungsbilanz$_{t-1}$	0,746 *** (29,4)	0,841 *** (24,2)	0,822 *** (19,4)	0,771 *** (16,8)	0,727 *** (13,6)	0,724 *** (13,8)
Industrie	0,005 (0,1)	0,151 *** (4,9)	0,192 *** (3,4)	0,364 *** (5,3)	0,419 *** (4,5)	0,399 *** (3,3)
Binnennachfrage		-0,411 *** (-10,3)	-0,480 *** (-10,5)	-0,549 *** (-11,6)	-0,526 *** (-11,5)	-0,526 *** (-11,9)
Weltwirtschafts-wachstum			0,112 (1,1)	0,182 (1,5)	0,167 (1,5)	0,238 * (1,9)
Arbeitsproduktivität			0,151 * (2,0)	0,174 ** (2,1)	0,155 * (2,0)	0,125 (1,6)
REER$_{t-1}$				-0,062 ** (-2,3)	-0,048 * (-2,0)	-0,031 (-1,3)
Terms of Trade				0,133 ** (2,4)	0,143 ** (2,4)	0,100 (1,6)
Dummy Primär- & Sekundäreinkommen					1,554 *** (3,4)	1,565 *** (3,6)
Dummy Schuldenkrise					0,591 * (1,8)	0,125 (0,2)
Dummy Euro-Beitritt					0,253 (1,0)	0,065 (0,2)
time dummies						ja
c	-0,220	-1,792	-3,039	-5,952	-7,146	-7,043
n	538	533	428	347	347	347
Datenzeitraum	1981-2014	1981-2014	1981-2013	1995-2013	1995-2013	1995-2013
adj. R²	0,57	0,76	0,77	0,79	0,80	0,80

Anmerkungen: Robuste t-Werte in Klammern; *, ** und *** kennzeichnen statistische Signifikanz auf dem 10%-, 5%- bzw. 1%-Niveau

Mit jeder Erweiterung des Modells verringert sich der omitted variable bias und die Schätzungen werden effizient. Modell (2) nimmt die Binnennachfrage auf und zeigt hierfür den erwarteten negativen Einfluss. Der Koeffizient für die Schlüsselvariable ändert sich sowohl in seiner statistischen als auch ökonomischen Signifikanz erheblich. Die Veränderung lässt sich auf konjunkturelle Einflüsse auf Leistungsbilanz und Wirtschaftsstruktur zurückführen: In Modell (1) wird ein sich verbessernder Leistungsbilanzsaldo, der im Falle einer Rezession mit einer schrumpfenden Industrie einhergeht, fälschlicherweise u.a. auf eben diese Veränderung in der Wirtschaftsstruktur zurückgeführt. Modell (2) berücksichtigt dagegen konjunkturbedingte Auswirkungen auf die Leistungsbilanz in Form der Binnennachfrage. Dies macht die Schätzung des Koeffizienten der Schlüsselvariable glaubhafter.

Modell (3) erweitert die Liste der unabhängigen Variablen um das Wachstum der Weltwirtschaft und der Arbeitsproduktivität. Modell (4) berücksichtigt außerdem den REER und die Terms of Trade. Alle vier Einflussfaktoren weisen das erwartete Vorzeichen und größtenteils statistische Signifikanz auf. Der Koeffizient für die sektorale Wirtschaftsstruktur gewinnt weiter an ökonomischer Bedeutung und bleibt auf dem 1%-Niveau signifikant. Modell (5) fügt zusätzlich drei Dummy-Variablen hinzu, nämlich den Dummy zu Primär- und Sekundäreinkommen, den zur Schuldenkrise und den zum Euro-Beitritt. Das vollständige Standardmodell (k) für die kurzfristige Analyse – in dieser Arbeit je nach Zeithorizont mit dem Kürzel "k", "m" oder "l" gekennzeichnet – führt *time dummies* ein, um zeitliche Trends in den Daten aufzugreifen.[217]

In keinem dieser Modelle weist der Koeffizient für die Wirtschaftsstruktur ein negatives Vorzeichen auf. Ab Modell (4) verändert sich auch seine Höhe nicht mehr entscheidend. Gleichzeitig liegt – bis auf in Modell (1) aus den genannten Gründen – immer statistische Signifikanz auf dem 1%-Niveau vor. Der positive Einfluss der Industrie auf die Leistungsbilanz hängt damit nicht von der Modell-

---

[217]   In dieser Arbeit werden die Schätzungen für *time dummies* der Übersichtlichkeit halber in den Tabellen ausgeblendet. Für das Modell (k) bestätigt ein F-Test die gemeinsame Signifikanz aller *time dummies*.

spezifikation ab und kann als robust angesehen werden. Während in die Modelle (1) und (2) Beobachtungen aus allen Perioden einfließen, basiert Modell (3) nur auf Datenpunkten bis 2013 und die Modelle (4), (5) und (k) auf Datenpunkten zwischen 1994 und 2013.[218]

Die kurzfristige Analyse bestätigt somit einen positiven signifikanten Einfluss der relativen Größe des Industriesektors auf die Leistungsbilanz. Ein um ein Prozentpunkt größerer Anteil der Industrie an der gesamtwirtschaftlichen Bruttowertschöpfung bewirkt einen um ca. 0,4% des BIP besseren Leistungsbilanzsaldo. Der Unterschied in der Wirtschaftsstruktur zwischen den sechs typischen Euro-Überschussländern (Industrieanteil seit 1999 von 19,8%) und den GIPSZ-Staaten (15,4%) bewirkt nach diesen Ergebnissen einen um 1,75 Prozentpunkte besseren Leistungsbilanzsaldo in den ersteren. Rechnet man das stark industrialisierte Irland aus dem GIPSZ-Aggregat heraus, beträgt die Differenz in der Leistungsbilanz, die allein auf diese strukturellen Unterschiede zurückzuführen ist, sogar 2,25 Prozentpunkte.

Sowohl die Erklärungskraft des Modells insgesamt als auch die Relevanz der eingesetzten Regressoren sind hoch. 80% der Variation in der Leistungsbilanz lässt sich mit dem Standardmodell erklären. Abbildung 31 zeigt den "Modellfit", also wie eng die vom Modell vorhergesagten Leistungsbilanzsalden und die tatsächlichen Werte beieinander liegen, für die vier größten Volkswirtschaften des Euroraums. Bei sämtlichen unabhängigen Variablen treten keine Vorzeichenwechsel auf und sowohl statistische als auch ökonomische Signifikanz sind stabil. Das Vorzeichen der jeweiligen Koeffizienten passt nahezu immer zu der theoretisch abgeleiteten Wirkungsrichtung der Variablen: Während die Binnennachfrage mehr Importe auslöst, führt höheres Weltwirtschaftswachstum zu mehr Exporten und, ebenso wie größere Produktivitätszuwächse, zu einer ver-

---

[218]   Da für den REER, der ab 1994 verfügbar ist, zeitverzögerte Werte in die Modelle einfließen, können erst die Leistungsbilanzsalden ab 1995 erklärt werden. Streicht man den Indikator REER aus Modell (k), um den Datenzeitraum auf 1980-2013 auszuweiten und die Zahl der Beobachtungen von 347 auf 428 zu erhöhen, bleibt die Schlüsselvariable bei einem nahezu unveränderten Koeffizienten von 0,392 auf dem 1%-Niveau signifikant.

besserten Leistungsbilanz. Eine Verbesserung der Terms of Trade hat den erwarteten positiven Einfluss, derweil eine reale Aufwertung ein Defizit bewirkt. Die Berücksichtigung eines Zeittrends im Modell (k) verringert die Signifikanz einiger Regressoren. Sowohl das Produktivitätswachstum als auch die Terms of Trade (beide mit p-Werten von 0,13) und der REER (0,23) befinden sich aber verhältnismäßig nah am 10%-Signifikanzniveau. Der Koeffizient für die autoregressive Variable liegt mit gut 0,7 relativ hoch. Dies zeigt die Persistenz in der abhängigen Variable und rechtfertigt die Wahl eines dynamischen Modells.

Abbildung 31: Modell-fit für Modell (k)

Leistungsbilanzsaldo, tatsächliche und vorhergesagte Werte Modell (k), % BIP

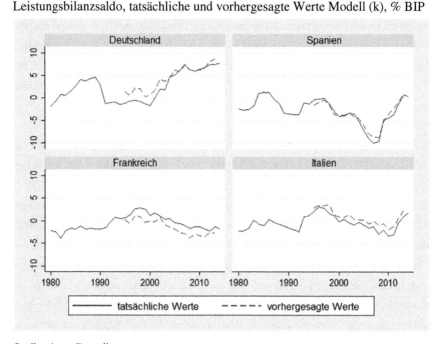

Quelle: eigene Darstellung

Die in Modell (5) eingeführten Dummy-Variablen sind nur z.T. signifikant. Hohe Zuflüsse in den Primär- und Sekundäreinkommen verbessern die Leistungsbilanz erwartungsgemäß erheblich (und statistisch signifikant). In der Schuldenkrise haben einige Länder große Anstrengungen unternommen und ihre Leistungsbilanzdefizite erheblich reduziert (s. Tabelle 1). Dies fängt der Dummy zur Schuldenkrise mit positivem Vorzeichen ein. Es ist nicht überraschend, dass diese Variable bei der Berücksichtigung von *time dummies* ihre Signifikanz verliert. Denn der Dummy zur Schuldenkrise, der zwischen 2010 und 2014 für alle Länder eins beträgt, wird in Modell (k) durch Dummy-Variablen ergänzt, die ebenfalls u.a. für den Zeitraum 2010-2014 die Ausprägung eins aufweisen. Dadurch konkurrieren diese Variablen miteinander.[219] In diesem speziellen Fall ist das Ergebnis von Modell (5) aussagekräftiger. Streicht man in Modell (k) die *time dummies* für die Jahre 2010 bis 2014, liegt der p-Wert des Koeffizienten bei 0,22 und damit nah an statistischer Signifikanz. Einzig für den Dummy zum Beitritt zur Währungsunion wurde wegen im Vorfeld verstärkter Investitionen ein negatives Vorzeichen vermutet, welches die Analyse nicht bestätigt.

Erste Robustheitstests

Während weitergehende Robustheitstests erst in Kapitel 4.5 durchgeführt werden, enthält Tabelle 7 die Ergebnisse einiger einfacher Tests für das Standardmodell der kurzen Frist (k).[220] Modell (6) nutzt lediglich andere Standardfehler als Modell (k). Standardfehler nach Driscoll/Kraay (1998) werden üblicherweise herangezogen, wenn eine Korrelation der Variablenwerte zwischen Ländern

---

[219]   Eine Korrelationsmatrix der verwendeten Variablen (allerdings ohne *time dummies*) findet sich im Anhang in Tabelle A1. Berechnet wird sie aus den 347 im Standardmodell eingesetzten Datenpunkten. Daher weicht der Korrelationskoeffizient zwischen der abhängigen Variable und dem AR-Term mit 0,89 leicht von dem in Kapitel 4.3 ausgewiesenen Autokorrelationskoeffizienten von 0,87 (basierend auf 557 Datenpunkten zum Leistungsbilanzsaldo) ab.

[220]   Tabelle 7 zeigt nur die Ergebnisse für die Schlüsselvariable. Die vollständigen Resultate beinhaltet Tabelle A2 im Anhang.

nicht ausgeschlossen werden kann. Dies trifft im vorliegenden Fall zu.[221] Die Ergebnisse zeigen jedoch eine noch leicht erhöhte Signifikanz der Schlüsselvariable. Modell (7) führt eine GLS-Regression durch, die dem EBA-Ansatz des IWF entspricht (vgl. IWF 2013, S. 9 f.). Auch hier erhöht sich die statistische Signifikanz, während der Koeffizient fast unverändert bleibt.

---

[221]   Korrelation zwischen Panelmitgliedern misst der "Pesaran cross-sectional dependence test". Dieser ist allerdings für Datenpanels konzipiert, die sich durch eine größere Anzahl von Panelmitgliedern als zeitlichen Beobachtungen auszeichnen, und ist daher im vorliegenden Fall nicht effizient. Um Verzerrungen der Ergebnisse aufgrund einer Korrelation zwischen Ländern auszuschließen, werden dennoch Driscoll/Kraay-Standardfehler verwendet.

Tabelle 7: Kurzfristige Analyse, alternative Schätzer

	(k) FE	(6) FE	(7) GLS	(8) IV	(9) FE lags	(10) OLS 1st diff
				$y = Leistungsbilanz$		
Industrie	0,399 ***	0,399 ***	0,407 ***	0,444 ***	0,497 **	0,565 ***
	(3,3)	(4,1)	(5,7)	(3,6)	(2,6)	(2,9)
...	...	...	...	...	...	...
n	347	347	347	309	356	328
Datenzeitraum	1995-2013	1995-2013	1995-2013	1995-2013	1995-2014	1996-2013
DW-Statistik	/	/	/	/	/	1,76
adj. R^2	0,80	/	/	0,71	0,65	0,41

Anmerkungen: Robuste t-Werte in Klammern; *, ** und *** kennzeichnen statistische Signifikanz auf dem 10%-, 5%- bzw. 1%-Niveau; Modell (6): Standardfehler nach Driscoll/Kraay (1998); Modell (9): alle Regressoren außer den Dummy-Variablen in zeitverzögerten Werten; Modell (10) alle Regressoren außer den Dummy-Variablen in ersten Differenzen

Die IV-Schätzung in Modell (8) folgt der Vorgehensweise von Gehringer (2014, S. 17) und ersetzt alle Regressoren durch ihre ersten und zweiten *lags*. Dadurch verringert sich die Zahl der für die Analyse herangezogenen Beobachtungen. Diese Schätzmethodik verändert die Ergebnisse für die Schlüsselvariable ebenfalls nicht signifikant.[222] Modell (9) zielt wie Modell (8) auf das Abmildern von Problemen aus einer möglichen Endogenität der Variablen. In dieser Spezifikation treten alle erklärende Größen außer den Dummy-Variablen zeitverzögert um eine Periode auf. Analog zur Logik beim REER können Variablen der Vorperiode nicht mehr durch den aktuellen Leistungsbilanzsaldo beeinflusst werden. In diesem Modell befindet sich der Koeffizient für die Schlüsselvariable sehr nah an statistischer Signifikanz auf dem 1%-Niveau. Die ökonomische Signifikanz hat sich gegenüber dem Standardmodell noch erhöht. Modell (10) testet die Robustheit der Ergebnisse in Bezug auf eine in Folge der hohen Persistenz der abhängigen Variable möglicherweise verzerrte Schätzung. Hier werden alle Regressoren außer den Dummy-Variablen in Form ihrer ersten Differenzen berücksichtigt. Der Koeffizient liegt um gut 40% höher als im Standardmodell (k) und erreicht wieder das 1%-Signifikanzniveau. Insgesamt bestätigen alternative Schätzverfahren die Robustheit der Ergebnisse des Standardmodells.

Modellerweiterungen

Zur detaillierten Analyse der Bestimmungsfaktoren der Leistungsbilanz in der kurzen Frist bieten sich fünf Modellerweiterungen an. Zuerst werden die im Standardmodell (k) eingesetzten Variablen leicht abgewandelt. Modell (11) tauscht die Binnennachfrage gegen das nationale Wirtschaftswachstum aus. Tabelle 8 stellt für diese Erweiterungen die Koeffizienten der neu hinzugekommenen Variablen sowie der Schlüsselgröße dar.[223] Sie zeigt für die sektorale Struktur einen etwas höheren, weiterhin signifikanten Koeffizienten und für das

---

[222]   Verschiedene weitere Variablenkombinationen wurden getestet. Die resultierenden Koeffizienten für die Schlüsselvariable lagen nie weiter als 0,1 Prozentpunkte von der Standardschätzung entfernt und wiesen alle Signifikanz auf dem 1%-Niveau auf.

[223]   Tabelle A3 im Anhang enthält die vollständigen Schätzergebnisse.

nationale Wirtschaftswachstum einen in Vorzeichen und Höhe zur Binnennachfrage vergleichbaren und ebenfalls hoch signifikanten Koeffizienten. Allerdings verlieren andere Regressoren z.T. an Bedeutung, sodass sich die Erklärungskraft insgesamt verschlechtert und das adjustierte R^2 sinkt. Zudem verringert sich der t-Wert dieser Variable gegenüber seinem Pendant im Standardmodell von 11,9 auf 5,2. Dies dürfte dem in Kapitel 4.2.1 beschriebenen, im Vergleich zur Binnennachfrage weniger klaren Einfluss des BIP-Wachstums auf die Leistungsbilanz geschuldet sein. Ferner weist der neu eingeführte Indikator eine höhere Korrelation mit dem Weltwirtschafts- und dem Produktivitätswachstum auf. In der Summe ist daher die Binnennachfrage als unabhängige Größe vorzuziehen.

Tabelle 8: Kurzfristige Analyse, Details zur REER

	(k)		(11)		(12)		(13)		(14)	
	y = Leistungsbilanz									
	FE		FE		FE		FE		FE	
Industrie	**0,399**	***	**0,563**	***	**0,390**	**	**0,427**	***	**0,432**	**
	(3,3)		**(3,4)**		**(2,9)**		**(3,3)**		**(3,1)**	*
...	...		...		...		...		...	
Wirtschaftswachstum			-0,552	***						
			(-5,2)							
NEER_{t-1}					0,002		0,018		0,021	
					(0,1)		(0,7)		(0,8)	
Reale Lohnstückkosten					-0,088					
					(-1,4)					
Verbraucherpreisindex							-0,028			
							(-0,5)			
Verbraucherpreisindex Waren									-0,048	
									(-1,1)	
time dummies	ja		ja		ja		ja		ja	
n	347		347		347		342		338	
Datenzeitraum	1995-2013		1995-2013		1995-2013		1995-2013		1995-2013	
adj. R²	0,80		0,67		0,80		0,80		0,80	

Anmerkungen: Robuste t-Werte in Klammern; *, ** und *** kennzeichnen statistische Signifikanz auf dem 10%-, 5%- bzw. 1%-Niveau.

Die Modelle (12) bis (14) teilen die im REER enthaltenen Informationen in zwei Variablen auf: einerseits den nominalen effektiven Wechselkurs und andererseits eine Größe, die die preisliche Wettbewerbsfähigkeit misst. Für letztere kommen das Wachstum der realen Lohnstückkosten (12), des Verbraucherpreisindexes (13) sowie des Verbraucherpreisindexes für Waren (14) in Frage. Letzterer ist vor allem geeignet, da er nur die Preisentwicklung bei handelbaren Gütern darstellt und Preise von – z.T. nicht handelbaren – Dienstleistungen unberücksichtigt bleiben. Allen drei Modellen ist gemeinsam, dass sich die Ergebnisse zur Schlüsselvariable nicht nennenswert verändern, der nominale effektive Wechselkurs unbedeutend ist und die jeweilige Preisvariable das erwartete negative Vorzeichen aufweist. Die Aufteilung des REER in diese zwei Größen verdeutlicht, dass der negative Einfluss des REER auf die Leistungsbilanz weniger von der Wechselkurs-, sondern eher von der Preiskomponente herrührt. Dies ist angesichts der Stichprobe nicht überraschend, da die Euroländer zu einem nennenswerten Teil untereinander handeln und somit der Außenwert des Euros ein weniger wichtiger Treiber für den Außenhandel ist. Es ist somit gelungen, durch die Zusammensetzung der Stichprobe in dieser Arbeit die Bedeutung des Wechselkurses für die Leistungsbilanz zu begrenzen und zu verhindern, dass er die Wirkung anderer Bestimmungsgrößen, insbesondere der sektoralen Wirtschaftsstruktur, überlagert.

Tabelle 9 (bzw. Tabelle A4 im Anhang) zeigt die Ergebnisse einer zweiten Modellerweiterung, in der die übrigen in Kapitel 4.2.1 vorgestellten Variablen zum Einsatz kommen. Die Modelle (15) bis (21) führen den Ölpreis, die Ölhandelsbilanz, den Nettozustrom an Direktinvestitionen, die Handelsoffenheit, die Welthandelsintensität sowie einen Dummy für Länder unter dem europäischen Rettungsschirm und einen für die Zugehörigkeit zur Eurozone in die Analyse ein. In keinem der Modelle verändert sich der Koeffizient für die Schlüsselvariable merklich. Auch die übrigen Regressoren und das R^2 bleiben stabil. Der Ölpreis weist ein unerwartetes positives Vorzeichen auf, allerdings ist der Koeffizient äußerst niedrig und nicht annähernd signifikant. Ähnliches gilt für die FDI. Die Ölhandelsbilanz weist zwar das erwartete Vorzeichen, aber ebenfalls keine statistische Bedeutung auf. Ferner verkleinern diese beiden Indikatoren den Datensatz erheblich. Die Vorzeichen der Koeffizienten für die Handelsoffenheit und die Welthandelsintensität waren im Vorfeld unklar. Die Handelsoffenheit ist mit einem p-Wert von 0,23 zumindest nicht weit von statistischer Signifikanz entfernt. Die beiden Dummy-Variablen weisen eher unerwartete Vorzeichen auf. Allerdings ist nur der Dummy für den Euro-Beitritt mit einem p-Wert von 0,22 von wenigstens begrenzter Relevanz. Offensichtlich kann die Analyse das Ergebnis von Gehringer (2014, S. 16), dass bessere Finanzierungsmöglichkeiten von Defiziten im Euroraum insgesamt schlechtere Leistungsbilanzsalden zur Folge hatten, für diesen Datensatz nicht bestätigen. Alles in allem reicht die empirische Bedeutung dieser Variablen, in Kombination mit ihrer z.T. unklaren theoretischen Wirkungsweise und Nicht-Beachtung in der Literatur, nicht aus, um sie in das Standardmodell in der kurzfristigen Analyse aufzunehmen.

Tabelle 9: Kurzfristige Analyse, weitere Variablen I

	(k) FE	(15) FE	(16) FE	(17) FE	(18) FE	(19) FE	(20) FE	(21) FE
				y = Leistungsbilanz				
Industrie	**0,399** *** (3,3)	**0,399** *** (3,3)	**0,373** * (2,8)	**0,458** *** (3,2)	**0,376** *** (3,0)	**0,399** *** (3,3)	**0,397** *** (3,2)	**0,405** *** (3,2)
…	…	…	…	…	…	…	…	…
Ölpreis		0,001 (0,1)						
Ölhandelsbilanz			0,065 (0,3)					
Nettozufluss FDI				0,001 (0,9)				
Handelsoffenheit					0,014 (1,2)			
Welthandelsintensität						0,059 (-0,6)		
Dummy Bailout							0,594 (-0,6)	
Dummy Euro-Mitgliedschaft								0,736 (1,3)
time dummies	ja	ja	ja	ja	ja	ja	ja	ja
n	347	347	280	271	347	347	347	347
Datenzeitraum	1995-2013	1995-2013	1999-2013	1995-2012	1995-2013	1995-2013	1995-2013	1995-2013
adj. R²	0,80	0,80	0,81	0,78	0,80	0,80	0,80	0,80

Anmerkungen: Robuste t-Werte in Klammern; *, ** und *** kennzeichnen statistische Signifikanz auf dem 10%-, 5%- bzw. 1%-Niveau

Eine dritte Modellerweiterung testet die Signifikanz der wichtigsten im Standardmodell der mittel- und langfristigen Analyse eingesetzten Determinanten. In Modell (22) fließen das relative BIP pro Kopf, der Fiskalsaldo, die (zusammengefasste) *dependency rate* und die zeitverzögerte NFA-Position ein (Tabelle 10 bzw. Tabelle A5 im Anhang). Keiner der Indikatoren ist signifikant. Außerdem verändern sie weder das Ergebnis für die Schlüsselvariable, noch die Relevanz der übrigen Kontrollgrößen oder die Güte des gesamten Modells entscheidend. Ursächlich hierfür dürfte insbesondere die in diesen Daten begrenzte Variation in der zeitlichen Dimension sein. Damit bestätigt Modell (22), dass diese Faktoren besser für die mittel- und langfristige Analyse geeignet sind als für die kurzfristige.

Tabelle 10: Kurzfristige Analyse, weitere Variablen II

	(k) FE	(22) FE	(23) FE	(24) FE	(25) FE	(26) FE BIP<2	(27) FE	(28) FE
				y = Leistungsbilanz				
Industrie	0,399 *** (3,3)	0,369 *** (2,9)	0,403 *** (3,2)	0,382 *** (3,2)	0,398 *** (3,6)	0,719 *** (3,4)	0,423 *** (3,2)	0,253 *** (2,3)
...	...	...	...	...	...	...	...	...
Relatives Einkommen		0,026 (0,9)						
Fiskalsaldo		0,037 (0,9)						
dependency rate		0,040 (1,1)						
NFA-Position$_{-1}$		-0,005 (-0,8)						
*Dummy Euro-Mitgliedschaft * Dummy GIPSZ*			-1,140 ** (-2,5)					
*Industrie * Dummy Euro-Mitgliedschaft*				0,035 (1,3)				
*Industrie * Dummy Schuldenkrise*					0,083 * (2,0)			
*Industrie * Dummy Primär- & Sekundäreinkommen*							-0,297 (-1,6)	
*Industrie * Zeittrend*								0,008 (1,6)
time dummies	ja	ja	ja	ja	ja	ja	ja	ja
n	347	309	347	347	347	139	347	347
Datenzeitraum	1995-2013	1995-2013	1995-2013	1995-2013	1995-2013	1995-2013	1995-2013	1995-2013
adj. R²	0,80	0,82	0,80	0,80	0,80	0,77	0,80	0,80

Anmerkungen: Robuste t-Werte in Klammern; *, ** und *** kennzeichnen statistische Signifikanz auf dem 10%-, 5%- bzw. 1%-Niveau; Modell (26) nur Daten mit Wirtschaftswachstum < 2% gg. Vj.

Die Ergebnisse der vierten Erweiterung sind ebenfalls in Tabelle 10 bzw. Tabelle A5 im Anhang enthalten. Hier werden Interaktionsterme in die Modelle eingeführt. Modell (23) vertieft die Analyse der Wirkung einer Kontrollvariable auf die Leistungsbilanz, die Modelle (24) bis (28) untersuchen den Einfluss der sektoralen Wirtschaftsstruktur genauer. Modell (23) greift das Ergebnis von Modell (21) auf, nach dem die Mitgliedschaft im Euroraum in der Summe zu besseren Leistungsbilanzsalden geführt hat (positiver Koeffizient für den Dummy zur Euro-Mitgliedschaft). Dies schien im Widerspruch zu dem Ergebnis von Gehringer (2014, S. 16) zu stehen, die herausfand, dass die Euro-Einführung insgesamt schlechtere Salden bewirkte. Modell (23) zeigt einen negativen Einfluss eines Interaktionsterms aus dem Dummy zur Euro-Mitgliedschaft und einem Dummy für die GIPSZ-Länder. Der statistisch hoch signifikante Koeffizient belegt, dass die Euro-Mitgliedschaft in den GIPSZ-Ländern tatsächlich mit einer Verschlechterung der Leistungsbilanzen verbunden war. Dieses Ergebnis passt zu den Ausführungen von Gehringer (2014) sowie zu der Hypothese in Kapitel 2.1.2, dass Kapitalströme innerhalb des gemeinsamen Währungsraums Leistungsbilanzdefizite in einigen südeuropäischen Staaten begünstigt haben.

Modell (24) untersucht ebenfalls die Wirkung einer Mitgliedschaft in der Eurozone, allerdings nicht auf die Leistungsbilanz direkt, sondern wie diese Mitgliedschaft den Einfluss der sektoralen Wirtschaftsstruktur auf die Leistungsbilanz verändert. Dafür wird die Schlüsselvariable mit dem Dummy zur Mitgliedschaft in der Eurozone interagiert. Für den resultierenden Term zeigt der t-Wert zwar keine Signifikanz. Allerdings kann die statistische Signifikanz von Interaktionsvariablen nicht wie üblich mit einem t-Test separat ermittelt werden. Stattdessen ist die gemeinsame Signifikanz der Schlüssel- und Interaktionsvariable, mit einem F-Test zu bestimmen (vgl. Wooldridge 2002, S. 191). Alle hier eingesetzten Interaktionsterme sind gemeinsam mit der Schlüsselvariable mindestens auf dem 5%- und oft auf dem 1%-Niveau signifikant. Höhe und Vorzeichen des Koeffizienten für den Interaktionsterm sprechen dafür, dass innerhalb der Eurozone die sektorale Struktur noch einen etwas größeren Einfluss auf die Leistungsbilanz hat, diese Zunahme aber nicht besonders groß ist. Die größere

Bedeutung der Wirtschaftsstruktur könnte an der verminderten Relevanz des Wechselkurses für den Außenhandel im gemeinsamen Währungsraum liegen.[224]

Die Modelle (25) und (26) analysieren konjunkturelle Einflüsse auf den Zusammenhang zwischen Wirtschaftsstruktur und Leistungsbilanz. Laut der in Kapitel 3.3.2 vorgestellten Argumentation von Esteves/Rua (2013), nach der Exporte in Krisenzeiten einen Ersatz für wegfallenden Binnenabsatz darstellen können, dürfte der Einfluss einer großen Industriebasis auf die Leistungsbilanz in Krisenzeiten besonders ausgeprägt sein. Modell (25) bestätigt dies in Form eines positiven Koeffizienten für eine Interaktion aus Schlüsselvariable und dem Dummy zur Schuldenkrise. In den Jahren 2010 bis 2013 hatte die Wirtschaftsstruktur offensichtlich eine noch größere Wirkung auf die Leistungsbilanz als zuvor. Mit diesem Interaktionsterm werden zugleich etwaige Auswirkungen der Unruhe auf den Finanzmärkten oder der Sparpolitik in den Krisenländern auf die Bedeutung der Wirtschaftsstruktur berücksichtigt (vgl. Atoyan/Manning/Rahman 2013, S. 10). Modell (26) verkürzt den Datensatz anstatt einen Interaktionsterm zu verwenden und berücksichtigt nur Perioden, in denen das reale BIP-Wachstum unter 2% lag. Dies schließt mithin sowohl Rezessionen als auch Phasen einer Stagnation oder eines moderaten Wachstums ein. In diesem Modell erhöht sich der Koeffizient für die Schlüsselvariable erheblich.[225] Auch dies spricht dafür, dass die sektorale Struktur besonders in Phasen niedrigen Wachstums die Leistungsbilanz beeinflusst.

In Modell (27) zeigt eine Interaktionsvariable aus der Wirtschaftsstruktur und dem Dummy zu den Primär- und Sekundäreinkommen, dass die Bedeutung der sektoralen Struktur sinkt, wenn einem Land solche Einkommen in hohem Maße – von wenigstens 2% des BIP – zufließen. In diesem Fall dominieren diese

---

[224]   Die Analyse dieser Interaktionsvariablen umfasst jedoch keine Aussagen zur Kausalität. Statistisch kann jeweils nur ein Zusammenhang zwischen den miteinander kombinierten Größen festgestellt werden. In welche Richtung die Kausalität wirkt, bzw. ob überhaupt eine kausale Verbindung vorliegt, wird nicht untersucht.

[225]   Dieses Ergebnis ist robust gegenüber alternativen Schwellenwerten. Bei einem Schwellenwert von 1% BIP-Wachstum lag der Koeffizient bei 0,698 auf dem 5%-Signifikanzniveau und bei 3% bei 0,653 auf dem 1%-Niveau.

Unterpositionen die Entwicklungen in der Leistungsbilanz und der Außenhandel spielt eine geringere Rolle. Da die Wirtschaftsstruktur in erheblichem Maße über eben diesen Außenhandel auf die Leistungsbilanz wirkt, ist plausibel, dass ihr Einfluss abnimmt, wenn die Primär- und Sekundäreinkommensbilanzen dominant sind. Modell (28) interagiert die Schlüsselvariable mit einem Zeittrend. Es offenbart, dass die Wirtschaftsstruktur im Zeitverlauf für die Leistungsbilanzen an Bedeutung gewonnen hat. Die Berechnung des kumulierten Koeffizienten aus Interaktionsterm und Schlüsselvariable ergibt, nach Multiplikation mit den entsprechenden Zeitreihendaten, für den ersten verwendeten Datenpunkt im Jahr 1995 einen Koeffizienten von 0,361. Bis zum letzten Datenpunkt 2013 steigt der kumulierte Koeffizient auf 0,483 an. Dieser Trend könnte ebenfalls in der Gründung der Eurozone und vermehrten späteren Beitritten begründet liegen. Denn diese haben die Bedeutung des Wechselkurses im Zeitverlauf geschwächt und bewirkt, dass die Leistungsbilanz stärker durch strukturelle Faktoren geprägt wird.

In der letzten Erweiterung schätzt Modell (29) den Einfluss der sektoralen Struktur auf die Handels- statt auf die Leistungsbilanz (Tabelle 11). Auf die Handelsbilanz dürfte die Struktur einen großen Einfluss ausüben, weil der höheren Exportkapazität einer industriegeprägten Wirtschaft eine besondere Bedeutung zukommt. Gleichzeitig ist die Handelsbilanz in vielen Volkswirtschaften der dominierende Teil der Leistungsbilanz und Entwicklungen im Außenhandel bestimmen die Bewegungen im Leistungsbilanzsaldo (vgl. Langhammer 2012, S. 7, Ohr/Özalbayrak 2013, S. 12, Ghosh/Qureshi/Tsangarides 2014, S. 12). Aufgrund einer sehr hohen Persistenz in der Handelsbilanzvariable – Autokorrelationskoeffizient von 0,97 – schätzt Modell (29) den Zusammenhang mit einem OLS-Schätzer in ersten Differenzen. Die Ergebnisse sind primär mit Modell (10) zu vergleichen, das die Leistungsbilanz in ersten Differenzen erklärt. Gegenüber diesem steigt der Koeffizient für die Schlüsselvariable von 0,565 auf 0,620. Ferner erhöht sich das R² merklich. Dies bestätigt, dass die Wirtschaftsstruktur vor allem auf die Handelsbilanz einer Volkswirtschaft wirkt. REER und Terms of Trade, die ebenfalls wichtige Bestimmungsfaktoren des Außenhandels sind, werden in Modell (29) bedeutsamer. Demgegenüber verliert der Dummy zu Primär- und Sekundäreinkommen seine Bedeutung, da solche Einkommens-zuflüsse nur die Leistungsbilanz, nicht aber die Handelsbilanz beeinflussen.

Tabelle 11: Kurzfristige Analyse, Handelsbilanz

	$y = LB$ (10) OLS 1st diff		$y = HB$ (29) OLS trade 1st diff	
Industrie	**0,565**	***	**0,620**	***
	(2,9)		**(4,6)**	
Binnennachfrage	-0,422	***	-0,384	***
	(-7,8)		(-10,3)	
Weltwirtschaftswachstum	0,309	**	0,266	***
	(2,4)		(2,7)	
Arbeitsproduktivität	0,191	***	0,240	***
	(2,7)		(4,9)	
REER$_{t-1}$	0,005		-0,028	
	(0,2)		(-0,9)	
Terms of Trade	0,025		0,150	***
	(0,4)		(2,8)	
Dummy Primär- & Sekundäreinkommen	1,612		0,407	
	(1,3)		(0,5)	
Dummy Schuldenkrise	1,677	*	1,388	
	(1,7)		(1,5)	
Dummy Euro-Beitritt	0,457		0,285	
	(0,8)		(0,6)	
time dummies	ja		ja	
c	-0,995		-0,788	
n	328		328	
Datenzeitraum	1996-2013		1996-2013	
adj. R²	0,41		0,50	

Anmerkungen: Robuste t-Werte in Klammern; *, ** und *** kennzeichnen statistische Signifikanz auf dem 10%-, 5%- bzw. 1%-Niveau; alle Regressoren außer den Dummy-Variablen in ersten Differenzen

Insgesamt bestätigen die Ergebnisse der empirischen Analyse basierend auf Jahresdaten die theoretischen Überlegungen in Kapitel 3.3. Alle getesteten Modelle – außer Modell (1) aufgrund des beschriebenen omitted variable bias – weisen einen positiven und statistisch hoch signifikanten Einfluss der sektoralen Struktur auf die Leistungsbilanz aus. Die Höhe des Koeffizienten variiert zwischen 0,361 und 0,565. Der Median der 25 Koeffizienten, die in Modellen zur Erklärung der Leistungsbilanz für die Wirtschaftsstruktur in verschiedenen Schätzverfahren und Spezifikationen berechnet wurden, liegt bei 0,403.[226] Die Verteilung der geschätzten Koeffizienten zeigt Abbildung 32 in Kapitel 4.4.4.

4.4.2 Mittelfristige Analyse basierend auf Siebenjahresintervallen

Das erste Modell der mittelfristigen Analyse (30) besteht wie Modell (1) lediglich aus dem autoregressiven Term und der Schlüsselvariable zur Wirtschaftsstruktur (Tabelle 12). Wie alle Modelle der mittelfristigen Analyse verwendet es Daten zwischen 1980 und 2014, unterteilt in fünf Siebenjahresintervalle. Allerdings stehen für einige Länder und Variablen nicht alle Datenpunkte zur Verfügung. Dies trifft insbesondere auf die NFA-Position zu, die ab Modell (33) den Datensatz weiter reduziert. Modell (30) weist bereits einen positiven und auf dem 10%-Niveau signifikanten Einfluss der Wirtschaftsstruktur aus. Allerdings dürfte der Koeffizient aufgrund des in Kapitel 4.4.1 beschriebenen omitted variable bias verzerrt sein. Modell (31) ergänzt das Wirtschaftswachstum, um die Wirtschaftsstrukturvariable von Interdependenzen mit konjunkturellen Bewegungen zu befreien. In diesem Modell steigt der Koeffizient auf ein Niveau, das im Verlauf der weiteren Entwicklung des Standardmodells stabil bleibt. Zudem erreicht er hier bereits statistische Signifikanz auf dem 1%-Niveau. Schrittweise

---

[226] Zur Berechnung dieser Werte wurden alle Modelle herangezogen außer die Modelle (1), (2) und (3), die zu wenige der standardmäßigen Kontrollvariablen verwenden, und Modell (26), das nur eine Auswahl der zur Verfügung stehenden Datenpunkte berücksichtigt. Für Modell (28) wurden zwei kumulierte Koeffizienten (Minimum und Maximum) berechnet.

werden anschließend das relative reale BIP pro Kopf, die NFA-Position – zu Beginn eines jeden Siebenjahresintervalls –, der Fiskalsaldo, die Alters- und Jugendabhängigkeitsrate sowie der aus Kapitel 4.4.1 bekannte Dummy zu Primär- und Sekundäreinkommen hinzugefügt. Das Standardmodell (m) verwendet darüber hinaus *time dummies*.[227]

---

[227]   Eine Korrelationsmatrix der im Standardmodell eingesetzten Variablen zeigt Tabelle A6 im Anhang.

Tabelle 12: Mittelfristige Analyse, Ergebnisse

	(30) OLS	(31) OLS	(32) OLS	(33) OLS	(34) OLS	(35) OLS	(36) OLS	(m) OLS
				y = Leistungsbilanz				
Leistungsbilanz$_{t-1}$	0,640 *** (6,1)	0,683 *** (6,6)	0,324 *** (3,2)	0,252 ** (2,3)	0,222 * (1,9)	0,237 * (1,9)	0,166 (1,3)	0,143 (1,1)
Industrie	0,171 * (1,9)	0,272 *** (3,1)	0,270 *** (3,6)	0,272 *** (3,4)	0,271 *** (3,4)	0,263 *** (3,1)	0,297 *** (3,4)	**0,300** *** (3,1)
Wirtschaftswachstum		-0,656 *** (-3,7)	-0,478 ** (-2,6)	-0,548 *** (-2,9)	-0,647 *** (-2,8)	-0,617 ** (-2,4)	-0,606 ** (-2,6)	-0,412 (-1,7)
Relatives Einkommen			0,043 (1,6)	0,044 * (1,7)	0,044 * (1,7)	0,047 (1,6)	0,066 ** (2,2)	0,081 ** (2,6)
Relatives Einkommen^2			0,000 (0,5)	0,000 (0,3)	0,000 (0,2)	0,000 (0,1)	-0,000 (-0,3)	-0,000 (-0,7)
NFA-Position$_{Beginn\ jedes\ Zeitintervalls}$				0,002 (0,1)	0,003 (0,2)	0,002 (0,2)	0,007 (0,6)	0,012 (0,8)
Fiskalsaldo					0,187 (0,9)	0,184 (0,9)	0,205 (0,9)	0,249 (1,2)
Altersabhängigkeit						-0,017 (-0,4)	-0,029 (-0,7)	-0,023 (-0,5)
Jugendabhängigkeit						-0,026 (-0,8)	-0,030 (-1,0)	-0,038 (-1,3)
Dummy Primär- & Sekundäreinkommen							4,043 ** (2,3)	4,035 ** (2,2)
time dummies								ja
c	-3,276	-3,310	-8,313	-8,349	-7,430	-3,287	-3,711	-3,352
n	67	67	67	58	57	57	57	57
Datenzeitraum	1987-2014	1987-2014	1987-2014	1987-2014	1987-2014	1987-2014	1987-2014	1987-2014
adj. R²	0,48	0,56	0,67	0,61	0,61	0,60	0,62	0,63

Anmerkungen: Robuste t-Werte in Klammern; *, ** und *** kennzeichnen statistische Signifikanz auf dem 10%-, 5%- bzw. 1%-Niveau

Die Kombination der Wirtschaftsstrukturvariable mit den langfristigen Bestimmungsfaktoren der Leistungsbilanz verändert weder Vorzeichen noch Signifikanz des Schlüsselindikators. Nur die ökonomische Bedeutung verändert sich gegenüber der kurzfristigen Analyse leicht: Nach dem Standardmodell der mittleren Frist führt ein um ein Prozentpunkt größerer Anteil der Industrie an der Bruttowertschöpfung zu einer Verbesserung der Leistungsbilanz um 0,3% des BIP. Das Standardmodell (m) kann 63% der Variation in der abhängigen Variable erklären.[228] Zwar erreichen nur einige der eingesetzten Regressoren statistische Signifikanz. Allerdings liegen das BIP-Wachstum (p-Wert von 0,11), die Jugendabhängigkeitsrate (0,22) und der Fiskalsaldo (0,24) verhältnismäßig nahe am 10%-Niveau. Ferner verändert sich im Verlauf der Analyse einzig das Vorzeichen des quadrierten relativen Einkommens. Wie oben dargestellt, war damit zu rechnen, dass nicht jede Modellspezifikation für diesen Einflussfaktor die erwarteten Vorzeichen – positiv in der ersten Potenz und negativ in der zweiten – ausweist. Denn im Vergleich zu heterogenen und größeren Länderstichproben in der Literatur, sind sich die Volkswirtschaften im vorliegenden Datensatz ähnlicher. Jenseits dessen treten keine Vorzeichenwechsel auf und im Standardmodell (m) verfügt jede Determinante über die erwartete Wirkung auf die Leistungsbilanz.

Das Standardmodell der mittelfristigen Analyse bestätigt damit einen zunächst positiven und mit höheren Werten abflachenden Einfluss des relativen Einkommensniveaus auf die Leistungsbilanz. Hohes Wirtschaftswachstum verschlechtert die Leistungsbilanz tendenziell. Dies kann zum einen an hohen Importen in Zeiten binnenwirtschaftlicher Booms liegen. Zum anderen kann das Wachstum Ausdruck eines wirtschaftlichen Aufholprozesses sein, der Kapitalimporte mit sich bringt und Haushalte im Sinne der Lebenszyklushypothese und in Erwartung weiterer Zuwächse ihren Konsum erhöhen lässt. Nettoauslandsvermögen übt, wie in den in Kapitel 4.1.2 diskutierten Beiträgen, einen positiven Einfluss auf den Leistungsbilanzsaldo aus. Die Schätzung des Koeffizienten für den

---

[228]   Abbildung A3 im Anhang zeigt die Güte des Modells anhand der Korrelation der tatsächlichen Leistungsbilanzsalden mit ihren durch Modell (m) vorhergesagten Werten.

Fiskalsaldo ist auch in der Höhe mit den Ergebnissen bestehender Studien vergleichbar. Unter den *dependency rates* ist die Jugendabhängigkeitsrate die bedeutsamere. Dies passt zu den Ausführungen von Higgins (1998. S. 351 f., s. auch Kapitel 4.2.2). Der Koeffizient für die Dummy-Variable bestätigt, dass Zeiträume mit beachtlichen Mittelzuflüssen in den Primär- und Sekundäreinkommensbilanzen oft mit Überschüssen in der Leistungsbilanz einhergehen.

Beim Übergang von Jahresdaten auf Siebenjahresintervalle verliert der autoregressive Term einen Teil seiner Bedeutung. Zudem verringert sich sein Koeffizient im Lauf der Analyse in der mittleren Frist und verliert seine statistische Signifikanz. Angesichts einer Autokorrelation in der Leistungsbilanz von immer noch 0,63 in diesen Siebenjahresintervallen ist die Verwendung einer autoregressiven Variable dennoch angezeigt. Die zeitlichen Dummy-Variablen sind in Gänze nicht signifikant. Gleichwohl nimmt Standardmodell (m) sie auf, um mögliche Zeittrends aufzugreifen und die Ergebnisse besser mit bestehenden Studien vergleichbar zu machen.

In Kapitel 4.4.1 werden alternative Schätzmethoden für Tests verwendet, um die Robustheit der Ergebnisse gegenüber Autokorrelation in den Residuen und Endogenität in den unabhängigen Variablen zu erhöhen. In der mittelfristigen Analyse tritt Autokorrelation zwar nicht in einem solchen Ausmaß auf, das Korrekturmaßnahmen über das Einbeziehen eines AR-Terms hinaus erfordern würde. Eine mögliche Endogenität der Schlüsselvariable bleibt jedoch genauso problematisch wie zuvor. Allerdings verringert eine IV-Schätzung oder eine Regression mit zeitverzögerten Größen die Anzahl der Beobachtungen zu stark. Daher zeigt Tabelle 13 lediglich das Ergebnis eines Robustheitstests, der die Auswirkungen einer Entscheidung für Fünf- anstelle von Siebenjahresintervallen auf die Ergebnisse untersucht. Modell (37) entspricht ansonsten dem Standardmodell (m) und unterscheidet sich von diesem im Resultat weder bei der Schlüsselvariable noch bei den übrigen Regressoren merklich. Nur der autoregressive Term erhält angesichts der größeren Persistenz bei höherer Datenfrequenz einen höheren Koeffizienten und etwas größere statistische Signifikanz.

Insgesamt beeinflusst die Abkehr von in der Literatur häufig genutzten Fünfjahresintervallen die Ergebnisse nicht maßgeblich.

Tabelle 13: Mittelfristige Analyse, Fünfjahresintervalle

	$y = Leistungsbilanz$	
	(m)	*(37)*
	OLS	*OLS 5y*
$Leistungsbilanz_{t-1}$	0,143	0,238
	(1,1)	(1,5)
Industrie	**0,300** ***	**0,271** ***
	(3,1)	**(2,8)**
Wirtschaftswachstum	-0,412	-0,408
	(-1,7)	(-1,4)
Relatives Einkommen	0,081 **	0,068 **
	(2,6)	(2,3)
Relatives Einkommen²	-0,000	-0,000
	(-0,7)	(-0,2)
$NFA\text{-}Position_{Beginn\ jedes\ Zeitintervalls}$	0,012	0,002
	(0,8)	(0,1)
Fiskalsaldo	0,249	0,202
	(1,2)	(1,0)
Altersabhängigkeit	-0,023	-0,009
	(-0,5)	(-0,2)
Jugendabhängigkeit	-0,038	-0,017
	(-1,3)	(-0,6)
Dummy Primär- & Sekundäreinkommen	4,035 **	3,345
	(2,2)	(1,5)
time dummies	ja	ja
c	-3,352	-5,391
n	57	75
Datenzeitraum	1987-2014	1985-2014
adj. R²	0,63	0,64

Anmerkungen: Robuste t-Werte in Klammern; *, ** und *** kennzeichnen statistische Signifikanz auf dem 10%-, 5%- bzw. 1%-Niveau; Modell (37): Fünfjahresintervalle

Modellerweiterungen

Die Analyse der mittleren Frist wird mit drei Modellerweiterungen vertieft. Eine Berücksichtigung von Variablen, die die Leistungsbilanz in der kurzen Frist bestimmen, erscheint wenig sinnvoll. Denn Schwankungen dieser konjunktursensiblen Größen werden durch die Berechnung von Mittelwerten in Siebenjahresintervallen eliminiert. Außerdem steht in der mittel- und langfristigen Analyse die Wirkung über die Sparquote im Vordergrund, sodass etwa die Welthandelsintensität oder der Ölpreis, die primär den Außenhandel beeinflussen, weniger wichtig sind.[229] Auch einige Dummy-Variablen, z.B. für den genauen Zeitpunkt eines Euro-Beitritts oder der Dummy zur Schuldenkrise, werden unbedeutend, etwa weil das letzte Intervall die Jahre 2008 bis 2014 und damit die Phase der Schuldenkrise mit dem letzten Jahr des vorherigen Aufschwungs zusammenfasst. Stattdessen zeigt Tabelle 14 (bzw. Tabelle A7 im Anhang) die Wirkungen weiterer in Kapitel 4.2.2 vorgestellter Bestimmungsfaktoren.

Modell (38) führt die Volatilität der Terms of Trade in die Analyse ein. Dieser Indikator ist mit unerwartetem (negativen) Vorzeichen signifikant. Dieses Resultat steht im Gegensatz zur empirischen Literatur, die allerdings nur z.T. einen signifikanten Einfluss feststellen konnte. Eine höhere Volatilität der im Außenhandel generierten Einkommen hat in diesem Datensatz offensichtlich nicht zu höheren Ersparnissen beigetragen, bzw. die Investitionstätigkeit stärker intensiviert als die Ersparnisbildung.[230] Unter Umständen kommt dieses Ergebnis dadurch zustande, dass kleinere Volkswirtschaften, die oft größere Volatilitäten aufweisen, sich hier häufig in einem wirtschaftlichen Aufholprozess befinden und viel in ihre Wirtschaft investieren, z.B. die baltischen Staaten, die Slowakei oder Slowenien. Eine Berücksichtigung der Volatilität der Arbeitslosenquote anstelle der Terms of Trade veränderte die Ergebnisse nicht nennenswert.

---

[229]   Testweise wurde trotzdem eine OLS-Schätzung in der Spezifikation des Standardmodells der kurzen Frist (k) in Siebenjahresintervallen durchgeführt. Hier lag der Koeffizient für die Schlüsselvariable mit 0,252 auf dem 1%-Signifikanzniveau ebenfalls nah an den Ergebnissen der Analyse der mittleren Frist.

[230]   Hier sei abermals daran erinnert, dass eine statistische Korrelation von zwei Größen nicht immer auf eine kausale Beziehungen zwischen ihnen zurückzuführen ist.

Tabelle 14: Mittelfristige Analyse, weitere Variablen

y = Leistungsbilanz

	(m) OLS	(38) OLS	(39) OLS	(40) OLS	(41) OLS	(42) OLS	(43) OLS
Industrie	0,300 *** (3,1)	0,345 ** (4,0) *	0,263 ** (2,4)	0,217 ** (2,2)	0,303 *** (3,2)	0,312 *** (3,6)	0,537 *** (6,8)
...	...	...	...	...	...	...	...
Volatilität Terms of Trade		-1,021 ** (-2,1)					
Geldmenge M3			-0,002 (-0,0)				
Gini-Koeffizient				-0,470 *** (-3,4)			
Realzinsen					-0,003 (-0,0)		
Öffentliche Sozialausgaben						0,375 ** (2,1)	
Dummy Belgien							0,497 (0,3)
Dummy Luxemburg							23,350 (1,6)
Dummy Niederlande							8,031 *** (6,5)
time dummies	ja	ja	ja	ja	ja	ja	ja
n	57	57	48	52	54	57	57
Datenzeitraum	1987-2014	1987-2014	1987-2014	1994-2014	1987-2014	1987-2014	1987-2014
adj. R²	0,63	0,66	0,57	0,72	0,60	0,65	0,75

Anmerkungen: Robuste t-Werte in Klammern; *, ** und *** kennzeichnen statistische Signifikanz auf dem 10%-, 5%- bzw. 1%-Niveau

Der Entwicklungsgrad der Finanzmärkte in Modell (39) ist offenbar nicht bedeutend für den Leistungsbilanzsaldo einer Volkswirtschaft in der Eurozone. Der Gini-Koeffizient ist in Modell (40) dagegen wieder mit einem unerwarteten negativen Vorzeichen signifikant. Theoretisch war mit einem positiven Vorzeichen zu rechnen, denn eine größere Ungleichverteilung der Einkommen sollte die Sparquote erhöhen. Das negative Vorzeichen lässt sich mit einer Analyse des vorliegenden Datensatzes herleiten: Im Durchschnitt der Stichprobe liegt der Gini-Koeffizient bei 29,2. Die meisten Länder lassen sich dabei einer von zwei Gruppen zuordnen. Eine Gruppe verzeichnet relativ ungleich verteilte Einkommen und einen Koeffizienten von 33,5. Diese Gruppe besteht aus den Ländern Estland, Griechenland, Lettland, Litauen, Portugal und Spanien – mithin drei der fünf GIPSZ-Länder plus die drei baltischen Staaten, die in dynamischen Aufholprozessen negative Leistungsbilanzsalden aufweisen. Die andere Gruppe, bestehend aus Belgien, Deutschland, Finnland, Luxemburg, den Niederlanden, Österreich, der Slowakei und Slowenien – also u.a. alle sechs typischen Überschussländer – weist einen Gini-Koeffizienten von 27,1, also gleichmäßiger verteilte Einkommen, auf. In Anbetracht der Zusammensetzung dieser beiden Gruppen ist eine negative Korrelation zwischen dem Gini-Koeffizienten und dem Leistungsbilanzsaldo offensichtlich. Ob daraus auf eine entsprechende kausale Verbindung zwischen Gleichverteilung der Einkommen und Leistungsbilanz zu schließen ist, ist aus theoretischer Sicht jedoch zu bezweifeln.

Modell (41) führt die Realzinsen als Determinante der Leistungsbilanz ein. Realzinsen sind eine wichtige Determinante der Kapitalströme und ihre Aufnahme in das Modell ermöglicht es, Impulse der Kapital- auf die Leistungsbilanz zu berücksichtigen. Daher ist dieses Modell als ein weiterer Robustheitstest für das Endogenitätsproblem der Schlüsselvariable zu interpretieren, das aus der Interdependenz zwischen Kapital- und Leistungsbilanz resultiert (s. Kapitel 4.3). Modell (41) offenbart jedoch, dass Realzinsen für den Leistungsbilanzsaldo keine Rolle spielen. Dieses Ergebnis passt zu theoretischen Überlegungen, nach denen höhere Zinsen auf der einen Seite zwar Sparanreize setzen können und Investitionen verteuern. Auf der anderen Seite können auf ein erhöhtes Zinsniveau aber Kapitalzuflüsse folgen und die Leistungsbilanz sich verschlechtern – wenn die Zinsen z.B. Ausdruck einer Kapitalknappheit in einem sich dynamisch entwickelnden Land sind und nicht Ausdruck einer erhöhten Risikoaversion etwa in der Schuldenkrise. In der Eurozone, ebenso wie in den in Kapitel 4.1.2 dargestellten Untersuchungen, kompensieren sich diese Effekte offensichtlich. In diesem Robustheitstest für das Endogenitätsproblem der Schlüsselvariable verändert sich weder Vorzeichen noch statistische Signifikanz oder die Höhe des Koeffizienten für die sektorale Struktur.

In Modell (42) erklären u.a. öffentliche Sozialausgaben die Leistungsbilanz. Für diesen unerwartet positiven Koeffizienten gilt ähnliches wie für die Ungleichverteilung der Einkommen: Vor allem die baltischen Staaten (Durchschnitt von 15% Sozialausgaben als Anteil am BIP) investieren wenig in die soziale Absicherung, während der Staat in den Überschussländern neben Frankreich hierfür am meisten Finanzmittel bereitstellt (28%). Nach Meinung des Autors ist dies ein weiteres Beispiel für eine Korrelation zwischen zwei Variablen, der keine kausale Beziehung zugrunde liegt. In Modell (43) kennzeichnen Dummy-Variablen für Belgien, Luxemburg und die Niederlande diese Länder als Finanzzentren (vgl. IWF 2013, S. 13). Die Variablen erreichen z.T. sehr hohe Koeffizienten und im Falle der Niederlande auch statistische Signifikanz. Der Dummy für Luxemburg weist zumindest einen p-Wert von 0,13 auf. Beide Länder können als Ausreißer in der Stichprobe angesehen werden: Einer auf Dienstleistungen ausgerichteten Wirtschaftsstruktur stehen jeweils hohe und stetige Leistungsbilanzüberschüsse gegenüber (s. Ausführungen zu Abbildung 22 in Kapitel 3.3). Damit ist Modell (43) das erste, das die Zusammenhänge unter Berücksichtigung von Ausreißern analysiert. Werden die Niederlande und Luxemburg durch Dummy-Variablen als Ausreißer markiert, erhöht sich entsprechend die Schätzung des Einflusses der Wirtschaftsstruktur auf die Leistungsbilanz und der Koeffizient steigt auf 0,537. In den anderen Modellen bleiben die Erweiterungen ohne signifikante Wirkung auf den Koeffizienten für die Schlüsselvariable.

Die letzten beiden Modellerweiterungen führen Interaktionsterme ein bzw. erklären die Handelsbilanz mit den langfristigen Bestimmungsfaktoren der Leistungsbilanz. In Kapitel 4.4.1 bestanden Interaktionsterme oftmals aus Dummy-Variablen. In der mittelfristigen Analyse fallen Dummys als mögliche Interaktionspartner für die Schlüsselvariable jedoch weg. Denn sie zeigen meistens Ereignisse an, deren zeitliche Fixierung bei der Verwendung von Siebenjahresintervallen ungenau wird. Zum Beispiel lässt sich die Mitgliedschaft eines Gründungsmitglieds in der Eurozone im Zeitintervall 1994 bis 2000 nicht adäquat anzeigen. Daher werden in der Analyse der mittleren Frist nur zwei Interaktionsvariablen berechnet. Die Resultate stellt Tabelle 15 (bzw. Tabelle A8 im Anhang) dar.

Tabelle 15: Mittelfristige Analyse, Handelsbilanz

| | (m) | y = LB | | y = HB |
| | | (44) | (45) | (46) |
	OLS	OLS	OLS	OLS trade
Industrie	0,300 ***	0,301 ***	-0,185	0,429 ***
	(3,1)	(3,1)	(-0,5)	(5,1)
...	...	...	...	...
$NFA\text{-}Position_{\text{Beginn jedes Zeitintervalls}}$ *Dummy NFA-Position<-60*		-0,010 (-0,4)		
*Industrie * Zeittrend*			0,119 (1,4)	
time dummies	ja	ja	ja	ja
n	57	57	57	58
Datenzeitraum	1987-2014	1987-2014	1987-2014	1987-2014
adj. R²	0,63	0,62	0,63	0,89

Anmerkungen: Robuste t-Werte in Klammern; *, ** und *** kennzeichnen statistische Signifikanz auf dem 10%-, 5%- bzw. 1%-Niveau

Modell (44) fügt der NFA-Position einen Term hinzu, der sie mit einer Dummy-Variable kombiniert, die für alle Datenpunkte mit Nettoauslandsverbindlichkeiten von über 60% des BIP den Wert eins annimmt.[231] Diese Vorgehensweise ist am EBA-Ansatz des IWF orientiert und verwendet den von Catao/Milesi-Ferretti (2013, S. 8) bestimmten Wert als kritische Schwelle (vgl. IWF 2013, S. 47). Während NFA-Position und Leistungsbilanz normalerweise positiv zusammenhängen, ist die Erwartung für diese Interaktionsvariable ein negatives Vorzeichen. Sie soll die intensivierten Anstrengungen abbilden, die eine Volkswirtschaft unternimmt, wenn sie hohe Auslandsschulden akkumuliert hat. Eine NFA-Position weit im negativen Bereich sollte also mit einer Verbesserung der Leistungsbilanz verbunden sein. Modell (44) bestätigt diesen Zusammenhang. Der Indikator zur NFA-Position und der interagierte Term weisen jedoch laut F-Test keine gemeinsame Signifikanz auf.

In Modell (45) wird die Schlüsselvariable mit einem Zeittrend kombiniert. Der kumulierte Koeffizient für die sektorale Wirtschaftsstruktur beträgt 0,053 für das Intervall 1987-1993 – das erste Intervall, für das unter Zuhilfenahme des autoregressiven Terms die Leistungsbilanz erklärt werden kann – und steigt bis zum letzten Intervall 2008-2014 auf 0,410.[232] Der niedrige Koeffizient für das erste Intervall kann mit der schlechten Datenverfügbarkeit bei der NFA-Position und dem Ausreißer-Status der Niederlande erklärt werden: Für das Intervall 1987-1993 stehen lediglich fünf Datenpunkte zur Verfügung, einer davon für die Niederlande mit ihrem sehr niedrigen Industriegewicht und nennenswertem Leistungsbilanzüberschuss. Modell (46) erklärt die Handelsbilanz mit den Bestimmungsfaktoren der mittel- und langfristigen Analyse. Der Koeffizient für die Schlüsselvariable und seine statistische Signifikanz erhöhen sich hier merklich, ebenso wie das adjustierte R^2. Damit bestätigt sich das Ergebnis aus der kurzfristigen Untersuchung: Die sektorale Wirtschaftsstruktur eignet sich vor allem, um die Handelsbilanz einer Volkswirtschaft zu erklären.

---

[231]   Dies ist insgesamt sieben Mal der Fall: in Finnland im Intervall 2001-2007 sowie in Estland, Griechenland, Irland, Lettland, Portugal und Spanien jeweils im Intervall 2008-2014.

[232]   Die beiden Variablen zur Wirtschaftsstruktur erreichen gemeinsame Signifikanz auf dem 1%-Niveau.

Im Vergleich zur auf Jahresdaten basierenden Analyse verringert sich der geschätzte Koeffizient für die Schlüsselvariable bei der Erklärung der Leistungsbilanz: Im Standardmodell (m) sinkt er gegenüber Modell (k) von 0,399 auf 0,300. Die 17 geschätzten Koeffizienten für die mittlere Frist liegen zwischen 0,053 und 0,537 – dabei sind der minimale und maximale kumulierte Koeffizient von Modell (45) unter Berücksichtigung des Zeittrends mit eingerechnet, Modell (30) wird nicht beachtet (s. Abbildung 32 in Kapitel 4.4.4). Der Median der Schätzungen beträgt 0,272.

4.4.3 Langfristige Querschnittsanalyse

Die Entwicklung des Standardmodells für die langfristige Analyse folgt der Vorgehensweise in Kapitel 4.4.2. In der Querschnittsanalyse bringt erst die Berücksichtigung des relativen Einkommensniveaus eine deutliche Verbesserung des Modells. Durch diesen Indikator steigt das adjustierte R^2 von nahe null auf 0,80 (Tabelle 16). Die Schlüsselvariable weist in Modell (49) einen p-Wert von 0,17 auf, befindet sich also bereits nahe am 10%-Signifikanzniveau. Die Höhe des Koeffizienten verändert sich von diesem Modell an nicht mehr nennenswert. Auch im Querschnittsvergleich der Länder führt demnach ein Industriefokus tendenziell zu Überschüssen und das Fehlen industrieller Kapazitäten zu Defiziten in der Leistungsbilanz. Der Zusammenhang kann als robust bezeichnet werden. Im Standardmodell (l) erreicht der Indikator statistische Signifikanz auf dem 5%-Niveau. Der Koeffizient liegt mit 0,168 erneut niedriger als in den vorherigen Analysen mit höherer Datenfrequenz.

Tabelle 16: Langfristige Analyse, Ergebnisse

y = Leistungsbilanz

	(47) OLS	(48) OLS	(49) OLS	(50) OLS	(51) OLS	(52) OLS	(1) OLS
Industrie	**0,063** (0,3)	**0,063** (0,2)	**0,154** * (1,5)	**0,188** * (1,8)	**0,197** * (1,8)	**0,125** (1,6)	**0,168** * (2,3)
Wirtschaftswachstum		0,011 (0,0)	-0,835 * (-2,0)	-1,062 ** (-2,3)	-1,238 ** (-2,8)	-0,958 * (-1,9)	-0,778 * (-1,9)
Relatives Einkommen			0,008 (0,2)	0,014 (0,4)	0,029 (0,7)	0,062 (1,7)	0,081 * (2,3)
Relatives Einkommen²			0,000 ** (2,7)	0,000 * (1,9)	0,000 (0,9)	0,000 (0,5)	-0,000 (-0,0)
*NFA-Position*erster verfügbarer Datenpunkt				0,034 * (1,9)	0,047 * (2,2)	0,020 (0,5)	0,028 (0,7)
Fiskalsaldo					0,281 (1,8)	0,204 (1,4)	0,255 (1,7)
Altersabhängigkeit						-0,143 (-1,7)	-0,152 (-1,7)
Jugendabhängigkeit						-0,116 ** (-2,7)	-0,121 * (-2,7)
Dummy Primär- & Sekundäreinkommen							2,007 (1,8)
c	-2,374	-2,392	-5,942	-5,978	-4,973	19,219	18,571
n	19	19	19	19	19	19	19
Datenzeitraum	1980-2014	1980-2014	1980-2014	1980-2014	1980-2014	1980-2014	1980-2014
adj. R²	0,01	0,00	0,80	0,81	0,82	0,87	0,87

Anmerkungen: Robuste t-Werte in Klammern; *, ** und *** kennzeichnen statistische Signifikanz auf dem 10%-, 5%- bzw. 1%-Niveau

Standardmodell (1) kann 87% der Variation in den Leistungsbilanzen der 19 Euroländer erklären.[233] Eine hohe Erklärungskraft des gesamten Modells trotz einiger Regressoren mit Signifikanz lediglich auf oder nahe am 10%-Niveau wurde auch in den in Kapitel 4.1.2 diskutierten Beiträgen beobachtet.[234] Für die Determinanten wird ausnahmslos die erwartete Wirkungsweise auf die Leistungsbilanz festgestellt: Wirtschaftswachstum und hohe Abhängigkeitsraten bewirken negativere Salden. Erneut wird vor allem für die Jugendabhängigkeitsrate ein signifikanter Einfluss bestimmt. Die Altersabhängigkeitsrate erlangt mit einem p-Wert von 0,12 aber ebenfalls beinahe statistische Signifikanz. Das relative Einkommensniveau verzeichnet eine positive, aber mit hohen Einkommen nachlassende Wirkung auf die Leistungsbilanz. NFA-Position, Fiskalsaldo (mit einem p-Wert von 0,12) und der Dummy zu Primär- und Sekundäreinkommen (p-Wert von 0,11) verbessern den Leistungsbilanzsaldo wie erwartet. Griechenland und Lettland verzeichneten seit 1980 so viele Mittelzuflüsse, dass die Dummy-Variable für diese beiden Volkswirtschaften den Wert eins annimmt. Gegenüber der Analyse in Siebenjahresintervallen steigt der Einfluss des mittleren Wirtschaftswachstums, des Nettoauslandsvermögens und der *dependency rates*. Die Koeffizienten für das relative Einkommen und den Fiskalsaldo sind dagegen fast identisch und auch den Resultaten bestehender empirischer Studien sehr ähnlich.

Hinsichtlich möglicher Robustheitstests und Modellerweiterungen gelten die in Kapitel 4.4.2 beschriebenen Einschränkungen. Die Ergebnisse für die übrigen, nicht im Standardmodell (1) auftauchenden Variablen aus Kapitel 4.2.2 entsprechen größtenteils denen der mittelfristigen Analyse.[235] Auf Erweiterungen durch

---

[233]   Abbildung A4 im Anhang verdeutlicht den Modellfit für Modell (1). Luxemburg nimmt hier eine Ausreißerposition ein (s. Kapitel 4.5.1).

[234]   Chinn/Prasad (2003, S. 55) erzielen je nach Stichprobe ein adjustiertes R^2 von bis zu 0,94, Debelle/Faruqee (1996, S. 13) eines von bis zu 0,84. Grund für die geringe Signifikanz einzelner Regressoren ist eine höhere Multikollinearität als in der mittelfristigen Analyse (s. Korrelationsmatrix in Tabelle A9 im Anhang).

[235]   Die Resultate der Modelle (53) bis (58) zeigt Tabelle A10 im Anhang. Sowohl die Volatilität der Terms of Trade als auch der Gini-Koeffizient und der Anteil der Sozialausgaben am BIP behalten ihr unerwartetes Vorzeichen, verlieren aber jeweils ihre statistische Signifikanz. Dafür erhält der Entwicklungsgrad der Finanzmärkte mit negativem Vorzei-

Interaktionsterme wird an dieser Stelle verzichtet. Eine Querschnittsanalyse der Handelsbilanz enthält Modell (59). Es bestätigt die Schlussfolgerungen der Kapitel 4.4.1 und 4.4.2, dass die sektorale Wirtschaftsstruktur für die Handelsbilanz ein noch wichtigerer Bestimmungsfaktor ist als für die Leistungsbilanz. Der Koeffizient für die Schlüsselvariable steigt auf 0,472 und erreicht statistische Signifikanz auf dem 1%-Niveau (Tabelle 17 bzw. Tabelle A11 im Anhang).

Tabelle 17: Langfristige Analyse, Handelsbilanz

	$y = LB$ (l) OLS	$y = HB$ (59) OLS trade
Industrie	**0,168** ** (2,3)	**0,472** *** (5,2)
...	...	...
n	19	19
Datenzeitraum	1980-2014	1980-2014
adj. R^2	0,87	0,87

Anmerkungen: Robuste t-Werte in Klammern; *, ** und *** kennzeichnen statistische Signifikanz auf dem 10%-, 5%- bzw. 1%-Niveau

Die Querschnittsanalysen weisen in allen Modellen einen positiven und häufig statistisch signifikanten Koeffizienten für die Wirtschaftsstrukturvariable auf. Je nach Modellspezifikation variiert seine Höhe. Die elf in diesem Kapitel berechneten Koeffizienten, ohne die Modelle (47) und (48), liegen zwischen 0,015 und 0,197, der Median bei 0,156.

---

chen Signifikanz, während die Realzinsen insignifikant bleiben. Der Koeffizient für die Schlüsselvariable verringert sich in zwei Modellen deutlich: zum einen in Modell (54), das den Entwicklungsgrad der Finanzmärkte berücksichtigt und keine Daten für Litauen enthält; zum anderen in Modell (58), das Belgien, Luxemburg und die Niederlande als Ausreißer behandelt. Das Vorzeichen bleibt jedoch stets positiv. Werden in Modell (58) nur Luxemburg und die Niederlande als Ausreißer betrachtet – da beide im Gegensatz zu Belgien einen Leistungsbilanzüberschuss mit einem großen Dienstleistungssektor verbinden –, steigt der Koeffizient von 0,015 auf 0,160.

4.4.4 Zusammenfassung der Ergebnisse

Sämtliche Modelle zur Erklärung der Leistungs- und Handelsbilanz in der kurzen, mittleren und langen Frist haben einen durchgängig positiven und nahezu immer signifikanten Koeffizienten für die Schlüsselvariable gemeinsam. Je höher die Datenfrequenz, d.h. je kürzer die für die Berechnungen herangezogenen Zeitintervalle, desto größer ist der geschätzte Einfluss der Wirtschaftsstruktur. Dies legt nahe, dass konjunkturbedingte Schwankungen bei der Wirkung der sektoralen Struktur eine Rolle spielen und dass strukturelle Unterschiede vor allem über die Exportkapazität auf die Handelsbilanz wirken. Denn die Bestimmungsfaktoren der kurzen Frist, wie REER oder Terms of Trade, beeinflussen sehr stark den Außenhandel, während langfristige Indikatoren, z.B. relatives Einkommensniveau oder *dependency rate*, die Sparquote bestimmen. Die jeweiligen Modellerweiterungen haben bestätigt, dass das Gewicht der industriellen Wertschöpfung in einer Wirtschaft die Handelsbilanz noch stärker prägt als die Leistungsbilanz, die zusätzlich aus der Primär- und Sekundäreinkommensbilanz besteht: In der kurzen Frist stieg der entsprechende Koeffizient von 0,565 auf 0,620, in der mittleren Frist von 0,300 auf 0,429 und in der langen Frist von 0,168 auf 0,472. Ferner erhöhte sich in allen drei Fällen die statistische Signifikanz gegenüber dem Modell mit der Leistungsbilanz als abhängige Variable.

Abbildung 32: Übersicht geschätzte Schlüsselkoeffizienten

Geschätzter Koeffizient für die Schlüsselvariable bei Erklärung der Leistungsbilanz in der kurzen, mittleren und langen Frist, Häufigkeit

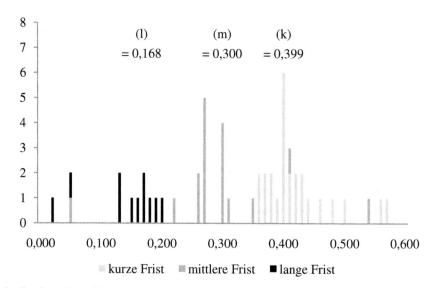

Quelle: eigene Darstellung

Die Verteilung der je nach Zeithorizont der Analyse geschätzten Koeffizienten zur Erklärung der Leistungsbilanz zeigt Abbildung 32. Es ist nicht klar, welcher dieser Koeffizienten den Einfluss der sektoralen Struktur auf die Leistungsbilanz am besten wiedergibt. Man kann aber davon ausgehen, dass ein um ein Prozentpunkt größerer Industriesektor im Mittel eine um ca. 0,3 Prozentpunkte bessere Leistungsbilanz bewirkt – diese Zahl entspricht in etwa dem Durchschnitt der drei Koeffizienten der Standardmodelle (0,289). Die vor der Schuldenkrise stark angewachsenen Leistungsbilanzdefizite in Ländern wie Griechenland, Spanien oder Portugal erklären sich demnach u.a. durch den dort anhaltenden Bedeutungsverlust der Industrie.

Aufbauend auf den Schätzergebnissen bedingen allein die Unterschiede in der Wirtschaftsstruktur zwischen den Überschuss- und den GIPSZ-Ländern im

Euroraum eine Differenz in den Leistungsbilanzsalden von 1,6 Prozentpunkten nach der kurzfristigen Analyse (2,1 Prozentpunkte bei Betrachtung des GPSZ-Aggregats ohne den Ausreißer des industriestarken Irlands), 1,5 Prozentpunkten nach der mittelfristigen (GPSZ: 1,8 Prozentpunkte) bzw. 0,6 Prozentpunkten nach der Querschnittsanalyse (GPSZ: 0,8 Prozentpunkte).[236] Hier wird jeweils unterstellt, dass sich die Volkswirtschaften in nichts außer der Wirtschaftsstruktur voneinander unterscheiden bzw. dass die Unterschiede in den anderen Größen konstant bleiben. Vergleicht man demonstrativ einzelne Vertreter der jeweiligen Ländergruppe, z.b. Deutschland und Griechenland, wachsen die Unterschiede auf 4,8 Prozentpunkte (k), 3,9 Prozentpunkte (m) bzw. 2,1 Prozentpunkte (l) an.

Abbildung 33 veranschaulicht die Vorhersage des Leistungsbilanzsaldos in Abhängigkeit von der sektoralen Struktur einer Volkswirtschaft. Sie bildet die Salden ab, die den Modellen nach mit einem Industrieanteil an der Bruttowertschöpfung zwischen 4 und 36% erreicht werden – jeweils bei Ausprägungen in allen anderen Variablen, die dem Mittelwert der Stichprobe entsprechen. Dies deckt die komplette Bandbreite der für die Schlüsselvariable beobachteten Werte ab: Den kleinsten Industrieanteil wies Luxemburg mit 4,4% im Jahr 2013 auf, den größten Anteil Irland mit 34,5% im Jahr 1999.[237] Bemerkenswerterweise

---

[236] Für diese Berechnungen wurden die Ausprägungen in der Wirtschaftsstrukturvariable während der jeweils verwendeten Datenzeiträume herangezogen, z.B. 1995-2013 in der kurzen und 1980-2014 in der langen Frist.

[237] Abbildung A5 im Anhang zeigt zu den gleichen Werten den von den Modellen (24) und (25) geschätzten Einfluss der sektoralen Struktur. Hier werden Interaktionsterme mitberücksichtigt. Die Gerade für Modell (24) verdeutlicht den Zusammenhang innerhalb des gemeinsamen Währungsraums, jene für Modell (25) den Zusammenhang während der Schuldenkrise – letztere bei Ausprägungen im Industrieanteil zwischen 4,4% und 23,4% in den Jahren ab 2010. Wie die Ergebnisse in Tabelle 10 erkennen ließen, vergrößert sich die Wirkung auf die Leistungsbilanz unter Berücksichtigung dieser Interaktionsterme. Mithin erhöht sich die Steigung der beiden Geraden im Vergleich zum Standardmodell (k).
Abbildung A6 im Anhang zeigt den Leistungsbilanzsaldo der Überschuss- bzw. GIPSZ-Staaten im Zeitraum 2004-2008 bzw. 2009-2013 abhängig von der Wirtschaftsstruktur. Hier werden die tatsächlichen Ausprägungen in den restlichen erklärenden Größen berücksichtigt, anstatt die Mittelwerte der gesamten Stichprobe einzusetzen. Da alle Geraden auf Resultaten von Modell (k) basieren, ist ihre Steigung identisch. Ihre Lage wird durch die übrigen Regressoren bestimmt. Abbildung A6 verdeutlicht zum einen die

stellen beide Enden der Verteilung Ausreißerpositionen dar: Auf der einen Seite ist das dienstleistungsbasierte Luxemburg Vertreter der ansonsten stark industrialisierten Überschussländer. Irland ist auf der anderen Seite die einzige industriegeprägte GIPSZ-Volkswirtschaft. Diese Zusammenhänge verdeutlichen, dass die sektorale Struktur – wie oben dargelegt – nur einer von mehreren Bestimmungsfaktoren ist und Länder Leistungsbilanzpositionen entgegen ihrer strukturellen Voraussetzungen einnehmen können.

Abbildung 33: Vorhersage Leistungsbilanz nach Industrieanteil

X-Achse: Industrieanteil, % BWS

Y-Achse: Vorhergesagter Leistungsbilanzsaldo (auf jeweiligem Industrieanteil basierend), % BIP

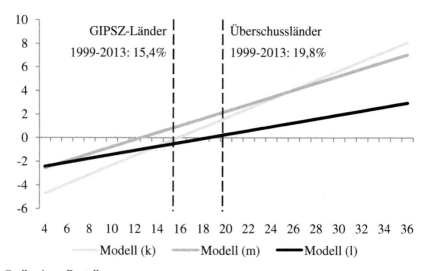

Quelle: eigene Darstellung

günstigeren Voraussetzungen für positive Salden in den Überschussländern gegenüber den GIPSZ-Staaten auch jenseits der sektoralen Struktur. Zum anderen zeigt sich der Einfluss der Konjunktur: Sowohl für die Überschuss- als auch die GIPSZ-Länder sagt Modell (k) zwischen 2009 und 2013, in einem schwachen konjunkturellen Umfeld, eine bessere Leistungsbilanz voraus als im Aufschwung von 2004 bis 2008. Da sich die wirtschaftliche Lage in den GIPSZ-Staaten stärker verschlechterte, fällt die Reaktion ihrer Salden heftiger aus. Die unterschiedliche Länge der Geraden resultiert aus den unterschiedlichen Bandbreiten des Industrieanteils in den jeweiligen Ländern und Zeiträumen, z.B. 7,9% bis 23,3% in den Überschussländern im Aufschwung vor der Krise.

Die Schätzungen von Modell (k) eignen sich ferner dazu, die Leistungsbilanz-salden zu berechnen, die die Überschuss- und GIPSZ-Länder unter der Annahme einer identischen Sektorstruktur erwirtschaftet hätten. Abbildung 34 stellt die von Modell (k) auf Basis der tatsächlichen Werte vorhergesagten Salden denen gegenüber, die sich ergeben hätten, wenn alle Länder einen konstanten Industrieanteil von 20% an der Bruttowertschöpfung aufweisen würden.[238] Diese Zahl ist dem EU-Ziel aus dem Jahr 2012 entnommen (vgl. EU Kommission 2012e, S. 4). In den Überschussländern führt diese Annahme zu keinen nennenswerten Veränderungen, da sie – im gewichteten Mittel – in der Vergangenheit tatsächlich einen Industrieanteil von nahe 20% verzeichneten. Lediglich im Jahr 2009 gehen die Kurven auseinander, da die Finanzkrise zu einem Einbruch der industriellen Produktion führte. Für die GIPSZ-Staaten unterscheiden sich die beiden Kurven deutlich: Hier ist die Bedeutung des Industriesektors gering, sodass die Annahme eines 20%-Anteils eine merkliche Verbesserung der Leistungsbilanz bewirkt. Griechenland hätte nach den Modellergebnissen bspw. im Jahr 2012 die Umkehr in der Leistungsbilanz erreicht und 2013 bereits einen Überschuss von mehr als 4% des BIP erwirtschaftet. Die Lücke zu den Überschussländern würde dies zwar nicht annähernd vollständig, aber doch zum Teil schließen: Die zwischen 2004 und 2008 aufgebauten Ungleichgewichte hätten nicht eine Größenordnung von ca. 12 Prozentpunkten erreicht (Differenz zwischen den für die Überschuss- und die GIPSZ-Länder vorhergesagten Salden), sondern eine von weniger als 10 Prozentpunkten.[239] In der jüngeren Vergangenheit ist der Effekt eines auf 20% angehobenen Anteils größer als in den 1990er Jahren, weil sich der Bedeutungsverlust der Industrieproduktion in den südeuropäischen Staaten fortgesetzt und sich der Sektor weiter verkleinert hat.

---

[238]   Abbildung A7 im Anhang geht umgekehrt vor: Dort werden die Ergebnisse von Modell (k), getrennt nach Überschuss- und GIPSZ-Ländern, hypothetischen Schätzungen gegenübergestellt, die davon ausgehen, dass sich die Volkswirtschaften in nichts außer der Wirtschaftsstruktur unterscheiden. Für alle übrigen Regressoren werden Mittelwerte der Stichprobe eingesetzt. Diese Abbildung zeigt also die Wirkung der Unterschiede in der Wirtschaftsstruktur auf die Leistungsbilanz im Zeitverlauf.

[239]   Freilich hätte eine andere Wirtschaftsstruktur auch Auswirkungen etwa auf die Binnennachfrage oder die Arbeitsproduktivität gehabt und würde die Leistungsbilanz über diese Größen ebenfalls beeinflussen.

Abbildung 34: Vorhersage Leistungsbilanz bei identischer Struktur

Vorhergesagter Leistungsbilanzsaldo, Modell (k), % BIP

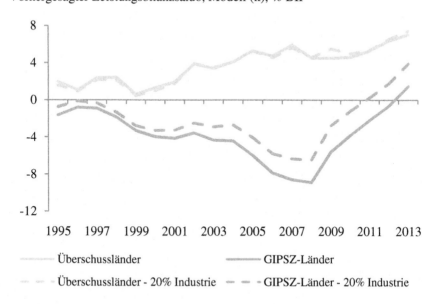

Quelle: eigene Darstellung

Residualanalyse

Mit den Residuen des Standardmodells basierend auf Jahresdaten lässt sich
zudem untersuchen, ob es z.B. vor der Finanzkrise zu ungewöhnlichen Entwicklungen in den Leistungsbilanzen im Euroraum gekommen ist. Abbildung 35
zeigt die Residuen von Modell (k) für den Zeitraum 1995 bis 2013, für den die
Leistungsbilanzsalden der Mitgliedsländer erklärt werden. Die Grafik stellt für
jedes Jahr die Summe der absoluten Residuen dar. Sie offenbart lediglich für die
Zeit nach der Finanzkrise 2009 bis 2011 eine erhöhte Ungenauigkeit. Diese
dürfte u.a. mit Ausschlägen in den Wachstumsraten der Binnennachfrage und
der Weltwirtschaft zusammenhängen: Beispielsweise schrumpfte die Weltwirtschaft nach zuvor konstantem Wachstum in Höhe von etwa 4% im Jahr 2009
um ein halbes Prozent. 2010 schnellte das Wachstum dann auf 5,5% in die Hö-

he. Die Binnennachfrage reagierte i.d.R. noch heftiger: In Lettland etwa war sie 2009 um 26% rückläufig, legte aber 2011 bereits wieder zweistellig zu.

Abbildung 35: Residualanalyse Modell (k)
Residuen für Modell (k), Summe der absoluten Werte

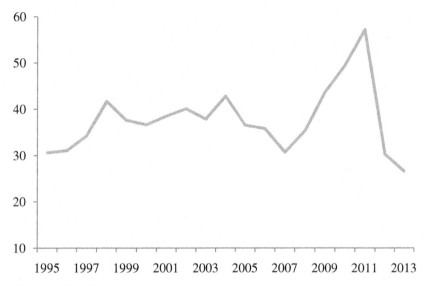

Quelle: eigene Darstellung

Für den Zeitraum 2004-2008, in dem sich in der Eurozone große Ungleichge-wichte in den Leistungsbilanzsalden aufgebaut hatten (s. Kapitel 2.1), zeigen die Residuen dagegen keine Ausschläge. Dies ließe den Schluss zu, dass vor der Finanzkrise keine Übertreibungen und keine Ungleichgewichte auftraten, die nicht zu den Fundamentaldaten gepasst hätten. Modell (k) kann die Entwicklun-gen in den Euroländern erklären. Dies ist jedoch auch mit der Besonderheit zu begründen, dass das Modell konjunkturelle Sonderentwicklungen – z.B. bin-nenwirtschaftliche Booms in einigen südeuropäischen und moderates Wachstum in nordeuropäischen Ländern – nutzt, um die Leistungsbilanz zu erklären. Hie-rin unterscheidet sich Modell (k) von vielen anderen, die eher strukturelle Fak-toren verwenden (s. Kapitel 4.1.2). Die Ergebnisse jener Modelle werden von

konjunkturbedingten Störungen verzerrt, sodass Volkswirte die Ungleichgewichte vor der Finanzkrise – berechtigterweise – auf Übertreibungen zurückführen.

Eine tiefergehende Untersuchung der hauptsächlichen Defizit- und Überschussländer im Euroraum zeigt, dass das Modell auch bei der Erklärung der Extreme
dieses Ungleichgewichts keine übermäßige Ungenauigkeit aufweist. Das mittlere Defizit in den GIPSZ-Ländern fünf Jahre vor der Finanzkrise und fünf Jahre
danach unterschätzt das Modell um jeweils ca. einen Prozentpunkt (Abbildung
36). Die Salden der typischen Überschussländer sagt es anhand der verwendeten
Determinanten relativ präzise vorher.

Abbildung 36: Diskrepanz vorhergesagte und tatsächliche Werte
Leistungsbilanzsaldo, tatsächliche und vorhergesagte Werte Modell (k), % BIP

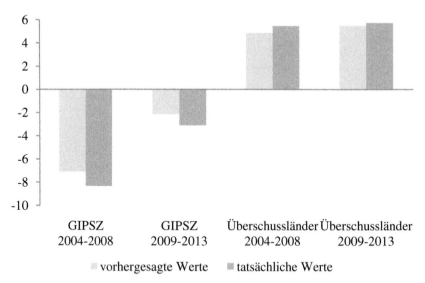

Quelle: eigene Darstellung

4.5 Robustheitstests

4.5.1 Ausreißeranalyse und Datensatzverkürzungen

Die in Kapitel 4.4 entwickelten Modelle enthalten bereits einige Robustheitstests. Bislang wurde der Datensatz jedoch nicht gezielt um Ausreißerpositionen gekürzt und die Robustheit der Resultate im Hinblick auf solche Ausreißer untersucht.[240] Dabei wurden in dieser Arbeit bereits drei mögliche Ausreißer identifiziert: Auf der einen Seite stehen dabei Luxemburg und die Niederlande. Im Zusammenhang mit Abbildung 22 in Kapitel 3.3 wurde erläutert, dass diese typischen Überschussländer einen kleinen Industriesektor aufweisen – Luxemburg verzeichnet sogar die kleinste überhaupt in diesem Datensatz gemessene Industriebasis – und ihren Leistungsbilanzsaldo insbesondere durch umfangreiche Dienstleistungsexporte verbessern. Luxemburg ist ein offensichtlicher Ausreißer auch in Bezug auf andere Variablen: So liegt das reale BIP pro Kopf dort mehr als doppelt so hoch wie im Durchschnitt der Stichprobe, es weist die mit Abstand höchsten Werte in der Handels- sowie in der Leistungsbilanz und darüber hinaus in der Handelsoffenheit, im Nettozufluss von FDI und im Nettoauslandsvermögen auf. Ferner erreicht Luxemburg Extrempositionen sowohl positiv als auch negativ in den Primär- und Sekundäreinkommensbilanzen.

Aus diesen Gründen wird Luxemburg in empirischen Analysen häufig als Ausreißer behandelt (vgl. z.B. Gehringer 2014, S. 13). Auch die Schätzergebnisse in der vorliegenden Arbeit rechtfertigen dies. In der auf Jahresdaten basierenden Analyse erreichen die Residuen für Luxemburg mit Abstand die höchsten Werte: Der linke Teil von Abbildung 37 veranschaulicht die Differenzen zwischen tatsächlichen und von Modell (k) vorhergesagten Leistungsbilanzsalden, die über 4% des jeweiligen BIP liegen. Eine solche Differenz liegt in 23 Fällen vor – 14 davon beziehen sich auf Luxemburg. Abbildung A8 im Anhang zeigt den schlechten Modellfit für dieses Land: In jedem Jahr übertraf der tatsächliche den

---

[240] Lediglich die Modelle (43) und (58), die Dummy-Variablen zur Kennzeichnung von Volkswirtschaften als Finanzzentren verwenden, beschäftigten sich indirekt mit der Frage, ob die zu diesen Ländern gehörenden Beobachtungen als Ausreißer zu interpretieren sind (s. Kapitel 4.4.2).

von Modell (k) vorhergesagten Saldo bei Weitem. Abbildung A4 im Anhang stellte bereits die Ausreißerposition Luxemburgs in der Querschnittsanalyse dar. Für die Niederlande unterschätzt das Modell den Leistungsbilanzsaldo ebenfalls regelmäßig (Abbildung A8). Der rechte Teil von Abbildung 37 zeigt die Residuen der mittelfristigen Analyse anhand von Modell (m). Zwar sind die Schätzergebnisse für Finnland noch ungenauer, allerdings liegen in diesem Fall Verzerrungen in beide Richtungen vor. Die Niederlande sind die einzige Volkswirtschaft, deren tatsächlicher Saldo mehrmalig in gleicher Richtung und in signifikantem Ausmaß vom vorhergesagten abweicht. Allerdings ist das Land im Hinblick auf die Kernfrage dieser Arbeit weniger als Ausreißer zu betrachten als Luxemburg: Den stetigen Leistungsbilanzüberschüssen steht hier ein zwar immer noch verhältnismäßig kleiner Industriesektor entgegen. Dieser ist aber dennoch fast dreimal so groß wie in Luxemburg (2013: 12,8% zu 4,4%).

Abbildung 37: Ausreißer Modelle (k) und (m)

Links: Residuen für Modell (k), tatsächlicher minus vorhergesagter Wert

Rechts: Residuen für Modell (m), tatsächlicher minus vorhergesagter Wert

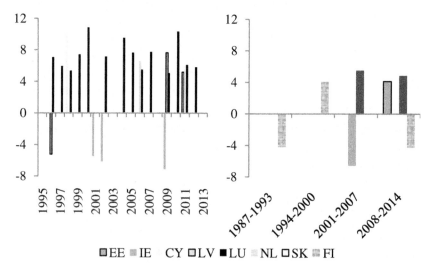

Anmerkung: Nur Abweichungen in Höhe von mindestens 4% des jeweiligen BIP

Quelle: eigene Darstellung

Auf der anderen Seite kann Irland mit starker Industriebasis unter den GIPSZ-Staaten als Ausreißer angesehen werden. Abbildung A8 zeigt, dass Modell (k) den Saldo für Irland meistens überschätzt. In Abbildung A9 wird deutlich, dass einige Beobachtungen für Irland die Schätzung eines engeren Zusammenhangs zwischen sektoraler Struktur und Leistungsbilanzsaldo in der kurzen Frist verhindern. In der Grafik wird der Zusammenhang zwischen der sektoralen Wirtschaftsstruktur und der Leistungsbilanz nach Kontrolle der Wirkung aller übrigen Regressoren dargestellt. Es handelt sich also um eine ceteris paribus-Betrachtung und keine einfache Korrelation der beiden Größen. Die markierten Datenpunkte verringern den Koeffizienten für die Schlüsselvariable in Modell (k).[241] In der mittel- und langfristigen Schätzung sind es ebenfalls Beobachtungen für Irland und vor allem für die Niederlande, die den ansonsten engen Zusammenhang zwischen Wirtschaftsstruktur und Leistungsbilanz verwässern (Abbildung A9).

Tabelle 18 (bzw. Tabelle A12 im Anhang) zeigt die Schätzergebnisse der jeweiligen Standardmodelle bei Nichtberücksichtigung Luxemburgs bzw. Luxemburgs, Irlands und der Niederlande. Vor allem die Herausnahme der Beobachtungen für Irland und die Niederlande erhöht den Koeffizienten in der kurzfristigen (von 0,399 auf 0,495) und in der mittelfristigen Analyse (von 0,300 auf 0,613). In der Querschnittsanalyse steigt zwar der Koeffizient, verliert jedoch angesichts der nochmals verringerten Zahl an Beobachtungen seine statistische Signifikanz. Da jedoch keine logischen Gründe dafür vorliegen, Irland und die Niederlande aus der ohnehin kleinen Stichprobe zu entfernen, ist diese Ausreißeranalyse lediglich als Robustheitstest zu verstehen. Die zuverlässigste Schätzung des in dieser Arbeit untersuchten Zusammenhangs dürften die Modelle (k), (m) und (l) liefern.

---

[241]   In Abbildung A9 werden jeweils nicht alle zu diesem Land gehörenden Datenpunkten markiert, sondern nur die, die den Zusammenhang zwischen Wirtschaftsstruktur und Leistungsbilanz schwächen.

Tabelle 18: Schätzergebnisse ohne Ausreißer

	(k) FE	(60) FE	(61) FE	(m) OLS	(62) OLS	(63) OLS	(l) OLS	(64) OLS	(65) OLS
						$y = Leistungsbilanz$			
Industrie	0,399 ***	0,379 ***	0,495 ***	0,300 ***	0,295 ***	0,613 ***	0,168 **	0,067	0,299
	(3,3)	(3,3)	(4,1)	(3,1)	(2,8)	(8,4)	(2,3)	(0,6)	(0,9)
...									
time dummies	ja	ja	ja	ja	ja	ja			
n	347	329	292	57	55	48	19	18	16
Datenzeitraum	1995-2013	1995-2013	1995-2013	1987-2014	1987-2014	1987-2014	1980-2014	1980-2014	1980-2014
adj. R²	0,80	0,81	0,83	0,63	0,59	0,74	0,87	0,79	0,71

Anmerkungen: Robuste t-Werte in Klammern; *, ** und *** kennzeichnen statistische Signifikanz auf dem 10%-, 5%- bzw. 1%-Niveau

Um auszuschließen, dass der Zusammenhang zwischen Wirtschaftsstruktur und Leistungsbilanz allein auf die kleineren Mitgliedsländer, wie Malta oder Zypern, zurückzuführen ist, passt die folgende Untersuchung den Datensatz der Standardmodelle der kurzen und mittleren Frist an. In einem ersten Schritt fallen die Länder Estland, Lettland, Litauen, Luxemburg, Malta, Slowakei, Slowenien und Zypern – mithin alle Länder, deren Wirtschaftsleistung weniger als 1% der Eurozone insgesamt beträgt – aus der Analyse heraus. In einem zweiten Schritt verkürzt sich der Betrachtungszeitraum auf die Zeit seit Gründung der Eurozone. Dies schließt aus, dass Zusammenhänge identifiziert werden, die primär aufgrund von Entwicklungen in der Vergangenheit bestehen und inzwischen an Bedeutung verloren haben.

Tabelle 19 (bzw. Tabelle A13 im Anhang) fasst die Ergebnisse dieser Tests zusammen und bestätigt den Einfluss der Wirtschaftsstruktur auf die Leistungsbilanz. Modelle (66) und (67) passen den Datensatz von Standardmodell (k) für die kurze Frist an, Modelle (68) und (69) beziehen sich auf das Standardmodell (m) für die mittlere Frist. Modelle (66) und (68) verkürzen den Datensatz auf die elf großen und mittleren Länder der Eurozone. In beiden verliert die Schlüsselvariable ihre Signifikanz, da die Ausreißer Irland und die Niederlande ein größeres Gewicht erhalten. Allerdings behält sie das positive Vorzeichen bei und weist in Modell (66) einen p-Wert von 0,19 auf. Ferner erreicht die Schlüsselvariable in beiden Modellen Signifikanz auf dem 1%-Niveau, wenn statt der Leistungs- die Handelsbilanz erklärt wird. Eine Verkürzung des Datenzeitraums auf 1999-2013 in Modell (67) bzw. 2001-2014 aufgrund der Siebenjahresintervalle in Modell (69) verändert die Aussage hinsichtlich des Einflusses der Wirtschaftsstruktur auf die Leistungsbilanz nicht. Die langfristige Analyse verzichtet auf jegliche Datensatzverkürzungen, weil die Stichprobe mit nur 19 Ländern bereits klein ist.

Tabelle 19: Schätzergebnisse bei verkürzten Datensätzen

$y = Leistungsbilanz$

	(k) FE	(66) FE	(67) FE	(m) OLS	(68) OLS	(69) OLS
Industrie	0,399 *** (3,3)	0,191 (1,4)	0,384 ** (2,9)	0,300 *** (3,1)	0,066 (0,4)	0,361 *** (3,3)
...	...	...	...	...	...	...
time dummies	ja	ja	ja	ja	ja	ja
n	347	206	283	57	36	38
Datenzeitraum	1995-2013	1995-2013	1999-2013	1987-2014	1987-2014	2001-2014
adj. R^2	0,80	0,85	0,81	0,63	0,52	0,69

Anmerkungen: Robuste t-Werte in Klammern; *, ** und *** kennzeichnen statistische Signifikanz auf dem 10%-, 5%- bzw. 1%-Niveau

4.5.2 Berücksichtigung von Kapitalbilanzzyklen

Bei der Schlüsselvariable können aufgrund der Verbindung zwischen Leistungs- und Kapitalbilanz Feedback-Effekte auftreten. Diese vernachlässigt die Literatur oftmals (vgl. Debelle/Galati 2005, S. 5). In der vorliegenden Arbeit wird davon ausgegangen, dass die sektorale Struktur die Leistungsbilanz im Sinne der in Kapitel 3.3 beschriebenen Wirkungskanäle beeinflusst und sich in der Konsequenz eine Reaktion in der Kapitalbilanz ergibt.[242] Allerdings kann letztere auch Impulsgeber für die Leistungsbilanz sein und in der Folge eine Veränderung in der Wirtschaftsstruktur bewirken, wie in Kapitel 4.3 dargelegt (vgl. Grömling 2013, S. 2, Hobza/Zeugner 2014, S. 6). Insbesondere in der jüngeren Vergangenheit können Entwicklungen in der Leistungsbilanz zu einem Teil das Resultat von veränderten Kapitalströmen zwischen Volkswirtschaften gewesen sein. Im Euroraum konvergierten die nationalen Zinssätze vor der Finanzkrise: Zwischen 2003 und 2007 bewegten sich die Renditen der zehnjährigen Staatsanlei-

---

[242] Auch Cabrero/Maza/Yaniz (2007, S. 1) führen bspw. die zunehmenden Kapitalzuflüsse in Spanien vor der Krise auf steigende Außenhandelsdefizite zurück und nicht umgekehrt.

hen der heutigen 19 Euroländer in einer Bandbreite von 2,4% bis 6,4%. Die Finanz- und Schuldenkrise haben jedoch die Wahrnehmung des Risikos einer Zahlungsunfähigkeit entwickelter Staaten verändert. Die Bandbreite der Zinssätze weitete sich aus auf 1,5% bis 22,5% zwischen 2008 und 2012. Auch ohne den Extremfall Griechenland gab es mit Irland, Lettland, Litauen und Portugal vier Staaten, in denen die Zinssätze ein zweistelliges Niveau oder annähernd ein solches erreichten. Die ehemals stabilen privaten Kapitalströme aus dem Kern in die Peripherie der Eurozone kehrten sich um.

Um dieser Trendumkehr Rechnung zu tragen wird der Betrachtungszeitraum in der Querschnittsanalyse variiert. Sie wird für die Perioden 2003-2007 sowie 2008-2012 wiederholt. Innerhalb dieser Zeiträume waren die Kapitalströme im Euroraum – vor allem in den GIPSZ-Staaten – verhältnismäßig stabil, sodass erhebliche Veränderungen in den Kapitalbilanzen als Treiber der Leistungsbilanz ausscheiden. Dies schwächt das Endogenitätsproblem der Schlüsselvariable ab. Naturgemäß verändern sich die Schätzergebnisse in diesen zusätzlichen Querschnittsanalysen z.T. stark (Tabelle 20). Denn hier werden markante Episoden untersucht, die einerseits ausgeprägte wirtschaftliche Boomzeiten nach der Internetkrise und andererseits schwere Verwerfungen durch die Finanz- und Schuldenkrise beinhalten. Der Einfluss der Schlüsselvariable bleibt aber bemerkenswert stabil.[243] Unter Berücksichtigung der Kapitalbilanzzyklen im Euroraum kann also ebenfalls eine robuste Wirkung der Wirtschaftsstruktur auf die Leistungsbilanz gemessen werden. Der p-Wert der Schlüsselvariable in Modell

---

[243] Dies kann u.a. der Tatsache geschuldet sein, dass private Kapitalströme in der Schuldenkrise durch öffentliche ersetzt wurden (s. Kapitel 2.3.2). So wurden sudden stops in der Eurozone und übermäßige Schwankungen in den Kapitalbilanzsalden verhindert. Allerdings umfasst die Stichprobe in den Modellen (70) und (71) mit den baltischen Staaten auch Volkswirtschaften, die der EWU erst später beitraten und durchaus sudden stops verzeichneten. Atoyan/Manning/Rahman (2013, S. 22 f.) stellen die gegenläufige Entwicklung von Leistungs- und Kapitalbilanz in den baltischen Staaten sowie den Gleichlauf der beiden Größen in Griechenland, Irland, Portugal und Spanien grafisch dar.

(70) liegt bei 0,17, sodass auch hier mit hoher Wahrscheinlichkeit die erwartete Wirkung vorliegt.[244]

Tabelle 20: Schätzergebnisse unter Rücksicht auf Kapitalbilanzzyklen

	$y = LB$		
	(l)	*(70)*	*(71)*
	OLS	*OLS 03-07*	*OLS 08-12*
Industrie	**0,168** **	**0,316**	**0,506** **
	(2,3)	**(1,5)**	**(3,2)**
Wirtschaftswachstum	-0,778 *	-0,046	0,343
	(-1,9)	(-0,1)	(0,4)
Relatives Einkommen	0,081 *	0,182 **	0,055
	(2,3)	(2,3)	(0,8)
Relatives Einkommen²	-0,000	-0,000 *	0,000
	(-0,0)	(-2,0)	(0,1)
NFA-Position $_{Beginn\ jedes\ Zeitintervalls}$	0,028	0,075 **	0,010
	(0,7)	(2,6)	(0,3)
Fiskalsaldo	0,255	0,048	0,469
	(1,7)	(0,1)	(1,0)
Altersabhängigkeit	-0,152	0,042	0,022
	(-1,7)	(0,5)	(0,3)
Jugendabhängigkeit	-0,121 **	-0,016	0,029
	(-2,7)	(-0,2)	(0,5)
Dummy Primär- & Sekundäreinkommen	2,007		8,417 ***
	(1,8)		(5,4)
c	18,571	-19,950	-16,239
n	19	19	19
Datenzeitraum	1980-2014	2003-2007	2008-2012
adj. R²	0,87	0,76	0,61

Anmerkungen: Robuste t-Werte in Klammern; *, ** und *** kennzeichnen statistische Signifikanz auf dem 10%-, 5%- bzw. 1%-Niveau; Modell (70): 2003-2007, Modell (71): 2008-2012

---

[244]   Modell (70) enthält keinen Dummy zu den Primär- und Sekundäreinkommensbilanzen, da im Zeitraum 2003-2007 kein Land Mittelzuflüsse von mindestens 2% des BIP verzeichnete.

Auch mit dieser Erweiterung der empirischen Analyse ist das Kausalitätsproblem nicht abschließend zu klären. Insgesamt spricht jedoch die in Kapitel 3.3 erarbeitete, theoretische Wirkungskette dafür, dass die Wirtschaftsstruktur tatsächlich die Leistungsbilanz beeinflusst.

4.6   Ergebnis von Kapitel 4 und weiterer Forschungsbedarf

Die empirischen Analysen in der Literatur erklären die Leistungsbilanz mit Hilfe einer Vielzahl von Bestimmungsfaktoren. Einige davon tauchen häufig auf und können als Schlüsseldeterminanten der Leistungsbilanz bezeichnet werden. Aufgrund der Fülle an Datensätzen, Variablenkombinationen und unterschiedlichen Schätzmethoden variieren die Ergebnisse in den bestehenden Studien jedoch. Der Schätzansatz dieser Arbeit orientiert sich in der Variablenauswahl an den wichtigsten Literaturbeiträgen und imitiert die dortigen Schätzmethoden. Die Neuerung der vorliegenden Analyse ist die Schlüsselvariable unter den erklärenden Größen: Der Leistungsbilanzsaldo wird u.a. anhand der sektoralen Wirtschaftsstruktur, gemessen als Anteil des Verarbeitenden Gewerbes an der gesamtwirtschaftlichen Bruttowertschöpfung, hergeleitet.

Für die aktuellen 19 Euro-Mitgliedstaaten im Zeitraum 1980 bis 2014 kann ein positiver und statistisch signifikanter Einfluss der Wirtschaftsstruktur nachgewiesen werden. Der Koeffizient der Schlüsselgröße liegt je nach Modell zwischen ca. 0,15 und 0,4, im Mittel bei etwa 0,3. Dies bedeutet, dass ein um 1% der Bruttowertschöpfung größerer relativer Industriesektor den Leistungsbilanzsaldo um 0,3% des BIP verbessert. Da die sektorale Struktur besonders auf den Außenhandel wirkt, ist die Verbindung zur Handelsbilanz noch enger. Diese Resultate lassen die Schlussfolgerung zu, dass die Leistungsbilanzungleichgewichte im Euroraum u.a. auf Divergenzen in der Wirtschaftsstruktur zwischen den Mitgliedern zurückzuführen sind. Insbesondere die GPSZ-Staaten (ohne Irland) sind auf die Erstellung von Dienstleistungen ausgerichtet und weisen damit eine sektorale Struktur auf, die das Erwirtschaften von ausgeglichenen Leistungsbilanzsalden erschwert.

Die Analyse in diesem Kapitel basiert auf der vereinfachenden Annahme, dass nur die Größe des Industriesektors für die Leistungsbilanz maßgeblich sei. Freilich sind aber auch einige Dienstleistungen handelbar und weisen weitere Eigenschaften auf, die einen positiven Einfluss auf die Leistungsbilanz nahelegen. Das folgende Kapitel löst sich daher von dieser vereinfachenden Annahme und enthält einen tieferen Blick in die Wirtschaftsstruktur der Euroländer.

Weiterer Forschungsbedarf

Hinsichtlich der Wirkung sektoraler Strukturen auf die Leistungsbilanzsalden von Volkswirtschaften besteht weiterer Forschungsbedarf. Erstens verwendet diese Arbeit einen relativ kleinen Datensatz. Eine Wiederholung der empirischen Analyse mit einer vergrößerten Stichprobe wäre angebracht, um zu prüfen, ob sich die vorliegenden Ergebnisse in einem breiteren Kontext bestätigen lassen. Hierfür müssten Volkswirtschaften außerhalb gemeinsamer Währungsräume untersucht werden. Da nominale Wechselkursschwankungen dort einen größeren Einfluss auf den Außenhandel haben und die Wirkung sektoraler Strukturen überlagern können, dürfte die Verbindung zur Leistungsbilanz in anderen Stichproben weniger klar sein als in der Eurozone. Alternativ könnte man regionale Gebiete analysieren, z.B. die Bundesstaaten der USA.

Zweitens könnten die Daten in Relation zu den jeweiligen Handelspartnern einer Volkswirtschaft gesetzt werden. Ein solches Vorgehen würde die Qualität der Resultate verbessern, da die Leistungsbilanz jeweils von relativen Ausprägungen in ihren Determinanten im Vergleich zu den Handelspartnern einer Volkswirtschaft abhängt. Beispielsweise beeinflusst eine Alterung der Gesellschaft allein den Leistungsbilanzsaldo einer Volkswirtschaft nicht, wenn die Bevölkerung aller Handelspartner mit der gleichen Geschwindigkeit altert. Erst überproportionale Veränderungen bewirken eine Reaktion in der Leistungsbilanz (s. Kapitel 4.2.2).

Jenseits einer Verbesserung des Datensatzes sollte drittens die Ursache-Wirkungs-Beziehung zwischen der sektoralen Wirtschaftsstruktur und der Leistungsbilanz genauer erforscht werden. Kapitel 4.3 weist auf mögliche Endogenitätsprobleme zwischen den beiden Größen hin. Zwar legt die Argumentation in dieser Abhandlung einen Impuls von der Wirtschaftsstruktur auf die Leistungsbilanz nahe und Robustheitstests erhärten diesen Verdacht. Ein abschließendes Urteil über die Kausalität kann diese Arbeit aber nicht fällen.

5 Betrachtung der Branchenebene

Die empirische Analyse in Kapitel 4 trifft die vereinfachende Annahme, dass nur vom Verarbeitenden Gewerbe ein positiver Einfluss auf die Leistungsbilanz einer Volkswirtschaft ausgeht. Dies ist in erster Linie auf die Handelbarkeit der Erzeugnisse dieses Sektors zurückzuführen. In anderen Beiträgen nehmen Autoren ebenfalls an, dass nur das Verarbeitende Gewerbe handelbare Güter herstellt und damit positiv auf die Leistungsbilanz wirkt (vgl. z.B. EZB 2012, S. 13, Kang/Shambaugh 2014, S. 11). Wie Kapitel 3.3 gezeigt hat, steht die Industrie im Vergleich zu Dienstleistungen darüber hinaus für tendenziell höheres Produktivitätswachstum, größere Schwankungen in der Erwerbstätigkeit, schwächeren Preisauftrieb und niedrigere Investitionstätigkeit im Inland. Gleichwohl gibt es – wie in Kapitel 3 dargelegt – zwischen den einzelnen Branchen, die im Industrie- bzw. Tertiärsektor zusammengefasst werden, z.T. große Unterschiede. Kapitel 5 untersucht diese Unterschiede und gliedert Wirtschaftszweige anhand ihrer erwarteten Wirkung auf die Leistungsbilanz neu. Dies ermöglicht einen detaillierten Blick auf den Einfluss der jeweiligen sektoralen Struktur auf den Leistungsbilanzsaldo der Euromitgliedsländer.

Kapitel 5.1 adressiert zunächst die Schwächen in der bestehenden Wirtschaftsgliederung in drei Sektoren bevor Kapitel 5.2 Ansätze für eine alternative Untergliederung der Wirtschaft aufzeigt. Im Anschluss wird eine eigene Neugliederung mit Hilfe einer multivariaten Clusteranalyse vorgenommen. Kapitel 5.3 behandelt die eingesetzten Variablen, den Datensatz sowie methodische Details. Kapitel 5.4 präsentiert die Ergebnisse und testet sie auf Robustheit gegenüber Veränderungen in der Methodik, im Betrachtungszeitraum und in der Variablendefinition. In Kapitel 5.5 wird die empirische Analyse aus Kapitel 4 wiederholt. Dabei ersetzen die zuvor identifizierten Branchencluster mit erwarteter positiver Wirkung auf die Leistungsbilanz die Schlüsselvariable des vorherigen Kapitels. Abschnitt 5.6 fasst die wichtigsten Ergebnisse von Kapitel 5 zusammen.

5.1   Schwächen des 3-Sektoren-Ansatzes

Die Wirtschaft eines Landes wird von Ökonomen in drei Sektoren eingeteilt: Der Primärsektor besteht aus der Landwirtschaft, der Sekundärsektor fasst Bergbau, Verarbeitendes Gewerbe, Energie- und Wasserversorgung sowie Bauwirtschaft zusammen, der Tertiärsektor umfasst alle Dienstleistungsbranchen. Diese Untergliederung geht im Wesentlichen auf Fisher (1935, 1939), Clark (1940) und Fourastié (1949) zurück (vgl. Schettkat/Yocarini 2003, S. 7, Maroto-Sanchez 2009, S. 7 f.). Fisher (1935, 1939) und Clark (1940) unterteilen die Wirtschaft anhand einer Bedürfnishierarchie bzw. des Standardisierungsgrades der Produkte: Grundbedürfnisse erfüllt der Primärsektor. Standardisierte Güter werden im Sekundärsektor hergestellt und weiterverarbeitet. Neue, nicht standardisierte Erzeugnisse stellt der Tertiärsektor bereit (vgl. Krüger 2008, S. 335). Fourastié orientiert sich dagegen an der Entwicklung der Arbeitsproduktivität als Unterscheidungsmerkmal (vgl. ebd., S. 335). Eine lange Zeit wurden Dienstleistungen von Volkswirten als "restliche Tätigkeiten" aufgefasst, oftmals ohne produktiven Charakter. Erst im 20. Jahrhundert entwickelte sich ein positives Bild von tertiären Beschäftigungsformen. Dienstleistungen wurden zunehmend als produktiv angesehen und von den genannten Autoren erstmals systematisch und vollständig erfasst (vgl. Maroto-Sanchez 2009, S. 7 f. & 10). Der historischen Sicht auf Dienstleistungen als unproduktive, restliche Tätigkeiten, die weder dem Primär- noch dem Sekundärsektor zuzuordnen waren, entstammt die große Heterogenität im Tertiärsektor: Dieser beinhaltet beispielsweise sowohl Transportleistungen als auch das Friseurhandwerk oder die öffentliche Verwaltung sowie moderne Dienstleistungszweige, z.B. in der Informations- und Kommunikationstechnologie (vgl. Klodt/Maurer/Schimmelpfennig 1997, S. 159, Eurostat 2008, S. 45).

Die scharfe Abgrenzung zwischen industriellem Gut und Dienstleistung, auf der die Untergliederung der Wirtschaft beruht, ist der modernen Wertschöpfung jedoch nicht mehr angemessen (vgl. Hill 1977, S. 328 ff., Klodt/Maurer/Schimmelpfennig 1997, S. 212, Kalmbach et al. 2003, S. 129 ff.,

Grömling 2006, S. 28 f.). Denn die Grenzen zwischen Industrieprodukt und Dienstleistung verschwimmen zunehmend. Viele Unternehmen integrieren Dienstleistungen in ihr Angebot industrieller Waren. Häufig entwickeln sich in Kombination mit physischen Gütern angebotene Leistungen selbst in klassischen Industriebetrieben zum Kern des Produkts. Die Symbiose von Ware und Dienstleistung wird als hybrides Produkt bezeichnet. Beispiele hierfür sind Installations- oder Wartungsleistungen eines Maschinenbauers oder die Anlieferung eigener Produkte im Gefahrguttransport und Entsorgung bei Kunden anfallender chemischer Abfälle durch ein Chemieunternehmen (vgl. Ehmer 2009, S. 4).

Aus den verschwimmenden Grenzen ergeben sich Probleme mit der statistischen Erfassung von Dienstleistungen. Viele Dienstleistungsmärkte kann die Statistik nicht vollständig abbilden, da potenzielle Nachfrager Leistungen selbst erbringen und nicht von spezialisierten Dienstleistern einkaufen (vgl. ebd., S. 4). In Statistiken werden Unternehmen oft nach dem Schwerpunktprinzip als Ganzes einem Wirtschaftszweig zugeordnet. Dafür sind die größten Umsatzanteile des Unternehmens ausschlaggebend. So werden bspw. Sparten von Industriebetrieben, die Dienstleistungen erbringen, z.B. im Rechnungswesen oder in der Logistik, dem Sekundärsektor zugeschlüsselt (vgl. Grömling/Lichtblau/Weber 1998, S. 72).[245] Identische Tätigkeiten klassifiziert die Statistik z.T. als Industrieproduktion, wenn sie in einem Industriekonzern erbracht werden, und z.T. als Dienstleistung, wenn sie ein externer Dienstleister übernimmt (vgl. Maroto-Sanchez 2009, S. 21). Ein erheblicher Teil der Beschäftigten in der Industrie produziert keine Waren, sondern ist als Dienstleister tätig (vgl. Grömling 2006, S. 5).[246,247]

---

[245]   Die Volkswirtschaftliche Gesamtrechnung grenzt institutionell nach diesem Schwerpunktprinzip ab. Andere Statistiken, z.B. die Input-Output-Tabellen, grenzen dagegen funktional, nach fachlichen Betriebsteilen, ab. Hier wird etwa die Elektrizitätserzeugung eines Maschinenbauunternehmens korrekterweise der Energiewirtschaft zugerechnet (vgl. Klodt/Maurer/Schimmelpfennig 1997, S. 42). Für Details zur Zuordnung von Unternehmen zu Wirtschaftszweigen, vgl. Eurostat (2008, S. 27 ff.).

[246]   Anhand von Daten des Mikrozensus, einer repräsentativen Befragung von einem Prozent der deutschen Haushalte, können Erwerbstätige ihren tatsächlichen Berufen zugeordnet werden unabhängig von der Branche, in der sie tätig sind. Für 1995 ermitteln Gröm-

Ein großer Teil der Wertschöpfung wird heute im Verbund von Industriebetrieben und Dienstleistern erbracht. Die Industrie hat über Vorleistungskäufe von anderen Sektoren eine "Drehscheibenfunktion" für die Wirtschaft (vgl. Grömling/Lichtblau/Weber 1998, S. 92). Gleichzeitig fließen Industrieprodukte in die Erstellung von Dienstleistungen ein, vor allem von konsumbezogenen Leistungen. Es besteht also eine Komplementarität zwischen industrieller Produktion und der Erstellung von Dienstleistungen (vgl. Schmidt 2012, S. 17 f.). Diese Verflechtungen sind ein Grund, warum sich die Wirkung der sektoralen Struktur auf die Leistungsbilanz einer Volkswirtschaft nicht allein an der quantitativen Bedeutung des Verarbeitenden Gewerbes messen lässt. Einige Dienstleistungen werden indirekt exportiert, steigern die Produktivität und verändern den Preisauftrieb in Bereichen, die sie als Vorleistungen einsetzen. Für eine vollständige Analyse müsste die direkte und indirekte Wirkung jeder einzelnen Branche auf die in Kapitel 3.3 genannten Faktoren wie Produktivitätswachstum, Volatilität oder Investitionsquote bestimmt werden (vgl. Gehringer 2013b, S. 8, Gehringer 2014, S. 7). Dies ist jedoch selbst mit Daten der Input-Output-Tabellen, die die Produktionsverflechtungen zwischen Wirtschaftszweigen zeigen, nicht präzise darstellbar.[248]

Heterogene Wirtschaftszweige im Tertiärsektor

Allerdings kann die Heterogenität zwischen einzelnen Branchen insbesondere im Tertiärsektor in die Analyse einbezogen werden. Neben dem Verarbeitenden

---

[247]   ling/Lichtblau/Weber (1998, S. 79 f.), dass im Verarbeitenden Gewerbe 52% der Erwerbstätigen Dienstleistungstätigkeiten ausübten. Angesichts des seitdem intensivierten Outsourcing dürfte diese Zahl inzwischen noch höher liegen.
Nach Umfragen großer Industrieverbände erzielten etwa die Unternehmen der Elektroindustrie sowie Maschinenbauer – die Industriezweige, in denen produktbegleitende Dienstleistungen die größte Rolle spielen – im Jahr 2000 in Deutschland gut 20% ihres Umsatzes mit Dienstleistungen (vgl. VDMA 2002, S. 2, ZVEI 2002, S. 5, Mödlinger/Redling 2004, S. 1409).

[248]   Percoco/Dall'erba/Hewings (2005, S. 5 ff.) untersuchen mit Hilfe der Input-Output-Tabellen zumindest, wie sehr Produktivitätszuwächse in einer Branche über Vorleistungsverflechtungen den Output anderer Zweige beeinflussen. Studien, die indirekte Auswirkungen auf die branchenspezifische Preisentwicklung, Volatilität oder Investitionsquote analysieren, liegen nach Kenntnis des Autors aber nicht vor.

Gewerbe tragen einzelne Dienstleistungszweige aufgrund ihrer strukturellen Eigenschaften tendenziell ebenfalls zu einem Leistungsbilanzüberschuss bei. Denn auch einige Dienstleistungen sind z.b. von hoher Exportintensität oder großen Produktivitätszuwächsen gekennzeichnet. Für jede der in Kapitel 3.3 angeführten Eigenschaften eines typischen Industriezweigs lassen sich auch Beispiele im Tertiärsektor finden.

So gilt der Produktivitätsbias zwar auf der Ebene der Wirtschaftssektoren insgesamt, jedoch nicht für jede einzelne Dienstleistungssparte. Wie begrenzt das Produktivitätswachstum im Tertiärsektor insgesamt ist, hängt vom relativen Gewicht "gebundener" und "ungebundener" Dienstleistungen ab. Gebundene Leistungen zeichnen sich durch die Notwendigkeit eines Zusammentreffens von Anbieter und Nachfrager aus, z.b. bei Taxifahrten, im stationären Einzelhandel, in der Arztpraxis oder in der Gaststätte. Hier ist der direkte Kontakt zwischen Ersteller und Empfänger einer Leistung notwendig und die Möglichkeiten der Automatisierung sind begrenzt. Bei ungebundenen Leistungen, z.b. im Finanzsektor, in der Telekommunikation oder der Informationstechnologie, ist kein Kontakt notwendig. Hier liegt das Produktivitätswachstum oftmals höher (vgl. Bhagwati 1984a, S. 134 ff., Klodt/Maurer/Schimmelpfennig 1997, S. 35). Gerade die durch technischen Fortschritt und das Internet gewachsenen Dienstleistungszweige verzeichnen hohe Produktivitätszuwächse (vgl. van Ark/Piatkowski 2004, S. 15 ff., Maroto-Sanchez 2009, S. 38). Zudem hat sich das Gewicht im Tertiärsektor durch Outsourcing aus Industriekonzernen zulasten privater Haushaltsdienste mehr in Richtung Unternehmensdienstleistungen verschoben. In diesen häufiger ungebundenen Leistungen lassen sich durch technischen Fortschritt größere Produktivitätssteigerungen erzielen (vgl. Grömling/Lichtblau/Weber 1998, S. 291).

Ebenfalls gibt es – wie in Kapitel 3.3.1 dargelegt – durchaus exportstarke Dienstleistungsbranchen, wie die Schifffahrt oder die Luftfahrt. Theoretisch ist jede Dienstleistung handelbar. Den Grad der Handelbarkeit bestimmen die Transportkosten. Beispielsweise kann ein Haarschnitt exportiert werden, wenn

Kunden aus dem Ausland bereit wären, für diese Leistung einen längeren Reiseweg in Kauf zu nehmen. In der Literatur hat es sich jedoch durchgesetzt, einige Dienstleistungen als faktisch nicht handelbar zu klassifizieren (vgl. De Gregorio/Giovannini/Wolf 1994, S. 6).

Als Hersteller handelbarer Güter werden traditionell die Landwirtschaft, der Bergbau und das Verarbeitende Gewerbe angesehen (vgl. Engler/Fidora/Thimann 2007, S. 22). Diese enge Abgrenzung unterschätzt den Anteil handelbarer Güter am BIP, daher löst man sich zunehmend von dieser Sichtweise. In der Literatur existiert jedoch aufgrund der schlechten Datenverfügbarkeit für den Außenhandel im Tertiärsektor keine formale Einteilung von Dienstleistungen in handelbar und nicht handelbar (vgl. ebd., S. 22 f.). Zur Bestimmung der Handelbarkeit ziehen Ökonomen die Exportintensität bzw. die Außenhandelsintensität (= Summe der Exporte und Importe als Anteil an der Wertschöpfung) heran. Die Erzeugnisse von Branchen stufen sie als handelbar ein, wenn diese Quoten einen gewissen Schwellenwert überschreiten oder wenn eine Branche mindestens die Intensität einer Referenzbranche, z.B. des Einzelhandels, erreicht (vgl. De Gregorio/Giovannini/Wolf 1994, S. 6 f., Bems 2008, S. 857).[249] Wie ungenau die Bestimmung der Handelbarkeit von Dienstleistungen ist, zeigt ein Beitrag von Kinoshita (2011): Dort wird u.a. der Transportsektor als Hersteller nicht-handelbarer Dienstleistungen klassifiziert. Aufgrund der vorliegenden Daten gehört der Transportsektor in dieser Arbeit, wie auch bei anderen Autoren, dagegen zu den am besten handelbaren Leistungen. Dies bestätigen die Daten von Gehringer (2013, S. 10 f.). Diese abweichende Bewertung zeigt, dass die Zahlen zur Exportintensität von Dienstleistungen aufgrund der unvollständigen Datenlage mit Vorsicht zu interpretieren sind.

---

[249] Auf eine solche, z.T. auf willkürlichen Schwellenwerten basierende Einteilung in handelbare und nicht-handelbare Dienstleistungen verzichtet diese Arbeit. Statt Handelbarkeit mit einem ja/nein-Kriterium zu messen, fließen in die Clusteranalyse die genauen Exportquoten eines jeden Sektors ein (s. Kapitel 5.3).

Datenlage zur Divergenz zwischen Branchen

Vor allem Exportintensität und sektorale Preisentwicklung variieren auch jenseits des heterogenen Tertiärsektors zwischen den Branchen des Verarbeitenden Gewerbes. Die Abbildungen 38 und 39 stellen für jede der in Kapitel 3.3 beschriebenen Eigenschaften die Bandbreite und den Median (gestrichelte Linie) der Werte der einzelnen Branchen auf NACE-2-Steller-Ebene im Verarbeitenden Gewerbe und dem Dienstleistungssektor dar. Die dunklere Farbe markiert jeweils die Bandbreite, in der 80% der Werte des entsprechenden Sektors liegen. Es zeigt sich, dass es bei jedem der fünf Faktoren deutliche Ausreißer gibt, sowohl nach oben als auch nach unten. Insofern lohnt sich ein Blick ins Detail auf Branchenebene. Einige Sparten nehmen bei mehreren Kriterien Extrempositionen ein: Zum Beispiel liegt die Herstellung elektronischer Erzeugnisse – eine von zwei Sparten der Elektroindustrie – beim Produktivitätswachstum und der Volatilität am äußersten oberen Ende der Bandbreite, bei der Preisentwicklung dagegen am untersten Ende. Eine starke Nahrungsmittelindustrie, die sich durch niedrige Produktivitätsfortschritte und Volatilität auszeichnet, ist auf Basis der Argumentation in Kapitel 3.3 weniger förderlich für die Leistungsbilanz als bspw. eine große Elektroindustrie. Dagegen dürfte die Schifffahrt als exportintensivste und am dynamischsten wachsende Dienstleistungsbranche zu einem positiven Leistungsbilanzsaldo beitragen, obwohl sie zum Tertiärsektor zählt. Insgesamt ist das Wertespektrum im Dienstleistungssektor größer als in der Industrie.

Abbildung 38: Brancheneigenschaften nach Sektoren I

Exportquote 2008-2010, Eurozone, % Güterverwendung insgesamt

Bruttoanlageinvestitionen 1999-2013, Eurozone, % BWS

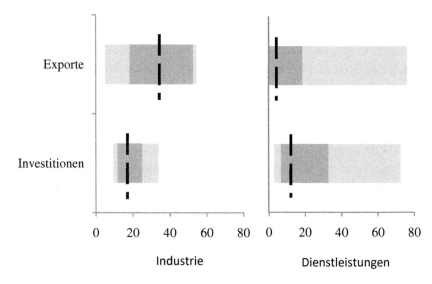

Anmerkung: Ergebnisse basierend auf 60 NACE-2-Steller-Branchen, für Details zur Berechnung s. Kapitel 5.3

Quelle: Eurostat

Die simple Einteilung der Wirtschaft in drei Sektoren verdeckt heterogene Strukturen innerhalb dieser Bereiche. Angesichts der großen Unterschiede zwischen Branchen sowohl innerhalb des Industrie- als auch vor allem innerhalb des Tertiärsektors ist die Sichtweise, dass die Existenz eines großen Verarbeitenden Gewerbes förderlich für die Leistungsbilanz sei, zwar zutreffend, greift aber zu kurz. Sinnvoller ist es, einzelne Wirtschaftszweige zu identifizieren, die aufgrund ihrer strukturellen Merkmale tendenziell positiv auf die Leistungsbilanz wirken – und zwar sowohl unter den Industrie- als auch den Dienstleistungsbranchen (vgl. Gehringer 2013, S. 8 f.).

Abbildung 39: Brancheneigenschaften nach Sektoren II

Reale Bruttowertschöpfung / Erwerbstätige 1999-2013, Eurozone, % gg. Vj.
Standardabweichung des Wachstums der Erwerbstätigkeit 1999-2013, Eurozone
Impliziter Preisindex der Bruttowertschöpfung 1999-2013, Eurozone, % gg. Vj.

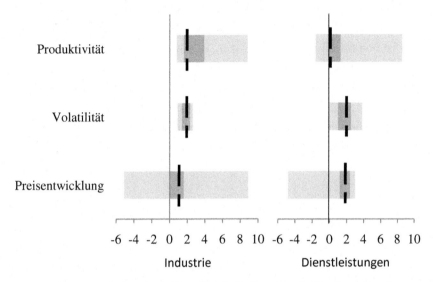

Anmerkung: Ergebnisse basierend auf 60 NACE-2-Steller-Branchen, für Details zur Berechnung s. Kapitel 5.3

Quelle: Eurostat

5.2 Bestehende Ansätze zur Neugliederung der Wirtschaft

Um das Problem der hohen Aggregationsstufe, die heterogene Entwicklungen innerhalb der Wirtschaftssektoren verdeckt, zu lösen, untergliedern verschiedene Autoren die Sektoren neu. Dabei zielen sie nahezu ausschließlich auf den Tertiärsektor, da sich dessen Wirtschaftszweige – historisch bedingt, wie in Kapitel 5.1 dargelegt, – strukturell besonders voneinander unterscheiden. Die statistische Abbildung des Dienstleistungssektors ist im Vergleich zum Verarbeitenden Gewerbe sehr viel ungenauer (vgl. Grömling/Lichtblau/Weber 1998,

S. 62 f., Maroto-Sanchez 2009, S. 13): Daten zu Unternehmensdienstleistungen sind bspw. häufig nur auf der Stufe "Erbringung von freiberuflichen, wissenschaftlichen und technischen Dienstleistungen sowie von sonstigen wirtschaftlichen Dienstleistungen" (Eurostat 2008, S. 44) verfügbar und werden nicht tiefer gegliedert. Diese Dienstleistungen erreichen im Euroraum etwa zwei Drittel des wirtschaftlichen Gewichts der gesamten Industrie, die dagegen sehr fein gegliedert ist und für die eine Vielzahl von zusätzlichen Daten, z.b. zu Auftragseingängen, Inlands- und Auslandsumsätzen oder Erzeugerpreisen, vorhanden ist. Die hier zusammengefassten Leistungen sind des Weiteren ein Beispiel für die noch immer große Heterogenität im Tertiärsektor selbst auf dieser niedrigeren Aggregationsstufe: Unternehmensdienstleistungen umfassen sowohl Marktforschungsinstitute als auch das Veterinärwesen, Reisebüros oder Anwaltskanzleien.

In der Statistik ist der Tertiärsektor grob in folgende Gruppen untergliedert: distributive Leistungen (Handel, Verkehr aber auch das Gastgewerbe gehören hierzu), Dienstleistungen für Unternehmen (z.b. die oben beschriebenen Dienste sowie der Finanzsektor und die Telekommunikation), soziale bzw. gesellschaftsbezogene Leistungen (öffentliche Verwaltung, Gesundheit, Bildung) und personenbezogene Leistungen (z.B. Unterhaltung, Kunst, persönliche Dienstleister wie Friseure). Diese Einteilung geht im Wesentlichen auf die Beiträge von Katouzian (1970) und Singelmann (1978) zurück (vgl. Schettkat/Yocarini 2003, S. 12). Vorteil dieser Gliederung ist der passende Datenzuschnitt in der amtlichen Statistik. Allerdings vermischt sie immer noch heterogene Segmente miteinander und die Grenzen zwischen den Gruppen bleiben fließend: So gehört das Gastgewerbe zu den distributiven Leistungen und die Sparte unternehmensnaher Dienste umfasst etwa auch den Finanzsektor, dessen Leistungen auch von Privathaushalten in Anspruch genommen werden (vgl. Grömling/Lichtblau/Weber 1998, S. 71 f., Schettkat/Yocarini 2003, S. 13).

Neugliederungen des Tertiärsektors setzen hauptsächlich an den Nachfragern einer Leistung an. Fast alle Beiträge gliedern Dienstleistungen nach ihren Empfängern.[250] Üblicherweise wird hier zwischen Unternehmen und Privathaushalten unterschieden. Motiv für diese Einteilung sind die unterschiedlichen Treiber, die für eine erfolgreiche Entwicklung der jeweiligen Dienstleistungen maßgeblich sind (vgl. Ehmer 2009, S. 9). Während Unternehmensleistungen häufig sensibel auf Konjunkturschwankungen reagieren und vom Outsourcing aus Industriebetrieben bestimmt werden, sind konsumbezogene Leistungen bspw. von demografischen oder mit dem Internet zusammenhängenden Trends abhängig. Zum Teil wird unter den Dienstleistungen für den Unternehmenssektor zwischen unternehmensbezogenen Diensten im engeren und weiteren Sinne sowie industrienahen Diensten unterschieden (vgl. Schmidt 2012, S. 12). Da die Abgrenzung nach Nachfragergruppen nicht immer eindeutig ist, können zudem Dienstleistungen für gemischte Gruppen aus Unternehmen und Haushalten klassifiziert werden, z.b. Hotellerie oder Immobilienwesen (vgl. Ehmer 2009, S. 9 f.). Die Abgrenzung zwischen unternehmens- und konsumbezogenen Dienstleistungen erfolgt meistens mit Hilfe der Input-Output-Tabellen (vgl. z.b. Schettkat/Yocarini 2003, S. 14).

Einige Untersuchungen grenzen Dienstleistungszweige zusätzlich nach dem Ersteller einer Leistung ab und unterscheiden zwischen privaten bzw. marktorientierten und öffentlichen bzw. nicht-marktorientierten Anbietern (vgl. Klodt/Maurer/Schimmelpfennig 1997, S. 159 ff., Ehmer 2009, S. 10, Maroto-Sanchez 2009, S. 12). Diese Einteilung offenbart etwa, zu welchen Teilen marktwirtschaftliche Segmente und der Nicht-Unternehmenssektor für die Expansion des Tertiärsektors maßgeblich sind (Grömling/Lichtblau/Weber 1998, S. 49 f.). Andere Studien untersuchen, wie wissensintensiv die Erstellung einer Dienstleistung ist (vgl. Albin/Appelbaum 1990, S. 42 f., Schettkat/Yocarini 2003, S. 15 f., Kim 2006, S. 5, Gehringer 2013a, S. 7 f.). Dies wird z.b. anhand des Ausbildungsniveaus der Erwerbstätigen bestimmt (vgl. Ehmer 2009, S. 9). Weitere denkbare Abgrenzungsmerkmale sind etwa die Einkommenselastizität der Nachfrage – niedrig bei "alten", hoch bei "modernen" Leistungen –, die Techno-

---

[250]   Kalmbach et al. (2003, S. 14 ff.), Schettkat/Yocarini (2003, S. 12 ff.) und Maroto-Sanchez (2009, S. 12 f.) geben einen Überblick über Beiträge, die sich mit einer neuen Gruppierung von Dienstleistungsbranchen befasst haben.

logieintensität, die Forschungsintensität, der Grad der Immaterialität oder der Grad der Integration des Kunden im Herstellungsprozess (vgl. Bhagwati 1984a, S. 134 ff., Hill 1999, S. 437 ff., Glückler/Hammer 2011, S. 945, Belitz/Clemens/Gornig 2009, S. 7 f., Ehmer 2009, S. 9, Thakur 2011, S. 13 f.).

Wenige Beiträge nutzen quantitative Methoden, um Wirtschaftszweige datengestützt aussagekräftigen Gruppen zuzuordnen. Hierzu gehört z.b. Beyers (2010), der Branchen mittels einer Clusteranalyse und Daten zu beruflichen Tätigkeiten der Erwerbstätigen neu gliedert. Die Analyse der vorliegenden Arbeit orientiert sich am Beitrag von Ehmer/Gottschalk (2010, s. Kapitel 5.3). Dieser nimmt eine umfassende Neugliederung der gesamten Wirtschaft, nicht lediglich des Tertiärsektors, vor. Die Basis ist ebenfalls eine Clusteranalyse, die Wirtschaftszweige anhand von strukturellen Kriterien gruppiert, die nach der Wachstumstheorie die Entwicklung von Branchen prägen, z.b. Wissens- oder Kapitalintensität (vgl. Ehmer/Gottschalk 2010, S. 2). Der Vorteil dieser Methode ist, dass sie Branchen datengestützt und nicht aufgrund von inhaltlichen Überschneidungen zuordnet (vgl. Algieri/Bracke 2007, S. 15). So können etwa Groß- und Einzelhandel, die die Statistik üblicherweise gemeinsam den distributiven Leistungen zurechnet, getrennten Clustern zugeordnet werden. Im Hinblick auf den Untersuchungsgegenstand der vorliegenden Arbeit ist dies besonders sinnvoll: So weist der Großhandel eine Exportquote von 21% auf, der Einzelhandel nur eine von gut 8%. Auf die Leistungsbilanz dürften die beiden Sparten demnach unterschiedliche Auswirkungen haben und der Einsatz einer Methode, die die inhaltliche Nähe der beiden Segmente ignoriert und sie ausschließlich anhand der vorliegenden Daten gruppiert, ist zweckmäßig.

5.3 Clusteranalyse zur Identifizierung von Wirtschaftszweigen mit positiver Wirkung auf die Leistungsbilanz

Im Folgenden soll eine multivariate Clusteranalyse Gemeinsamkeiten zwischen Wirtschaftszweigen aufdecken und die Wirtschaft neu untergliedern.[251] Dabei identifiziert sie Branchen, für die aufgrund ihrer strukturellen Eigenschaften eine positive Wirkung auf die Leistungsbilanz anzunehmen ist (s. Kapitel 5.4). Anschließend wird die empirische Analyse aus Kapitel 4 wiederholt und als Schlüsselvariable anstelle des Gewichts des Verarbeitenden Gewerbes das Gewicht der Branchencluster mit der stärksten Wirkung auf die Leistungsbilanz eingesetzt (s. Kapitel 5.5).

Eine Clusteranalyse gruppiert Beobachtungen, deren Mitglieder ähnliche Eigenschaften aufweisen. Gleichzeitig unterscheiden sich die einander zugeordneten Beobachtungen möglichst stark von jenen in anderen Clustern (vgl. ebd., S. 15). Dieses Instrument erkennt Muster in Daten und identifiziert homogene Teilmengen in einer heterogenen Grundgesamtheit. Jede Beobachtung ist durch mehrere Kriterien charakterisiert, anhand derer die Gemeinsamkeiten von Objekten ermittelt werden. Eine Clusteranalyse zeichnet sich dadurch aus, dass mehrere solcher Kriterien simultan berücksichtigt werden können (vgl. Ehmer/Gottschalk 2010, S. 9).[252]

Variablenauswahl

Die Wahl der Variablen zur Bestimmung von Gemeinsamkeiten zwischen Branchen hat großen Einfluss auf das Ergebnis der Analyse. Als Unterscheidungskriterien werden fünf Strukturmerkmale eingesetzt, die nach Kapitel 3.3 eine Wirkung auf die Leistungsbilanz haben. Die **Exportintensität** lässt sich mit dem Verhältnis aus Exporten zur "Verwendung insgesamt zum Basispreis" in den

---

[251] Die folgenden Erläuterungen zur Vorgehensweise in der Clusteranalyse sind eng an den Beitrag von Ehmer/Gottschalk (2010) angelehnt.

[252] Für theoretische Grundlagen zum Thema Clusteranalyse, vgl. Backhaus et al. (2005, S. 328 ff.).

Input-Output-Tabellen von Eurostat messen. Die Datenlage für diesen Indikator
ist sehr lückenhaft: Lediglich die Jahre 2008 bis 2010 und insgesamt nur 21
Datenpunkte stehen zur Verfügung.[253] Außer den Input-Output-Tabellen von
Eurostat und der World Input-Output Database bietet jedoch keine Statistik
konsistente Daten zu Exportintensitäten sowohl von Industrie- als auch allen
Dienstleistungszweigen. Da in der World Input-Output Database nur Material in
einer veralteten Branchenklassifikation nach NACE Rev. 1.1 vorliegt, das nicht
mit den Daten für die anderen vier Kriterien kompatibel ist, müssen die eingeschränkten Daten von Eurostat verwendet werden. Bei diesen ist außerdem
problematisch, dass für einige Länder die Exporte im Gastgewerbe und im Einzelhandel gleich null gesetzt sind. Obwohl beides binnenmarktorientierte Wirtschaftszweige sind, weisen sie doch (geringe) Ausfuhren auf. Die Datenproble-
matik verzerrt die für die beiden Sparten ermittelte durchschnittliche Exportquote im Euroraum nach unten. Die vorliegende Analyse löst diese Schwierigkeit,
indem sie alle Datenpunkte mit einer Exportintensität von null aus der Berechnung der mittleren Quote für das Gastgewerbe und den Einzelhandel eliminiert.[254] Mithin verringert sich für diese Zweige die Zahl der verfügbaren Datenpunkte weiter.

Eine zweite Besonderheit tritt bei der Berechnung der Exportquote im Immobiliensektor auf. Die Input-Output-Tabellen von Eurostat weisen unterstellte Mie-
ten für selbst genutztes Wohneigentum, die der Wertschöpfung des Sektors
zugerechnet werden, separat aus. Diese fiktive Wertschöpfung wird bei der

---

[253]   Für die Länder Deutschland, Frankreich, Griechenland und Österreich sind durchgängige
        Daten in allen drei Jahren verfügbar. Darüber hinaus fließen für das Jahr 2008 Daten für
        Portugal, für 2009 Daten für Slowenien und für 2010 Daten für Belgien, Estland, Irland,
        Italien, Litauen, der Slowakei und Slowenien in die Berechnungen ein. Gemessen an der
        Bruttowertschöpfung deckt diese Länderzusammensetzung 55% des Euroraums im Jahr
        2008, 54% im Jahr 2009 und 78% im Jahr 2010 ab. Trotz der geringen Zahl an Daten-
        punkten ist die Abdeckung somit noch akzeptabel, was hauptsächlich daran liegt, dass
        die beiden größten Volkswirtschaften Deutschland und Frankreich durchgängig in der
        Stichprobe vertreten sind.
[254]   Im Resultat ergibt sich für den Einzelhandel eine Exportquote von 8,5% und für das
        Gastgewerbe eine von 7,9%. Für den Tourismussektor erwarten Volkswirte oft eine
        höhere Exportintensität. Allerdings umfasst das Gastgewerbe nicht nur touristische
        Leistungen für ausländische Gäste bspw. in der Hotellerie, sondern auch Restaurant- und
        andere Gaststättenleistungen, die primär inländische Gäste in Anspruch nehmen.

Ermittlung der Exportquote heraus gerechnet, um die Ergebnisse nicht zu ver-
fälschen.[255] Darüber hinaus thematisierte Kapitel 3.3.1, dass die indirekte Exportquote von Dienstleistungen im Durchschnitt nahezu doppelt so hoch liegt
wie die direkte Exportquote. Indirekte Exporte werden – nach der in Kapitel
3.3.1 beschriebenen Berechnungsmethode – in einem Robustheitstest der Clusteranalyse berücksichtigt (s. Kapitel 5.4.2). Bei der Exportintensität gibt es unter
den fünf eingesetzten Kriterien die größten systematischen Unterschiede zwischen Industrie- und Dienstleistungsbranchen. Die Exportquote des Verarbeitenden Gewerbes lag zwischen 1999 und 2011 (letzter verfügbarer Datenpunkt)
im Mittel bei 47%, im Tertiärsektor nur bei 6% (Primärsektor: 19%).[256] Die
Aufnahme dieses Kriteriums in die Clusteranalyse dürfte daher bewirken, dass
die Neugliederung der Wirtschaft in vielen Fällen Industrie- und Dienstleistungszweige voneinander trennt.

Das zweite Kriterium, mit dem die Clusteranalyse zwischen Wirtschaftszweigen
unterscheidet, ist das **Produktivitätswachstum**. Dieses wird, wie in Kapitel 4,
mit dem Wachstum der realen Arbeitsproduktivität je Erwerbstätigem gemessen. Nach der Darstellung in Kapitel 3.3.2 erhöhen Branchen mit hohem Produktivitätswachstum das Sparpotenzial in einer Volkswirtschaft und wirken
tendenziell positiv auf die Leistungsbilanz. Die Standardabweichung im Wachstum der Zahl der Erwerbstätigen bildet das dritte Kriterium: die **Volatilität** in
einer Sparte. Je volatiler die Erwerbstätigkeit ist, desto mehr sparen von Ar-

---

[255] Die vorliegende Arbeit orientiert sich am Beitrag von Klodt, Maurer und Schimmelpfennig, in dem es heißt: "[...] die unterstellten Eigenmieten privater Wohnungseigentümer
[sind] aus ökonomischer Sicht [...] nicht als Produktionsleistung des Unternehmenssektor
anzusehen [...]. [...] Dies spricht dafür, die in den Input-Output-Tabellen ausgewiesenen
Lieferungen der Wohnungsvermietung an die Endnachfrage vollständig aus den Berechnungen auszuklammern, da sie zu einem großen Teil aus fiktiven oder tatsächlichen
Mieteinnahmen privater Wohnungseigentümer bestehen dürften." (Klodt/Maurer/
Schimmelpfennig 1997, S. 43 f.).

[256] Die Berechnung dieser aggregierten Exportquoten erfolgte, wie schon in Kapitel 3.3.1,
anhand der Daten der World Input-Output Database. Diese Quelle liefert durchgängige
Daten für alle 19 Mitgliedsländer zwischen 1999 und 2011. Aufgrund der veralteten
Branchenklassifikation sind die Daten in der Clusteranalyse zwar nicht einsetzbar. Es
spricht aber nichts gegen ihre Verwendung bei der Berechnung der aggregierten Quoten,
da die Neuklassifizierung der Wirtschaftszweige (NACE Rev. 2) hauptsächlich Veränderungen innerhalb der drei Wirtschaftssektoren mit sich brachte.

beitsplatzverlusten bedrohte Haushalte aus dem Vorsichtmotiv (s. Kapitel 3.3.3). Die sektorale Struktur könnte das Sparverhalten von Erwerbstätigen zudem auf eine andere Weise beeinflussen: Vom Staat beschäftigte Beamte sind zumeist gut für das Rentenalter abgesichert und müssen weniger eigene Vorsorge betreiben. Je mehr Personen im Staatsdienst tätig sind, desto weniger dürften private Haushalte insgesamt sparen. Gleichzeitig genießen Erwerbstätige im öffentlichen Dienst normalerweise – wenn die Regierung nicht etwa im Rahmen von Sparpaketen den Staatssektor verkleinert – eine höhere Jobsicherheit. Die Volatilitäten der drei staatsnahen Wirtschaftszweige öffentliche Verwaltung, Bildung sowie Gesundheits- und Sozialwesen bestätigen dies: Die Standardabweichung im Wachstum der Erwerbstätigkeit liegt hier zwischen 0,6 und knapp 0,9 – so niedrig wie in nahezu keinem anderen Wirtschaftszweig und niedriger als in jeder Industriesparte. Insofern schließt die Clusteranalyse über das Volatilitätskriterium die Besonderheit dieser staatsnahen Bereiche, dass nämlich Beamte weniger private Ersparnisse bilden müssen, mit ein.

Das vierte Kriterium der Clusteranalyse ist die branchenspezifische **Preisentwicklung**. Diese wird durch das Wachstum des impliziten Preisindexes der Bruttowertschöpfung gemessen.[257] Wie Kapitel 3.3.4 darlegte, beeinflussen vor allem Veränderungen im Verbraucherpreisindex das Konsum- und Sparverhalten von Haushalten, stärker noch als Veränderungen im BIP-Deflator. Auf Branchenebene übertragen bedeutet dies, dass etwa der von der EZB für Güter und Dienstleistungen berechnete Verbraucherpreisindex passendere Informationen liefern könnte. Allerdings orientieren sich diese Daten nicht an der NACE-Abgrenzung von Wirtschaftszweigen. Beispielsweise weist die EZB für das Gesundheitswesen Zahlen sowohl für Gesundheitsleistungen als auch für pharmazeutische Produkte aus, während diese Sparten im NACE-System voneinander getrennt sind und sogar unterschiedlichen Wirtschaftssektoren angehören. Als fünftes Kriterium kommt die **Investitionsintensität** der Branchen zum Einsatz, gemessen am Anteil von Bruttoanlageinvestitionen an der Bruttowertschöpfung. Bei diesem Indikator liegen zusammen mit dem Volatilitäts- und

---

[257]   Für Irland, Malta und Zypern liegen keine Daten vor.

dem Preiskriterium die geringsten systematischen Unterschiede zwischen Industrie- und Dienstleistungsbranchen vor (s. auch Abbildungen 38 und 39).

Datensatz

Datenquelle für alle fünf Kriterien ist Eurostat. Für die Ausprägungen in den
Variablen einer jeden Branche werden Mittelwerte für die Eurozone insgesamt
berechnet. Mithin wird jede in der Clusteranalyse untersuchte Branche, in jedem
der fünf Strukturmerkmale, durch den Mittelwert der jeweiligen Sparte in allen
19 Mitgliedsländern charakterisiert.[258] Etwaige strukturelle Unterschiede, z.b.
zwischen der Automobilindustrie in Deutschland und der in Italien, blendet die
Analyse dadurch aus. Die mittleren Werte für die Exportintensität je Branche
errechnen sich aufgrund der eingeschränkten Datenverfügbarkeit lediglich aus
den Jahren 2008 bis 2010. Für die vier anderen Kriterien kommen die Werte
zwischen 1999 und 2013 zum Einsatz.[259] Dies soll die Einflüsse von Sonderentwicklungen und konjunkturellen Schwankungen abschwächen.

Export- und Investitionsquoten stehen auf Branchenebene für 60 Wirtschaftszweige zur Verfügung. Daten zum Produktivitätswachstum, zur Volatilität und
dem impliziten Deflator gibt es jedoch nur in einer leicht höheren Aggregationsstufe. Folglich liegt der Clusteranalyse zwar eine Branchenklassifikation auf
NACE-2-Steller-Ebene zugrunde. Einige 2-Steller müssen aber zusammengefasst werden.[260] Beispielsweise lässt sich das in Kapitel 5.2 erwähnte Aggregat
der Unternehmensdienstleistungen nicht tiefer untergliedern. Insgesamt berücksichtigt die Clusteranalyse 31 Wirtschaftszweige. Nur auf diesem Aggregationsniveau liegen konsistente Daten vor. Der Primärsektor besteht dabei aus einer
Branche (NACE Code 01-03), das Verarbeitende Gewerbe aus elf (NACE Co-

---

[258]   Wenn möglich fließen für den Euroraum als Ganzes – alle 19 aktuellen Mitglieder enthaltend – veröffentlichte Zahlen in die Berechnungen ein. Wo dies nicht möglich ist, werden
        gewichtete Mittelwerte aus den für die aktuellen Mitgliedstaaten verfügbaren Daten
        gebildet.
[259]   Alle Beobachtungen werden gleich gewichtet.
[260]   Hierfür werden Untergruppen mit ihrer jeweiligen Bruttowertschöpfung im Zeitraum
        1999 bis 2013 gewichtet.

des 10-33), der Sekundärsektor insgesamt aus 14 (Verarbeitendes Gewerbe plus die drei Sparten Bergbau, Energie- und Wasserversorgung sowie Bauwirtschaft) und der Tertiärsektor aus 16 Branchen (NACE Codes 45-96).[261] Tabelle 21 listet die zu den NACE Codes gehörenden Branchenbezeichnungen auf. Tabelle 22 stellt die Variablenwerte für alle 31 Wirtschaftszweige sowie ihren durchschnittlichen Anteil an der nominalen Bruttowertschöpfung im Euroraum zwischen 1999 und 2013 dar.

---

[261]   Die Sparte "Private Haushalte mit Hauspersonal, Herstellung von Waren und Erbringung von Dienstleistungen durch private Haushalte für den Eigenbedarf ohne ausgeprägten Schwerpunkt" wurde aus der Analyse ausgeschlossen, da hier hauptsächlich Produktion für den Eigenbedarf erfasst wird und sich die Sparte mit den fünf Strukturmerkmalen nicht sinnvoll charakterisieren lässt. So weist sie etwa eine Investitionsquote von null auf.

Tabelle 21: NACE Codes und Branchenbezeichnungen

NACE Code	Sektor	Branche
01-03	Primär	Landwirtschaft, Forstwirtschaft und Fischerei
05-09	Sekundär	Bergbau und Gewinnung von Steinen und Erden
10-12	Sekundär	Herstellung von Nahrungsmitteln, Getränken und Tabakerzeug.
13-15	Sekundär	Herstellung von Textilien, Bekleidung, Lederwaren und Schuhen
16-18	Sekundär	Herstellung von Holzwaren, Papier, Pappe und Druckerzeug.
19	Sekundär	Kokerei und Mineralölverarbeitung
20-21	Sekundär	Herstellung von chemischen und pharmazeutischen Erzeugn.
22-23	Sekundär	Herstellung von Gummi- und Kunststoffwaren, Glas, Keramik
24-25	Sekundär	Metallerzeugung und -bearbeitung, Herstellung Metallerzeugn.
26-27	Sekundär	Hrst. Datenverarbeitungsger., Elektronik und elektr. Ausrüstung
28	Sekundär	Maschinenbau
29-30	Sekundär	Fahrzeugbau
31-33	Sekundär	Herstellung sonstiger Waren, Reparatur von Maschinen
35-39	Sekundär	Energie- und Wasserversorgung, Entsorgung
41-43	Sekundär	Baugewerbe
45	Tertiär	Handel mit Kfz, Instandhaltung und Reparatur von Kfz
46	Tertiär	Großhandel
47	Tertiär	Einzelhandel
49-53	Tertiär	Verkehr und Lagerei
55-56	Tertiär	Gastgewerbe
58-60	Tertiär	Verlagswesen, audiovisuelle Medien und Rundfunk
61	Tertiär	Telekommunikation
62-63	Tertiär	Informationstechnologische und Informationsdienstleistungen
64-66	Tertiär	Erbringung von Finanz- und Versicherungsleistungen
68	Tertiär	Grundstücks- und Wohnungswesen
69-82	Tertiär	Erbringung freiberufliche, technische und sonst. wirt. Leistungen
84	Tertiär	Öffentliche Verwaltung
85	Tertiär	Erziehung und Unterricht
86-88	Tertiär	Gesundheits- und Sozialwesen
90-93	Tertiär	Kunst, Unterhaltung und Erholung
90-96	Tertiär	Sonstige Dienstleistungen

Quelle: Eurostat (2008, S. 45)

Tabelle 22: Eigenschaften von Branchen

NACE	Exporte	Produktivität	Volatilität	Preise	Investitionen	% BWS
01-03	11,6	2,5	0,6	0,9	36,7	2,0
05-09	4,9	1,3	2,2	6,4	32,2	0,4
10-12	18,4	0,8	0,9	1,7	17,8	2,1
13-15	36,4	2,7	2,3	0,7	10,1	0,8
16-18	19,0	2,4	1,8	-0,4	19,4	1,3
19	18,3	3,9	2,0	8,9	33,9	0,3
20-21	48,1	2,9	1,4	0,4	17,9	1,9
22-23	26,8	2,0	2,4	0,1	19,1	1,6
24-25	25,7	1,5	2,6	1,1	18,1	2,5
26-27	43,7	5,1	2,3	-1,8	18,5	1,8
28	52,7	1,6	2,1	1,6	11,8	1,8
29-30	46,4	3,0	2,1	1,2	22,0	1,8
31-33	21,1	1,7	1,4	1,6	10,7	1,4
35-39	11,2	1,2	1,4	3,2	39,2	2,7
41-43	0,2	-0,3	3,3	3,3	10,5	6,2
45	3,6	0,4	1,5	1,9	12,6	1,5
46	21,1	1,1	1,9	1,6	11,1	5,4
47	8,5	0,4	1,0	0,9	11,9	4,4
49-53	12,2	1,4	2,0	1,8	35,8	4,8
55-56	7,9	-1,6	1,7	3,0	11,9	3,2
58-60	9,1	0,2	2,1	1,7	21,3	1,2
61	4,9	8,4	2,5	-4,8	28,8	1,7
62-63	10,0	1,3	3,8	0,5	17,5	1,7
64-66	7,0	1,4	0,9	2,4	11,0	5,0
68	0,5	0,1	2,8	2,4	72,4	10,9
69-82	7,5	-1,0	2,5	1,8	21,5	9,9
84	0,3	1,1	0,9	2,2	26,9	6,7
85	0,0	-0,4	0,8	2,8	9,0	5,0
86-88	0,2	0,1	0,6	2,5	12,5	6,8
90-93	1,9	-0,3	1,8	2,2	29,8	1,3
90-96	0,5	-0,4	1,6	2,0	10,0	1,7
gesamt	Ø 16,7	Ø 0,6	Ø 1,2	Ø 1,7	Ø 23,1	Σ 99,6

Anmerkung: Gewichte addieren sich nicht zu 100%, da die Wertschöpfung privater Haushalte für den Eigenbedarf aus der Analyse ausgeschlossen wird

Quelle: Eurostat

Die Clusteranalyse verwendet standardisierte Daten, um Probleme beim Vergleich von Strukturmerkmalen unterschiedlicher Dimensionen zu vermeiden. So liegen z.b. die Investitionsquoten in einer Bandbreite von 9% bis 72%, die Volatilitäten dagegen nur zwischen 0,6 und 3,8. Damit die Unterschiede in der Investitionsquote die Neugruppierung von Branchen gegenüber deutlich kleineren Unterschieden in der Volatilität nicht dominieren, sind in Clusteranalysen eingesetzte Daten üblicherweise standardisiert (vgl. Jain/Murty/Flynn 1999, S. 271 f., Algieri/Bracke 2007, S. 15). Für jede Variable betragen die Mittelwerte nach der Standardisierung über alle Branchen hinweg null und die Standardabweichungen eins.[262] Um zu vermeiden, dass die Analyse ein Kriterium bei der Bestimmung von Gemeinsamkeiten zwischen Branchen doppelt berücksichtigt, sollten ferner keine zu stark korrelierten Daten benutzt werden (vgl. Ehmer/Gottschalk 2010, S. 9). Tabelle 23 enthält eine Korrelationsmatrix der Variablenwerte für die fünf Kriterien auf Basis der standardisierten Werte für alle 31 Wirtschaftszweige. Es zeigt sich lediglich zwischen dem Produktivitätswachstum und der Exportintensität bzw. zwischen dem Produktivitätswachstum und der sektoralen Preisentwicklung eine etwas erhöhte Korrelation. Diese liegt mit Koeffizienten von unter 0,50 aber noch auf einem akzeptablen Niveau.

Tabelle 23: Korrelationsmatrix Variablen der Clusteranalyse

	Exporte	Produktivität	Volatilität	Preise	Investitionen
Exporte	1,00				
Produktivität	0,44	1,00			
Volatilität	0,13	0,15	1,00		
Preise	-0,25	-0,47	-0,12	1,00	
Investitionen	-0,20	0,13	0,16	0,16	1,00

Quelle: eigene Berechnungen

---

[262] Tabelle A14 im Anhang enthält die standardisierten Werte für alle 31 Wirtschaftszweige.

Fusionierungsalgorithmus und Distanzmaß

Grundsätzlich kann bei Clusteranalysen zwischen hierarchischen und partitionierenden Verfahren unterschieden werden. Während bei letzteren die zu bestimmende Anzahl von Clustern im Vorfeld festgelegt ist, handelt es sich bei hierarchischen Verfahren um einen explorativen Ansatz. Hier ist das Ergebnis hinsichtlich der resultierenden Clusteranzahl offen. Der vorliegenden Analyse liegt ein hierarchischer und agglomerativer Ansatz zugrunde.[263] Dies bedeutet, dass in der Ausgangssituation jede Beobachtung, also jede Branche, ihr eigenes Cluster bildet. Schrittweise fügt die Analyse Beobachtungen in Gruppen zusammen und reduziert so die Zahl der Cluster. Dieser Vorgang wird nach einem festgelegten Kriterium an einer bestimmten Stelle gestoppt oder aber solange weiter geführt, bis letztlich alle Objekte derselben Gruppe angehören und sich die Anzahl der Cluster von hier 31 auf eins verringert hat (vgl. Jain/Murty/Flynn 1999, S. 274). Mit abnehmender Clusteranzahl erhöht sich gleichzeitig die Heterogenität der einer Gruppe zugeordneten Elemente. Es besteht also ein Zielkonflikt zwischen der Komplexität der Daten, die durch das Zusammenfassen von Wirtschaftszweigen zu aussagekräftigen Branchenclustern reduziert werden soll, und den Homogenitätsanforderungen, die an jedes Cluster gestellt werden (vgl. Ehmer/Gottschalk 2010, S. 17).

Nach der Wahl der Unterscheidungskriterien zwischen Branchen müssen der Fusionierungsalgorithmus und das Distanzmaß der Clusteranalyse festgelegt werden. Agglomerative Verfahren berechnen zunächst die Gemeinsamkeiten zwischen allen Clustern in einer Distanzmatrix und fusionieren anschließend diejenigen, die sich am ähnlichsten sind. Fusionierungsalgorithmen unterscheiden sich darin, wie sie die Distanzen zwischen zwei Clustern berechnen. Die vorliegende Arbeit wählt das "Ward-Verfahren" (vgl. Ward 1963). Dieser Algorithmus stellt beim Fusionieren von Clustern auf das Varianzkriterium ab: Es verschmelzen jeweils die Objekte, die die Fehlerquadratsumme – das Heteroge-

---

[263]   Zudem kann der Ansatz als polythetisch bezeichnet werden, d.h. er zieht alle Kriterien, durch die sich ein Element auszeichnet, bei der Bestimmung der Gemeinsamkeiten zwischen Objekten simultan heran (vgl. Jain/Murty/Flynn 1999, S. 274).

nitätsmaß des Ward-Verfahrens – am wenigsten steigern (vgl. Ward 1963, S. 238).[264] Der Hauptvorteil dieser Methode ist, dass sie zu relativ ausgeglichenen Gruppengrößen führt. Eine Alternative zu diesem Ansatz ist etwa das "Single-Linkage-Verfahren". Dieses führt im Gegensatz zum Ward-Verfahren tendenziell zu sehr unterschiedlichen Gruppengrößen: Aus vielen Elementen bestehende Gruppen stehen hier häufig zahlreichen isolierten Ausreißern gegenüber, also aus einzelnen Beobachtungen bestehenden Clustern (vgl. Jain/Murty/Flynn 1999, S. 276 f.). Daher wendet man das Single-Linkage-Verfahren u.a. bei der Analyse von Ausreißern in großen Datensätzen an. Das Ward-Verfahren wird in der Praxis häufig eingesetzt, da es die größtmögliche Homogenität innerhalb der Cluster bewahrt (vgl. Bergs 1981, S. 111, Ehmer/Gottschalk 2010, S. 17).[265] Bei der vorliegenden Anwendung ist das Bilden ähnlich großer, homogener Gruppen höher einzuschätzen als die Effizienz bei der Identifizierung von Ausreißern. Daher fällt die Entscheidung zugunsten des Ward-Verfahrens.

Zur Berechnung der Distanz zwischen zwei Beobachtungen verwenden Clusteranalysen üblicherweise die "euklidische Distanz". Gleichung [5] stellt die Distanz (d) zwischen den Beobachtungen x und y, gemessen über alle Variablen v hinweg, dar.

$$[5] \qquad d(x,y) = \sqrt{\sum_{v=1}^{V} (x_v - y_v)^2}$$

---

[264] Die Ward-Methode berechnet für jedes Cluster die Mittelwerte aller Variablen, durch die die Objekte charakterisiert sind, und anschließend die Distanzen jedes dem Cluster angehörenden Elements zu diesem Mittel. Die Summe der Distanzen ergibt die Fehlerquadratsumme eines Clusters. Beim Ward-Verfahren fusionieren jeweils diejenigen Cluster, durch deren Fusion sich die Fehlerquadratsumme des Systems insgesamt am wenigsten erhöht (vgl. Ward 1963, S. 238). Andere Methoden, z.B. das "Single-Linkage-" bzw. das "Complete-Linkage-Verfahren", ermitteln die Gemeinsamkeiten zwischen Objekten dagegen, indem sie die minimale bzw. die maximale Distanz zwischen allen Beobachtungen zweier Cluster betrachten (vgl. Jain/Murty/Flynn 1999, S. 275 f.).

[265] Oftmals eliminiert man vor einem Einsatz des Ward-Verfahrens die Ausreißer des Datensatzes. Da die vorliegende Analyse aber eine vollständige Neugliederung ausnahmslos aller Wirtschaftszweige anstrebt, wird an dieser Stelle darauf verzichtet (vgl. Vorgehen in Ehmer/Gottschalk 2010, S. 17).

Vorteil der euklidischen Distanz ist die gute Funktionsweise auch bei relativ isolierten Clustern. Nachteil ist, dass einzelne Variablen mit einer großen Datendimension die Ermittlung von Gemeinsamkeiten zwischen Branchen dominieren können (vgl. Jain/Murty/Flynn 1999, S. 271 f.). Dieses Problem löst die vorliegende Analyse – wie oben dargelegt – durch den Einsatz standardisierter Variablenwerte. Die folgende Clusteranalyse verwendet die quadrierte euklidische Distanz als Distanzmaß. Diese findet sich üblicherweise in Kombination mit dem Ward-Verfahren und bewirkt, dass große Unterschiede zwischen Objekten besonders ins Gewicht fallen. Die Wahl dieses Distanzmaßes trägt damit dazu bei, dass das Ward-Verfahren innerhalb der identifizierten Gruppen die größtmögliche Homogenität bewahrt (vgl. Ehmer/Gottschalk 2010, S. 17).

5.4 Neue Untergliederung der Wirtschaft

5.4.1 Ergebnis der Clusteranalyse

Die Ergebnisse der Clusteranalyse stellt ein Dendrogramm dar (Abbildung 40). Dieses visualisiert jeden einzelnen Fusionierungsschritt des agglomerativen Verfahrens. Zu Beginn bildet jede einzelne Branche ihr eigenes Cluster. Die erste Gruppierung von zwei Wirtschaftszweigen fasst den Bildungssektor mit dem Gesundheits- und Sozialwesen zusammen (NACE Codes 85 und 86-88). Die Anzahl der Cluster reduziert sich dadurch von 31 auf 30. Zu einem späteren Zeitpunkt, d.h. bei vergrößerter Heterogenität innerhalb der gebildeten Gruppen, fusioniert dieses Cluster mit der zuvor gebildeten Gruppe aus Nahrungsmittelindustrie, Einzelhandel und Finanzgewerbe (NACE Codes 10-12, 47 und 64-66). Im Anschluss verschmilzt dieses Aggregat mit einem aus Dienstleistungen bestehenden Cluster (NACE Codes 45, ..., 94-96), danach mit einer heterogenen Gruppe aus Wirtschaftszweigen des Primär-, Sekundär- und Tertiärsektors (NACE Codes 01-03, ..., 84) und nach einem weiteren Agglomerationsschritt – im letzten Clustervorgang der Analyse – mit dem kompletten Rest der Wirtschaft. Am Ende gehören sämtliche Wirtschaftszweige der gleichen Gruppe an.

Abbildung 40: Ergebnis Clusteranalyse

Dendrogramm, Ward-Verfahren, quadrierte euklidische Distanz

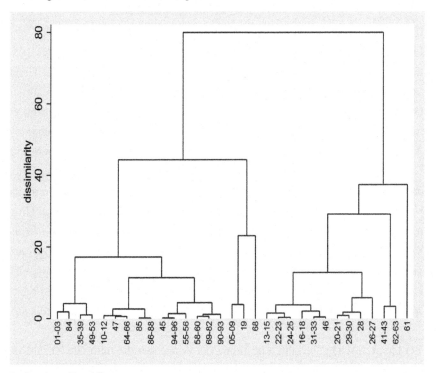

Quelle: eigene Darstellung

Die Y-Achse des Dendrogramms zeigt die jeweilige *dissimilarity*, also die Unähnlichkeit der einander in Clustern zugeordneten Branchen, für das gesamte System.[266] Mit dieser Kennzahl lässt sich für jeden Agglomerationsschritt der Verlust an Homogenität innerhalb der gebildeten Cluster quantifizieren (vgl. Jain/Murty/Flynn 1999, S. 275). Die *dissimilarity* wird beim Ward-Verfahren anhand der Fehlerquadratsumme mit der Formel in Gleichung [6] gemessen (vgl. Ward 1963, S. 237).

---

[266]   Die Reihenfolge der auf der X-Achse abgetragenen Wirtschaftszweige hat keine Bedeutung.

$$[6] \qquad FQS_i = \sum_{o=1}^{O_i} \sum_{v=1}^{V} x_{oiv}{}^2 - \frac{1}{n} \left(\sum_{o=1}^{O_i} \sum_{v=1}^{V} x_{oiv} \right)^2$$

FQS steht hier für die Fehlerquadratsumme, i für ein bestimmtes Cluster, o für die diesem Cluster zugeordneten Objekte (= Branchen), v für die zur Unterscheidung eingesetzten Variablen, x für einzelne Datenpunkte und n für die Gesamtzahl der in einem Cluster gruppierten Objekte. Die FQS insgesamt errechnet sich aus der Summe der FQS jedes einzelnen Clusters. Zu Beginn der Analyse beträgt die FQS null, da die aus einer einzigen Branche bestehenden Gruppen in sich vollständig homogen sind. Mit jedem Agglomerationsschritt erhöht sich die FQS in dem sich vergrößernden Cluster und damit die *dissimilarity* des kompletten Systems (vgl. ebd., S. 238). Je unähnlicher sich zwei Gruppen sind, desto später fusionieren sie und desto stärker erhöhen sie die *dissimilarity*. Zum Beispiel sind sich der Bergbau (NACE 05-09) und die Mineralölverarbeitung (NACE 19) einander zwar ähnlicher als jeder anderen Branche. Dennoch sind die Gemeinsamkeiten nicht sehr ausgeprägt, sodass sie erst relativ spät zum ersten Mal fusionieren und entsprechend die FQS merklich erhöhen.

Bei hierarchischen Verfahren bestimmt der Anwender die optimale Anzahl von Clustern im Endergebnis selbst. Hierfür muss er den Zielkonflikt zwischen Reduzierung der Komplexität und Erhalt der Homogenität innerhalb der Gruppen lösen. Als Entscheidungshilfe kann das "Ellenbogenkriterium" herangezogen werden. Dies ist ein heuristisches Kriterium, das aus der Reaktion der FQS auf eine Veränderung der Clusteranzahl abgeleitet wird (vgl. Ehmer/Gottschalk 2010, S. 18). Abbildung 41 stellt die FQS der Analyse abhängig von der resultierenden Clusteranzahl dar. Werden sämtliche Wirtschaftszweige zu einer Gruppe zusammengefasst, beträgt sie 80. Untergliedert man die Wirtschaft in zwei Cluster, halbiert sich die FQS nahezu auf 44. Mit steigender Clusteranzahl sinkt die FQS monoton, aber nicht linear: Einzelne Untergliederungen senken die Heterogenität stärker als andere. So verringert etwa die Unterteilung in zwei Cluster die *dissimilarity* stärker als der Schritt von zwei zu drei Clustern.

Abbildung 41: Ellenbogenkriterium

X-Achse: Anzahl resultierender Cluster

Y-Achse: Fehlerquadratsumme

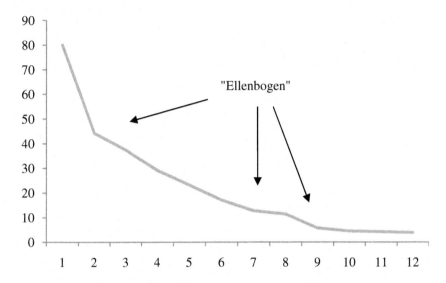

Quelle: eigene Darstellung

Geeignete Lösungen für die endgültige Clusteranzahl finden sich dort, wo ein Untergliederungsschritt die FQS spürbar senkt und eine weitere Untergliederung nur einen verhältnismäßig geringen Effekt hat. Solche Knickstellen, die die Kurve wie einen Ellenbogen aussehen lassen, sind unter den Zielvorgaben Komplexitätsreduzierung (möglichst wenige Cluster) und Homogenität innerhalb der identifizierten Cluster (möglichst geringe *dissimilarity*, also viele Cluster) optimal (vgl. ebd., S. 19). In Abbildung 41 finden sich diese Knickstellen bei einer Lösung von zwei, einer von sieben und einer von neun Clustern. Eine 2-Cluster-Lösung kann angesichts des Ziels der vorliegenden Anwendung ausgeschlossen werden. Denn die Wirtschaft soll einerseits im Hinblick auf die Wirkung auf die Leistungsbilanz passender, andererseits aber auch feiner untergliedert werden als mit der klassischen Einteilung in drei Wirtschaftssektoren. Dies wird mit einer 2-Cluster-Lösung eindeutig nicht erreicht. Eine 7-

Cluster-Lösung würde u.a. in zwei sehr große Gruppen mit zehn bzw. elf Branchen zerfallen. Die 9-Cluster-Lösung unterteilt eben diese beiden Cluster ein weiteres Mal und liefert nach Ansicht des Autors im Hinblick auf das Untersuchungsziel das beste Ergebnis.[267] Diese Lösung fasst Wirtschaftszweige zu Gruppen sinnvoller Größe zusammen und isoliert gleichzeitig Ausreißer, die unter Einsatz der gewählten Unterscheidungskriterien nicht sinnvoll mit anderen Sparten zu vereinigen sind (vgl. ebd., S. 19). Abbildung 42 zeigt das Dendrogramm mit dem gewählten "cut-off value" sowie die resultierenden Branchencluster.

Abbildung 42: 9-Cluster-Lösung

Dendrogramm mit 9-Cluster-Lösung, Ward-Verfahren, quadrierte euklidische Distanz

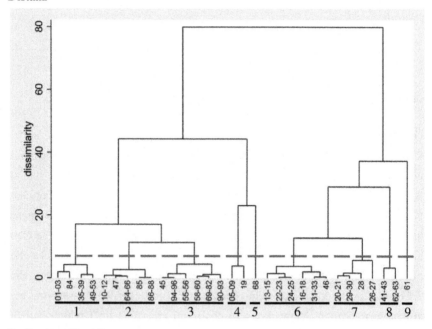

Quelle: eigene Darstellung

---

[267]   Andere Entscheidungskriterien, so genannte "stopping rules" nach Duda/Hart (1973) bzw. Calinski/Harabasz (1974), liefern keine eindeutigen Ergebnisse in Bezug auf die optimale Clusteranzahl.

In der 9-Cluster-Lösung sind die drei klassischen Wirtschaftssektoren nur mäßig miteinander vermischt. Zwar fassen die Cluster 1, 2, 6 und 8 Branchen aus mindestens zwei der drei Sektoren zusammen. Allerdings dominiert in den Clustern 2 und 6 ein Sektor jeweils deutlich. Cluster 3 (Dienstleistungen), 4 und 7 (beide Sekundärsektor) bestehen, neben den einzelne Ausreißer enthaltenden Clustern 5 und 9, vollständig aus Zweigen nur eines Sektors. Eine fortwährende Trennung vieler Industrie- und Dienstleistungsbranchen voneinander ist nicht überraschend: Insbesondere mit der Exportintensität und dem Produktivitätswachstum setzt die Analyse Kriterien ein, bei denen sich die Sparten beider Sektoren systematisch voneinander unterscheiden. Die häufige Trennung der beiden Sektoren ist ferner im Hinblick auf die empirische Analyse in Kapitel 4 positiv zu bewerten: Würden sich Industriezweige nicht nennenswert von Dienstleistungen unterscheiden, wäre die in den Kapiteln 3 und 4 getroffene Annahme, dass die Existenz eines in Relation zum Tertiärsektor großen Verarbeitenden Gewerbes positiv auf die Leistungsbilanz wirkt, nicht haltbar.

Charakterisierung der identifizierten Branchencluster

Tabelle 24: Eigenschaften der identifizierten Cluster

Cluster	NACE	Exporte	Produktivität	Volatilität	Preise	Investitionen	% BWS
1	01-03 35-39 49-53 84	7,0	1,4	1,2	2,1	32,8	16,3
2	10-12 47 64-66 85 86-88	4,8	0,4	0,8	2,2	11,8	23,4
3	45 55-56 58-60 69-82 90-93 94-96	6,4	-0,8	2,1	2,0	18,7	18,7
4	05-09 19	9,9	2,2	2,1	7,3	32,8	0,7
5	68	0,5	0,1	2,8	2,4	72,4	10,9
6	13-15 16-18 22-23 24-25 31-33 46	23,4	1,6	2,1	1,1	14,1	12,9
7	20-21 26-27 28 29-30	47,8	3,2	2,0	0,4	17,5	7,2
8	41-43 62-63	2,3	0,1	3,4	2,7	12,0	7,9
9	61	4,9	8,4	2,5	-4,8	28,8	1,7

Quelle: eigene Berechnungen

Tabelle 24 zeigt die Zusammensetzung der identifizierten Branchencluster und charakterisiert sie anhand der fünf in der Analyse eingesetzten Strukturmerkmale. **Cluster 1** zeichnet sich durch eine mäßige Exportintensität aus. Allerdings unterscheidet sich die öffentliche Verwaltung mit ihrer nahezu vollständigen Binnenmarktorientierung von den anderen drei Sparten, die jeweils zwischen 11% und 12% ihrer Erzeugnisse exportieren. Auffällig ist vor allem die hohe Investitionstätigkeit dieses Clusters: Alle Sparten investieren überdurchschnittlich viel und liegen bei diesem Kriterium gemeinsam mit Cluster 4 hinter dem Immobiliensektor an zweiter Stelle. Angesichts der Export- und Investitionsintensität dürfte mit einem großen Gewicht von Cluster 1 in einer Volkswirtschaft tendenziell ein Leistungsbilanzdefizit verbunden sein. **Cluster 2** setzt sich primär aus Dienstleistungszweigen zusammen. Die ebenfalls zugeordnete Nahrungsmittelindustrie gehört zu den Industriebranchen mit der niedrigsten Exportquote. Entsprechend ist die Exportintensität dieser Gruppe insgesamt unterdurchschnittlich. Im Gegensatz zu Cluster 1 investieren die Cluster 2 zugeschlüsselten Segmente jedoch am wenigsten in die Wirtschaft. Gleichzeitig bilden sie das stabilste Cluster und verzeichnen nur geringe Produktivitätszuwächse. Beides ist zu großen Teilen dem Staatssektor geschuldet, der mit dem Bildungs- sowie dem Gesundheits- und Sozialwesen vertreten ist. Die Zuordnung der öffentlichen Verwaltung zu Cluster 1 statt zu Cluster 2 liegt primär an der hohen Investitionstätigkeit dieses Zweigs. Cluster 2 ist, trotz der niedrigen Investitionen, ein typisches Cluster mit mindernder Wirkung auf die Leistungsbilanz.

Cluster 3 enthält ausschließlich Dienstleistungen, sowohl für Unternehmen als auch private Haushalte, und lässt sich ähnlich wie Cluster 2 charakterisieren. Statt einer zurückhaltenden Investitionstätigkeit und niedriger Volatilität dominiert hier jedoch die stagnierende und häufig sogar rückläufige Produktivität. Von diesem Cluster geht ebenfalls eine negative Wirkung auf die Leistungsbilanz aus. **Cluster 4** besteht lediglich aus zwei Branchen und weist das geringste wirtschaftliche Gewicht aller Gruppen auf. Bergbau und Mineralölverarbeitung sind binnenmarktorientierte Sparten mit hohen Preissteigerungen in der Vergangenheit. Beide Segmente sind von der Entwicklung der weltweiten Rohstoff-preise abhängig. Obwohl sie ihre Produktivität dynamisch steigern, sprechen die geringen Ausfuhren, die hohen Investitionen und der Preisauftrieb für eine eher negative Wirkung auf die Leistungsbilanz.[268] **Cluster 5** ist eines von zwei Clustern, das nur aus einer einzigen Branche besteht. Die Exporte des Immobiliensektors betragen nahezu null, gleichzeitig investiert er deutlich mehr als jeder andere Wirtschaftszweig. Auch bei Volatilität und Produktivität nimmt die Branche Extrempositionen ein, sodass sie sich mit keiner anderen Branche sinnvoll gruppieren lässt. Von diesem Segment geht die deutlichste negative Wirkung auf die Leistungsbilanz aus.

Cluster 6 und **Cluster 7** verbessern dagegen die Leistungsbilanz merklich. In Cluster 6 findet zu 60% industrielle Wertschöpfung statt, Cluster 7 besteht nur aus Industriezweigen. Beide zeichnen sich als typische Industriecluster im Sinne von Kapitel 3.3 durch hohe Exporte, Volatilität und Produktivitätszuwächse sowie durch geringen Preisauftrieb und niedrige Investitionen im Inland aus. Cluster 7 enthält die besonders exportintensiven, im internationalen Wettbewerb stehenden und damit preisstabilen sowie dynamisch wachsenden Industriezweige. Besonders auf diese Branchen – Chemie- und Pharmaindustrie, Elektroindustrie, Maschinenbau und Fahrzeugbau – passt die Charakterisierung in Kapitel 3.3. **Cluster 8** beinhaltet lediglich die Bauwirtschaft und IT-Dienstleistungen. Diese auf den ersten Blick wenig ähnlichen Branchen haben eine außerordentlich hohe Schwankungsanfälligkeit gemeinsam. Da die Bauwirtschaft das Cluster mit einem Anteil von knapp 80% an der Bruttowertschöpfung dominiert und mit 0,2% neben dem Staatssektor die geringste Exportquote der ganzen Wirtschaft aufweist, ist für dieses Cluster mit einem negativen Einfluss auf die Leistungsbilanz zu rechnen. **Cluster 9** ist das zweite Ausreißer-

---

[268] Beides sind Segmente, deren Erzeugnisse andere Wirtschaftszweige intensiv in ihren Produktionsprozessen einsetzen. Insofern liegt hier ein großer Unterschied zwischen direkter und indirekter Exportquote vor: Im Bergbau steigt die Quote unter Berücksichtigung indirekter Ausfuhren von 4,9% auf 20,9%, in der Mineralölverarbeitung von 18,3% auf 27,7%. Beides sind überdurchschnittliche Steigerungen: In der Gesamtwirtschaft steigt die Quote lediglich von 16,7% auf 23,2%. Indirekte Exporte werden in einem Robustheitstest in Kapitel 5.4.2 betrachtet.

Cluster und enthält die Telekommunikationsbranche. Diese ist ebenfalls durch geringe Exporte sowie zusätzlich hohe Investitionen gekennzeichnet und bewirkt tendenziell ein Leistungsbilanzdefizit. Allerdings ist sie gleichzeitig von stark rückläufigen Preisen und den größten Produktivitätszuwächsen aller Wirtschaftszweige geprägt. Von der Telekommunikation, die zu einem großen Teil Vorleistungen für andere Branchen herstellt, dürften starke Impulse auf andere Teile der Wirtschaft ausgehen.[269] Insofern könnte sich in der Summe auch eine positive Wirkung auf die Leistungsbilanz einstellen (vgl. Gehringer 2013b, S. 8, Gehringer 2014, S. 7). Die standardmäßige Berechnung in Kapitel 5.5 geht aber von einem negativen Einfluss aus.[270]

Vorteil der Clusteranalyse ist, dass die Neugliederung der Wirtschaft datengestützt und nach objektiven Kriterien erfolgt. So kann die Methode z.t. unerwartete Ergebnisse aufzeigen, z.b. die Zusammenfassung der Bauwirtschaft und der IT-Branche in einem Cluster oder die Trennung von öffentlicher Verwaltung und dem übrigen Staatssektor. Problematisch ist jedoch, dass etwa mit der Telekommunikation einzelne Branchen den Daten nach zwar eine negative Wirkung auf die Leistungsbilanz entfalten. Berücksichtigt man aber zusätzliche Faktoren, die die Clusteranalyse nicht abbilden kann, wie die engen Vorleistungsverflechtungen der Telekommunikation mit der übrigen Wirtschaft gepaart mit dem hohen Produktivitätswachstum, kann die Einschätzung hinsichtlich der Wirkung auf die Leistungsbilanz von der Datenlage abweichen. Ein weiteres Beispiel sind der Bergbau und die Mineralölverarbeitung: Deren Exportintensität ist unterdurchschnittlich. Dies liegt aber u.U. daran, dass die Erzeugnisse in einem hoch industrialisierten Land dringend als Einsatzstoffe benötigt und daher nicht ausgeführt werden und nicht etwa daran, dass die Produkte nicht handelbar wären. Diese Sichtweise bestätigen die hohen indirekten Exportquoten.

---

[269]   55% der Leistungen der Telekommunikation werden in der Wertschöpfung anderer Wirtschaftszweige eingesetzt. Im Mittel der Gesamtwirtschaft liegt diese Quote nur bei 43% und bei Dienstleistungen noch niedriger.

[270]   In Kapitel 5.5 wird darüber hinaus eine positive Wirkung getestet.

Alle Wirtschaftszweige werden durch mehrere Kriterien charakterisiert. Aus einigen lässt sich eine positive, aus anderen eine negative Wirkung auf die Leistungsbilanz ableiten. Welche Wirkung dominiert, ist nicht immer klar. Es gibt also Grenzfälle bei der Frage, ob ein Cluster in der Summe förderlich oder schädlich für die Leistungsbilanz ist. In diesen Grenzfällen sind trotz Einsatz des datengestützten Modells z.T. subjektive Entscheidungen erforderlich. Dies muss bei der Interpretation der Ergebnisse beachtet werden. Ferner liefern Clusteranalysen keine starren, gleich bleibenden Ergebnisse. Wirtschaftszweige verändern sich mit der Zeit in ihren Strukturmerkmalen. Beispielsweise durchlaufen sie unterschiedliche Phasen eines Lebenszyklus', sodass etwa eine Clusteranalyse mit Daten aus den 1980er oder 1990er Jahren für die Produktivität und Volatilität von IT-Leistungen noch andere Resultate ermittelt und sie u.U. anderen Sparten zugeordnet hätte. Zusammensetzung und Anzahl von Gruppen, in die sich eine Wirtschaft bestmöglich untergliedern lässt, sind im Zeitverlauf instabil. Es existiert keine "wahre" Gliederung und die Ergebnisse hängen von Faktoren wie Variablenauswahl, Betrachtungszeitraum oder methodischen Details ab (vgl. Algieri/Bracke 2007, S. 17, Ehmer/Gottschalk 2010, S. 10). Im Folgenden sollen daher einige Tests überprüfen, wie robust die Resultate der Clusteranalyse im Hinblick auf Veränderungen in der Vorgehensweise sind.

5.4.2   Robustheitstests zur Clusteranalyse

Die Robustheit der Clusterergebnisse wird in drei Tests überprüft. Zuerst verändert ein Test methodische Details und nutzt andere Fusionierungsalgorithmen oder Distanzmaße in der Analyse. Als alternative Fusionierungsalgorithmen werden die häufig eingesetzten "Single-Linkage-", "Complete-Linkage-" sowie "Average-Linkage-Verfahren" angewendet. Die beiden letzteren ordnen die Elektroindustrie (NACE Code 26-27) jeweils einem eigenen Cluster zu. Im Average-Linkage-Verfahren werden ferner die Landwirtschaft (01-03) und die öffentliche Verwaltung (84) aus dem restlichen Cluster 1 der ursprünglichen

Analyse herausgezogen und die beiden großen Industriecluster zusammengefasst. Keine dieser Änderungen verändert das Ergebnis von Kapitel 5.4.1 im Hinblick auf die Gruppen mit positiver Wirkung auf die Leistungsbilanz. Lediglich das Single-Linkage-Verfahren hat größere Auswirkungen auf die Clusterzusammensetzung (Abbildung A10 im Anhang). Allerdings leidet dieses Verfahren an einem pfadabhängigen Verkettungseffekt ("chaining effect") und produziert – wie in Kapitel 5.3 dargelegt – eine Vielzahl von Clustern, die nur wenige Elemente beinhalten (vgl. Nagy 1968, S. 847 ff., Jain/Murty/Flynn 1999, S. 276). Die Resultate der Clusteranalyse mit Hilfe des Ward-Verfahrens sind bei der vorliegenden Anwendung, wenn es nicht um die Identifizierung von Ausreißern geht, aussagekräftiger.

Als alternatives Distanzmaß kommt insbesondere die einfache euklidische Distanz in Frage. Einzige Änderung in der Gruppenzusammensetzung ist hier, dass die Branchen mit den NACE Codes 45, 55-56 und 94-96 nicht mehr dem Rest von Cluster 3 zugeordnet werden, sondern das Cluster 2 der ursprünglichen Analyse vergrößern. Die übrigen Sparten aus Cluster 3 fusionieren mit Cluster 8. Auch diese Veränderungen bleiben ohne Auswirkungen auf die Branchencluster mit positivem Einfluss auf die Leistungsbilanz.

Ein zweiter Test berücksichtigt neben den direkten auch die indirekten Ausfuhren der Wirtschaftszweige. Tabelle 25 veranschaulicht die Auswirkungen dieser neuen Definition der Exportintensität und stellt die direkte Quote derjenigen gegenüber, die sich aus der Summe aus direkten und indirekten Ausfuhren ergibt.[271] Im Mittel erhöht sich die Exportquote von 16,7% auf 23,2%, im Verarbeitenden Gewerbe von 36,0% auf 41,6% und im Tertiärsektor von 6,4% auf 12,9%.[272] Insbesondere die Segmente, die viele Vorleistungen für andere Wirt-

---

[271]   Indirekte Exporte werden anhand der in den Input-Output-Tabellen von Eurostat ausgewiesenen Lieferverflechtungen zwischen Branchen ermittelt. Den Berechnungen liegt die Annahme zugrunde, dass von allen Vorleistungen, die eine Sparte an einen anderen Bereich liefert, der gleiche Teil letztlich exportiert wird, den die jeweilige vorleistungsbeziehende Branche selbst direkt exportiert.

[272]   Diese Zahlen entsprechen nicht den in Kapitel 3.3.1 ausgewiesenen, da sie auf Eurostat-Daten basieren, die nicht vollständig deckungsgleich mit den in Kapitel 3.3.1 genutzten

schaftsbereiche erbringen, z.B. Transportwesen, Unternehmensdienstleistungen oder Bergbau, weisen hohe indirekte Exporte auf. Demgegenüber erhöht sich die Exportintensität in Branchen, die Waren und Dienstleistungen primär für Endnachfrager herstellen, etwa das Gastgewerbe oder das Gesundheits- und Sozialwesen, nicht wesentlich.

Daten der World Input-Output Database sind. Zudem werden zur Berechnung unterschiedliche Datenzeiträume herangezogen.

Tabelle 25: Indirekte Exportquoten von Branchen

NACE Code	Direkte Exporte	Direkte und indirekte Exporte
01-03	11,6	20,6
05-09	4,9	20,9
10-12	18,4	19,8
13-15	36,4	38,3
16-18	19,0	29,5
19	18,3	27,7
20-21	48,1	53,0
22-23	26,8	38,4
24-25	25,7	42,3
26-27	43,7	49,1
28	52,7	55,9
29-30	46,4	47,7
31-33	21,1	27,9
35-39	11,2	19,3
41-43	0,2	1,5
45	3,6	11,0
46	21,1	30,4
47	8,5	12,6
49-53	12,2	26,6
55-56	7,9	9,8
58-60	9,1	12,9
61	4,9	9,1
62-63	10,0	16,1
64-66	7,0	10,7
68	0,5	3,9
69-82	7,5	18,8
84	0,3	1,1
85	0,0	0,9
86-88	0,2	0,3
90-93	1,9	2,9
90-96	0,5	3,2
Gesamtwirtschaft	Ø 16,7	Ø 23,2

Anmerkung: Die ausgewiesenen Quoten entsprechen nicht den in Kapitel 3.3.1 berechneten, da die Daten 1) nicht vollständig deckungsgleich sind und 2) unterschiedlichen Zeiträumen entstammen

Quelle: eigene Berechnungen

Das Dendrogramm für diesen Robustheitstest zeigt Abbildung A11 im Anhang. Auch in dieser Variante ergeben sich nur zwei marginale Veränderungen: Zum einen wechselt die öffentliche Verwaltung (NACE Code 84) von Cluster 1 in Cluster 2. Dies liegt, wie Tabelle 25 offenbart, an den durch das Einbeziehen indirekter Ausfuhren deutlich erhöhten Exportintensitäten der Landwirtschaft, der Energie- und Wasserversorgung sowie des Transportwesens. Zum anderen fasst die neue Analyse die ursprünglichen Cluster 6 und 7 zusammen und reduziert die Gesamtzahl der Gruppen damit auf acht. Bergbau und Mineralölverarbeitung verbleiben dagegen in einem eigenen Cluster. Keine der Veränderungen in den Resultaten führt zu einer abweichenden Einschätzung im Hinblick darauf, welche Branchencluster positiv auf die Leistungsbilanz wirken.

In einem letzten Robustheitstest wird die Berechnung der fünf Variablenwerte für jeden Wirtschaftszweig variiert. Die bisherige Berechnungsformel gewichtet alle verfügbaren Datenpunkte gleich: bei der Exportintensität die Jahre 2008 bis 2010 mit jeweils einem Drittel, bei den übrigen Variablen die Jahre 1999 bis 2013 mit jeweils einem Fünfzehntel. Im Folgenden erhalten aktuellere Beobachtungen größere Gewichte als weiter in der Vergangenheit liegende Werte. Bei der Exportintensität wird das Jahr 2010 mit einem Gewicht von 36,7% versehen, das Jahr 2009 mit 33,3% und das Jahr 2008 mit 30%. Eine stärkere Ungleichverteilung der Gewichte erscheint angesichts des kurzen Datenzeitraums von nur drei Jahren nicht angemessen. Bei den anderen Variablen erhält der am weitesten in der Vergangenheit liegende Wert, das Jahr 1999, mit ca. 4,5% die Hälfte des Gewichts des aktuellsten Wertes, 2013 mit ca. 9%.[273,274] Dieser Test soll ermitteln, ob sich die Strukturmerkmale der Wirtschaftszweige im Zeitverlauf nennenswert verändert haben und z.B. die Finanzkrise Strukturbrüche in

---

[273]   Um die Robustheit weiter zu stärken, wurden noch größere Ungleichverteilungen getestet: Bei der Exportintensität reichte die Bandbreite der Gewichtungsfaktoren vom ältesten bis zum neuesten Wert von 22% bis 44%, bei den übrigen Variablen von 3,3% bis 9,9%. Auch in diesen Berechnungen ergaben sich keine nennenswerten Abweichungen in den Ergebnissen.

[274]   Da das Volatilitätskriterium auf der Standardabweichung von Wachstumsraten basiert, konnten die Beobachtungen nicht unterschiedlich gewichtet werden. Für dieses Kriterium fließen die Werte aus der ursprünglichen Clusteranalyse ein.

den Daten hervorgerufen hat. Unter Umständen eignen sich ältere Daten weniger, um Branchen heute zu charakterisieren.

Dieser letzte Robustheitstest bewirkt keine Veränderungen im Ergebnis der Clusteranalyse. Alle Wirtschaftszweige finden sich in ihren ursprünglichen Gruppen wieder. Dies war angesichts der nur marginal veränderten Variablenwerte durch die Gewichtung der Beobachtungen abzusehen: In nahezu allen Fällen zeigen sich die Veränderungen in den Werten lediglich in der ersten oder sogar der zweiten Nachkommastelle. Dennoch ist dieser Test aussagekräftig, denn er zeigt, dass sich die Strukturmerkmale der Branchen in der Vergangenheit trotz Finanz- und Schuldenkrise sehr stabil entwickelt haben. Zwar mag es in einigen Branchen durch diese Verwerfungen zu Umbrüchen gekommen sein und sich etwa die Volatilität erhöht oder das Produktivitätswachstum verlangsamt haben. Allerdings betrafen diese Einschnitte den Großteil der Wirtschaft, sodass sich die jeweiligen Zweige relativ zum übrigen Wirtschaftsgefüge nicht merklich verändert haben.

Insgesamt stützen die Tests die Resultate der Clusteranalyse und belegen ihre Robustheit etwa gegenüber Anpassungen in der Methodik oder dem Betrachtungszeitraum. Sie verändern die Gruppierung der Branchen nur marginal. Bei der Identifizierung von Clustern mit tendenziell positiver Wirkung auf die Leistungsbilanz gibt es gegenüber der ursprünglichen Analyse in Kapitel 5.4.1 keine einzige Veränderung. Kapitel 5.5 beschränkt sich daher auf Berechnungen basierend auf diesen ursprünglichen Ergebnissen.

5.5   Empirische Untersuchung auf Basis der Clusteranalyse

Nach der Analyse in Kapitel 5.4.1 geht von den Clustern 6 und 7 tendenziell eine positive Wirkung auf die Leistungsbilanz aus. Zu diesen Clustern gehören insgesamt neun Industrie- und eine Dienstleistungsbranche. Wie angesichts der verwendeten Kriterien zu erwarten war, sind in der detaillierten Betrachtung auf der Branchenebene Segmente des Industrie- und des Tertiärsektors nach wie vor wenig miteinander vermischt. Die Schlüsselvariable in der folgenden Untersuchung ist somit derjenigen in Kapitel 4 sehr ähnlich. Aus dem Verarbeitenden Gewerbe wird auf Basis der Clusteranalyse lediglich für die Nahrungsmittelindustrie und die Mineralölverarbeitung keine positive Wirkung vermutet. Im Mittel der 19 aktuellen Mitgliedstaaten vereinten diese beiden Zweige zwischen 1999 und 2013 14% der industriellen Wertschöpfung auf sich. Die neue Schlüsselvariable zur Erklärung der Leistungsbilanz enthält also nur noch 86% der Wertschöpfung des Verarbeitenden Gewerbes. Gleichzeitig kommt mit dem Großhandel eine Branche hinzu, die für etwa 31% des Gewichts des Verarbeitenden Gewerbes steht. Das gemeinsame Aggregat aus dem verbleibenden Verarbeitenden Gewerbe und dem Großhandel vereint im Mittel 20,1% der Wertschöpfung der Wirtschaft insgesamt auf sich.[275] Im Vergleich zur empirischen Analyse in Kapitel 4 wird nun die Wirkung eines etwas größeren Aggregats aus Wirtschaftszweigen auf die Leistungsbilanz untersucht.

Das neu gebildete Branchenaggregat wird als Schlüsselvariable in den drei Standardmodellen (k), (m) und (l) der Kapitel 4.4.1 bis 4.4.3 eingesetzt. Die Ergebnisse für die Analyse der kurzen Frist zeigt Tabelle 26 (bzw. Tabelle A15 im Anhang). Modell (72) ersetzt die Schlüsselvariable aus Modell (k) durch den kumulierten Anteil der Cluster 6 und 7 an der gesamtwirtschaftlichen Bruttowertschöpfung in den jeweiligen Euroländern. Ansonsten wird keine Änderung am ursprünglichen Modell vorgenommen. Modell (73) erweitert das Branchenaggregat mit vermuteter positiver Wirkung auf die Leistungsbilanz um die beiden Grenzfälle Cluster 4 und 9. Modell (74) geht umgekehrt vor: Es untersucht den Einfluss der Cluster mit tendenziell negativer Wirkung auf die Leistungsbilanz. Nach Kapitel 5.4.1 sind dies die Cluster 1, 2, 3, 5 und 8, die den Großteil der Dienstleistungen, den kompletten Primärsektor sowie Teile des Sekundärsektors (Nahrungsmittelindustrie, Energie- und Wasserversorgung sowie Bauwirtschaft) umfassen.

---

[275] Geht man zusätzlich von einer positiven Wirkung der Cluster 4 und 9, also des Bergbaus, der Mineralölverarbeitung und der Telekommunikation, auf die Leistungsbilanz aus, erhöht sich der Anteil an der gesamtwirtschaftlichen Wertschöpfung im Mittel auf 22,5%.

Tabelle 26: Schätzergebnisse Cluster, kurzfristige Analyse

	(k) FE	(72) FE	(73) FE	(74) FE
	y = Leistungsbilanz			
Industrie	**0,399** *** (3,3)			
Cluster 6 & 7		**0,326** *** (3,5)		
Cluster 4, 6, 7 & 9			**0,283** ** (2,8)	
Cluster 1, 2, 3, 5 & 8				**-0,316** *** (-3,2)
...	...	...	...	...
time dummies	ja	ja	ja	ja
n	347	342	342	342
Datenzeitraum	1995-2013	1995-2013	1995-2013	1995-2013
adj. R²	0,80	0,79	0,79	0,79

Anmerkungen: Robuste t-Werte in Klammern; *, ** und *** kennzeichnen statistische Signifikanz auf dem 10%-, 5%- bzw. 1%-Niveau

Der Koeffizient für die Schlüsselvariable in Modell (72) ist zwar positiv und mit einem höheren t-Wert als in Modell (k) auf dem 1%-Niveau signifikant, liegt aber etwas niedriger als im Vergleichsmodell. Dies ist überraschend, da Modell (72) den Einfluss eben derjenigen Sparten auf die Leistungsbilanz schätzt, für die eine positive Wirkung vermutet wird, während Modell (k) auf einer im Verhältnis dazu ungenauen Vereinfachung basiert. Insofern war eher mit einem höheren Koeffizienten in Modell (72) zu rechnen. Allerdings beträgt die Abweichung vom Koeffizienten in Modell (k) nur etwa 18%. Der niedrigere Koeffizient dürfte zu großen Teilen der divergierenden Bedeutung des Großhandels in den Volkswirtschaften des Euroraums geschuldet sein: Während dieser bspw. in den beiden Überschussländern Deutschland und Luxemburg nur einen Anteil von ca. 5% an der Wertschöpfung hat, beträgt sein Anteil etwa in den ehemaligen Transformationsländern Lettland, Litauen und der Slowakei über 7% und teilweise über 8%. Angesichts dieser starken Präsenz in Ländern, die i.d.R. Leistungsbilanzdefizite erwirtschaften, verwässert der Großhandel den Zusammenhang zwischen sektoraler Struktur und Leistungsbilanz in der kurzfristigen Analyse leicht. Ferner fallen in den Modellen (72) bis (74) gegenüber Modell (k) fünf Beobachtungen, für die keine Daten zum Gewicht der Branchencluster vorlagen, aus der Analyse heraus. Auch dies drückt den Koeffizienten in Modell (72).

Modell (73), das zusätzlich den Clustern 4 und 9 eine positive Wirkung auf die Leistungsbilanz zuschreibt, weist einen noch niedrigeren Koeffizienten bei zugleich leicht verringerter Signifikanz auf. Zumindest in der Analyse basierend auf Jahresdaten bestätigt sich ein positiver Einfluss des Bergbaus, der Mineralölverarbeitung und der Telekommunikation auf die Leistungsbilanz offenbar nicht. In Modell (74) erhält die Schlüsselvariable, wie erwartet, ein negatives Vorzeichen. Der Indikator erreicht ebenfalls Signifikanz auf dem 1%-Niveau und eine ähnliche Dimension wie sein Gegenpart mit positiver Wirkung auf die Leistungsbilanz. Bei den übrigen Regressoren unterscheiden sich die Resultate für die Modelle (72) bis (74) nicht wesentlich von denen für Modell (k).

Tabelle 27: Schätzergebnisse Cluster, mittelfristige Analyse

	y = Leistungsbilanz			
	(m)	*(75)*	*(76)*	*(77)*
	OLS	*OLS*	*OLS*	*OLS*
Industrie	**0,300** *** (3,1)			
Cluster 6 & 7		**0,410** *** (4,8)		
Cluster 4, 6, 7 & 9			**0,490** *** (6,1)	
Cluster 1, 2, 3, 5 & 8				**-0,511** *** (-5,9)
...	...	...	...	...
time dummies	ja	ja	ja	ja
n	57	56	56	56
Datenzeitraum	1987-2014	1987-2014	1987-2014	1987-2014
adj. R²	0,63	0,66	0,69	0,69

Anmerkungen: Robuste t-Werte in Klammern; *, ** und *** kennzeichnen statistische Signifikanz auf dem 10%-, 5%- bzw. 1%-Niveau

Tabelle 27 (bzw. Tabelle A16 im Anhang) beinhaltet die Ergebnisse für die mittelfristige Analyse basierend auf Siebenjahresintervallen. Die Modelle (75) bis (77) legen andere Schlussfolgerungen nahe als die Modelle (72) bis (74) zuvor: Denn in Modell (75) erhöht sich nicht nur die statistische Signifikanz der Schlüsselvariable gegenüber Modell (m) erheblich, sondern auch ihr Koeffizient. Wie erwartet, kann die auf der Clusteranalyse basierende Regression die Leistungsbilanz mit Hilfe der sektoralen Struktur noch besser erklären als der einfachere Ansatz in Kapitel 4. Auch das R² des Modells steigt. Zudem erhöhen sich Koeffizient und statistische Signifikanz der Schlüsselvariable in Modell (76) erneut. Die mittelfristige Analyse legt damit einen positiven Einfluss der Cluster 4 und 9 auf die abhängige Variable nahe. Die widersprüchlichen Ergebnisse der Modelle (73) und (76) verdeutlichen, wie schwierig die Bestimmung der exakten Wirkung auf die Leistungsbilanz für einige Segmente ist.

Tabelle 28: Schätzergebnisse Cluster, langfristige Analyse

	$y = Leistungsbilanz$			
	(l)	*(78)*	*(79)*	*(80)*
	OLS	OLS	OLS	OLS
Industrie	**0,168** ** **(2,3)**			
Cluster 6 & 7		**0,194** ** **(2,5)**		
Cluster 4, 6, 7 & 9			**0,235** *** **(3,8)**	
Cluster 1, 2, 3, 5 & 8				**-0,251** *** **(-4,0)**
...	...	...	...	...
time dummies	ja	ja	ja	ja
n	19	19	19	19
Datenzeitraum	1980-2014	1980-2014	1980-2014	1980-2014
adj. R^2	0,87	0,87	0,88	0,89

Anmerkungen: Robuste t-Werte in Klammern; *, ** und *** kennzeichnen statistische Signifikanz auf dem 10%-, 5%- bzw. 1%-Niveau

Die Resultate für die langfristige Querschnittsanalyse stellt Tabelle 28 (bzw. Tabelle A17 im Anhang) dar. Die Berechnungen sind denen der mittelfristigen Analyse ähnlich: Die auf den Clustern aufbauenden Schlüsselgrößen erreichen höhere Koeffizienten und höhere Signifikanz als die ursprüngliche Variable aus Kapitel 4. Für die Cluster 4 und 9 ergeben sich abermals tendenziell positive Einflüsse auf die Leistungsbilanz.

5.6   Ergebnis von Kapitel 5

In Kapitel 5 löst sich die empirische Analyse von der Dichotomie zwischen Industrie und Dienstleistung und erhöht den Detailgrad durch eine Betrachtung der Branchenebene. Eine Untersuchung auf der Ebene der drei Wirtschaftssektoren verdeckt heterogene Strukturen innerhalb dieser Bereiche. So sind einerseits einige Dienstleistungen handelbar und ihre Anbieter können hohe Produktivitätsfortschritte erzielen. Andererseits weisen einige Industriebranchen gegen den Trend ihres Sektors z.B. hohe Preissteigerungen (Mineralölverarbeitung) oder eine niedrige Volatilität (Nahrungsmittelindustrie) auf.

Kapitel 5 nimmt eine Neugliederung der Wirtschaft auf Basis einer multivariaten Clusteranalyse vor und verwendet als Unterscheidungskriterien zwischen Branchen die in Kapitel 3.3 erarbeiteten Strukturmerkmale. Ziel der Analyse ist die Identifikation derjenigen Sparten, die aufgrund ihrer strukturellen Eigenschaften eine positive Wirkung auf die Leistungsbilanz vermuten lassen. Im Ergebnis dieser Neugruppierung von Wirtschaftszweigen sind Industrie- und Dienstleistungsbranchen in den meisten Fällen nach wie vor voneinander getrennt. Die Clusteranalyse verdeutlicht so, dass die vereinfachende Annahme einer grundsätzlich positiven Wirkung der Industrie und einer grundsätzlich negativen Wirkung von Dienstleistungen auf die Leistungsbilanz in den Kapiteln 3 und 4 unproblematisch ist. Das Branchencluster mit der stärksten positiven Wirkung auf die Leistungsbilanz besteht aus dem Verarbeitenden Gewerbe, jedoch ohne die Nahrungsmittelindustrie und die Mineralölverarbeitung, sowie dem Großhandel.

Aufbauend auf den Resultaten der Clusteranalyse wird die Wirkung der sektoralen Struktur auf die Leistungsbilanz erneut geschätzt. Im Durchschnitt beeinflussen die gebildeten Branchencluster die Leistungsbilanz erwartungsgemäß noch stärker als das Verarbeitende Gewerbe als Ganzes. Dies gilt jedoch nicht für die kurzfristige Analyse basierend auf Jahresdaten: Hier sinkt der Koeffizient – gleichwohl bei erhöhter statistischer Signifikanz – leicht. In der mittel- und langfristigen Analyse steigt der Koeffizient für die Schlüsselvariable dagegen. Die statistische Signifikanz erhöht sich in allen drei Untersuchungen. Die Analyse bestätigt damit die Ergebnisse in Kapitel 4: Es existiert eine Verbindung zwischen sektoraler Struktur und Leistungsbilanz und die divergenten

Entwicklungen im Branchengefüge zwischen Mitgliedstaaten haben zu wachsenden Ungleichgewichten in der Leistungsbilanz im Euroraum beigetragen.

6 Schlussbemerkungen

Das folgende Kapitel fasst im anschließenden Abschnitt zunächst die wichtigsten Ergebnisse zusammen. Kapitel 6.2 zieht auf der Basis dieser Ergebnisse einige Schlussfolgerungen. Es thematisiert zum einen die Konvergenz in den sektoralen Wirtschaftsstrukturen zwischen den Euro-Mitgliedsländern sowie politische Bestrebungen zur Reindustrialisierung. Zum anderen geht es knapp auf Konsequenzen für Währungsunionen und deren Erweiterung ein.

6.1 Zusammenfassung der Ergebnisse

Die Schuldenkrise hat das Vertrauen in die Währungsunion erschüttert. Sie geht, neben anderen Ursachen, auf hohe und persistente Leistungsbilanzdefizite zurück, die einige Mitgliedstaaten im Aufschwung vor der Finanzkrise angehäuft hatten. Diese Defizite wurden u.a. deshalb erwirtschaftet, weil sich im Euroraum die Refinanzierungskosten für Staaten angeglichen hatten. In einigen Ländern sanken die Zinsen deutlich und ermöglichten den jeweiligen Regierungen, sich günstig zu verschulden. Ebenso begünstigte eine relativ expansive Geldpolitik und weltweit überschüssige Liquidität die Verschuldung des Privatsektors. Insbesondere die GIPSZ-Länder verzeichneten zwischen 2004 und 2008 massive Kapitalzuflüsse. Dieses Kapital wurde z.T. auf Vermögensmärkten angelegt. In der Folge kam es hier, aber auch in der Wirtschaft insgesamt, zu einer Überhitzung. Hohe Erwartungen der Haushalte bezüglich der weiteren Einkommensentwicklung führten zu übermäßigem Konsum. Die Lohnstückkosten stiegen, die betroffenen Länder werteten real gegenüber ihren Handelspartnern auf und verloren an Wettbewerbsfähigkeit.

Dagegen war das Wachstum anderer Mitgliedsländer der Eurozone verhältnismäßig moderat. Lohnstückkosten blieben stabil und so bauten sich zwischen 2004 und 2008 merkliche Leistungsbilanzungleichgewichte auf. Diese Ungleichgewichte waren nicht neu und konnten sowohl in anderen Teilen der Welt als auch in Europa vor der EWU beobachtet werden. Der gemeinsame Währungsraum hat diese Entwicklungen also nicht erst hervorgerufen. Allerdings dürfte er die Ungleichgewichte verstärkt haben. Denn mit der gemeinsamen Währung entfiel die Möglichkeit der nominalen Abwertung für die Mitglieder und damit der Garant ihrer Wettbewerbsfähigkeit. So übertrafen die Leistungsbilanzungleichgewichte vor der Finanzkrise alle zuvor in Europa beobachteten Entwicklungen.

Leistungsbilanzdefizite können auf zwei Arten abgebaut werden: erstens in einer ungeordneten Korrektur in einem sudden stop. Diese Form der Korrektur tritt vor allem in Schwellenländern auf, wenn Investoren das Vertrauen in Folge langanhaltender Defizite und übermäßiger Verschuldung verlieren. In diesem Fall entziehen Kapitalgeber der Wirtschaft die Finanzierungsgrundlage für Importe. Das Leistungsbilanzdefizit wird in einem engen Zeitraum korrigiert, während es in den Ländern zu einer schweren Wirtschaftskrise kommt. Zu solchen sudden stops wäre es in der Schuldenkrise auch in der Eurozone gekommen. Allerdings wurde abfließendes privates Kapital in den GIPSZ-Staaten durch öffentliche Gelder ersetzt.

Zweitens kann die Defizitbereinigung in einer geordneten Korrektur erfolgen. Dieser Weg wurde den GIPSZ-Ländern durch die stabilisierenden öffentlichen Kapitalströme eröffnet. Außerhalb eines gemeinsamen Währungsraums erfolgt eine Bereinigung i.d.R. im Zusammenspiel mit einer nominalen Abwertung. Die Wirtschaft gewinnt so an Wettbewerbsfähigkeit und kann unter Mithilfe steigender Exporte den Leistungsbilanzsaldo sowie ihre langfristige Schuldentragfähigkeit verbessern. Gleichwohl gehen auch solche Korrekturen mit einer Wachstumsverlangsamung einher, denn zur Bereinigung des Defizits kommt es i.d.R. zu einem breiten Nachfragerückgang. Innerhalb eines gemeinsamen Währungsraums müssen Länder auf die schmerzhaftere interne Abwertung ausweichen. Durch Sparmaßnahmen möglichst sowohl im öffentlichen als auch im privaten Sektor dämpfen sie die Nachfrage, um geringere Preissteigerungen zu erreichen als ihre Handelspartner. Im Zuge der Anpassung geht das Wachstum deutlich stärker zurück als bei einem wechselkursgestützten Defizitabbau. Die Korrektur der Leistungsbilanz muss in einer Währungsunion also durch größere Wachstumseinbußen erkauft werden.

In dieser Arbeit wurde gezeigt, dass auch die sektorale Wirtschaftsstruktur Einfluss auf den Verlauf einer Defizitkorrektur hat. Verfügt die betroffene Volkswirtschaft über nur geringe Industriekapazitäten, erfolgt die Anpassung stärker über rückläufige Importe. Exporte können nur wenig zur Erholung beitragen und die mit dem Defizitabbau einhergehende Wachstumsschwäche weitet sich aus. Eine besonders schmerzhafte Korrektur vollzogen die GIPSZ-Länder, die ihre Defizite als Mitglieder der Eurozone korrigierten und dabei, mit der Ausnahme Irlands, z.T. weit unterdurchschnittlich große Industriesektoren aufwiesen.

Die Wirtschaftsstruktur spielt aber nicht nur im Abbau von Defiziten, sondern auch bei der Entstehung von Leistungsbilanzungleichgewichten eine Rolle. Außerhalb von gemeinsamen Währungsräumen kann der Wechselkurs als Korrekturmechanismus wirken und übermäßige Defizite oft vermeiden. Innerhalb einer Währungsunion ist die Wirtschaftsstruktur besonders bedeutsam für die Leistungsbilanz, weil dieser Korrekturmechanismus entfällt. Bilden sehr unterschiedlich strukturierte Volkswirtschaften eine Währungsunion, kann das für auf ihre Binnenwirtschaft ausgerichtete Länder Probleme mit sich bringen. Dies ist vor allem dann der Fall, wenn sie wirtschaftlich kleiner sind als ihre auf den Export konzentrierten Partner. Denn dann kann die gemeinsame Währung für tertiär geprägte Länder stark überbewertet sein.

In der wissenschaftlichen Literatur gewann die Diskussion über fundamentale Leistungsbilanzungleichgewichte zuletzt an Bedeutung. Im Fokus der Debatte steht jedoch überwiegend die Nachfrageseite einer Volkswirtschaft. Ländern mit nicht nachhaltigen Defiziten wird i.d.R. empfohlen, etwa die Fiskalbilanz zu verbessern und externe oder interne Abwertungen anzustreben, um ihre Wettbewerbsfähigkeit zu erhöhen. Auf die Angebotsseite zielende Empfehlungen umfassen z.b. eine Flexibilisierung von Arbeitsmärkten und eine Steigerung der Effizienz der öffentlichen Verwaltung, um Standortfaktoren zu verbessern und Wachstum zu generieren. Diese Empfehlungen galten auch den GIPSZ-Ländern und sind nach Meinung des Autors angemessen.

Allerdings werden strukturelle Faktoren der Angebotsseite sowohl in der wissenschaftlichen Diskussion als auch in den wirtschaftspolitischen Empfehlungen zu wenig beachtet. Die Exportbasis Griechenlands, Portugals, Spaniens und Zyperns ist zu klein, als dass eine interne Abwertung und die entsprechende Verbesserung der Wettbewerbsfähigkeit einen ausreichend starken Impuls für zusätzliche Exporte setzen könnte. Angesichts der Ausrichtung ihrer Wirtschaft auf oftmals nicht handelbare Dienstleistungen können Exporte dieser Länder nur begrenzt zur Defizitkorrektur beitragen. Dies vergrößert nicht nur den zu erwartenden Wachstumseinbruch, sondern gefährdet auch den langfristigen Erfolg der Anpassung: Denn hohe und langanhaltende Defizite bewirken häufig eine Verzerrung der sektoralen Struktur. Ein übermäßiger Schwerpunkt auf die Binnenwirtschaft muss anschließend ebenso korrigiert werden wie das Leistungsbilanzdefizit selbst. Anderenfalls droht eine interne Abwertung nur kurzfristig erfolgreich zu sein, und zwar über den hervorgerufenen Nachfrageeinbruch. Sobald sich das Wachstum normalisiert, kann ein Defizit aber schnell zurückkehren. Nachhaltige Korrekturen sollten deshalb Veränderungen auf der Angebotsseite bewirken und eine stärkere Ausrichtung der Wirtschaft auf die Produktion handelbarer Güter miteinschließen. Um die Angebotsseite in der wissenschaftlichen Diskussion stärker in den Vordergrund zu stellen, analysiert die Arbeit den Einfluss sektoraler Wirtschaftsstrukturen auf die Leistungsbilanz. Dieser wurde bisher nur unzureichend systematisch untersucht.

Der Einfluss sektoraler Strukturen auf die Leistungsbilanz

Fünf Gründe sprechen dafür, dass Industrieproduktion positiv auf die Leistungsbilanz wirkt und eine industriegeprägte Volkswirtschaft, unter ansonsten gleichen Umständen, eher Überschüsse erwirtschaftet als eine auf Dienstleistungen ausgerichtete Wirtschaft: Erstens lassen sich industriell hergestellte Waren exportieren, während viele Dienstleistungen nicht handelbar sind. Für das Verarbeitende Gewerbe konnte trotz erhöhten Importbedarfes für die Industrieproduktion ein positiver Nettoeffekt auf die Handelsbilanz nachgewiesen werden. Zweitens erzielen Industriesparten im Mittel höhere Produktivitätszuwächse als Dienstleistungszweige. Sie erhöhen damit das Sparpotenzial einer Volkswirtschaft und tragen zu einem positiven Leistungsbilanzsaldo bei. Darüber hinaus lassen sich mit dem Export von Industriegütern Binnenmarktschwächen kompensieren und eine Volkswirtschaft kann mit ihrer industriellen Produktion besser am dynamischen Wachstum von Schwellenländern partizipieren. Drittens unterliegt die Erwerbstätigkeit in der Industrie verhältnismäßig großen Schwankungen. Arbeitnehmer in industriegeprägten Volkswirtschaften sichern sich daher mit überproportional hohen Ersparnissen gegen drohende Arbeitsplatzverluste ab. Viertens verzeichnen Dienstleistungen durchschnittlich einen stärkeren Preisauftrieb als die Erzeugnisse des Verarbeitenden Gewerbes. Über die sektorale Struktur lässt sich angebotsseitig eine höhere gesamtwirtschaftliche Inflationsrate in einer auf Dienstleistungen ausgerichteten Wirtschaft begründen. Eine höhere Inflation geht tendenziell mit niedrigeren Ersparnissen und einer schlechteren Leistungsbilanz einher, da Haushalte Käufe angesichts steigender Preise nach Möglichkeit vorziehen. Fünftens investieren Industriebetriebe weniger in die heimische Wirtschaft als die stärker binnenmarktorientierten Anbieter von Dienstleistungen. Investitionen absorbieren im Inland gebildete Ersparnisse und werden z.T. mit aus dem Ausland zufließenden Mitteln finanziert, verschlechtern also die Leistungsbilanz (vorerst). Ferner engagieren sich Industrieunternehmen relativ zu Dienstleistern über Direktinvestitionen stärker im Ausland. Von solchen Direktinvestitionen geht zunächst ein positiver Impuls auf die Leistungsbilanz aus.

Die Wirkung auf die Leistungsbilanz konnte in dieser Untersuchung empirisch gezeigt werden. Die wissenschaftliche Literatur legt das Augenmerk bei der Analyse der Determinanten der Leistungsbilanz bisher nur selten auf die Wirtschaftsstruktur. Die vorliegende Abhandlung untersucht diese Determinanten in den 19 aktuellen Euroländern zwischen 1980 und 2014 in zahlreichen Modellvarianten. Dabei wird ein positiver und statistisch signifikanter Einfluss der relativen Größe des Industriesektors festgestellt. Zwar ist die Stichprobe klein und aus einer Interdependenz zwischen Leistungsbilanz und Wirtschaftsstruktur erwachsende Zweifel können nicht abschließend ausgeräumt werden. Dennoch sprechen die Resultate sowie umfangreiche Robustheitstests für einen belastbaren Zusammenhang zwischen den beiden Größen. Im Mittel verbessert ein um 1% der Bruttowertschöpfung größerer relativer Industriesektor die Leistungsbilanz um ca. 0,3% des BIP.

Damit ist die Wirkung der sektoralen Struktur nicht so groß, dass sie nicht durch andere Faktoren kompensiert werden könnte. Zum Beispiel können tertiär geprägte Länder eine zurückhaltende Lohnpolitik betreiben und so ihre, in geringerem Maße vorhandenen, industriellen Erzeugnisse besonders erfolgreich am Weltmarkt absetzen. Alternativ hält sich etwa der Staat mit Konsum zurück oder eine wohlhabende Volkswirtschaft bildet hohe Ersparnisse, legt diese im Ausland an und finanziert Außenhandelsdefizite über die Renditen der Auslandsvermögen. Gleichwohl ist der Einfluss der Wirtschaftsstruktur auf die Leistungsbilanz – in einer Währungsunion – von Bedeutung. Insofern sind die Ungleichgewichte im Euroraum teilweise schon in der divergierenden sektoralen Struktur der Mitgliedstaaten angelegt.

Selbstverständlich können nicht nur Industriegüter exportiert werden. Ebenso wenig verzeichnen alle Dienstleistungszweige schwache Produktivitätsfortschritte, große Stabilität, dynamischen Preisauftrieb und hohe Investitionen. Nicht von allen Dienstleistungen geht also ein negativer Impuls auf die Leistungsbilanz aus. Tertiär geprägte Länder können hohe und persistente Handelsüberschüsse erwirtschaften, wie die Beispiele Luxemburgs und der Niederlande mit einem großen Sektor handelbarer Dienstleistungen zeigen. Sowohl im Verarbeitenden Gewerbe als auch insbesondere im Tertiärsektor unterscheiden sich die Branchen z.T. deutlich voneinander. Die Annahme, dass die Industrie grundsätzlich positiv und Dienstleistungen grundsätzlich negativ auf die Leistungsbilanz wirken, stellt eine Vereinfachung dar. Die Arbeit betrachtet den Einfluss der Wirtschaftsstruktur daher nicht nur auf der Ebene der drei übergeordneten Sektoren, sondern auch auf der Branchenebene. Mit einer Clusteranalyse werden Wirtschaftszweige zu Gruppen zusammengefasst, die ähnliche Strukturmerkmale aufweisen und aufgrund derer eine ähnliche Wirkung auf die Leistungsbilanz zu vermuten ist. Das Branchencluster mit der stärksten positiven Wirkung auf die Leistungsbilanz besteht aus dem Verarbeitenden Gewerbe, jedoch ohne die Nahrungsmittelindustrie und die Mineralölverarbeitung, sowie dem Großhandel. Vor allem Volkswirtschaften, in denen diese Wirtschaftszweige ein großes Gewicht haben, dürften bei der Erwirtschaftung positiver Leistungsbilanzsalden in einer Währungsunion Vorteile haben.

6.2   Implikationen

Um Anpassungslasten in Zukunft zu verringern oder gar nicht erst das Entstehen übermäßiger Ungleichgewichte zuzulassen, sollten sich die Exportkapazitäten der Volkswirtschaften im Euroraum nicht zu sehr voneinander unterscheiden. Freilich ist dem Ziel einer ausgeglichenen Leistungsbilanz nicht alles unterzuordnen. So hat Kapitel 3.3 gezeigt, welche Eigenschaften günstig für die Erwirtschaftung von Überschüssen sind. Die Schlussfolgerung für die GIPSZ-Länder kann aber nicht lauten, z.B. eine Deflation oder eine möglichst hohe Volatilität im Wachstum anzustreben, auch wenn von beidem – partiell betrachtet – eine positive Wirkung auf die Leistungsbilanz ausgeht. Strukturelle Anpassungen, die eine ausgeglichene Leistungsbilanz wahrscheinlicher machen, sind dennoch angebracht.

Zwar sind moderate Leistungsbilanzungleichgewichte nur natürlich und sogar sinnvoll. Beispielsweise ist es in Deutschland angesichts der demografischen Lage ratsam, Ersparnisse anzuhäufen. Sich im wirtschaftlichen Aufholprozess befindende Volkswirtschaften können dagegen zur Akquise zusätzlicher Mittel für Investitionen Defizite oft ohne Probleme in Kauf nehmen. Allerdings bergen hohe und persistente Defizite die Gefahr einer übermäßigen Verschuldung. Die gemeinsame Währung bedingt, dass solche Defizite nicht unter verhältnismäßig geringen Kosten durch eine nominale Abwertung abgebaut werden können. Insofern sollten Länder möglichst in der Lage sein, im Falle eines Anpassungsbedarfs die Exportseite zu nutzen und die Leistungsbilanz zu niedrigeren Kosten zu bereinigen als im Zuge der Schuldenkrise. Dies impliziert weder, dass sämtliche Volkswirtschaften hoch industrialisiert sein, noch, dass sie ihre Wirtschaftsstrukturen einander vollkommen angleichen müssen. Unterschiedlich spezialisierte Wirtschaften sind sinnvoll, um die Vorteile internationaler Arbeitsteilung zu realisieren. Zudem bringen handelbare Dienstleistungen ebenfalls Exporterfolg. Allerdings sollte eine allzu große Binnenmarktorientierung vermieden werden. Vergleicht man die durchschnittliche Exportquote seit Bestehen der Eurozone in Griechenland (24%), Spanien (28%) und Portugal (31%) mit derjenigen in den Überschussländern (knapp 60%), wird der Nachholbedarf deutlich.

6.2.1 Sektoraler Strukturwandel

In den vergangenen gut 30 Jahren hat das Verarbeitende Gewerbe in der Eurozone an wirtschaftlichem Gewicht verloren. Angesichts eines internationalen Trends zur Tertiarisierung, also einer zunehmenden Bedeutung des Dienstleistungssektors zulasten des Produzierenden Gewerbes, ist dies nicht überraschend. In allen entwickelten Volkswirtschaften dominieren Dienstleistungen die Wertschöpfung und bauen ihren Vorsprung in den letzten Jahrzehnten weiter aus.[276] In der Literatur wurde festgestellt, dass der sektorale Strukturwandel in entwickelten Volkswirtschaften grundsätzlich ähnlich verläuft (vgl. Dietrich/Krüger

---

[276] Für die Ursachen der Tertiarisierung, vgl. z.B. Fourastié (1949), Baumol (1967), Fuchs (1968), Rowthorn/Ramaswamy (1997), Rowthorn/Coutts (2004), Krüger (2008).

2010, S. 3). Dabei unterscheiden sich die Entwicklungen von Land zu Land freilich in gewissem Maße.

Abbildung 43: Unterschiede in der Wirtschaftsstruktur
Links: Verarbeitendes Gewerbe, % BWS
Rechts: Cluster 6 & 7, % BWS

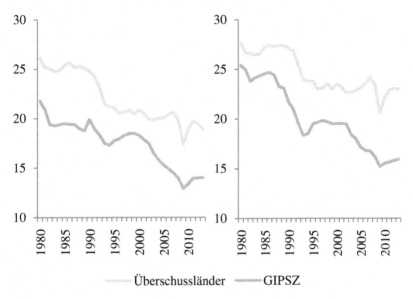

Überschussländer ——— GIPSZ

Quelle: Eurostat & eigene Berechnungen

Solche Unterschiede lassen sich auch im Euroraum beobachten. Hier konnte der Bedeutungsverlust der Industrie in den letzten Jahren in einigen Ländern verlangsamt und z.T. gestoppt werden. In anderen Ländern beschleunigte sich die Deindustrialisierung im vergangenen Jahrzehnt dagegen. Abbildung 43 stellt die relativen Gewichte des Verarbeitenden Gewerbes sowie der identifizierten Branchencluster mit positiver Wirkung auf die Leistungsbilanz in den Überschussländern denen in den GIPSZ-Ländern gegenüber. Neben einem bereits im Jahr 1980 höheren Ausgangsniveau in den Überschussländern zeigt die Grafik besonders Anfang der 1990er Jahre sowie im Aufschwung vor der Finanzkrise ein Auseinanderdriften zwischen den Volkswirtschaften. Abbildung 44 macht diese Entwicklung anhand der Differenz in der wirtschaftlichen Bedeutung der leistungsbilanzfördernden Cluster zwischen Überschussländern und GIPSZ-Staaten deutlich. In den genannten Zeiträumen wuchs die Differenz im Anteil an der gesamtwirtschaftlichen Bruttowertschöpfung auf knapp 6 Prozentpunkte (Anfang 1990er Jahre) und vor der Finanzkrise auf über 7 Prozentpunkte an. Diese Daten legen nahe, dass die in Kapitel 2.3.3 beschriebenen sektoralen Verzerrungen im Euroraum tatsächlich auftraten.

Abbildung 44: Unterschiede in für Leistungsbilanz förderlichen Clustern
Differenz wirtschaftliche Bedeutung Cluster 6 & 7, Überschussländer minus GIPSZ-Staaten, Prozentpunkte BWS

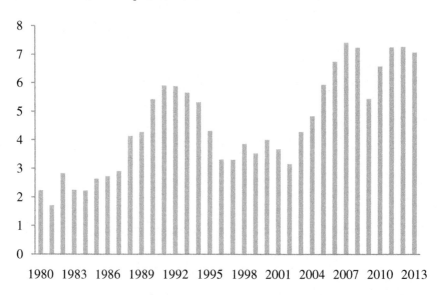

Quelle: Eurostat & eigene Berechnungen

Zusätzlich zu divergenten Entwicklungen in bestehenden Mitgliedsländern, hat sich die Heterogenität der Wirtschaftsstrukturen durch Beitritte weiterer Volkswirtschaften erhöht. In den Gründungsmitgliedern lag der Industrieanteil an der Bruttowertschöpfung im Jahr 1999 im ungewichteten Mittel bei 19,7%. Zwei

Jahre später trat mit Griechenland eine Wirtschaft mit damals nur 10,3% Industrieanteil bei. 2007 betrug dieser Anteil im Beitrittsland Slowenien 22,7%. Es folgten Malta und Zypern (2008 mit 15,3% bzw. 6,9%), die Slowakei (2009 mit 17,8%, allerdings verzerrt durch die Finanzkrise; im Jahr 2008 lag der Industrieanteil noch bei 22,4%), Estland (2011 mit 17,3%), Lettland (2014 mit 12,2%) und Litauen (2015 mit 20,1% im letzten verfügbaren Datenpunkt). Diese Zahlen verdeutlichen die zunehmende Ungleichheit im Zuge der Erweiterungen. Die Beitrittsländer wiesen oftmals Extrempositionen in der Wirtschaftsstruktur auf: Beitritte von hoch industrialisierten und stark auf den Dienstleistungssektor ausgerichteten Volkswirtschaften wechselten sich ab. Erweiterungen gingen folglich mit einer Polarisierung der sektoralen Struktur einher. Dies kann zu einer Zementierung persistenter Leistungsbilanzungleichgewichte in einem gemeinsamen Währungsraum beitragen.

Wie Abbildung 45 zeigt, beruht eine in der Eurozone erhöhte strukturelle Heterogenität in den letzten Jahren vor allem auf Beitritten zur EWU und weniger auf zunehmenden Unterschieden zwischen bestehenden Mitgliedern. Abbildung 45 veranschaulicht die durchschnittliche absolute Abweichung im Bruttowertschöpfungsanteil vom Mittel der Eurozone je Land und Branche für die in Kapitel 5 abgegrenzten 31 Wirtschaftszweige.[277] Im letzten verfügbaren Datenpunkt 2013 bestand der Euroraum aus 17 Mitgliedern. Die zu diesen 17 Ländern gehörende Kurve weist am aktuellen Rand eine Tendenz nach oben auf, aber insgesamt seit 1999 keinen klaren Trend. Offensichtlich hat die Divergenz in der sektoralen Struktur zwischen diesen Ländern im Zeitverlauf nicht merklich zugenommen. Betrachtet man nur die jeweils im entsprechenden Jahr tatsächlich zum Euroraum gehörenden Länder und den dazugehörigen Mittelwert, lässt sich ein klarer, ansteigender Trend feststellen. Die sektorale Heterogenität im gemeinsamen Währungsraum hat sich also vergrößert – und zwar primär aufgrund der Erweiterungen um sechs Länder im dargestellten Zeitraum.

---

[277] Der Wert von 1,04 für 2013 bedeutet etwa, dass die berücksichtigten 31 Wirtschaftszweige im Durchschnitt über alle Branchen und betrachteten Länder hinweg in ihrem Bruttowertschöpfungsanteil eine betragsmäßige Differenz zum Mittelwert der Eurozone von gut 1 Prozentpunkt verzeichneten.

Abbildung 45: Erhöhte Heterogenität durch Eurozonen-Beitritte

Mittlere absolute Differenz zum Eurozonenmittel je Land und Branche, Prozentpunkte BWS

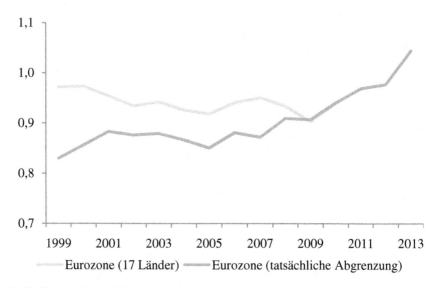

Quelle: Eurostat & eigene Berechnungen

Konvergenz und Divergenz sektoraler Wirtschaftsstrukturen in der Zukunft

Während die wissenschaftliche Literatur die Konvergenz von Einkommen intensiv analysiert, fokussieren sich nur wenige Beiträge auf die Konvergenz sektoraler Wirtschaftsstrukturen (vgl. Höhenberger/Schmiedeberg 2008, S. 2).[278] Aus theoretischer Sicht ist nicht eindeutig, ob auf tiefere ökonomische Integration in der Eurozone eine zunehmende Divergenz oder Konvergenz sektoraler Strukturen folgt. Zum einen ist mehr Spezialisierung denkbar, da Volkswirtschaften im gemeinsamen Binnenmarkt Wettbewerbsvorteile über das Ausnutzen komparativer Vorteile suchen. Zum anderen ist eine Konvergenz der Strukturen möglich, da sich Einkommen angleichen und Produktionsfaktoren in Eu-

---

[278]   Höhenberger/Schmiedeberg (2008, S. 2) geben einen Überblick über die diesbezüglich
vorhandene Literatur.

ropa relativ immobil sind (vgl. EZB 2004, S. 8, Percoco/Dall'erba/Hewings 2005, S. 1, Gundlach/de Vaal 2008, S. 7, Höhenberger/Schmiedeberg 2008, S. 2).[279] Infolge dieser Immobilität konzentrieren sich Wirtschaftszweige weniger stark regional und sind stattdessen in allen Mitgliedsländern in ähnlichem Ausmaß vertreten. Die Immobilität von Produktionsfaktoren hat sich in der Schuldenkrise, in der ein home bias den euro bias in den Kapitalströmen abgelöst hat (s. Kapitel 2.3.2), noch erhöht.

Zuletzt konnte keine merkliche Konvergenz in der Eurozone beobachtet werden (Abbildung 45). Auch in anderen Beiträgen stellen Volkswirte bestenfalls eine sehr langsame Konvergenz der sektoralen Strukturen innerhalb Europas fest (vgl. Gugler/Pfaffemayr 2000, S. 9 ff., EZB 2004, S. 15, Percoco/Dall'erba/Hewings 2005, S. 14, Höhenberger/Schmiedeberg 2008, S. 21). Abbildung 46 konzentriert sich auf die beiden Gegenpole im Euroraum und stellt die Korrelation der Wirtschaftsstruktur zwischen den Überschuss- und den GIPSZ-Staaten dar, wieder auf die in Kapitel 5 abgegrenzten 31 Wirtschaftszweige bezogen.[280] Die Grafik zeigt eine Annäherung der sektoralen Strukturen dieser beiden Ländergruppen in letzter Zeit. Diese dürfte aber vornehmlich im Wirtschaftseinbruch durch die Finanzkrise begründet liegen und darin, dass Industriebranchen zumindest zeitweise in allen Volkswirtschaften an Gewicht verloren haben. Die Annäherung ist also zu einem großen Teil der Synchronität des Schocks 2009 und der Erholung 2010 geschuldet. Erst danach vergrößerte

---

[279] Teilweise unterscheiden Volkswirte in der Konvergenzanalyse zwischen Branchen: So erwarten Höhenberger/Schmiedeberg (2008, S. 18 f.) bei arbeitsintensiven Industriesparten aufgrund des hohen Wettbewerbsdrucks dynamisch wachsender Schwellenländer eine Konvergenz. In Hightech- und wissensintensiven Branchen, in denen Skaleneffekte und Pfadabhängigkeit sehr bedeutsam sind, rechnen sie eher mit einer Divergenz (vgl. auch Krieger-Boden 2000, S. 16 f.). Da Dienstleistungen im Durchschnitt weniger handelbar sind, erfolgt nach Meinung der Autoren in diesem Sektor die geringste Spezialisierung und internationale Arbeitsteilung.

[280] Es existiert kein Standardmaß für die Ähnlichkeit sektoraler Strukturen (vgl. Imbs 2004, S. 725). Beispiele für alternative Messkonzepte sind der Balassa-Index, der Krugman Spezialisierungsindex, der "index of inequality in productive structure" oder der "index of structural heterogeneity" (vgl. Cuadrado-Roura/Garcia-Greciano/Raymond 1999, S. 40, EZB 2004, S. 52, Percoco/Dall'erba/Hewings 2005, S. 3 f., Höhenberger/Schmiedeberg 2008, S. 6). Im vorliegenden Fall bieten jedoch alle keinen Vorteil gegenüber einer einfachen Korrelation.

die Schuldenkrise die Asymmetrie in der Eurozone. Da die Wirtschaftsstruktur
nur träge auf Veränderungen im wirtschaftlichen Umfeld reagiert, stieg der
Korrelationskoeffizient noch bis 2012 an.[281] Nach Meinung des Autors ist die
wieder gestiegene Ungleichheit 2013 ein guter Indikator für die weitere Entwicklung in der nahen Zukunft.

Abbildung 46: Korrelation der Wirtschaftsstrukturen
Korrelation der BWS-Anteile der 31 Wirtschaftszweige, Überschuss- mit
GIPSZ-Ländern

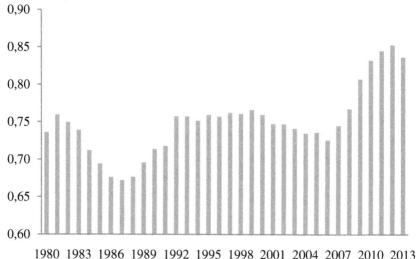

Quelle: Eurostat & eigene Berechnungen

Strukturwandel lässt sich allerdings nicht wissenschaftlich präzise vorhersagen
(vgl. Klodt/Maurer/Schimmelpfennig 1997, S. 70, Grömling/Lichtblau/Weber
1998, S. 17). In empirischen Studien, die den historischen Strukturwandel mit
ökonometrischen Modellen erklären, fanden Ökonomen heraus, dass das Pro-
Kopf-Einkommen zu den wichtigsten Determinanten der Wirtschaftsstruktur

---

[281]   Aufgrund der Trägheit sektoraler Strukturen und der erst jungen Mitgliedschaft einiger
        Länder in der EWU, dürften die Auswirkungen der vertieften Integration auf Wirtschafts-
        strukturen erst in den kommenden Jahren vollständig sichtbar werden.

gehört (vgl. Chenery/Taylor 1968, S. 9, Syrquin/Chenery 1989, S. 147 f., Schmidt 1997, S. 12, Raiser/Schaffer/Schuchhardt 2003, S. 21). Aussagen zur künftigen Konvergenz von Wirtschaftsstrukturen sollten sich daher an der erwarteten Entwicklung der Pro-Kopf-Einkommen orientieren. Mit steigendem Wohlstand kommt es zu einer Tertiarisierung der Wirtschaft.[282] Auch vor diesem Hintergrund ist zwischen den Überschuss- und den GIPSZ-Ländern mit zunehmender Divergenz zu rechnen: In den Jahren nach der Finanzkrise lag das Pro-Kopf-BIP in den GPSZ-Staaten (ohne Irland) zwischen EUR 16.000 und EUR 22.600. In den Überschussländern (ohne Luxemburg) betrug es dagegen zwischen EUR 31.700 und EUR 35.700. Ein Aufholprozess bei mittelfristig wieder zu erwartender Einkommenskonvergenz dürfte in den Defizitländern entsprechend mit einer weiteren Deindustrialisierung einhergehen. Selbst mit Bemühungen zur Reindustrialisierung (s.u.) dürfte es insofern höchstens gelingen, das aktuelle Ungleichgewicht in der Bedeutung leistungsbilanzfördernder Branchen nicht noch größer werden zu lassen.[283]

Politische Kehrtwende zur Reindustrialisierung

Ein Fokus auf Dienstleistungen galt lange Zeit als Kennzeichen einer modernen Wirtschaftsstruktur. Industrieproduktion wurde besonders im Vergleich zu hochwertigen und wissensintensiven Dienstleistungen als altmodisch und als Auslaufmodell angesehen (vgl. Grömling/Lichtblau 2006, S. 4). Eine Deindustrialisierung nahmen manche Länder, etwa Großbritannien, nicht nur in Kauf, sondern förderten sie, weil Regierungen die Zukunft im Dienstleistungssektor sahen (vgl. Heymann/Vetter 2013, S. 7). In der volkswirtschaftlichen Literatur existiert jedoch keine optimale oder "bessere" und "schlechtere" Wirtschaftsstruktur – trotz der in Kapitel 3.3.2 beschriebenen Unterschiede in der Produkti-

---

[282] So rechneten Raiser/Schaffer/Schuchhardt (2003, S. 36) kurz vor der EU-Osterweiterung mit einer beschleunigten Deindustrialisierung in den zehn beitretenden mittel- und osteuropäischen Staaten.

[283] Zur Konvergenz sektoraler Strukturen besteht weiterer Forschungsbedarf. Beispielsweise würden Prognosen auf der Ebene der NACE-2-Steller Aussagen über das künftige Potenzial für Leistungsbilanzungleichgewichte im Euroraum zulassen, das von der Heterogenität der sektoralen Strukturen in den Mitgliedsländern ausgeht.

vitätsentwicklung (vgl. Shanmugalingam/Puttick/Westlake 2010, S. 17, UK Commission for Employment and Skills 2011, S. 20 ff., Schmidt 2012, S. 6, Westlake 2013, S. 330). Volkswirtschaften sollten sich entlang ihrer komparativen Vorteile spezialisieren. Dies ruft im einen Fall eine eher industrielastige Struktur und im anderen Fall ein größeres Gewicht von Dienstleistungen hervor (vgl. Heymann/Vetter 2013, S. 22). Eine breite Ausrichtung auf den Tertiärsektor zu fordern, ist aus Sicht des Autors mindestens ebenso falsch wie eine industriepolitisch getriebene Reindustrialisierung in Europa.

Eine Reindustrialisierung steht auf der wirtschaftspolitischen Agenda in Europa jedoch inzwischen weit oben (vgl. ebd., S. 2). Denn der Industriefokus Deutschlands, lange Zeit als Symptom des "kranken Mannes Europas" ausgemacht, hat die Erholung nach der Finanzkrise beschleunigt und ermöglicht dem Land hohe Überschüsse in Zeiten nicht tragfähiger Schuldenstände in deindustrialisierten Volkswirtschaften. Nicht nur Großbritannien hat in der Frage der Wirtschaftsstruktur eine Kehrtwende vollzogen: 2012 bejahte der Wirtschaftsminister Vince Cable die Frage, ob sich sein Land zu sehr auf den Dienstleistungssektor als Wachstumsmotor verlassen habe, bezeichnete das im letzten Jahrzehnt erreichte Wirtschaftswachstum als "nicht nachhaltig" und unterstrich die Notwendigkeit einer Neuausrichtung der sektoralen Struktur (vgl. FAZ 2012).[284] Auch große Mitgliedsländer der Eurozone, z.B. Frankreich, streben eine Stärkung der Industrie an und der ehemalige EU-Industriekommissar und Vizepräsident der EU Kommission Antonio Tajani empfahl den südeuropäischen Krisenstaaten 2012 das gleiche (vgl. Handelsblatt 2012).

Konsequenterweise hat die EU Kommission im gleichen Jahr das Ziel einer Anhebung des industriellen Anteils an der Bruttowertschöpfung auf 20%, von damals knapp 16%, in der EU insgesamt bis 2020 ausgegeben (vgl. EU Kommission 2012e, S. 4). Die Kommission sieht eine starke Industriebasis als "notwendig für wirtschaftlichen Erfolg und Wohlstand" (ebd., S. 5) an und zielt

---

[284] In ihrem "Plan for Growth" zielt die britische Regierung auf ein "starkes, nachhaltiges und ausgeglichenes Wachstum, das gleichmäßiger auf die Regionen und zwischen Branchen verteilt ist" (British Government 2011, S. 5).

damit auf eine Stärkung der Wettbewerbsfähigkeit gegenüber den USA und Asien. Der Plan für eine Reindustrialisierung enthält vier Komponenten (vgl. ebd., S. 6 ff.): Erstens sollen Investitionen in Infrastruktur und Forschungs- und Entwicklungsprojekte (F&E) gefördert werden. Dabei identifiziert die Kommission sechs prioritäre Felder, z.b. Smart Grids und klimaneutraler Verkehr. Zweitens strebt die Kommission eine Vertiefung des Binnenmarktes an, u.a. durch mehr Rechtssicherheit für geistiges Eigentum und Deregulierung zur Erleichterung des Marktzugangs. Drittens sollen der Zugang zu Kapitalmärkten und die Finanzierungsmöglichkeiten für kleine und mittlere Unternehmen (KMU) verbessert werden. Viertens zielt die Kommission auf höhere Investitionen in Humankapital, um die Wettbewerbsfähigkeit europäischer Unternehmen zu sichern.

Während einige der geplanten Maßnahmen nach Ansicht des Autors sinnvoll sind, z.b. die Vertiefung des Binnenmarktes und die Verbesserung der Rahmenbedingungen für KMU, handelt es sich bei anderen um weniger effiziente industriepolitische Förderung. Zwar hat die Finanzkrise gezeigt, dass die freie Marktwirtschaft an einigen Stellen durchaus einzuschränken ist, um etwa Moral Hazard in der Finanzindustrie zu verhindern. Das Identifizieren von Zukunftsbranchen gehört, bei Abwesenheit von Marktversagen, aber nicht zu den Aufgaben, die die Politik besser übernehmen kann als die Unternehmen selbst (vgl. UK Commission for Employment and Skills 2011, S. 30 & 110). Gezielte Industriepolitik zur Förderung selektiver Branchen ist ordnungspolitisch abzulehnen (vgl. Grömling/Lichtblau 2006, S. 78 f., Sachverständigenrat 2009, S. 212 ff.). Das Kanalisieren finanzieller Mittel für den Aufbau und die Weiterentwicklung von Sparten mit hohem Zukunftspotenzial sollte in einer Marktwirtschaft dem Markt überlassen werden.

Darüber hinaus ist das konkrete Ziel von 20% industrieller Wertschöpfung aus zwei Gründen kritisch zu sehen. Erstens erscheint dieses Ziel zu ambitioniert, denn es würde eine merkliche Reindustrialisierung erfordern. 2013 lag der Industrieanteil mit 15% noch einmal etwas niedriger als im Jahr zuvor. Für den

Strukturwandel, der eine Verringerung dieses Anteils von 20% auf 15% brachte, benötigten die heutigen EU-Länder etwa 20 Jahre. Es ist nicht abzusehen, wie eine Steigerung um 5 Prozentpunkte nun innerhalb von nur sieben Jahren gelingen soll, zumal es in entwickelten Volkswirtschaften nach wie vor einen Trend zur Tertiarisierung gibt (s.o.).[285] Dieser Trend müsste sich umkehren (vgl. Tregenna 2011, S. 16). Aus fundamentaler Sicht haben sich die Treiber der Tertiarisierung, z.B. Produktivitätsbias, Verschiebung der Nachfrage von Industriegütern zu Dienstleistungen und Outsourcing aus Industriebetrieben, aber nicht verändert. Im Gegenteil: Einige der weniger entwickelten EU-Länder verzeichnen wirtschaftliche Fortschritte und zunehmenden Wohlstand. Hier existiert z.T. noch signifikanter Bedarf an einer weiteren Tertiarisierung der Produktionsstruktur. Mithin ist eher mit einem anhaltenden Bedeutungsverlust der Industrie zu rechnen.[286] Zweitens ist fraglich, ob ein Ziel überhaupt in dieser Form quantifiziert werden sollte. Denn detaillierte Planvorgaben zur Wirtschaftsstruktur lassen sich mit industriepolitischer Steuerung nicht exakt erreichen (s.u.).

Auch die Ergebnisse der vorliegenden Abhandlung rechtfertigen kein 20%-Ziel. Die Schlussfolgerung der Arbeit lautet, dass das Ziel eine Harmonisierung der relativen Größe des Exportsektors im Euroraum sein sollte. Dies könnte theoretisch durch eine Reindustrialisierung der Defizitländer sowie durch eine Deindustrialisierung in den Überschussländern erreicht werden. Selbst wenn nur die sektorale Struktur für den Leistungsbilanzsaldo bedeutsam wäre, müssten die GIPSZ-Staaten für eine ausgeglichene Leistungsbilanz nicht zwangsläufig ihren Industrieanteil erhöhen. Denn eine Tertiarisierung industriestarker Nationen

---

[285] Shanmugalingam/Puttick/Westlake (2010, S. 23) berechnen, dass eine Steigerung des Bruttowertschöpfungsanteils der Industrie um 3 Prozentpunkte in Großbritannien zwischen 2009 und 2020 Wachstumsraten von real über 6% in diesem Sektor erfordern würde. Diese Dimension erreichte das Verarbeitende Gewerbe in Großbritannien nach dem Zweiten Weltkrieg jedoch nie.

[286] Eine weitere Schwierigkeit ist, dass aufgrund von Kostennachteilen aus Westeuropa verlagerte Industrieproduktion vor allem in Osteuropa aufgebaut wurde. Wegen dieser nur innereuropäischen Verlagerung kann eine Reindustrialisierung z.B. in den USA, durch eine Rückverlagerung arbeitsintensiver Produktion in die Kernländer erreicht werden. Zudem weisen gerade die Kernländer weiter Kostennachteile gegenüber dem Ausland auf, neben Lohn- vor allem bei den Energiekosten (vgl. Heymann/Vetter 2013, S. 15).

würde die Devisennachfrage senken und die Überbewertung der Währung aus Sicht der Defizitländer korrigieren (s. Kapitel 3.4).

Nach Ansicht des Autors ist eine Förderung der Industrie in den Volkswirtschaften, in denen dieser Sektor relativ unbedeutend ist, aber der deutlich besser geeignete Weg. Denn, wie die Untersuchung gezeigt hat, hilft industrielle Wertschöpfung beim Geneieren von Leistungsbilanzüberschüssen. Angesichts des Trends zur Alterung der Gesellschaft in einigen großen Volkswirtschaften, etwa Deutschland und Italien, werden aus Überschüssen gebildete Ersparnisse in der Eurozone mittelfristig benötigt (vgl. EU Kommission 2012b, S. 100). Eine breite Reindustrialisierung in der gesamten Eurozone könnte gleichwohl einen schädlichen Verdrängungswettbewerb hervorrufen. Statt eines industriellen Wettrüstens sollten sich Länder daher entlang ihrer historisch gewachsenen komparativen Vorteile spezialisieren und in die internationale Wertschöpfungskette integrieren (vgl. Lin 2009, S. 21 ff.). Die optimale sektorale Struktur muss durch eine individuelle Analyse der jeweiligen Bedingungen auf der Ebene einzelner Länder gefunden werden (vgl. Heymann/Vetter 2013, S. 22).

Pfadabhängigkeit und politische Steuerbarkeit des Strukturwandels

Bestrebungen zur Reindustrialisierung in Europa sind auch deshalb kritisch zu sehen, weil sektoraler Strukturwandel nicht gezielt politisch planbar ist. Heutige Wirtschaftsstrukturen sind das Ergebnis langfristiger Entwicklungen, die weniger politisch als vielmehr durch dezentrale Entscheidungen auf der Ebene privater Unternehmen gelenkt sind (vgl. Hayek 1945, Grömling/Lichtblau 2006, S. 70).[287] Staaten können lediglich Rahmenbedingungen setzen und hierüber Einfluss auf die Richtung und das Tempo des Strukturwandels nehmen (vgl. ebd.,

---

[287]   Ebenso ist der Leistungsbilanzsaldo zu großen Teilen das Resultat einzelwirtschaftlicher Entscheidungen von Haushalten und Unternehmen und somit nicht direkt politisch steuerbar (vgl. EU Kommission 2011a, S. 28).

S. 16).[288] Allerdings ist der wirtschaftspolitische Spielraum begrenzt: Denn nicht alles, was die Standortentscheidung bspw. eines Industrieunternehmens beeinflusst, ist vom Staat kontrollierbar, z.b. die Größe des heimischen Absatzmarktes oder die geografische Nähe zu relevanten Auslandsmärkten.

Darüber hinaus spielt Pfadabhängigkeit, also eine große Bedeutung vergangener Entscheidungen für den heutigen Zustand, eine wichtige Rolle in der Entwicklung der Wirtschaftsstruktur. Die heutige Struktur eines Landes basiert auf seinen komparativen Vorteilen, die sich wiederum aus der Faktorausstattung ergeben. Veränderungen in der Faktorausstattung bewirken aber nicht umgehend eine Anpassung im Branchengefüge: Beispielsweise erhöht die gesteigerte Nettozuwanderung in der Schulden- und später in der Flüchtlingskrise die Ausstattung Deutschlands mit dem Produktionsfaktor Arbeit. Sie dürfte aber nur geringe Auswirkungen auf die sektorale Struktur des Landes haben. Neben den komparativen Vorteilen bestimmen Investitionsentscheidungen in der Vergangenheit, z.B. der Aufbau von Fabriken, Investitionen in die Schiffbarkeit von Binnenflüssen oder in die Entwicklung eines Flughafens zum internationalen Drehkreuz, über die aktuelle Wirtschaftsstruktur einer Volkswirtschaft (vgl. Percoco/Dall'erba/Hewings 20005, S. 2, Bundesbank 2015, S. 16).

Die Neue Ökonomische Geografie erklärt, wie aus der Ansiedlung großer Unternehmen "Spillover-Effekte" und pfadabhängiges Wachstum entstehen können, das die weitere Entwicklung der sektoralen Struktur prägt. So profitieren Nachzügler z.B. vom Aufbau eines Zuliefernetzwerkes, eines spezialisierten Ausbildungsmarktes oder von Investitionen in die Infrastruktur, die in Folge der Präsenz eines Vorreiters angestoßen wurden (vgl. Krugman 1991, S. 484 ff., Grömling/Lichtblau 2006, S. 65 f.). Mit der Ansiedlung und dem Aufbau einer Branche können sich selbst verstärkende Effekte ausgelöst werden, die den Vorsprung einer Volkswirtschaft, etwa im Bestand an industriellen Kapazitäten,

---

[288]   Jenseits dessen können Zentralbanken z.B. durch sehr niedrige Zinsen den Wechselkurs niedrig halten und eine auf den Export ausgerichtete Wirtschaftsstruktur begünstigen (vgl. Schmidt 1997, S. 11, Johansson/Wang 2012, S. 7 & 13 ff.).

gegenüber ihren Wettbewerbern zementieren (vgl. Krugman 1991, S. 487).[289]
Moderne Industriebetriebe arbeiten heute z.t. seit vielen Jahren eng mit Zuliefe-
rern, Abnehmern und Forschungseinrichtungen zusammen und erlangen so ein
spezifisches Know-how, das neue Marktteilnehmer erst erwerben müssen (vgl.
Tregenna 2011, S. 19, Heymann/Vetter 2013, S. 8).[290] Zudem sind Standortent-
scheidungen häufig mit hohen Kosten verbunden. Die Wahl eines Standorts für
eine Industrieanlage mit langer Amortisationsdauer wird nicht bei jeder Veränderung der Standortattraktivität, z.b. der Verbesserung der Finanzierungsmöglichkeiten für KMU im Rahmen der 20%-Initiative der EU, hinterfragt. Auch
dies begründet eine Persistenz sektoraler Strukturen.[291]

Insgesamt ist eine inzwischen als Fehlentwicklung empfundene Deindustrialisierung in einigen Eurostaaten politisch gezielt nur schwierig und kurzfristig gar
nicht zu korrigieren. Volkswirtschaften mit einer für die Leistungsbilanz unvor-
teilhaften Wirtschaftsstruktur werden mithin längerfristig Schwierigkeiten bei
der Erwirtschaftung von ausgeglichenen Salden haben. Problematisch ist dies
insbesondere in Ländern, die gleichzeitig weitere strukturelle Nachteile aufweisen: So liegt die Altersabhängigkeitsrate (Verhältnis der über 64-Jährigen zu
den 15- bis 64-Jährigen) Griechenlands seit 1999 im Mittel bei 27,6 gegenüber
23,6 im Durchschnitt der Eurozone. Gleichzeitig betrug der Industrieanteil an
der Bruttowertschöpfung nur 9,6% im Vergleich zu 17,1% im Euroraum.

---

[289] Wie stark Zentripetalkräfte sind, die eine regionale Konzentration von Branchen bewirken, hängt in erster Linie von der Höhe von Skaleneffekten und Transportkosten ab (vgl.
Krugman 1991, S. 497, Krieger-Boden 2000, S. 8 ff.). Ferner ist entscheidend , ob positive externe Effekte breit oder nur konzentriert auf die eigene Sparte wirken, z.B. bei einer
von Unternehmen aller Art genutzten Verkehrsinfrastruktur gegenüber einem auf ein
bestimmtes Segment spezialisierten Zuliefernetzwerk (vgl. Krugman 1981, S. 960 f.,
EZB 2004, S. 9).

[290] Das Verarbeitende Gewerbe ist in den Euroländern zudem für über 60% der jeweiligen
F&E-Ausgaben maßgeblich, z.T. liegt dieser Anteil noch deutlich höher (vgl. Kro-
ker/Lichtblau 2013, S. 16). Bestehende Forschungsprojekte und -kooperationen können
für die Ansiedlung neuer industrieller Kapazitäten von großer Bedeutung sein.

[291] Dalum/Villemsen (1996, S. 18) ermitteln anhand einer Analyse von RCA-Werten ("re-
vealed comparative advantage") eine große Stabilität in der Exportspezialisierung von
OECD-Ländern. Selbst über einen Zeitraum von drei Jahrzehnten gab es hier nur sehr
moderate Veränderungen.

Bevor eine Reindustrialisierung gelingen kann, müssen Leistungsbilanzdefizite, die – wie die Arbeit gezeigt hat – u.a. auf strukturelle Ursachen zurückzuführen sind, mit Instrumenten abgebaut werden, die kurzfristig über die Nachfrageseite wirken, d.h. über Konsumverzicht und staatliches Sparen. Für die Zukunft können Volkswirtschaften mit einem Anpassungsbedarf in der Wirtschaftsstruktur aber günstige Rahmenbedingungen für Investitionen in Industriekapazitäten schaffen.[292] So ließen sich die fundamentalen Leistungsbilanzungleichgewichte im Euroraum zumindest verringern.

6.2.2   Konsequenzen für Währungsunionen und deren Erweiterung

Den Nutzen einer Währungsunion beurteilen Volkswirte i.d.R. anhand Mundells Theorie optimaler Währungsräume. Nach dieser Theorie überwiegen die Vorteile die Nachteile einer Währungsunion, wenn dessen Mitglieder ähnliche Konjunkturverläufe aufweisen und von exogenen Schocks in ähnlicher Weise getroffen werden (vgl Mundell 1961, S. 658 ff.). In diesem Fall erfordert die Homogenität der Mitgliedsländer keine unterschiedliche Geldpolitik und die Kosten der Währungsunion, nämlich das Abtreten einer nationalen und damit passgenauen geldpolitischen Steuerung an eine übergeordnete Instanz, die sich an den Belangen sämtlicher Mitgliedsländer orientieren muss, sind gering (vgl. Ca'Zorzi/de Santis/Zampolli 2005, S. 25 f., Bundesbank 2012, S. 23, de Grauwe 2013, S. 6). Eine asymmetrische Wirkung von Schocks kann zudem durch flexible Reallöhne, mobile Produktionsfaktoren oder Fiskaltransfers kompensiert

---

[292]   In der Literatur häufig geforderte Maßnahmen umfassen z.B. öffentliche Investitionen sowohl in die (passgenaue) tertiäre als auch die berufliche Bildung, in F&E sowie in die Infrastruktur. Hilfreich sind außerdem eine Begrenzung des Anstiegs der Energiepreise sowie der Löhne, eine Erhöhung der Rechtssicherheit, verbesserte Finanzierungsmöglichkeiten für KMU und eine hohe politische und makroökonomische Stabilität (vgl. Grömling/Lichtblau 2006, S. 78 f., Shanmugalingam/Puttick/Westlake 2010, S. 30 ff., UK Commission for Employment and Skills 2011, S. 55 & 72, Heymann/Vetter 2013, S. 17 ff., Heymann 2014, S. 16, Sachverständigenrat 2014, S. 15). Zudem sollte die Politik die Flexibilität der Wirtschaft, vor allem des Arbeitsmarktes, erhöhen, um den erforderlichen Strukturwandel zu erleichtern (vgl. Grömling/Lichtblau/Weber 1998, S. 16 f., Lutz et al. 2002, S. 325 f., EZB 2010b, S. 70 f.).

werden. Diese Faktoren helfen, die Auswirkungen eines regional begrenzten Schocks abzumildern bzw. auf die Gemeinschaft zu übertragen, damit die Symmetrie zu erhöhen und die einheitliche Geldpolitik wirkungsvoller zu machen (vgl. Frankel 1999, S. 12 f., Krieger-Boden 2000, S. 2 ff., Trautwein 2005, S. 3, Bundesbank 2012, S. 24).

Bisher werden sektorale Wirtschaftsstrukturen bei der Beurteilung des Nutzens einer Währungsunion nur indirekt und vor allem aus Gründen der Konjunktursymmetrie und folglich der Wirksamkeit einer einheitlichen Geldpolitik beachtet: Mit mehr intersektoralem Handel, also größerer Heterogenität in der Wirtschaftsstruktur, assoziiert man weniger synchrone Konjunkturverläufe (vgl. EZB 2004, S. 8 & 35, Trautwein 2005, S. 3).[293] Der vorliegende Beitrag arbeitet darüber hinaus das Potenzial von Divergenzen in der sektoralen Struktur für persistente Leistungsbilanzungleichgewichte heraus. Gleichzeitig haben die Finanz- und die Schuldenkrise offenbart, wie übermäßige Ungleichgewichte den wirtschaftlichen Erfolg einer Währungsunion gefährden können (vgl. Giavazzi/Spaventa 2010, S. 13, Buti/Turrini 2012, S. 2, Holinski/Kool/Muysken 2012, S. 16). Die Literatur stellt die Probleme dauerhafter Kapitalströme und Transfers in Folge persistenter Ungleichgewichte für einen gemeinsamen Währungsraum heraus (vgl. Bethge/Ohr 2006, S. 498).[294] Dauerhafte Transfers von Überschüsse erwirtschaftenden Volkswirtschaften an Defizitländer können einer Fortführung der Währungsunion langfristig entgegen stehen. Nicht nur angesichts der Symmetrie von Konjunkturentwicklungen, sondern auch im Hinblick

---

[293] Verschiedene Beiträge bestätigen, dass ähnliche Wirtschaftsstrukturen die Korrelation der nationalen Konjunkturverläufe erhöhen (vgl. Kalemli-Ozcan/Sörensen/Yosha 2001, S. 124 ff., Imbs 2004, S. 727, Dees/Zorell 2011, S. 8 ff. & 18 f.). Mit ähnlichen Wirtschaftsstrukturen ist hier nicht zwangsläufig gemeint, dass die gleichen Sparten in unterschiedlichen Ländern dominieren müssen. Wirtschaftszweige können divergierende Trendwachstumsraten sowie Volatilitäten verzeichnen und sogar unterschiedlichen Sektoren angehören und trotzdem etwa über Vorleistungsverflechtungen miteinander verknüpft sein (vgl. EZB 2004, S. 12, Bundesbank 2009, S. 45). Auch Volkswirtschaften mit voneinander abweichenden Branchenschwerpunkten, gemessen an nominellen Bruttowertschöpfungsanteilen, können in diesem Sinne als ähnlich strukturiert gelten.

[294] Nach Bethge/Ohr (2006, S. 499) besteht bspw. in der Eurozone ein Trade-off zwischen den Vorteilen einer günstigen Refinanzierung von Staaten und den Nachteilen eines geringen Anpassungsdrucks bei nicht nachhaltigen wirtschaftlichen Entwicklungen, der sich aus eben diesen Refinanzierungsvorteilen ergibt.

auf Leistungsbilanzsalden und die Schuldentragfähigkeit sind daher sektorale Wirtschaftsstrukturen bei der Beurteilung der Optimalität eines Währungsraums stärker in den Vordergrund zu stellen.[295]

Bei künftigen Erweiterungen des Euroraums sollten entsprechend nicht nur die üblichen Konvergenzkriterien geprüft, sondern auch die sektoralen Strukturen eines Beitrittskandidaten in die Analyse einbezogen werden. Eine Polarisierung der Wirtschaftsstruktur in der Eurozone, wie bei den sich abwechselnden Beitritten hoch industrialisierter und stark auf Dienstleistungen ausgerichteter Volkswirtschaften in der Vergangenheit (s. Kapitel 6.2.1), ist zu vermeiden.[296]

---

[295]   Imbs (2004, S. 733) plädiert ebenfalls für eine explizite Berücksichtigung sektoraler Strukturen, wenn auch aus Gründen der Konjunktursymmetrie. Gehringer (2013b, S. 25) fordert eine Beurteilung sektoraler Strukturen nicht nur im Hinblick auf die preisliche Wettbewerbsfähigkeit, sondern explizit im Hinblick auf das Potenzial, in Zukunft zu einem ausgeglichenen Leistungsbilanzsaldo beizutragen.

[296]   Ebenso sollten nicht nachhaltige Leistungsbilanzdefizite im Vorfeld eines Beitritts in jedem Fall vermieden werden, da sich bestehende Positionen nach dem Beitritt zum Währungsraum üblicherweise verfestigen (vgl. Bethge/Ohr 2006, S. 518).

Literaturverzeichnis

Abbas, S.M.A. et al. (2010). Fiscal policy and the current account. *IMF Working Paper 10/121*

Abiad, A.G., D. Leigh und A. Mody (2009). Financial integration, capital mobility, and income convergence. *Economic Policy, Vol. 24, No. 58, S. 241-305*

Afonso, A., H.P. Grüner und C. Kolerus (2010). Fiscal policy and growth: Do financial crises make a difference? *University of Lisbon, Working Papers No. 10-2010*

Albin, P. und E. Appelbaum (1990). Differential characteristics of employment growth in services. In: Appelbaum, E. und R. Schettkat (Hrsg.). Labor market adjustments to structural change and technological progress. *Praeger Publishers, New York*

Algieri, B. und T. Bracke (2007). Patterns of current account adjustment: Insights from past experience. *ECB Working Paper Series, No. 762*

Andersson, M. et al. (2008). Wage growth dispersion across the euro area countries: Some stylised facts. *ECB Occasional Paper Series, No. 90*

Ando, A. und A. Moro (1995). Demographic dynamics, labor force participation and household asset accumulation: Case of Japan. *National Bureau of Economic Research, Working Paper No. 5261*

Arellano, M. und O. Bover (1995). Another look at the instrumental variable estimation of error-components models. *Journal of Econometrics, Vol. 68, No. 1, S. 29-51*

Ariu, A. (2014). Crisis-proof services: Why trade in services did not suffer during the 2008-2009 collapse. *ECB Working Paper Series, No. 1691*

Athukorala, P.-C. und K. Sen (2001). The determinants of private saving in India. *World Development, Vol. 32, No. 3, S. 491-503*

Atoyan, R., J. Manning und J. Rahman (2013). Rebalancing: Evidence from current account adjustment in Europe. *IMF Working Paper 13/74*

Backhaus, K. et al. (2005). Multivariate Analysemethoden: Eine anwendungs- orientierte Einführung. *11. Auflage, Springer, Berlin*

Bagnai, A. und S. Manzochi (1999). Current-account reversals in developing countries: The role of fundamentals. *Open Economics Review, Vol. 10, No. 2, S. 142-163*

Baily, M.N. und R.J. Gordon (1988). The productivity slowdown, measurement issues, and the explosion of computer power. *Brookings Papers on Economic Activity, 2:1998*

Balassa, B. (1964). The purchasing-power parity doctrine: A reappraisal. *Journal of Political Economy, Vol. 72, No. 6, S. 584-596*

Banco de Portugal (2011). The impact of a tax change aimed at increasing the external competitiveness of the Portuguese economy. *Economic Bulletin, Vol. 17, No. 1, S. 39-42*

Barnett, S. und R. Brooks (2010). China: Does government health and education spending boost consumption? *IMF Working Paper 10/16*

Barro, R.J. (1974). Are government bonds net wealth? *Journal of Political Economy, Vol. 82, No. 6, S. 1095-1117*

Bartzsch, N. (2007). Precautionary saving and income uncertainty in Germany: New evidence from microdata. *SOEP papers, Berlin*

Baumol, W.J. (1967). Macroeconomics of unbalanced growth: The anatomy of urban crisis. *American Economic Review, Vol. 57, No. 3, S. 415-426*

Baumol, W.J., S.A.B. Blackman und E.N. Wolff (1984). Unbalanced growth revisited: Asymptotic stagnancy and new evidence. *Economic Research Reports, New York University*

Bayoumi, T., R. Harmsen und J. Turunen (2011). Euro area export performance and competitiveness. *IMF Working Paper 11/140*

Beetsma, R., M. Giuliodori und F. Klaassen (2007). The effects of public spending shocks on trade balances and budget deficits in the European Union. *Journal of the European Economic Association, Vol. 6, No. 2-3, S. 414-423*

Belitz, H., M. Clemens und M. Gornig (2009). Wirtschaftsstrukturen und Produktivität im internationalen Vergleich. *Studien zum deutschen Innovationssystem, Nr. 2-2009*

Belke, A. und C. Dreger (2013). Current account imbalances in the euro area: Does catching up explain the development? *Review of International Economics, Vol. 21, No. 1, S. 6-17*

Bems, R. (2008). Aggregate investment expenditures on tradable and nontradable goods. *Review of Economic Dynamics, Vol. 11, No. 4, S. 852-883*

Berger, H. und V. Nitsch (2010). The Euro's effect on trade imbalances. *IMF Working Paper 10/226*

Bergs, S. (1981). Optimalität bei Clusteranalysen: Experimente zur Bewertung numerischer Klassifikationsverfahren. *Münster*

Bernanke, B.S. (2007). Global imbalances: Recent developments and prospects. *Bundesbank Lecture, Berlin, September 11*

Bernard, A.B. und C.I. Jones (1996). Comparing apples to oranges: Productivity convergence and measurement across industries and countries. *American Economic Review, Vol. 86, No. 5, S. 1216-1238*

Besanger, S., R.S. Guest und I. McDonald (2000). Demographic change in Asia: The impact on optimal national saving, investment, and the current account. *IMF Working Paper 00/115*

Besch, R. und G. Zimmermann (2006). Die Ursachen der transatlantischen Produktivitätswachstumsunterschiede. *Zeitschrift für Wirtschaftspolitik, Vol. 55, Nr. 1, S. 70-91*

Bethge, J.A. und R. Ohr (2006). Current-account matters on the way to EMU: The transfer problem re-revisited. *Kredit und Kapital, Vol. 40, No. 4, S. 495-525*

Beyers, W. (2010). Determinants of change in service employment in the United States 1998-2005: Findings based on a new classification of industries. *The Service Industries Journal, Vol. 30, No. 4, S. 531-547*

Bhagwati, J.N. (1984a). Splintering and disembodiment of services and developing nations. *The World Economy, Vol. 7, No. 2, S. 133-144*

Bhagwati, J.N. (1984b). Why are services cheaper in poor countries? *The Economic Journal, Vol. 94, No. 374, S. 279-286*

Blanchard, O. und S. Fischer (1989). Lectures on macroeconomics. *MIT Press, Cambridge & London*

Blanchard, O., F. Giavazzi und F. Sa (2005). The U.S. current account and the Dollar. *National Bureau of Economic Research, Working Paper No. 11137*

Blanchard, O. und J. Simon (2001). The long and large decline in U.S. output volatility. *Brookings Papers on Economic Activity, Vol. 2001, No. 1, S. 135-164*

Blundell, R. und S. Bond (1998). GMM estimation with persistent panel data: An application to production functions. *Institute for Fiscal Studies, Working Paper Series No. W99/4*

Böttcher, B. und E. Schmithausen (2014). A future in the EU? Reconciling the 'brexit' debate with a more modern EU. *Deutsche Bank Research, EU Monitor*

Bosworth, B. (1993). Savings and investment in the open economy. *The Brookings Institution, Washington, D.C.*

Bosworth, B. (2010). Price deflators, the trust fund forecast, and social security solvency. *Center for Retirement Research, Working Paper 2010-12*

British Government (2011). The plan for growth. *HM Treasury, Department for Business, Innovation & Skills*

Broda, C. und J.A. Parker (2011). The economic stimulus payments of 2008 and the aggregate demand for consumption. *National Bureau of Economic Research, Working Paper No. 20122*

Bundesbank (2006). Determinanten der Leistungsbilanzentwicklung in den mittel- und osteuropäischen EU-Mitgliedsländern und die Rolle deutscher Direktinvestitionen. *Monatsbericht Januar 2006, S. 17-36*

Bundesbank (2009). Zur Outputvolatilität auf einzel- und gesamtwirtschaftlicher Ebene. *Monatsbericht Oktober 2009, S. 35-50*

Bundesbank (2012). Der Euro als Ankerwährung und als Kern eines Währungsblockes. *Monatsbericht Juli 2012, S. 15-29*

Bundesbank (2015). Zur Rolle des Warenhandels in der Entwicklung der globalen Ungleichgewichte. *Monatsbericht Januar 2015, S. 13-34*

Bundesministerium der Finanzen (2014). Bundeshaushaltsplan 2015. *Einzelplan 60, Allgemeine Finanzverwaltung*

Busetti, F. et al. (2006). Inflation convergence and divergence within the European Monetary Union. *ECB Working Paper Series, No. 574*

Buti, M. und A. Turrini (2012). Slow but steady? Achievements and shortcomings of competitive disinflation within the euro area. *ECFIN Economic Brief, Issue 16, November 2012*

Cabrero, A., L.A. Maza und J. Yaniz (2007). Spain's external deficit: How is it financed? *ECFIN Country Focus, Vol. IV, No. 7*

Calderon, C., A. Chong und N. Loayza (1999). Determinants of current account deficits in developing countries. *Central Bank of Chile, Working Papers No. 51*

Calinski, T. und J. Harabasz (1974). A dendrite method for cluster analysis. *Communications in Statistics, Vol. 3, No. 1, S. 1-27*

Carroll, C.D. (1992). The buffer-stock theory of saving: Some macroeconomic evidence. *Brookings Papers on Economic Activity, 2:1992*

Carroll, C.D., J. Overland und D.N. Weil (2000). Saving and growth with habit formation. *American Economic Review, Vol. 90, No. 3, S. 341-355*

Carroll, C.D. und A.A. Samwick (1998). How important is precautionary saving? *Review of Economics and Statistics, Vol. 80, No. 3, S. 410-419*

Carroll, C.D., J. Slacalek und K. Tokuoka (2014). The distribution of wealth and the marginal propensity to consume. *ECB Working Paper Series, No. 1655*

Carroll, C.D. und D.N. Weil (1994). Saving and growth: A reinterpretation. *Carnegie-Rochester Conference Series on Public Policy 40 (1994), S. 133-192*

Cashin, P. und C.J. McDermott (1998). Terms of trade shocks and the current account. *IMF Working Paper 98/177*

Catao, L.A.V. und G.M. Milesi-Ferretti (2013). External liabilities and crises. *IMF Working Paper 13/113*

Cave, W. (2002). Measuring international trade in services and new demands on the family of classifications. *Paper prepared for the IAOS, London, August 27-29, 2002*

Ca'Zorzi, M., A. Chudik und A. Dieppe (2012). Thousands of models, one story: Current account imbalances in the global economy. *ECB Working Paper Series, No. 1441*

Ca'Zorzi, M., R.A. de Santis und F. Zampolli (2005). Welfare implications of joining a common currency. *ECB Working Paper Series, No. 445*

Chen, S.-W. (2011). Current account deficits and sustainability: Evidence from the OECD countries. *Economic Modelling, Vol. 28, No. 4, S. 1455-1464*

Chen, K., A. Imrohoroglu und S. Imrohoroglu (2007). The Japanese saving rate between 1960 and 2000: Productivity, policy changes, and demographics. *Economic Theory, Vol. 32, S. 87-104*

Chen, R., G.M. Milesi-Ferretti und T. Tressel (2012). External imbalances in the euro area. *IMF Working Paper 12/236*

Chenery, H.B. und L. Taylor (1968). Development patterns: Among countries and over time. *Harvard University, Economic Development Report No. 102*

Cheung, C., D. Furceri und E. Rusticelli (2010). Structural and cyclical factors behind current-account balances. *OECD Economics Department Working Papers, No. 775*

Chinn, M.D. und H. Ito (2007). Current account, financial development and institution: Assaying the world savings glut. *Journal of International Money and Finance, Vol. 26, No. 1, S. 546-569*

Chinn, M.D. und E.S. Prasad (2003). Medium-term determinants of current accounts in industrial and developing countries: An empirical exploration. *Journal of International Economics, Vol. 59, S. 47-76*

Chowdhury, A.R. (2003). Do asymmetric terms of trade shocks affect private savings in a transition economy? *Bank of Finland, Institute for Economies in Transition, Discussion Papers 2003, No. 3*

Christiano, L.J. und T.J. Fitzgerald (1998). The business cycle: It's still a puzzle. *Economic Perspectives, The Federal Reserve Bank of Chicago, S. 56-83*

Clark, C. (1940). The conditions of economic progress. *Macmillan, London*

Clower, E. und H. Ito (2012). The persistence of current account balances and its determinants: The implications for global rebalancing. *Asian Development Bank Institute, Working Paper Series, No. 400*

Collins, S.M. (1991). Saving behavior in ten developing countries. In: Bernheim, B.D. und J.B. Shoven (Hrsg.). National saving and economic performance. *University of Chicago Press*

CPB (2013). Study on the impact of fiscal devaluation. *European Commission, Taxation Papers, Working Paper No. 36-2013*

Corbo, V. und K. Schmidt-Hebbel (1991). Public policies and saving in developing countries. *Journal of Development Economics, Vol. 36, S. 89-115*

Craighead, W.D. und D.R. Hineline (2011). As the current account turns: Disaggregating the effects of current account reversals in industrial countries. *Wesleyan Economic Working Papers, No. 2011-002*

Cuadrado-Roura, J.R., Garcia-Greciano, B. und J.L. Raymond (1999). Regional convergence in productivity and productive structure: The Spanish case. *International Regional Science Review, Vol. 22, No.1, S. 35-53*

Cuadrado-Roura, J.R., C. Iglesias-Fernandez und R. Llorente-Heras (2003). Patterns of fluctuation of employment in the European Union: National cycles and effects of tertiarization. *ERSA Conference Papers, 2003 Congress*

Dalsgaard, T., J. Elmeskov und C.-Y. Park (2002). Ongoing changes in the business cycle: Evidence and causes. *SUERF Studies, SUERF – The European Money and Finance Forum, No. 20*

Dalum, B. und G. Villumsen (1996). Are OECD export specialisation patterns "sticky"? Relations to the convergence-divergence debate. *DRUID Working Paper No. 96-3*

Dapp, T.F. und P. Ehmer (2011). Kultur- und Kreativwirtschaft: Wachstums-potenzial in Teilbereichen. *Deutsche Bank Research, Aktuelle Themen Nr. 508*

Davey, M. (2001). Saving, wealth and consumption. *Bank of England Quarterly Bulletin, Spring 2001*

Deaton, A. (1977). Involuntary saving through unanticipated inflation. *American Economic Review, Vol. 67, No. 5, S. 899-910*

Debelle, G. und H. Faruqee (1996). What determines the current account? A cross-sectional and panel approach. *IMF Working Paper 96/58*

Debelle, G. und G. Galati (2005). Current account adjustment and capital flows. *BIS Working Papers No. 169*

Dees, S. und N. Zorell (2011). Business cycle synchronisation: Disentangling trade and financial linkages. *ECB Working Paper Series, No. 1322*

de Grauwe, P. (2013). Design failures in the eurozone – can they be fixed? *European Economy, Economic Papers 491*

De Gregorio, J., A. Giovannini und H.C. Wolf (1994). International evidence on tradables and nontradable inflation. *National Bureau of Economic Research, Working Paper No. 4438*

de Haan, L., H. Schokker und A. Tcherneva (2006). What do current account reversals in OECD countries tell us about the US case? *DNB Working Paper Series, No. III, August, De Nederlandsche Bank, Amsterdam*

de Mooij, R. und M. Keen (2013). "Fiscal devaluation" and fiscal consolidation: The VAT in troubled times. In: Alesina, A. und F. Giavazzi (Hrsg.). Fiscal policy after the financial crisis. *University of Chicago Press, S. 443-485*

Dietrich, A. und J.J. Krüger (2008). Long-run sectoral development time series evidence for the German economy. *Jena Economic Research Papers No. 2008-013*

Dietrich, A. und J.J. Krüger (2010). Numerical explorations of the Ngai-Pissarides model of growth and structural change. *Darmstadt Discussion Papers in Economics No. 199*

Döpke, J. (1995). Konjunkturzyklen im Dienstleistungssektor. *Die Weltwirtschaft, Vol. 3, S. 311-324*

Doepke, M. und M. Schneider (2006). Inflation and the redistribution of nominal wealth. *Journal of Political Economy, Vol. 114, No. 6, S. 1069-1097*

Driscoll, J. und A. Kraay (1998). Consistent covariance matrix estimation with spatially dependent panel data. *Review of Economics and Statistics, Vol. 80, No. 4, S. 549-560*

Duda, R.O. und P.E. Hart (1973). Pattern classification and scene analysis. *Wiley, New York*

Echevarria, C. (1997). Changes in sectoral composition associated with economic growth. *International Economic Review, Vol. 38, No. 2, S. 431-452*

Echeverry, J.C. (1996). Short run savings fluctuations and export shocks. Theory and evidence from Latin-America. *Planeacion y Desarrollo, Vol. XXVII, No. 1, Jan-Mar 1996, Bogota*

Ederer, S. und P. Reschenhofer (2014). Macroeconomic imbalances and structural change in the EMU. *Austrian Institute of Economic Research, Working Paper No. 69*

Edwards, S. (1995). Why are saving rates so different across countries? An international comparative analysis. *National Bureau of Economic Research, Working Paper No. 5097*

Edwards, S. (2005). The end of large current account deficits, 1970-2002: Are there lessons for the United States? *The Greenspan era: Lessons for the future, The Federal Reserve Bank of Kansas City, S. 205-268*

Ehmer, P. (2009). Dienstleistungen im Strukturwandel: Wissensintensive Unternehmensdienste liegen im Trend. *Deutsche Bank Research, Aktuelle Themen 446*

Ehmer, P. und F. Gottschalk (2010). Wachstumsperspektiven im Struktur-wandel: Neue Branchencluster entstehen. *Deutsche Bank Research, Research Notes 34*

Engler, P. et al. (2014). Fiscal devaluation in a Monetary Union. *IMF Working Paper 14/201*

Engler, P., M. Fidora und C. Thimann (2007). External imbalances and the US current account. How supply-side changes affect an exchange rate adjustment. *ECB Working Paper Series, No. 761*

Esteves, P.S. und A. Rua (2013). Is there a role for domestic demand pressure on export performance? *ECB Working Paper Series, No. 1594*

EU Kommission (2010). A look at past episodes of adjustment to current account deficits. *Quarterly Report on the Euro Area, III/2010, S. 21-27*

EU Kommission (2011a). Sectoral implications of external rebalancing. *Quarterly Report on the Euro Area, III/2011, S. 28-34*

EU Kommission (2011b). Internal devaluation and external imbalances: A model-based analysis. *Quarterly Report on the Euro Area, III/2011, S. 22-27*

EU Kommission (2012a). The second economic adjustment programme for Greece. *Occasional Papers 94, March 2012*

EU Kommission (2012b). Current account surpluses in the EU. *European Economy 9/2012*

EU Kommission (2012c). The dynamics of international investment positions. *Quarterly Report on the Euro Area, 3/2012, S. 7-20*

EU Kommission (2012d). The surveillance of macroeconomic imbalances in the euro area. *Quarterly Report on the Euro Area, I/2012, S. 7-15*

EU Kommission (2012e). A stronger European industry for growth and economic recovery. *Communication from the Commission to the European Parliament, the Council, the European Economic and Social Committee and the Committee of the Regions. Brussels*

EU Kommission (2013a). Catching-up processes in the euro area. *Quarterly Report on the Euro Area, Vol. 12, No. 1, S. 7-18*

EU Kommission (2013b). The role of FDI in preventing imbalances in the euro area. *Quarterly Report on the Euro Area, Vol. 12, No. 2, S. 17-25*

EU Kommission (2014a). The economic adjustment programme for Portugal 2011-2014. *Occasional Papers 202, October 2014*

EU Kommission (2014b). Growth differences between EA member states since the crisis. *Quarterly Report on the Euro Area, Vol. 13, No. 2, S. 7-20*

EU Kommission, IWF, OECD, UNCTAD und WTO (2011). Manual on statistics of international trade in services 2010

Eurostat (2008). NACE Rev. 2 – Statistische Systematik der Wirtschaftszweige in der Europäischen Gemeinschaft. *Methodologies and working papers*

Everts, M.P. (2006). Duration of business cycles. *MPRA Paper, No. 1219*

EZB (2004). Sectoral specialisation in the EU – a macroeconomic perspective. *ECB Occasional Paper Series, No. 19*

EZB (2005). Competitiveness and the export performance of the euro area. *ECB Occasional Paper Series, No. 30*

EZB (2006). Competition, productivity and prices in the euro area services sector. *ECB Occasional Paper Series, No. 44*

EZB (2010a). Globale realwirtschaftliche und finanzielle Ungleichgewichte und deren Abbau – ein Ausblick. *Monatsbericht April, S. 95-105*

EZB (2010b). Arbeitsmarktanpassungen an die Rezession im Euro-Währungsgebiet. *Monatsbericht Juli, S. 57-72*

EZB (2012). Competitiveness and external imbalances within the euro area. *ECB Occasional Paper Series, No. 139*

Feldstein, M. (1979). International differences in social security and saving. *National Bureau of Economic Research, Working Paper No. 355*

Feldstein, M. und P. Baccheta (1991). National saving and international investment. *National Bureau of Economic Research, Working Paper No. 3164*

Feldstein, M. und C. Horioka (1980). Domestic savings and international capital flows. *Economic Journal, Vol. 90, No. 358, S. 314-329*

Fischer, S. (1993). The role of macroeconomic factors in growth. *National Bureau of Economic Research, Working Paper No. 4565*

Fisher, A.G.B. (1935). The clash of progress and security. *Macmillan, London*

Fisher, A.G.B. (1939). Production, primary, secondary and tertiary. *Economic Record, Vol. 15, S. 24-38*

Fixler, D.J. und D. Siegel (1999). Outsourcing and productivity growth in services. *Structural Change and Economic Dynamics, Vol. 10, S. 177-194*

Fourastié, J. (1949). Le grand espoir du XXe siècle. *Presses Universitaires de France, Paris*

Frankel, J.A. (1999). No single currency regime is right for all countries or at all times. *Essays in International Finance, No. 215, Princeton University, Princeton*

Frankel, J.A. und G. Saravelos (2010). Are leading indicators of financial crises useful for assessing country vulnerability? Evidence from the 2008-09 global crisis. *National Bureau of Economic Research, Working Paper No. 16047*

Frankfurter Allgemeine Zeitung (2012). "Wir waren selbstzufrieden". *25.05.2012*

Freund, C. (2005). Current account adjustment in industrial countries. *Journal of International Money and Finance, Vol. 24, S. 1278-1298*

Freund, C. und F. Warnock (2005). Current account deficits in industrial countries: The bigger they are, the harder they fall? *National Bureau of Economic Research, Working Paper No. 11823*

Fuchs, V.R. (1968). The service economy. *Columbia University Press, New York and London*

Gavrea, C., A. Marin und R. Stegerean (2008). Testing the Maizels Hypothesis: A case study. *International Conference on Economics, Law and Management, Technical University of Kosice*

Gehringer, A. (2012). Current accounts in Europe: Implications of the external imbalances for the future of the common monetary policy. *Center for European Governance and Economic Development Research, Discussion Papers, No. 132*

Gehringer, A. (2013a). Another look at the determinants of current account imbalances in the European Union: An empirical assessment. *Österreichisches Institut für Wirtschaftsforschung, Working Paper No. 105*

Gehringer, A. (2013b). Current account imbalances in the European Union and the sectoral composition: An empirical assessment. *INFER Annual Conference Paper*

Gehringer, A. (2014). New evidence on the determinants of current accounts in the EU. *Empirica, forthcoming*

Ghosh, A.R. und J.D. Ostry (1994). Export instability and the external balance in developing countries. *IMF Working Paper 94/8*

Ghosh, A.R., M.S. Qureshi und C.G. Tsangarides (2014). Friedman redux: External adjustment and exchange rate flexibility. *IMF Working Paper 14/146*

Giannone, D., M. Lenza und L. Reichlin (2009). Business cycles in the euro area. *ECB Working Paper Series, No. 1010*

Giannone, D. und L. Reichlin (2005). Euro area and US recessions, 1970-2003. In: Reichlin, L. (Hrsg.). Euro area business cycle: Stylized facts and measurement issues. *CEPR, S. 83-93*

Giavazzi, F. und L. Spaventa (2010). Why the current account matters in a monetary union: Lessons from the financial crisis in the euro area. *CEPR Discussion Paper No. DP8008*

Glückler, J. und I. Hammer (2011). A pragmatic service typology – capturing the distinctive dynamics of services in time and space. *The Service Industries Journal, Vol. 31, No. 6, S. 941-957*

Gokhale, J., L.J. Kotlikoff und J. Sabelhaus (1996). Understanding the postwar decline in US saving: A cohort analysis. *Brookings Papers on Economic Activity, 1:1996*

Gomes, S., P. Jacquinot und M. Pisani (2014). Fiscal devaluation in the euro area: A model-based analysis. *ECB Working Paper Series, No. 1725*

Griliches, Z. (1992). Output measurement in the service sectors. In: Griliches, Z. (Hrsg.): Output measurement in the service sectors. *National Bureau of Economic Research, Studies in Income and Wealth, University of Chicago Press*

Grömling, M. (2006). Die Tertiarisierung der deutschen Wirtschaft: Was treibt den Strukturwandel an, und was bringt er? *Wirtschaftswissenschaftliche Beiträge des Lehrstuhls für Volkswirtschaftslehre, Wirtschaftsordnung und Sozialpolitik an der Bayerischen Julius-Maximilians Universität Würzburg, Nr. 87*

Grömling, M. (2007). Messung und Trends der intersektoralen Arbeitsteilung. *IW-Trends, Vierteljahresschrift zur empirischen Wirtschaftsforschung, Institut der deutschen Wirtschaft Köln, 34. Jg., Heft 1/2007, S. 1-16*

Grömling, M. (2008). Globaler Investitionsboom – eine empirische Bestandsaufnahme. *IW-Trends, Vierteljahresschrift zur empirischen Wirtschaftsforschung, Institut der deutschen Wirtschaft Köln, 35. Jg., Heft 3/2008, S. 45–59*

Grömling, M. (2013). Wirtschaftsstruktur und Leistungsbilanz. *IW-Trends, Vierteljahresschrift zur empirischen Wirtschaftsforschung, Institut der deutschen Wirtschaft Köln, 40. Jg., Heft 2/2013, S. 1-18*

Grömling, M. (2014). A supply-side explanation for the current account imbalances. *Intereconomics, Vol. 49, No. 1, S. 30-35*

Grömling, M. und K. Lichtblau (2006). Deutschland vor einem neuen Industriezeitalter? *IW Analysen, Forschungsberichte, Nr. 20*

Grömling, M., K. Lichtblau und A. Weber (1998). Industrie und Dienstleistungen im Zeitalter der Globalisierung. *Deutscher Instituts-Verlag, Köln*

Gugler, K. und M. Pfaffermayr (2000). Convergence in structure and productivity in European manufacturing? *WIFO Working Papers, No. 127*

Guidotti, P., F. Sturzenegger und A. Villar (2003). Aftermaths of current account crisis: Export growth or import contraction? *Centro de Investigacion en Finanzas, Working Paper 06/2003*

Gundlach, E. und A. de Vaal (2008). Technological change, trade, and endogenous factor endowments. *Kiel Working Papers, No. 1471*

Handelsblatt (2012). Es lebe die Industrie! *19.07.2012*

Harberger, A. (1950). Currency depreciation, income, and the balance of trade. *Journal of Political Economy, Vol. 58, S. 47-60*

Hartwig, J. (2010). "Baumol's diseases': The case of Switzerland. *KOF Working Papers, No. 250*

Hartwig, J. (2012). Testing the growth effects of structural change. *Structural Change and Economic Dynamics, Vol. 23, S. 11-24*

Hayek, F.A. (1945). The use of knowledge in society. *American Economic Review, Vol. 35, No. 4, S. 519-530*

Herrmann, S. und A. Jochem (2005). Determinants of current account developments in the Central and Eastern European EU member states: Consequences for the enlargement of the euro area. *Deutsche Bundesbank, Discussion Paper Series 1: Economic Studies, No. 32*

Heymann, E. (2014). Investitionen in Deutschland auf Branchenebene: Dienst-leister (noch) expansiv, Industrie schrumpft leicht. *Deutsche Bank Research, Aktuelle Themen*

Heymann, E. und S. Vetter (2013). Re-Industrialisierung Europas: Anspruch und Wirklichkeit. *Deutsche Bank Research, EU Monitor*

Higgins, M. (1998). Demography, national savings, and international capital flows. *International Economic Review, Vol. 39, No. 2, S. 343-369*

Hill, T.P. (1977). On goods and services. *Review of Income and Wealth, Vol. 23, No. 4, S. 315-338*

Hill, T.P. (1987). The economic significance of the distinction between goods and services. *International Association for Research in Income and Wealth, Twentieth General Conference, Conference Paper*

Hill, T.P. (1999). Tangibles, intangibles and services: A new taxonomy for the classification of output. Canadian Journal of Economics, Vol. 32, No. 2, S. 426-447

Hobza, A. und S. Zeugner (2014). The "imbalanced balance" and its unravelling: Current accounts and bilateral financial flows in the euro area. *European Economy, Economic Papers 520*

Höhenberger, N. und C. Schmiedeberg (2008). Structural convergence of European countries. *Center for European Governance and Economic Development Research, Discussion Papers, No. 75*

Holinski, N., C. Kool und J. Muysken (2012). Persistent macroeconomic imbalances in the euro area: Causes and consequences. *Federal Reserve Bank of St. Louis Review, Vol. 94, No. 1, S. 1-20*

Houthakker, H.S. (1961). An international comparison of personal savings. *Bulletin of the International Statistical Institute, Vol. 38*

Hussein, K.A. und A.P. Thirlwall (1999). Explaining differences in the domestic saving ratio across countries: A panel data study. *Journal of Development Studies, Vol. 36, S. 31-52*

Imbs, J. (2004). Trade, finance, specialization and synchronization. *Review of Economics and Statistics, Vol. 86, No. 3, S. 723-734*

Imbs, J. und I. Mejean (2010). Trade elasticities: A final report for the European Commission. *European Economy, Economic Papers 432*

Imbs J. und R. Ranciere (2005). The overhang hangover. *CEPR discussion paper 5210*

Iscan, T.B. (2011). Productivity growth and the US saving rate. *Economic Modelling, Vol. 28, No. 1-2, S. 501-504*

Islam, N. (1995). Growth empirics: A panel data approach. *The Quarterly Journal of Economics, Vol. 110, No. 4, S. 1127-1170*

IWF (2006). Methodology for CGER exchange rate assessments. *Washington, D.C.*

IWF (2007a). IMF's International Monetary and Financial Committee Reviews, Multilateral Consultation. *Press Release No. 07/72, April 14, 2007*

IWF (2007b). Large external imbalances in the past: An event analysis. *Chapter 3, first section, World Economic Outlook, Washington, D.C., April*

IWF (2011). Europe – strengthening the recovery. *Regional Economic Outlook, World Economic and Financial Surveys, Washington, D.C.*

IWF (2013). External balance assessment (EBA) methodology: Technical background. *Washington, D.C.*

IWF (2014). 2014 pilot external sector report. *IMF Multilateral Policy Issues Report, Washington, D.C.*

Jain, A.K., M.N. Murty und P.J. Flynn (1999). Data clustering: A review. *ACM Computing Surveys, Vol. 31, No. 3, S. 264-323*

Jappelli, T. und L. Pistaferi (2014). Fiscal policy and MPC heterogeneity. *American Economic Journal: Macroeconomics, Vol. 6, No. 4, S. 107-136*

Jaumotte, F. und P. Sodsriwiboon (2010). Current account imbalances in the southern euro area. *IMF Working Paper 10/139*

Johansson, A.C. und X. Wang (2012). Financial repression and external imbalances. *CERC Working Paper 20*

Judson, R.A. und A.L. Owen (1999). Estimating dynamic panel data models: A guide for macroeconomists. *Economics Letters, Vol. 65, No. 1, S. 9-15*

Kalemli-Ozcan, S., B.E. Sörensen und O. Yosha (2001). Economic integration, industrial specialization, and the asymmetry of macroeconomic fluctuations. *Journal of International Economics, Vol. 55, No. 1, S. 107-137*

Kalmbach, P. et al. (2003). Die Bedeutung einer wettbewerbsfähigen Industrie für die Entwicklung des Dienstleistungssektors: Eine Analyse der Bestimmungsgründe der Expansion industrienaher Dienstleistungen in modernen Industriestaaten. *Institut für Konjunktur- und Struktur-forschung, Universität Bremen*

Kang, J.S. und J.C. Shambaugh (2013). The evolution of current account deficits in the euro area periphery and the Baltics: Many paths to the same endpoint. *IMF Working Paper 13/169*

Kang, J.S. und J.C. Shambaugh (2014). Progress towards external adjustment in the euro area periphery and the Baltics. *IMF Working Paper 14/131*

Kaplan, G. und G.L. Violante (2011). A model of the consumption response to fiscal stimulus payments. *National Bureau of Economic Research, Working Paper No. 17338*

Katouzian, M.A. (1970). The development of the service sector: A new approach. *Oxford Economic Papers, Vol. 22, No. 3, S. 362-382*

Kent, C. und P. Cashin (2003). The response of the current account to terms of trade shocks: Persistence matters. *IMF Working Paper 03/143*

Kerdrain, C., I. Koske und I. Wanner (2010). The impact of structural policies on saving, investment and current accounts. *OECD Economics Department Working Papers, No. 815*

Kim, H.-J. (2006). The shift to the service economy: Causes and effects. *Institute for Monetary and Economic Research, Bank of Korea*

Kinoshita, Y. (2011). Sectoral composition of foreign direct investment and external vulnerability in Eastern Europe. *IMF Working Paper 11/123*

Klodt, H., R. Maurer und A. Schimmelpfennig (1997). Tertiarisierung in der deutschen Wirtschaft. *Kieler Studien, Nr. 283*

Komarek, L., Z. Komarkova und M. Melecky (2005). Current account reversals and growth: The direct effect Eastern Europe 1923-2000. *Warwick Economic Research Papers, No. 736*

Kravis, I.B. und R.E. Lipsey (1982). Towards an explanation of national price levels. *National Bureau of Economic Research, Working Paper No. 1034*

Kravis, I.B. und R.E. Lipsey (1988). National price levels and the prices of tradables and non-tradables. *National Bureau of Economic Research, Working Paper No. 2536*

Krieger-Boden, C. (2000). EMU and the industrial specialisation of European regions. *40th European Congress of the European Regional Science Association, Conference Paper*

Kroker, R. und K. Lichtblau (2013). Industrieland Europa: Die europäische Industrie im internationalen Vergleich. In: Institut der deutschen Wirtschaft (Hrsg.). Die Zukunft der Industrie in Deutschland und Europa. *IW-Analysen, Nr. 88, Köln*

Krüger, J.J. (2008). Productivity and structural change: A review of the literature. *Journal of Economic Surveys, Vol. 22, No. 2, S. 330-363*

Krugman, P. (1981). Intraindustry specialization and the gains from trade. *Journal of Political Economy, Vol. 89, No. 5, S. 959-973*

Krugman, P. (1991). Increasing returns and economic geography. *Journal of Political Economy, Vol. 99, No. 31, S. 483-499*

Kuijs, L. (2006). How will China's saving-investment balance evolve? *The World Bank, Policy Research Working Paper No. 3958*

Lamine, B. (2010). Estonia: Towards a swift current account rebalancing. *ECFIN Country Focus, Vol. VII, No. 6*

Landon, S. und C.E. Smith (2006). Exchange rates and investment good prices: A cross-industry comparison. *Journal of International Money and Finance, Vol. 25, No. 2, S. 237-256*

Lane, P.R. (2010). International financial integration and Japanese economic performance. In: Kashyap, A., K. Hamada und D. Weinstein (Hrsg.). Japan's bubble, deflation and long-term stagnation. *MIT Press, S. 129-174*

Lane, P.R. (2013). Capital flows in the euro area. *CEPR Discussion Paper 9493*

Lane, P.R. und G.M. Milesi-Ferretti (2002). External wealth, the trade balance, and the real exchange rate. *IMF Working Paper 02/51*

Lane, P.R. und G.M. Milesi-Ferretti (2011). External adjustment and the global crisis. *IMF Working Paper 11/197*

Langhammer, R.J. (2012). The importance of investment income and transfers in the current account: A new look on imbalances. *Kiel Policy Brief, No. 48*

Laumas, P.S. (1982). Exports and the propensity to save. *Economic Development and Cultural Change, Vol. 30, No. 4, S. 831-841*

Laursen, S. und L. Metzler (1950). Flexible exchange rates and the theory of employment. *Review of Economics and Statistics, Vol. 32, S. 281-299*

Lee, J.K. (1971). Exports and the propensity to save in L.D.C.s. *The Economic Journal, Vol. 81, No. 322, S. 341-351*

Leung, F. (2006). Structural determinants of Hong Kong's current account surplus. *Hong Kong Monetary Authority, Working Paper No. 0614*

Lichtblau, K. (2000). Internationalisierung von Dienstleistungen. *IW-Trends, Vierteljahresschrift zur empirischen Wirtschaftsforschung, Institut der deutschen Wirtschaft Köln, Heft 1/2000*

Lin, J.Y. (2009). New structural economics: A framework for rethinking development. In: Lin, J.Y. (Hrsg.). New structural economics: A framework for rethinking development and policy. *The World Bank, Washington, D.C.*

Loayza, N., K. Schmidt-Hebbel und L. Serven (2000). What drives private saving around the world? *Central Bank of Chile, Working Papers No. 47*

Lutz, C. et al. (2002). Projektion des Arbeitskräftebedarfs bis 2015: Modell-rechnungen auf Basis des IAB/INFORGE-Modells. *Mitteilungen aus der Arbeitsmarkt- und Berufsforschung, Jg. 35, Heft 3, S. 305-326*

Maizels, A. (1968). Exports and economic growth of developing countries. *Cambridge University Press*

Manasse, P. und N. Roubini (2005). "Rules of thumb" for sovereign debt crises. *IMF Working Paper 05/42*

Mankiw, G. (2011). Makroökonomik. *6. Auflage, Schäffer Poeschel, Stuttgart*

Maroto, A. und L. Rubalcaba (2008). Services productivity revisited. *The Service Industries Journal, Vol. 28, No. 3, S. 337-353*

Maroto-Sanchez, A. (2009). Relationships between services, growth, productivity and welfare: The state of the art. *Working Paper, ServPPIN programme*

McGuckin, R.H. und K.J. Stiroh (2001). Do computers make output harder to measure? *Journal of Technology Transfer, Vol. 26, S. 295-321*

Medina, L., J. Prat und A. Thomas (2010). Current account balance estimates for emerging market economies. *IMF Working Paper 10/43*

Merler, S. und J. Pisani-Ferry (2012). Sudden stops in the euro area. *Bruegel Policy Contribution, Issue 2012/06*

Milesi-Ferretti, G.M. und A. Razin (1996). Current-account sustainability. *Princeton Studies in International Finance, No. 81, Princeton University*

Milesi-Ferretti, G.M. und A. Razin (1997). Sharp reductions in current account deficits: An empirical analysis. *IMF Working Paper 97/168*

Modigliani, F. (1970). The life cycle hypothesis of saving and intercountry differences in the savings ratio. In: Eltis, W.A., M. Scott und J.N. Wolfe (Hrsg.). Induction, growth and trade: Essays in honour of Sir Roy Harrod. *Clarendon Press, Oxford*

Modigliani, F. (1993). Recent declines in the savings rate: A life cycle perspective. In: Baldassarri, M., L. Paganetto und E.S. Phelps (Hrsg.). World saving, prosperity and growth. *Macmillan, London, S. 249-286*

Modigliani, F. und R. Brumberg (1954). Utility analysis and the consumption function: An interpretation of cross-section data. In: Modigliani, F. (Hrsg.). The collected papers of Franco Modigliani. *Vol. 6, The MIT Press, S. 3-46*

Mödlinger, P. und B. Redling (2004). Produktbegleitende Dienstleistungen im Industrie- und Dienstleistungssektor im Jahr 2002. *Statistisches Bundesamt, Auszug aus Wirtschaft und Statistik 12/2004*

Mohammadi, H. (2004). Budget deficits and the current account balance: New evidence from panel data. *Journal of Economics and Finance, Vol. 28, No. 1, S. 39-45*

Mundell, R.A. (1961). A theory of optimum currency areas. *American Economic Review, Vol. 51, No. 4, S. 657-665*

Nagy, G. (1968). State of the art in pattern recognition. *Proceedings IEEE, Vol. 56, No. 5, S. 836-862*

Nelson, C.R., J. Piger und E. Zivot (2001). Markov regime switching and unit-root tests. *Journal of Business & Economic Statistics, Vol. 19, No. 4, S. 404-415*

Ngai, L.R. und C.A. Pissarides (2007). Structural change in a multi-sector model of growth. *American Economic Review, Vol. 97, No. 1, S. 429-443*

Nickel, C. und I. Vansteenkiste (2008). Fiscal policies, the current account and Ricardian Equivalence. *ECB Working Paper Series, No. 935*

Nickell, S. (1981). Biases in dynamic models with fixed effects. *Econometrica, Vol.49, No. 6, S. 1417-1426*

Nordhaus, W.D. (2006). Baumol's diseases: A macroeconomic perspective. *National Bureau of Economic Research, Working Paper No. 12218*

Obstfeld, M. und K. Rogoff (1996). Foundations of international macroeconomics. *MIT Press, Cambridge*

Obstfeld, M. und K. Rogoff (2007). The unsustainable U.S. current account position revisited. In: Clarida, R.H. (Hrsg.). G7 current account imbalances: Sustainability and adjustment. *University of Chicago Press, S. 339-376*

OECD (2005). Enhancing the performance of the services sector. *OECD Publishing, Paris*

Ohr, R. und M. Özalbayrak (2013). Heterogenität in der Europäischen Währungsunion: Zur Bedeutung unterschiedlicher Exportelastizitäten. In: Eschbach, A. et al. (Hrsg.). Nach der Wirtschafts- und Finanzkrise: Ansätze für eine erfolgreiche Geld-, Finanz- und Immobilienpolitik. *Duncker & Humblot, Berlin, S. 13 - 38*

Ohr, R. und G. Zeddies (2010). "Geschäftsmodell Deutschland" und außenwirtschaftliche Ungleichgewichte in der EU. *Center for European, Governance and Economic Development Research, Discussion Papers, No. 110*

Oksanen, H. (2009). Saving in an ageing society with public pensions: Implications from life-cycle analysis. *European Commission, Economic and Financial Affairs, Economic Papers No. 370*

Ostry, J.D. und C.M. Reinhart (1991). Private savings and terms of trade shocks: Evidence from developing countries. *IMF Working Paper 91/100*

Oulton, N. (1999). Must the growth rate decline? Baumol's unbalanced growth revisited. *Bank of England Working Paper No. 107*

Pattillo C., H. Poirson und L. Ricci (2011). External debt and growth. *Review of Economics and Institutions, Vol. 2, No. 3, Article 2*

Peneder, M. (2003). Industrial structure and aggregate growth. *Structural Change and Economic Dynamics, Vol. 14, S. 427-448*

Percoco, M., S. Dall'erba und G. Hewings (2005). Structural convergence of the national economies of Europe. *MPRA Paper, No. 1380*

Perron, P. (1989). The great crash, the oil price shock, and the unit root hypothesis. *Econometrica, Vol. 57, No. 6, S. 1361-1401*

Peters, H. und S. Schneider (2013). Deutsche Leistungsbilanzüberschüsse: Kritik nicht stichhaltig. *Deutsche Bank Research, Standpunkt Deutschland*

Rahman, J. (2008). Current account developments in new member states of the European Union: Equilibrium, excess, and EU-phoria. *IMF Working Paper 08/92*

Raiser, M., M. Schaffer und J. Schuchhardt (2003). Benchmarking structural change in transition. *IZA Discussion Papers No. 727*

Razin, A. (1984). Capital movements, intersectoral resource shifts and the trade balance. *European Economic Review, Vol. 26, S. 135-152*

Reinhart, C.M., V.R. Reinhart und K.S. Rogoff (2012). Public debt overhangs: Advanced economy episodes since 1800. *Journal of Economic Perspectives, Vol. 26, No. 3, S. 69-86*

Reinhart, C.M. und K.S. Rogoff (2004). The modern history of exchange rate arrangements: A reinterpretation. *The Quarterly Journal of Economics, Vol. 119, No. 1, S. 1-48*

Reinhart, C.M. und K.S. Rogoff (2010). Growth in a time of debt. *American Economic Review, Vol. 100, No. 2, S. 573-578*

Roodman, D. (2006). How to do xtabond2: An introduction to "difference" and "system" GMM in Stata. *Center for Global Development, Working Paper No. 103*

Roubini, N. und B. Setser (2005). How scary is the deficit? *Foreign Affairs, Vol. 84, No. 4, July/August*

Rowthorn, R. und K. Coutts (2004). De-industrialization and the balance of payments in advanced economies. *United Nations Conference on Trade and Development, Discussion Papers No. 170*

Rowthorn, R. und R. Ramaswamy (1997). Deindustrialization: Causes and implications. *IMF Working Paper 97/42*

Ruscher, E. und G.B. Wolff (2009). External rebalancing is not just an exporters' story: Real exchange rates, the non-tradable sector and the euro. *European Commission, Economic and Financial Affairs, Economic Papers No. 375*

Sachverständigenrat (2009). Die Zukunft nicht aufs Spiel setzen. *Jahresgutachten 09/10, Wiesbaden*

Sachverständigenrat (2014). Mehr Vertrauen in Marktprozesse. *Jahresgutachten 14/15, Wiesbaden*

Samuelson, P.A. (1964). Theoretical notes on trade problems. *Review of Economics and Statistics, Vol. 46, No. 2, S. 145-154*

Schettkat, R. und L. Yocarini (2003). The shift to services: A review of the literature. *IZA Discussion Paper No. 964*

Schmidt, K.-D. (1997). Deutschmark appreciation and structural change: An overview of economic structural reports. *Kiel Working Papers, No. 789*

Schmidt, A. (2012). Industrie und Dienstleistungen heute: Eine Strukturanalyse der Volkswirtschaft der Bundesrepublik Deutschland. *Studie im Auftrag der Chemie-Stiftung Sozialpartner-Akademie*

Sergi, B.S. und K. Vit (2004). How to rationalize the export-saving paradigm. *Prague Economic Papers, Vol. 2004, No. 2, S. 115-120*

Serven, L. (1995). Terms-of-trade shocks and optimal investment: Another look at the Laursen-Metzler effect. *The World Bank, Policy Research Working Paper No. 1424*

Shanmugalingam, S., R. Puttick und S. Westlake (2010). Rebalancing act. *National Endowment for Science, Technology and the Arts, Research Report, June 2010*

Siebert, H. (1997). Disziplinierung der nationalen Wirtschaftspolitik durch die internationale Kapitalmobilität. *Kiel Working Papers, No. 832*

Singelmann, J. (1978). From agriculture to services: The transformation of industrial employment. *Sage Publications, Beverly Hills*

Sinha, D. (1999). Do exports promote savings in African countries? *MPRA paper, No. 18058*

Sousa, R.M. (2009). Wealth effects on consumption: Evidence from the euro area. *ECB Working Paper Series, No. 1050*

Summers, L. (1996). Commentary. In: Hausman, R. und L. Rojas-Suarez (Hrsg.). Volatile capital flows: Taming their impact on Latin America. *Inter-American Development Bank and John Hopkins University Press, Baltimore, S. 53-57*

Summers, L. und C.D. Carroll (1987). Why is US national saving so low? *Brookings Papers on Economic Activity, 2:1987*

Syrquin, M. und H. Chenery (1989). Three decades of industrialization. *The World Bank, Economic Review, Vol. 3, No. 2, S. 145-181*

Taylor, A.M. (2002). A century of current account dynamics. *National Bureau of Economic Research, Working Paper No. 8927*

ten Raa, T. und E.N. Wolff (2001). Outsourcing of services and the productivity recovery in US manufacturing in the 1980s and 1990s. *Journal of Productivity Analysis, Vol. 16, S. 149-165*

Thakur, S.K. (2011). Fundamental economic structure and structural change in regional economies: A methodological approach. *Région et Développement, No. 33-2011*

Thirlwall, A.P. (1972). Inflation and the savings ratio across countries. *Journal of Development Studies, Vol. 10, S. 154-174*

Thuy, P. (1994). Strukturwandel, Qualifikation und Beschäftigung: Eine ökonomische Analyse unter besonderer Berücksichtigung des tertiären Sektors. *Bern*

Trautwein, H.-M. (2005). Structural aspects of monetary integration: A global perspective. *Structural Change and Economic Dynamics, Vol. 16, No. 1, S. 1-6*

Tregenna, F. (2011). Manufacturing productivity, deindustrialization, and reindustrialization. *UNU-WIDER, Working Paper No. 2011/57*

Tressel, T. und S. Wang (2014). Rebalancing in the euro area and cyclicality of current account adjustments. *IMF Working Paper 14/130*

UK Commission for Employment and Skills (2011). Rebalancing the economy sectorally and spatially: An evidence review. *Evidence Report, Volume 1 – main report*

Vannoorenberghe, C. (2012). Firm-level volatility and exports. *Journal of International Economics, Vol. 86, S. 57-67*

van Ark, B. und M. Piatkowski (2004). Productivity, innovation and ICT in old and new Europe. *Research Memorandum GD-69, Groningen Growth and Development Center, University of Groningen*

van Welsum, D. (2003). International trade in services: Issues and concepts. *Birckbeck College London, September 2003*

Verband Deutscher Maschinen- und Anlagenbau – VDMA (2002). Produktbezogene Dienstleistungen im Maschinen- und Anlagenbau. *Tendenzbefragung 2001. Volkswirtschaft und Statistik, Frankfurt am Main*

Ward, J.H. (1963). Hierarchical grouping to optimize an objective function. *Journal of the American Statistical Association, Vol. 58, No. 301, S. 236-244*

Warman, F. und A.P. Thirlwall (1994). Interest rates, saving, investment and growth in Mexico 1960-90: Tests of the financial liberalisation hypothesis. *The Journal of Development Studies, Vol. 30, No. 3, S. 629-649*

Westlake, S. (2013). Rebalancing act: Rationales and policies for sectoral economic rebalancing. *Oxford Review of Economic Policy, Vol. 29, No. 3, S. 326-343*

Wilson, J. und W.E. Takacs (1979). Differential responses to price and exchange rate influences in the foreign trade of selected industrial countries. *Review of Economics and Statistics, Vol. 61, No. 2, S. 267-279*

Wölfl, A. (2003). Productivity growth in service industries: An assessment of recent patterns and the role of measurement. *OECD Science, Technology and Industry Working Papers, 2003/07, OECD Publishing*

Wolff, E.N. (1997). The productivity paradox: Evidence from indirect indicators of service sector productivity growth. *CSLS Conference on Service Sector Productivity and the Productivity Paradox, Conference Paper*

Wooldridge, J.M. (2002). Introductory econometrics: A modern approach. *Zweite überarbeitete Auflage. Itps Thomson Learning*

Zemanek, H., A. Belke, und G. Schnabl (2009). Current account imbalances and structural adjustment in the euro area: How to rebalance competitiveness. *IZA Policy Papers No. 7*

Zentralverband Elektrotechnik- und Elektronikindustrie – ZVEI (2002). Die produktbezogenen Dienstleistungen in der Elektroindustrie. *Frankfurt am Main*

ANHANG

Abbildung A1: Unterschiede Sparquote nach Sektoren

Sparquote, Überschussländer (links), GIPSZ-Staaten (rechts), % BIP

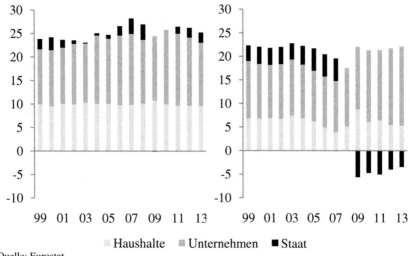

Quelle: Eurostat

Abbildung A2: Unterschiede Investitionsquote nach Sektoren

Investitionsquote, Überschussländer (links), GIPSZ-Staaten (rechts), % BIP

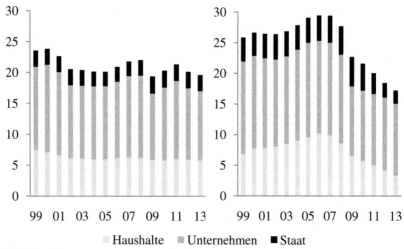

Quelle: Eurostat

Tabelle A1: Kurzfristige Analyse, Korrelationsmatrix

	Leistungsbilanz	Leistungsbilanz$_{t-1}$	Industrie	Binnennachfrage	Welt-BIP-Wachstum	Arbeitsproduktivität	REER$_{t-1}$	Terms of Trade	Dummy Einkommen	Dummy Schuldenkrise	Dummy Euro-Beitritt
Leistungsbilanz	1,00										
Leistungsbilanz$_{t-1}$	0,89	1,00									
Industrie	0,16	0,18	1,00								
Binnennachfrage	-0,27	0,07	0,15	1,00							
Welt-BIP-Wachstum	-0,08	0,07	0,04	0,47	1,00						
Arbeitsproduktivität	-0,32	-0,20	0,19	0,62	0,44	1,00					
REER$_{t-1}$	-0,24	-0,25	0,03	0,04	0,00	0,29	1,00				
Terms of Trade	-0,12	-0,12	-0,08	0,15	-0,23	0,12	0,12	1,00			
Dummy Einkommen	-0,08	-0,11	-0,22	-0,02	-0,08	0,11	0,13	-0,01	1,00		
Dummy Schuldenkrise	0,16	0,10	-0,18	-0,26	0,10	-0,09	-0,26	-0,16	-0,08	1,00	
Dummy Euro-Beitritt	0,06	0,07	0,09	0,08	0,00	0,04	-0,15	-0,01	-0,03	-0,09	1,00

Anmerkung: Variablen des Standardmodells der kurzfristigen Analyse (k), 347 Beobachtungen

Tabelle A2: Kurzfristige Analyse, alternative Schätzer vollständig

y = Leistungsbilanz

	(k) FE	(6) FE	(7) GLS	(8) IV	(9) FE lags	(10) OLS 1st diff
Leistungsbilanz$_{t-1}$	0,724 ***	0,724 ***		0,686 ***	0,507 ***	
	(13,8)	(11,5)		(12,8)	(5,8)	
Industrie	**0,399** ***	**0,399** ***	**0,407** ***	**0,444** ***	**0,497** ***	**0,565** ***
	(3,3)	**(4,1)**	**(5,7)**	**(3,6)**	**(2,6)**	**(2,9)**
Binnennachfrage	-0,526 ***	-0,526 ***	-0,364 ***	-0,431 ***	-0,266 ***	-0,422 ***
	(-11,9)	(-8,9)	(-9,5)	(-5,2)	(-7,9)	(-7,8)
Weltwirtschafts-wachstum	0,238 *	0,238 **	0,120	-0,167	0,445 *	0,309 **
	(1,9)	(2,8)	(1,4)	(-0,4)	(2,0)	(2,4)
Arbeitsproduktivität	0,125	0,125	0,153 **	0,326	-0,033	0,191 ***
	(1,6)	(1,1)	(2,6)	(1,2)	(-0,4)	(2,7)
REER$_{t-1}$	-0,031	-0,031	-0,001	0,093	-0,034	0,005
	(-1,3)	(-1,2)	(-0,0)	(0,7)	(-0,8)	(0,2)
Terms of Trade	0,100	0,100	0,174 ***	0,091	0,121	0,025
	(1,6)	(1,4)	(4,0)	(0,5)	(1,1)	(0,4)
Dummy Primär- & Sekundäreinkommen	1,565 ***	1,565 *	2,859 ***	3,089 ***	3,514 **	1,612
	(3,6)	(1,9)	(2,8)	(2,5)	(2,5)	(1,3)
Dummy Schuldenkrise	0,125	0,125 **	1,754 ***	2,066	0,543	1,677 *
	(0,2)	(2,4)	(3,5)	(1,6)	(0,5)	(1,7)
Dummy Euro-Beitritt	0,065	0,065	0,537 *	0,528	0,510	0,457
	(0,2)	(0,2)	(1,7)	(0,9)	(0,8)	(0,8)
time dummies	ja	ja	ja	ja	ja	ja
c	-7,043	-7,043	-7,928	-7,131	-10,110	-0,995
n	347	347	347	309	356	328
Datenzeitraum	1995-2013	1995-2013	1995-2013	1995-2013	1995-2014	1996-2013
DW-Statistik	/	/	/	/	/	1,76
adj. R²	0,80	/	/	0,71	0,65	0,41

Anmerkungen: Robuste t-Werte in Klammern; *, ** und *** kennzeichnen statistische Signifikanz auf dem 10%-, 5%- bzw. 1%-Niveau; Modell (6): Standardfehler nach Driscoll/Kraay (1998); Modell (9): alle Regressoren außer den Dummy-Variablen in zeitverzögerten Werten; Modell (10) alle Regressoren außer den Dummy-Variablen in ersten Differenzen

Tabelle A3: Kurzfristige Analyse, Details zur REER vollständig

	(k) FE	(11) FE	(12) FE	(13) FE	(14) FE
			y = Leistungsbilanz		
Leistungsbilanz_{t-1}	0,724 *** (13,8)	0,597 *** (9,5)	0,711 *** (12,2)	0,710 *** (13,2)	0,711 *** (12,3)
Industrie	**0,399** *** **(3,3)**	**0,563** *** **(3,4)**	**0,390** ** **(2,9)**	**0,427** *** **(3,3)**	**0,432** *** **(3,1)**
Binnennachfrage	-0,526 *** (-11,9)		-0,500 *** (-11,4)	-0,522 *** (-11,7)	-0,513 *** (-10,8)
Weltwirtschaftswachstum	0,238 * (1,9)	0,045 (0,3)	0,202 (1,5)	0,263 * (1,9)	0,236 (1,5)
Arbeitsproduktivität	0,125 (1,6)	0,119 (1,3)	0,065 (0,7)	0,115 (1,4)	0,119 (1,5)
REER_{t-1}	-0,031 (-1,3)	-0,001 (-0,0)			
Terms of Trade	0,100 (1,6)	-0,095 (-1,0)	0,079 (1,0)	0,102 (1,4)	0,057 (0,8)
Dummy Primär- & Sekundäreinkommen	1,565 *** (3,6)	2,322 *** (2,9)	1,406 ** (2,4)	1,690 *** (3,5)	1,631 *** (3,3)
Dummy Schuldenkrise	0,125 (0,2)	0,629 (1,1)	-0,004 (-0,0)	0,136 (0,2)	0,807 (1,1)
Dummy Euro-Beitritt	0,065 (0,2)	0,399 (0,7)	0,078 (0,2)	0,061 (0,1)	-0,033 (-0,1)
Wirtschaftswachstum		-0,552 *** (-5,2)			
NEER_{t-1}			0,002 (0,1)	0,018 (0,7)	0,021 (0,8)
Reale Lohnstückkosten			-0,088 (-1,4)		
Verbraucherpreisindex				-0,028 (-0,5)	
Verbraucherpreisindex Waren					-0,048 (-1,1)
time dummies	ja	ja	ja	ja	ja
c	-7,043	-9,024	-6,740	-7,599	-7,540
n	347	347	347	342	338
Datenzeitraum	1995-2013	1995-2013	1995-2013	1995-2013	1995-2013

Anmerkungen: Robuste t-Werte in Klammern; *, ** und *** kennzeichnen statistische Signifikanz auf dem 10%-, 5%- bzw. 1%-Niveau

Tabelle A4: Kurzfristige Analyse, weitere Variablen I vollständig

y = Leistungsbilanz

	(k) FE	(15) FE	(16) FE	(17) FE	(18) FE	(19) FE	(20) FE	(21) FE
Leistungsbilanz$_{t-1}$	0,724 *** (13,8)	0,724 *** (13,8)	0,703 *** (12,9)	0,678 *** (13,2)	0,717 *** (13,5)	0,724 *** (13,8)	0,726 *** (13,7)	0,718 *** (14,1)
Industrie	0,399 *** (3,3)	0,399 *** (3,3)	0,373 ** (2,8)	0,458 *** (3,2)	0,376 *** (3,0)	0,399 *** (3,3)	0,397 *** (3,2)	0,405 *** (3,2)
Binnennachfrage	-0,526 *** (-11,9)	-0,526 *** (-11,9)	-0,506 *** (-11,3)	-0,522 *** (-10,3)	-0,532 *** (-11,4)	-0,526 *** (-11,9)	-0,536 *** (-11,1)	-0,531 *** (-11,5)
Weltwirtschaftswachstum	0,238 * (1,9)	0,235 * (1,9)	0,233 (1,5)	0,274 (1,7)	0,223 (1,7)	0,259 * (1,8)	0,251 * (2,1)	0,255 * (1,9)
Arbeitsproduktivität	0,125 (1,6)	0,125 (1,6)	0,109 (1,0)	0,075 (1,0)	0,127 (1,6)	0,125 (1,6)	0,135 (1,5)	0,129 (1,7)
REER$_{t-1}$	-0,031 (-1,3)	-0,031 (-1,3)	-0,009 (-0,2)	0,007 (0,2)	-0,032 (-1,3)	-0,031 (-1,3)	-0,033 (-1,3)	-0,042 (-1,4)
Terms of Trade	0,100 (1,6)	0,100 (1,6)	0,019 (0,2)	-0,020 (-0,2)	0,094 (1,5)	0,100 (1,6)	0,102 (1,6)	0,108 (1,7)
Dummy Primär- & Sekundäreinkommen	1,565 *** (3,6)	1,565 *** (3,6)	2,106 *** (4,8)	1,592 *** (3,3)	1,493 *** (3,7)	1,565 *** (3,6)	1,496 *** (4,0)	1,713 *** (3,1)
Dummy Schuldenkrise	0,125 (0,2)	0,106 (0,2)	0,076 (0,1)	0,517 (0,8)	0,095 (0,2)	0,141 (0,2)	0,138 (0,2)	0,069 (0,1)
Dummy Euro-Beitritt	0,065 (0,2)	0,065 (0,2)	0,321 (1,0)	-0,206 (-0,4)	0,088 (0,2)	0,065 (0,2)	0,038 (0,1)	0,433 (0,7)
Ölpreis		0,001 (0,1)						
Olhandelsbilanz			0,065 (0,3)					
Nettozufluss FDI				0,001 (0,9)				
Handelsoffenheit					0,014 (1,2)			
Welthandelsintensität						-0,059 (-0,6)		
Dummy Bailout							-0,594 (-0,6)	
Dummy Euro-Mitgliedschaft								0,736 (1,3)
time dummies	ja	ja	ja	ja	ja	ja	ja	ja
c	-7,043	-7,028	-6,540	-8,038	-8,334	-5,429	-7,046	-7,812
n	347	347	280	271	347	347	347	347
Datenzeitraum	1995-2013	1995-2013	1999-2013	1995-2012	1995-2013	1995-2013	1995-2013	1995-2013
adj. R²	0,80	0,80	0,81	0,78	0,80	0,80	0,80	0,80

Anmerkungen: Robuste t-Werte in Klammern; *, ** und *** kennzeichnen statistische Signifikanz auf dem 10%-, 5%- bzw. 1%-Niveau

Tabelle A5: Kurzfristige Analyse, weitere Variablen II vollständig

	(k) FE	(22) FE	(23) FE	(24) FE	(25) FE	(26) FE BIP<2	(27) FE	(28) FE
$Leistungsbilanz_{t-1}$	0,724*** (13,8)	0,721*** (12,5)	0,710*** (12,7)	0,715*** (13,5)	0,714*** (14,3)	0,614*** (7,4)	0,720*** (13,2)	0,708*** (13,6)
Industrie	0,399*** (3,3)	0,369*** (2,9)	0,403*** (3,2)	0,382*** (3,2)	0,398*** (3,6)	0,719*** (3,4)	0,423*** (3,2)	0,253** (2,3)
Binnennachfrage	-0,526*** (-11,9)	-0,525*** (-9,2)	-0,533*** (-12,1)	-0,528*** (-11,4)	-0,526*** (-11,3)	-0,526*** (-3,8)	-0,525*** (-13,0)	-0,524*** (-11,0)
Weltwirtschaftswachstum	0,238* (1,9)	0,216 (1,7)	0,229 (1,7)	0,238* (1,8)	0,243* (2,0)	0,013 (0,1)	0,237* (1,8)	0,247* (2,1)
Arbeitsproduktivität	0,125 (1,6)	0,119 (1,2)	0,137* (1,7)	0,132 (1,6)	0,123 (1,6)	-0,012 (-0,1)	0,112 (1,4)	0,128 (1,6)
$REER_{t-1}$	-0,031 (-1,3)	-0,012 (-0,4)	-0,029 (-1,2)	-0,040 (-1,4)	-0,027 (-1,1)	0,007 (0,1)	-0,030 (-1,2)	-0,030 (-1,2)
Terms of Trade	0,100 (1,6)	0,087 (1,3)	0,092 (1,4)	0,108 (1,7)	0,111* (2,0)	0,031 (0,2)	0,089 (1,4)	0,109* (1,8)
Dummy Primär- & Sekundäreinkommen	1,565*** (3,6)	1,890*** (3,3)	1,221*** (2,9)	1,615*** (3,4)	1,554*** (3,6)	1,854 (1,1)	4,960*** (3,1)	1,442*** (3,7)
Dummy Schuldenkrise	0,125 (0,2)	0,346 (0,6)	0,183 (0,3)	0,138 (0,2)		1,391* (1,8)	0,125 (0,2)	-0,025 (-0,0)
Dummy Euro-Beitritt	0,065 (0,2)	0,487 (1,7)	-0,099 (-0,2)	0,375 (0,8)	0,082 (0,2)	0,192 (0,1)	0,050 (0,1)	0,086 (0,2)
Relatives Einkommen		0,026 (0,9)						
Fiskalsaldo		0,037 (0,9)						
dependency rate		0,040 (1,1)						
$NFA\text{-}Position_{t-1}$		-0,005 (-0,8)						
Dummy Euro-Mitgliedschaft * Dummy GIPSZ			-1,140** (-2,5)					
Industrie * Dummy Euro-Mitgliedschaft				0,035 (1,3)				
Industrie * Dummy Schuldenkrise					0,083* (2,0)			
Industrie * Dummy Primär- & Sekundäreinkommen							-0,297 (-1,6)	
Industrie * Zeittrend								0,008 (1,6)
time dummies	ja	ja	ja	ja	ja	ja	ja	ja
c	-7,043	-12,790	-6,829	-7,273	-7,106	-12,500	-7,390	-7,873
n	347	309	347	347	347	139	347	347
Datenzeitraum	1995-2013	1995-2013	1995-2013	1995-2013	1995-2013	1995-2013	1995-2013	1995-2013
adj. R^2	0,80	0,82	0,80	0,80	0,80	0,77	0,80	0,80

Anmerkungen: Robuste t-Werte in Klammern; *, ** und *** kennzeichnen statistische Signifikanz auf dem 10%-, 5%- bzw. 1%-Niveau; Modell (26) nur Daten mit Wirtschaftswachstum < 2% gg. Vj.

Tabelle A6: Mittelfristige Analyse, Korrelationsmatrix

	Leistungsbilanz	Leistungsbilanz$_{t-1}$	Industrie	Wirtschaftswachstum	Relatives Einkommen	Relatives Einkommen²	NFA-Position$_{Beginn Periode}$	Fiskalsaldo	Altersabhängigkeit	Jugendabhängigkeit	Dummy Einkommen
Leistungsbilanz	1,00										
Leistungsbilanz$_{t-1}$	0,60	1,00									
Industrie	0,20	0,04	1,00								
Wirtschaftswachstum	-0,25	0,08	0,33	1,00							
Relatives Einkommen	0,73	0,67	-0,03	-0,19	1,00						
Relatives Einkommen²	0,64	0,64	-0,14	-0,09	0,93	1,00					
NFA-Position$_{Beginn Periode}$	0,42	0,70	-0,08	0,15	0,57	0,63	1,00				
Fiskalsaldo	0,23	0,42	0,17	0,48	0,27	0,32	0,34	1,00			
Altersabhängigkeit	0,03	0,00	-0,05	-0,21	-0,03	-0,15	-0,10	0,04	1,00		
Jugendabhängigkeit	0,04	0,23	0,04	0,26	0,18	0,22	0,20	0,10	-0,54	1,00	
Dummy Einkommen	-0,07	-0,02	-0,27	-0,02	-0,26	-0,17	-0,11	-0,07	0,10	-0,04	1,00

Anmerkung: Variablen des Standardmodells der mittelfristigen Analyse (m), 57 Beobachtungen

Abbildung A3: Vorhersage und tatsächliche Werte Modell (m)

X-Achse: Leistungsbilanzsaldo, vorhergesagte Werte Modell (m), % BIP

Y-Achse: Leistungsbilanzsaldo, tatsächliche Werte, % BIP

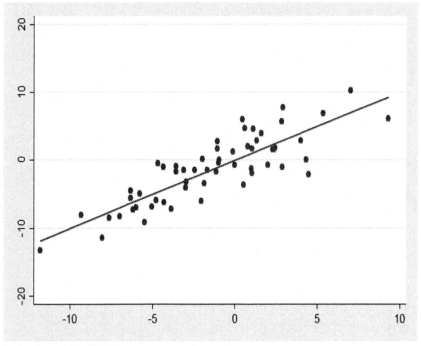

Quelle: eigene Darstellung

Tabelle A7: Mittelfristige Analyse, weitere Variablen vollständig

y = Leistungsbilanz

	(m) OLS	(38) OLS	(39) OLS	(40) OLS	(41) OLS	(42) OLS	(43) OLS
Leistungsbilanz$_{t-1}$	0,143 (1,1)	0,140 (1,2)	0,369 (1,1)	-0,020 (-0,2)	0,205 (1,0)	0,001 (0,0)	0,042 (0,4)
Industrie	**0,300** *** (3,1)	**0,345** *** (4,0)	**0,263** ** (2,4)	**0,217** ** (2,2)	**0,303** *** (3,2)	**0,312** *** (3,6)	**0,537** *** (6,8)
Wirtschaftswachstum	-0,412 (-1,7)	-0,427 * (-1,8)	-0,478 (-1,2)	-0,299 (-1,3)	-0,500 (-1,5)	-0,186 (-0,7)	-0,391 * (-1,7)
Relatives Einkommen	0,081 ** (2,6)	0,066 ** (2,2)	0,070 (0,9)	0,058 * (1,9)	0,063 (1,6)	0,026 (0,6)	0,148 ** (2,3)
Relatives Einkommen²	-0,000 (-0,7)	-0,000 (-0,2)	-0,000 (-0,3)	0,000 (0,2)	-0,000 (-0,3)	0,000 (0,6)	-0,001 (-1,4)
NFA-Position$_{Beginn\ jeder\ Zeitperiode}$	0,012 (0,8)	0,005 (0,3)	-0,002 (-0,1)	-0,002 (-0,2)	0,010 (0,6)	0,016 (1,1)	0,014 (0,8)
Fiskalsaldo	0,249 (1,2)	0,204 (1,1)	0,312 (1,3)	0,343 ** (2,2)	0,261 (1,2)	0,403 * (1,8)	0,215 (1,3)
Altersabhängigkeit	-0,023 (-0,5)	0,016 (0,3)	-0,024 (-0,4)	0,058 (1,1)	-0,019 (-0,4)	-0,050 (-1,2)	0,039 (1,1)
Jugendabhängigkeit	-0,038 * (-1,3)	-0,049 * (-1,8)	-0,038 (-0,7)	0,011 (0,3)	-0,025 (-0,7)	-0,034 (-1,1)	0,017 (0,4)
Dummy Primär- & Sekundäreinkommen	4,035 ** (2,2)	3,940 ** (2,2)	4,568 (1,5)	5,198 *** (4,5)	4,456 ** (2,0)	5,058 *** (3,0)	5,937 *** (4,5)
Volatilität Terms of Trade		-1,021 ** (-2,1)					
Geldmenge M3			-0,002 (-0,0)				
Gini-Koeffizient				-0,470 *** (-3,4)			
Realzinsen					-0,003 (-0,0)		
Öffentliche Sozialausgaben						0,375 ** (2,1)	
Dummy Belgien							0,497 (0,3)
Dummy Luxemburg							23,350 (1,6)
Dummy Niederlande							8,031 (6,5)
time dummies	ja	ja	ja	ja	ja	ja	ja
c	-3,352	-3,685	-1,772	0,128	-6,677	-7,371	-19,960
n	57	57	48	52	54	57	57
Datenzeitraum	1987-2014	1987-2014	1987-2014	1994-2014	1987-2014	1987-2014	1987-2014
adj. R²	0,63	0,66	0,57	0,72	0,60	0,65	0,75

Anmerkungen: Robuste t-Werte in Klammern; *, ** und *** kennzeichnen statistische Signifikanz auf dem 10%-, 5%- bzw. 1%-Niveau

Tabelle A8: Mittelfristige Analyse, Handelsbilanz vollständig

	y = LB			y = HB
	(m)	*(44)*	*(45)*	*(46)*
	OLS	OLS	OLS	OLS trade
Leistungsbilanz$_{t-1}$	0,143	0,160	0,092	
	(1,1)	(1,2)	(0,6)	
Handelsbilanz$_{t-1}$				0,166 *
				(1,9)
Industrie	**0,300** ***	**0,301** ***	**-0,185**	**0,429** ***
	(3,1)	**(3,1)**	**(-0,5)**	**(5,1)**
Wirtschaftswachstum	-0,412	-0,410	-0,402	-0,281
	(-1,7)	(-1,6)	(-1,6)	(-1,1)
Relatives Einkommen	0,081 **	0,083 **	0,085 ***	0,060 **
	(2,6)	(2,6)	(2,8)	(2,4)
Relatives Einkommen²	-0,000	-0,000	-0,000	0,000 ***
	(-0,7)	(-0,7)	(-0,7)	(3,1)
NFA-Position$_{Beginn}$ *jedes Zeitintervalls*	0,012	0,017	0,015	-0,012
	(0,8)	(0,8)	(1,0)	(-0,8)
Fiskalsaldo	0,249	0,264	0,293	0,174
	(1,2)	(1,2)	(1,4)	(0,9)
Altersabhängigkeit	-0,023	-0,025	-0,025	-0,134 ***
	(-0,5)	(-0,6)	(-0,6)	(-3,7)
Jugendabhängigkeit	-0,038	-0,040	-0,037	-0,024
	(-1,3)	(-1,3)	(-1,2)	(-0,7)
Dummy Primär- & Sekundäreinkommen	4,035 **	3,976 **	3,684 *	2,685 *
	(2,2)	(2,2)	(1,7)	(1,9)
NFA-Position$_{Beginn\ Zeitintervall}$ * Dummy NFA-Position<-60		-0,010		
		(-0,4)		
Industrie * Zeittrend			0,119	
			(1,4)	
time dummies	ja	ja	ja	ja
c	-3,352	-3,074	-5,093	2,677
n	57	57	57	58
Datenzeitraum	1987-2014	1987-2014	1987-2014	1987-2014
adj. R²	0,63	0,62	0,63	0,89

Anmerkungen: Robuste t-Werte in Klammern; *, ** und *** kennzeichnen statistische Signifikanz auf dem 10%-, 5%- bzw. 1%-Niveau

Abbildung A4: Vorhersage und tatsächliche Werte Modell (1)

X-Achse: Leistungsbilanzsaldo, vorhergesagte Werte Modell (1), % BIP

Y-Achse: Leistungsbilanzsaldo, tatsächliche Werte, % BIP

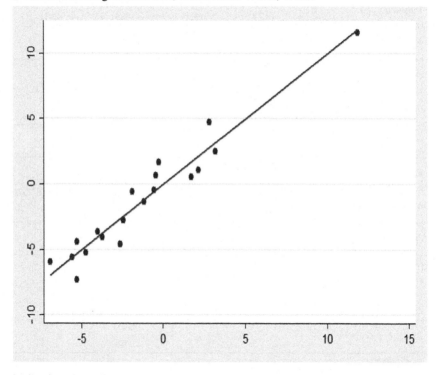

Quelle: eigene Darstellung

Tabelle A9: Langfristige Analyse, Korrelationsmatrix

	Leistungsbilanz	Industrie	Wirtschaftswachstum	Relatives Einkommen	Relatives Einkommen²	NFA-Position 1980	Fiskalsaldo	Altersabhängigkeit	Jugendabhängigkeit	Dummy Einkommen
Leistungsbilanz	1,00									
Industrie	0,07	1,00								
Wirtschaftswachstum	0,02	0,18	1,00							
Relatives Einkommen	0,89	0,03	0,07	1,00						
Relatives Einkommen²	0,89	-0,08	0,21	0,94	1,00					
NFA-Position$_{1980}$	0,65	-0,21	0,41	0,62	0,75	1,00				
Fiskalsaldo	0,43	-0,05	0,31	0,35	0,47	0,28	1,00			
Altersabhängigkeit	0,18	0,02	-0,64	0,25	0,12	-0,27	-0,05	1,00		
Jugendabhängigkeit	-0,34	-0,03	0,53	-0,16	-0,13	0,07	-0,07	-0,72	1,00	
Dummy Einkommen	-0,21	-0,47	-0,41	-0,30	-0,22	-0,25	-0,19	0,20	-0,15	1,00

Anmerkung: Variablen des Standardmodells der langfristigen Analyse (l), 19 Beobachtungen

Tabelle A10: Langfristige Analyse, weitere Variablen vollständig

y = *Leistungsbilanz*

	(1) OLS	(53) OLS	(54) OLS	(55) OLS	(56) OLS	(57) OLS	(58) OLS
Industrie	0,168 **	0,183 **	0,045	0,128	0,156	0,169 **	0,015
	(2,3)	(2,6)	(0,3)	(1,8)	(1,9)	(2,4)	(0,1)
Wirtschaftswachstum	-0,778 *	-0,899 **	-1,114	-0,736 *	-0,993	-0,652	-0,411
	(-1,9)	(-2,3)	(-1,2)	(-1,9)	(-1,7)	(-1,6)	(-0,9)
Relatives Einkommen	0,081 *	0,064 *	0,082	0,040	0,082 *	0,033	-0,049
	(2,3)	(1,9)	(1,2)	(0,7)	(2,3)	(0,7)	(-0,5)
Relatives Einkommen²	-0,000	0,000	0,000	0,000	-0,000	0,000	0,001
	(-0,0)	(0,4)	(0,1)	(0,7)	(-0,2)	(0,7)	(1,3)
NFA-Position_{zur verfügbarer Datenpunkt}	0,028	0,017	0,017	0,018	0,031	0,032	-0,035
	(0,7)	(0,4)	(0,4)	(0,5)	(0,7)	(0,8)	(-1,3)
Fiskalsaldo	0,255	0,223	-0,076	0,203	0,298 *	0,287	0,028
	(1,7)	(1,4)	(-0,4)	(1,3)	(2,1)	(1,6)	(0,1)
Altersabhängigkeit	-0,152	-0,138	-0,247 **	-0,073	-0,146	-0,140	-0,249 *
	(-1,7)	(-1,7)	(-2,8)	(-0,6)	(-1,5)	(-1,6)	(-2,4)
Jugendabhängigkeit	-0,121 **	-0,118 **	-0,174 **	-0,075	-0,102 *	-0,094 *	-0,185 **
	(-2,7)	(-2,8)	(-3,3)	(-1,1)	(-2,0)	(-2,0)	(-2,7)
Dummy Primär- & Sekundäreinkommen	2,007	1,577	-2,406	2,022 *	1,175	2,069	1,053
	(1,8)	(1,2)	(-1,1)	(1,9)	(0,8)	(1,7)	(0,7)
Volatilität Terms of Trade		-0,439					
		(-0,9)					
Geldmenge M3			-0,111 *				
			(-1,9)				
Gini-Koeffizient				-0,238			
				(-1,3)			
Realzinsen					-0,769		
					(-0,8)		
Öffentliche Sozialausgaben						0,206	
						(1,5)	
Dummy Belgien							4,626 **
							(3,1)
Dummy Luxemburg							-17,790
							(-1,0)
Dummy Niederlande							0,361
							(0,1)
c	18,571	18,681	43,950	15,792	17,227	12,199	37,945
n	19	19	18	19	19	19	19
Datenzeitraum	1980-2014	1980-2014	1980-2014	1980-2014	1980-2014	1980-2014	1980-2014
adj. R²	0,87	0,87	0,89	0,88	0,86	0,87	0,93

Anmerkungen: Robuste t-Werte in Klammern; *, ** und *** kennzeichnen statistische Signifikanz auf dem 10%-, 5%- bzw. 1%-Niveau

Tabelle A11: Langfristige Analyse, Handelsbilanz vollständig

	$y = LB$ (l) OLS		$y = HB$ (59) OLS trade	
Industrie	**0,168** (2,3)	**	**0,472** (5,2)	***
Wirtschaftswachstum	-0,778 (-1,9)	*	-0,024 (-0,0)	
Relatives Einkommen	0,081 (2,3)	*	0,104 (2,0)	*
Relatives Einkommen²	-0,000 (-0,0)		0,000 (0,3)	
NFA-Position$_{erster\ verfügbarer\ Datenpunkt}$	0,028 (0,7)		0,016 (0,3)	
Fiskalsaldo	0,255 (1,7)		0,308 (1,1)	
Altersabhängigkeit	-0,152 (-1,7)		-0,139 (-1,3)	
Jugendabhängigkeit	-0,121 (-2,7)	**	-0,007 (-0,1)	
Dummy Primär- & Sekundäreinkommen	2,007 (1,8)		2,424 (1,2)	
c	18,571		-3,575	
n	19		19	
Datenzeitraum	1980-2014		1980-2014	
adj. R²	0,87		0,87	

Anmerkungen: Robuste t-Werte in Klammern; *, ** und *** kennzeichnen statistische Signifikanz auf dem 10%-, 5%- bzw. 1%-Niveau

Abbildung A5: Vorhersage Leistungsbil. nach Industrieanteil, erweitert I

X-Achse: Industrieanteil, % BWS

Y-Achse: Vorhergesagter Leistungsbilanzsaldo (auf jeweiligem Industrieanteil basierend), % BIP

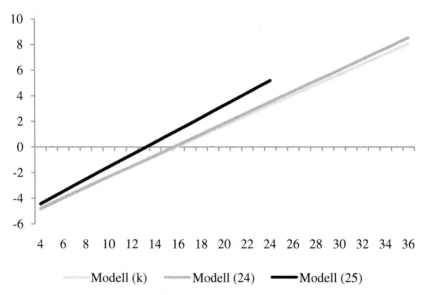

Quelle: eigene Darstellung

Abbildung A6: Vorhersage Leistungsbil. nach Industrieanteil, erweitert II
X-Achse: Industrieanteil, % BWS
Y-Achse: Vorhergesagter Leistungsbilanzsaldo (auf jeweiligem Industrieanteil
basierend), Modell (k), % BIP

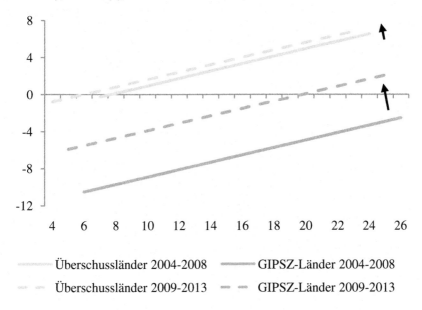

Überschussländer 2004-2008		GIPSZ-Länder 2004-2008
Überschussländer 2009-2013		GIPSZ-Länder 2009-2013

Quelle: eigene Darstellung

Abbildung A7: Vorhersage Leistungsbilanz bei identischen sonst. Faktoren

Vorhergesagter Leistungsbilanzsaldo, Modell (k), % BIP

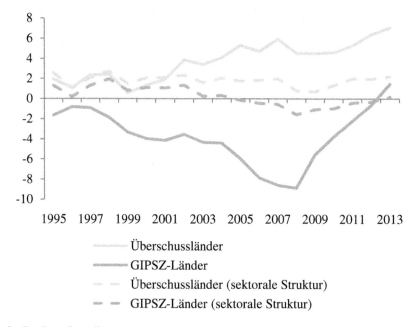

Quelle: eigene Darstellung

Abbildung A8: Modell-fit für Modell (k), Ausreißer

Leistungsbilanzsaldo, tatsächliche und vorhergesagte Werte Modell (k), % BIP

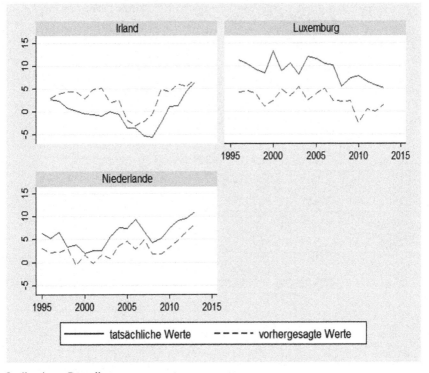

Quelle: eigene Darstellung

Abbildung A9: Industriegewicht und Leistungsbilanz, Ausreißer
X-Achse: Industrieanteil, 19 Euroländer, % BWS
Y-Achse: Leistungsbilanzsaldo, 19 Euroländer, % BIP

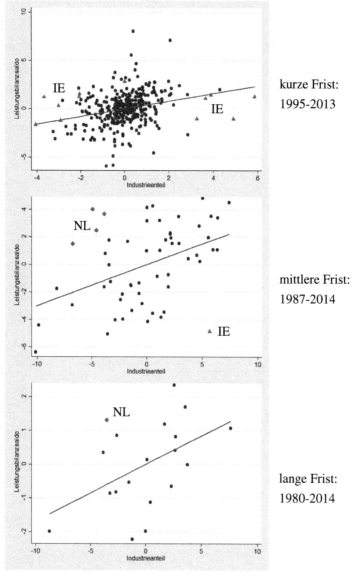

kurze Frist:
1995-2013

mittlere Frist:
1987-2014

lange Frist:
1980-2014

Quelle: eigene Darstellung

Tabelle A12: Schätzergebnisse ohne Ausreißer vollständig

y = Leistungsbilanz

	(k) FE	(60) FE	(61) FE	(m) OLS	(62) OLS	(63) OLS	(1) OLS	(64) OLS	(65) OLS
Leistungsbilanz$_{t-1}$	0,724 *** (13,8)	0,739 *** (14,4)	0,716 *** (13,3)	0,143 (1,1)	0,145 (1,1)	-0,067 (-0,7)			
Industrie	0,399 *** (3,3)	0,379 *** (3,3)	0,495 *** (4,1)	0,300 *** (3,1)	0,295 *** (2,8)	0,613 *** (8,4)	0,168 ** (2,3)	0,067 (0,6)	0,299 (0,9)
Binnennachfrage	-0,526 *** (-11,9)	-0,536 *** (-12,2)	-0,558 *** (-13,9)						
Weltwirtschaftswachstum	0,238 * (1,9)	0,262 * (2,0)	0,196 (1,5)						
Arbeitsproduktivität	0,125 (1,6)	0,105 (1,4)	0,151 * (1,9)						
REER$_{t-1}$	-0,031 (-1,3)	-0,030 (-1,2)	-0,034 (-1,1)						
Terms of Trade	0,100 (1,6)	0,112 (1,6)	0,120 (1,6)						
Dummy Primär- & Sekundäreinkommen	1,565 *** (3,6)	1,484 *** (3,7)	1,596 *** (4,3)	4,035 ** (2,2)	4,040 ** (2,4)	7,561 *** (5,9)	2,007 (1,8)	1,110 (1,1)	3,068 (1,4)
Dummy Schuldenkrise	0,125 (0,2)	1,076 ** (2,3)	0,986 * (1,9)						
Dummy Euro-Beitritt	0,065 (0,2)	0,084 (0,2)	0,068 (0,2)						
Wirtschaftswachstum				-0,412 (-1,7)	-0,420 (-1,7)	-0,106 (-0,4)	-0,778 * (-1,9)	-0,585 (-1,2)	-0,616 (-1,2)
Relatives Einkommen				0,081 ** (2,6)	0,093 (1,3)	0,152 ** (2,5)	0,081 * (2,3)	-0,028 (-0,4)	0,047 (0,3)
Relatives Einkommen²				-0,000 (-0,7)	-0,000 (-0,3)	-0,000 (-1,1)	-0,000 (-0,0)	0,001 (1,4)	0,000 (0,2)
NFA-Position$_{Beginn\ jedes\ Zeitintervalls}$				0,012 (0,8)	0,013 (0,8)	0,016 (1,2)	0,028 (0,7)	0,015 (0,3)	0,032 (0,7)
Fiskalsaldo				0,249 (1,2)	0,279 (1,3)	0,205 (1,0)	0,255 (1,7)	0,079 (0,6)	0,213 (0,8)
Altersabhängigkeit				-0,023 (-0,5)	-0,032 (-0,7)	0,012 (0,4)	-0,152 (-1,7)	-0,169 * (-1,9)	-0,093 (-0,6)
Jugendabhängigkeit				-0,038 (-1,3)	-0,041 (-1,0)	0,047 (1,2)	-0,121 ** (-2,7)	-0,150 ** (-3,2)	-0,051 (-0,4)
time dummies	ja	ja	ja	ja	ja	ja			
c	-7,043	-7,091	-8,750	-3,352	-5,648	-23,232	18,571	26,683	3,746
n	347	329	292	57	55	48	19	18	16
Datenzeitraum	1995-2013	1995-2013	1995-2013	1987-2014	1987-2014	1987-2014	1980-2014	1980-2014	1980-2014
adj. R²	0,80	0,81	0,83	0,63	0,59	0,74	0,87	0,79	0,71

Anmerkungen: Robuste t-Werte in Klammern; *, ** und *** kennzeichnen statistische Signifikanz auf dem 10%-, 5%- bzw. 1%-Niveau

Tabelle A13: Schätzergebnisse bei verkürzten Datensätzen vollständig

	$y = Leistungsbilanz$					
	(k) *FE*	(66) *FE*	(67) *FE*	(m) *OLS*	(68) *OLS*	(69) *OLS*
Leistungsbilanz_{-1}	0,724 *** (13,8)	0,912 *** (16,1)	0,703 *** (13,0)	0,143 (1,1)	0,415 (1,1)	0,447 (1,4)
Industrie	**0,399 *** (3,3)**	**0,191 (1,4)**	**0,384 ** (2,9)**	**0,300 *** (3,1)**	**0,066 (0,4)**	**0,361 *** (3,3)**
Binnennachfrage	-0,526 *** (-11,9)	-0,381 *** (-6,1)	-0,507 *** (-11,1)			
Weltwirtschafts-wachstum	0,238 * (1,9)	0,042 (0,2)	0,210 (1,4)			
Arbeitsproduktivität	0,125 (1,6)	0,300 *** (3,2)	0,127 (1,3)			
REER_{-1}	-0,031 (-1,3)	-0,037 (-1,0)	0,001 (0,0)			
Terms of Trade	0,100 (1,6)	0,175 (1,5)	0,021 (0,3)			
Dummy Primär- & Sekundäreinkommen	1,565 *** (3,6)	-0,537 (-0,6)	2,145 *** (4,9)	4,035 ** (2,2)	2,251 (0,8)	6,398 *** (3,1)
Dummy Schuldenkrise	0,125 (0,2)	0,742 * (2,0)	0,076 (0,1)			
Dummy Euro-Beitritt	0,065 (0,2)	-1,410 *** (-11,6)	0,335 (1,0)			
Wirtschaftswachstum				-0,412 (-1,7)	0,080 (0,1)	-0,984 ** (-2,5)
Relatives Einkommen				0,081 ** (2,6)	0,422 (1,7)	-0,019 (-0,3)
Relatives Einkommen²				-0,000 (-0,7)	-0,002 (-1,2)	0,000 (0,8)
NFA-Position_{Beginn jedes Zeitraums}				0,012 (0,8)	-0,023 (-1,0)	0,007 (0,5)
Fiskalsaldo				0,249 (1,2)	-0,040 (-0,2)	0,340 (1,5)
Altersabhängigkeit				-0,023 (-0,5)	0,012 (0,1)	-0,011 (-0,2)
Jugendabhängigkeit				-0,038 (-1,3)	-0,031 (-0,6)	0,006 (0,1)
time dummies	ja	ja	ja	ja	ja	ja
c	-7,043	-3,310	-6,839	-3,352	-24,184	-2,921
n	347	206	283	57	36	38
Datenzeitraum	1995-2013	1995-2013	1999-2013	1987-2014	1987-2014	2001-2014

Anmerkungen: Robuste t-Werte in Klammern; *, ** und *** kennzeichnen statistische Signifikanz auf dem 10%-, 5%- bzw. 1%-Niveau

Tabelle A14: Eigenschaften von Branchen, standardisiert

NACE Code	Exporte	Produktivität	Volatilität	Preise	Investitionen
01-03	-0,25	0,53	-1,67	-0,35	1,17
05-09	-0,68	-0,10	0,42	2,06	0,83
10-12	0,19	-0,31	-1,21	-0,01	-0,27
13-15	1,34	0,65	0,60	-0,46	-0,86
16-18	0,22	0,52	-0,02	-0,96	-0,15
19	0,18	1,26	0,21	3,21	0,96
20-21	2,10	0,77	-0,53	-0,61	-0,26
22-23	0,73	0,30	0,75	-0,72	-0,17
24-25	0,65	0,01	0,98	-0,30	-0,25
26-27	1,82	1,91	0,57	-1,56	-0,22
28	2,39	0,08	0,29	-0,05	-0,73
29-30	1,99	0,83	0,27	-0,24	0,05
31-33	0,36	0,15	-0,53	-0,07	-0,82
35-39	-0,27	-0,14	-0,61	0,66	1,36
41-43	-0,98	-0,87	1,91	0,70	-0,83
45	-0,76	-0,54	-0,46	0,08	-0,67
46	0,36	-0,17	0,06	-0,04	-0,78
47	-0,45	-0,52	-1,04	-0,35	-0,72
49-53	-0,21	-0,03	0,17	0,02	1,11
55-56	-0,49	-1,58	-0,16	0,54	-0,72
58-60	-0,41	-0,63	0,29	-0,03	0,00
61	-0,68	3,58	0,87	-2,91	0,57
62-63	-0,35	-0,05	2,57	-0,56	-0,29
64-66	-0,55	-0,01	-1,23	0,29	-0,79
68	-0,96	-0,70	1,24	0,32	3,90
69-82	-0,51	-1,26	0,84	0,01	0,02
84	-0,98	-0,18	-1,28	0,20	0,43
85	-0,99	-0,96	-1,35	0,47	-0,95
86-88	-0,98	-0,69	-1,56	0,33	-0,68
90-93	-0,88	-0,89	-0,01	0,23	0,64
90-96	-0,96	-0,96	-0,39	0,10	-0,87
Gesamtwirtschaft	Ø 0,00	Ø 0,00	Ø 0,00	Ø 0,00	Ø 0,00

Quelle: eigene Berechnungen

Abbildung A10: Clusteranalyse mit Single-Linkage-Verfahren

Dendrogramm, Single-Linkage-Verfahren, euklidische Distanz

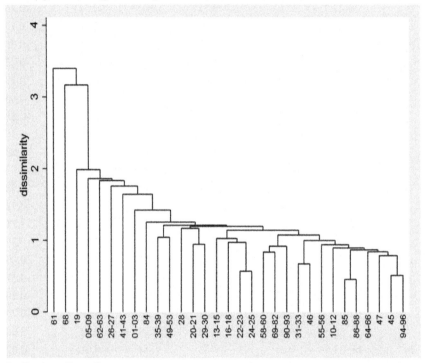

Quelle: eigene Darstellung

Abbildung A11: Clusteranalyse mit indirekter Exportquote

Dendrogramm, Ward-Verfahren mit indirekter Exportquote, quadrierte euklidische Distanz

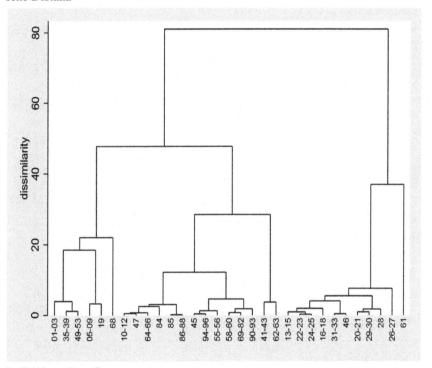

Quelle: eigene Darstellung

Tabelle A15: Schätzergebnisse Cluster, kurzfristige Analyse vollständig

$y = Leistungsbilanz$

	(k)		(72)		(73)		(74)	
	FE		FE		FE		FE	
$Leistungsbilanz_{t-1}$	0,724	***	0,761	***	0,766	***	0,752	***
	(13,8)		(19,4)		(19,0)		(18,3)	
Industrie	**0,399**	***						
	(3,3)							
Cluster 6 & 7			**0,326**	***				
			(3,5)					
Cluster 4, 6, 7 & 9					**0,283**	**		
					(2,8)			
Cluster 1, 2, 3, 5 & 8							**-0,316**	***
							(-3,2)	
Binnennachfrage	-0,526	***	-0,528	***	-0,526	***	-0,521	***
	(-11,9)		(-10,6)		(-10,3)		(-9,6)	
Weltwirtschaftswachstum	0,238	*	0,259	*	0,267	*	0,267	*
	(1,9)		(2,0)		(2,0)		(2,0)	
Arbeitsproduktivität	0,125		0,117		0,115		0,100	
	(1,6)		(1,5)		(1,4)		(1,2)	
$REER_{t-1}$	-0,031		-0,008		-0,010		-0,001	
	(-1,3)		(-0,3)		(-0,3)		(-0,0)	
Terms of Trade	0,100		0,104		0,104	*	0,111	*
	(1,6)		(1,7)		(1,7)		(1,9)	
Dummy Primär &	1,565	***	1,352	*	1,250	*	1,467	*
Sekundäreinkommen	(3,6)		(2,0)		(1,8)		(1,9)	
Dummy Schuldenkrise	0,125		0,927	*	0,969	*	1,041	*
	(0,2)		(1,8)		(1,9)		(2,1)	
Dummy Euro-Beitritt	0,065		0,052		0,109		0,020	
	(0,2)		(0,1)		(0,2)		(0,0)	
time dummies	ja		ja		ja		ja	
c	-7,043		-7,045		-7,040		23,698	
n	347		342		342		342	
Datenzeitraum	1995-2013		1995-2013		1995-2013		1995-2013	
adj. R^2	0,80		0,79		0,79		0,79	

Anmerkungen: Robuste t-Werte in Klammern; *, ** und *** kennzeichnen statistische Signifikanz auf dem 10%-, 5%- bzw. 1%-Niveau

Tabelle A16: Schätzergebnisse Cluster, mittelfristige Analyse vollständig

y = Leistungsbilanz

	(m) OLS	(75) OLS	(76) OLS	(77) OLS
Leistungsbilanz$_{t-1}$	0,143 (1,1)	0,164 (1,1)	0,125 (0,9)	0,129 (0,9)
Industrie	**0,300** *** (**3,1**)			
Cluster 6 & 7		**0,410** *** (**4,8**)		
Cluster 4, 6, 7 & 9			**0,490** *** (**6,1**)	
Cluster 1, 2, 3, 5 & 8				**-0,511** *** (**-5,9**)
Wirtschaftswachstum	-0,412 (-1,7)	-0,464 * (-1,8)	-0,498 ** (-2,1)	-0,495 ** (-2,1)
Relatives Einkommen	0,081 ** (2,6)	0,080 ** (2,7)	0,094 *** (3,2)	0,094 *** (3,2)
Relatives Einkommen²	-0,000 (-0,7)	-0,000 (-0,6)	-0,000 (-1,0)	-0,000 (-1,0)
NFA-Position$_{Beginn\,jedes}$ *Zeitintervalls*	0,012 (0,8)	0,010 (0,7)	0,013 (1,0)	0,017 (1,3)
Fiskalsaldo	0,249 (1,2)	0,220 (1,1)	0,219 (1,2)	0,235 (1,3)
Altersabhängigkeit	-0,023 (-0,5)	-0,014 (-0,4)	-0,007 (-0,2)	-0,010 (-0,3)
Jugendabhängigkeit	-0,038 (-1,3)	-0,001 (-0,0)	0,004 (0,1)	0,008 (0,3)
Dummy Primär- & Sekundäreinkommen	4,035 ** (2,2)	4,952 *** (3,5)	5,407 *** (4,1)	5,575 *** (4,5)
time dummies	ja	ja	ja	ja
c	-3,352	-14,449	-20,014	30,506
n	57	56	56	56
Datenzeitraum	1987-2014	1987-2014	1987-2014	1987-2014
adj. R²	0,63	0,66	0,69	0,69

Anmerkungen: Robuste t-Werte in Klammern; *, ** und *** kennzeichnen statistische Signifikanz auf dem 10%-, 5%- bzw. 1%-Niveau

Tabelle A17: Schätzergebnisse Cluster, langfristige Analyse vollständig

$y = Leistungsbilanz$

	(1) OLS	(78) OLS	(79) OLS	(80) OLS
Industrie	**0,168** ** **(2,3)**			
Cluster 6 & 7		**0,194** ** **(2,5)**		
Cluster 4, 6, 7 & 9			**0,235** *** **(3,8)**	
Cluster 1, 2, 3, 5 & 8				**-0,251** *** **(-4,0)**
Wirtschaftswachstum	-0,778 * (-1,9)	-0,790 (-1,8)	-0,847 * (-2,0)	-0,818 * (-1,9)
Relatives Einkommen	0,081 * (2,3)	0,081 * (2,2)	0,086 ** (2,6)	0,079 ** (2,7)
Relatives Einkommen^2	-0,000 (-0,0)	0,000 (0,1)	-0,000 (-0,0)	0,000 (0,3)
NFA-Position$_{erster\ verfügbarer}$ _Datenpunkt_	0,028 (0,7)	0,016 (0,4)	0,019 (0,5)	0,020 (0,5)
Fiskalsaldo	0,255 (1,7)	0,228 (1,5)	0,246 (1,7)	0,211 (1,6)
Altersabhängigkeit	-0,152 (-1,7)	-0,151 (-1,7)	-0,140 (-1,6)	-0,139 (-1,7)
Jugendabhängigkeit	-0,121 ** (-2,7)	-0,102 * (-2,2)	-0,089 * (-2,0)	-0,089 * (-2,0)
Dummy Primär- & _Sekundäreinkommen_	2,007 (1,8)	1,684 (1,7)	1,802 (1,7)	2,024 * (2,1)
time dummies	ja	ja	ja	ja
_c_	18,571	15,124	11,200	35,724
_n_	19	19	19	19
Datenzeitraum	1980-2014	1980-2014	1980-2014	1980-2014
adj. R^2	0,87	0,87	0,88	0,89

Anmerkungen: Robuste t-Werte in Klammern; *, ** und *** kennzeichnen statistische Signifikanz auf dem 10%-, 5%- bzw. 1%-Niveau

Printed by Printforce, the Netherlands